SV

Noam Chomsky

Amerika und die neuen Mandarine

Politische und zeitgeschichtliche Essays

Suhrkamp

Originaltitel ›American Power and the New Mandarins‹
Aus dem Amerikanischen von Anna Kamp

Erstes bis viertes Tausend 1969
© 1967, 1969 by Noam Chomsky
© dieser Ausgabe Suhrkamp Verlag, Frankfurt/Main 1969
Alle Rechte vorbehalten
Satz und Druck bei Druckerei und Verlagsanstalt Konstanz Am Fischmarkt
Printed in Germany

To the brave young men
who refuse to serve in a criminal war

Inhalt

Einführung

Drei Jahre sind vergangen, seit durch die Intervention der USA der vietnamesische Bürgerkrieg in einen Kolonialkrieg nach klassischem Vorbild verwandelt wurde. Dies war der Entschluß einer liberalen amerikanischen Regierung. Wie die früheren Maßnahmen zur Durchsetzung unserer Absichten in Vietnam wurde er getragen von der Unterstützung der führenden politischen Persönlichkeiten, Intellektuellen und akademischen Experten. Viele von ihnen gehören heute zur Opposition gegen den Krieg, weil sie nicht mehr an den Erfolg der amerikanischen Repression in Vietnam glauben. Daher fordern sie aus pragmatischen Gründen, daß wir »unsere Position dort beziehen«, wo die Aussichten günstiger sind. Sollte der Widerstand der Vietnamesen zusammenbrechen, sollte die Situation in Vietnam der in Thailand, Guatemala oder Griechenland ähnlich werden, wo die Machthaber mit unserer Zustimmung und Hilfe ein beachtliches Maß an Kontrolle ausüben, dann wird auch diese Opposition gegen den Krieg schwinden. Dann werden wir, wie einer ihrer Sprecher meint, »alle die Weisheit und die Staatskunst der amerikanischen Regierung begrüßen«[1]. Sollten wir aber gezwungen sein, dieses Unternehmen zu liquidieren – auf eine der zwei möglichen Arten –, dann werden die liberalen Ideologen nach wie vor verlangen, daß wir einen so umfangreichen Teil der Welt, wie nur irgend möglich, beeinflussen und kontrollieren im Sinne dessen, was sie »unser nationales Interesse« nennen, sowie im Interesse jener Persönlichkeiten anderer Länder, die unserer Meinung nach dort regieren sollten.

So wie die Dinge liegen, ist es unwahrscheinlich, daß der Widerstand der Vietnamesen zusammenbricht. Die Vereinigten Staaten von Amerika scheinen nicht in der Lage zu sein, die militärischen Kräfte aufzubieten, um diesen Widerstand zu brechen und die Herrschaft jener Regierung und jener sozialen Institutionen zu garantieren, von denen wir beschlossen haben, daß sie die richtigen sind. Daher steht zu hoffen, daß die amerikanischen Truppen zurückgezogen werden und es den Vietnamesen überlassen bleibt, aus den Trümmern wieder etwas aufzubauen. Der Lauf der Geschichte aber wird weit-

gehend von den Lehren bestimmt werden, die das Volk der Vereinigten Staaten aus dieser Katastrophe zieht.
Dreimal im Verlauf einer Generation hat die geballte technische
Macht Amerikas ein hilfloses asiatisches Land verwüstet. 1945
geschah das mit dem Bewußtsein moralischer Redlichkeit, das nahezu unangefochten war und ist. Im Falle Koreas gab es bereits einige
Zweifel. Der erstaunliche Widerstand der Vietnamesen hat uns
schließlich die Frage aufgezwungen: »Was haben wir getan?« Jetzt
endlich gibt es einige Anzeichen dafür, daß diese entsetzliche Wirklichkeit erkannt wird. Der Widerstand gegen die amerikanische
Gewalttätigkeit und die Militarisierung unserer eigenen Gesellschaft ist, wenn nicht zu einer entscheidenden, so doch zu einer fühl-
baren Kraft geworden. Wir können nur hoffen, daß sich der Kampf
gegen den Rassismus und die Ausbeutung im eigenen Land verbinden wird mit dem Kampf darum, den schweren Yankee-Stiefel
vom Nacken der unterdrückten Völker der ganzen Welt abzuschüt-
teln.
Zwanzig Jahre intensiver Indoktrination des Kalten Krieges und
ein siebzig Jahre während er Mythos bezüglich unserer Rolle in der
Welt erschweren die ernsthafte Auseinandersetzung mit diesen Ereignissen. Erst muß ein großer intellektueller Trümmerhaufen aus
dem Weg geräumt werden. Erst müssen wir den ideologischen
Druck, der so stark ist, daß auch noch das Bewußtsein von seiner
Existenz ausgelöscht wird, analysieren und verstehen lernen. Die
Suche nach Alternativen, nach Individuen, nach der amerikanischen
Gesellschaft, nach der internationalen Ordnung insgesamt hat eben
erst eingesetzt, und niemand kann wissen, wohin sie führen wird.
Möglicherweise führt sie zu nichts, aufgehalten durch einheimische
Repressionen oder durch ihr »funktionelles Äquivalent«, um einen
beliebten Begriff der gegenwärtigen Administration zu nennen: die
Herrschaft einer liberalen Technokratie, die die bestehende soziale
Ordnung in ihrem Glauben stärken wird, sie vertrete Gerechtigkeit
und Menschlichkeit, weil sie im In- und Ausland begrenzte Kriege
zur Aufrechterhaltung der Stabilität führt, weil sie eine bessere
Zukunft verspricht, wenn die Ausgebeuteten nur geduldig warten.
Dabei findet sie die Unterstützung einer apathischen, gehorsamen
Mehrheit, deren Verstand und Bewußtsein abgestumpft sind durch
ein Überangebot von Waren und durch irgendeine neue Version der

alten Glaubens- und Denkschemata. Vielleicht können die schlimmsten Ausschreitungen verhindert werden. Vielleicht gibt es eine Möglichkeit, eine fundamentale Wandlung der amerikanischen Gesellschaft auf eine heute kaum vorhersehbare Art hervorzurufen. Ein großer Teil der Bevölkerung ist durch die vietnamesische Tragödie und die Krise im eigenen Land wachgerüttelt worden. Bei der Jugend des Landes läßt sich eine neue Tendenz feststellen, eine Stimmung aus Zweifel und Rebellion, eine im Kern gesunde und hoffnungsvolle Entwicklung, die vor einem Jahrzehnt nur wenige vorausgesagt hätten. Die leidenschaftliche Teilnahme der Studenten an der Bürgerrechtsbewegung, an der Kampagne zur Beendigung des Krieges, am aktiven Widerstand, an der Gründung von Kommunen hat die geistige und moralische Atmosphäre zumindest an den Universitäten bereits verändert. Diese deutlichen Zeichen von Bewußtwerdung und Engagement lassen uns hoffen, daß sich die Verbrechen der jüngsten Vergangenheit nicht wiederholen werden. Eines aber ist sicher: Wir dürfen diese Verbrechen niemals vergessen.

Erst vor einem halben Jahrhundert wies Randolph Bourne in seinen erstaunlich hellsichtigen Essays warnend darauf hin, daß »die alte Philosophie, der alte Radikalismus ... einen ausgesprochenen Höhepunkt erreicht haben und es keinen Grund für die Annahme gibt, daß sie wieder absinken werden. Ihre Blüte zeigt sich in der technischen Kriegführung einer bemühten Gruppe junger Liberaler, die ihren Weg mit Hilfe eines opportunistischen Programms des Staatssozialismus im Inland und eines Bündnisses wohlmeinend imperialistischer Nationen im Ausland festlegen.« Der pragmatische Liberalismus »hatte Erfolg, soweit wir versuchten, jene materiellen Grundlagen für das amerikanische Leben zu schaffen, durch die ein intensiveres Leben möglich wurde«. Er versagte jedoch darin, »neue Werte zu schaffen und großzügige Maßstäbe zu setzen, auf die sich alle Nationen berufen können«. Bourne schrieb über die Begeisterung, mit der die liberalen Intellektuellen den Krieg in dem Augenblick guthießen, als sich Amerika selbst daran beteiligte, über ihr »Hochgefühl von Vertrauen und Selbstgerechtigkeit«, ihren »festen Glauben, die Kontrolle zu haben über das, was geschieht«.

Der Krieg hat eine jüngere Intelligentsia hervortreten lassen, die in der pragmatischen Ordnung aufgewachsen ist. Sie ist ausgezeichnet vorbereitet

für die Ausübung der Kontrolle über die Ereignisse, bringt aber nicht die
geringsten Voraussetzungen mit für die intellektuelle Interpretation oder
idealistische Deutung von Zielen... Sie hat das Geheimnis der wissenschaftlichen Methode und ihrer Anwendung auf die politische Administration begriffen. Sie ist liberal, aufgeklärt, wach. Der Lösung politischer
und industrieller Probleme tritt sie mit schöpferischer Intelligenz entgegen. Sie ist ein absolut neuer Faktor im amerikanischen Leben, das Produkt eines Umschwungs an den Universitäten, fort von der bisherigen
Ausbildung in den klassischen Fächern und hin zu einer Ausbildung, die
den Akzent auf politische und wirtschaftliche Fragen setzt. Man darf
sagen, daß nahezu alle in den Dienst der Kriegstechnik getreten sind. Es
scheint eine eigenartige Wahlverwandtschaft zwischen dem Krieg und diesen Männern bestanden zu haben, fast als ob sie aufeinander gewartet
hätten... Bezeichnend ist, daß sie von der technischen, nicht von der
politischen Seite des Krieges oder seiner Interpretation fasziniert sind. Die
Formulierung von Werten und Idealen, die Erzeugung artikulierter und
suggestiver Gedanken hat in ihrer Erziehung in keiner Hinsicht mit ihren
technischen Fähigkeiten Schritt gehalten... [Deweys] Schüler haben die
instrumentelle Einstellung zum Leben nur zu wörtlich genommen, und da
sie unerhört intelligent und energisch sind, machen sie sich selbst zu wirksamen Instrumenten der Kriegstechnik und akzeptieren fast bedingungs-
los die von oben verkündeten Ziele.[2]

Bourne beschreibt nicht die »New Frontiersmen«, nicht die »neuen
Mandarine« der sechziger Jahre, sondern die liberalen und radikalen Intellektuellen des Jahres 1917. Sein Essay hat den Titel »Twilight of Idols«. Mit dem Krieg in Vietnam hat sich die Dämmerung
in mitternächtliche Schwärze verwandelt.

In diesem Essay spricht Bourne jedoch auch voll Hoffnung von den
»durch und durch Unzufriedenen«:

Erbitterung über die gegenwärtige Situation, Ekel vor den Frustrationen
und der Schalheit des amerikanischen Lebens, tiefe Unzufriedenheit mit
sich selbst und den Gruppen, die sich optimistisch geben – aus solchen
Stimmungen können sich neue Werte herausbilden. Die Unzufriedenen
sind Männer und Frauen, die den Krieg und den daraus folgenden reak-
tionären Idealismus nicht ertragen können. Sie sind fertig mit den professionellen Kritikern und den Klassikern, die die kulturellen Werte infolge ihrer persönlichen Untauglichkeit haben untergehen lassen. Und
doch haben diese Unzufriedenen nicht die Absicht, zu kulturellen Van-
dalen zu werden und nur zu zerstören. Sie sind keine Barbaren; sie suchen
das Lebendige und Aufrichtige überall.[3]

Er spricht hoffnungsvoll davon, daß eine »skeptischere, boshaftere,
verzweifeltere, ironischere Stimmung tatsächlich der Vorbote eines

lebhafteren und bewegteren Lebens sein könnte, das in Amerika zu gären beginnt... Unzufriedenheit kann der Anfang eines Versprechens sein.« Die Repressionen der Nachkriegszeit haben dieses Versprechen zunichte gemacht. Und heute, da die Ideologie des Kalten Krieges zusammenbricht und die amerikanische Macht sich unfähig erweist, die Vorherrschaft über Asien zu gewinnen, liegt erneut der Ruch der Repression in der Luft. Wenn wir überhaupt etwas aus der Geschichte zu lernen bereit sind, dann werden wir einen Weg suchen, die Arroganz und Zersplitterung, die wie ein Fluch über dem linken Flügel liegen, zu meiden und uns im Widerstand gegen die Repression zu verbünden, um das Versprechen zu realisieren, das aus unserer Unzufriedenheit erwachsen könnte; um »den Reiz des Kriegerischen« und »den Reiz des Technischen« durch »den Reiz frischer und aufrichtiger Ideen, freier Gedanken, künstlerischer Energie, kultureller Ziele, den Reiz einer von Gefühl durchdrungenen Intelligenz und eines durch Intelligenz gestärkten und geformten Gefühls« zu ersetzen. Diese Worte Bournes sind kein Aktionsprogramm, sondern sie mahnen uns, ein solches Programm aufzustellen und für uns selbst wie für andere das Bewußtsein zu schaffen, durch das es ins Leben treten kann. Nur wenige Schritte wurden in diese Richtung unternommen, seit er das geschrieben hat. Angesichts der heutigen Wirklichkeit der amerikanischen Macht wird seine Aufforderung zu einer dringenden, ja verzweifelten Notwendigkeit.

Fast alle in diesem Buch zusammengestellten Essays enthalten starke Kritik an der Rolle des amerikanischen Intellektuellen bei der Planung und Durchführung der offiziellen Politik, bei der Interpretation historischer Ereignisse und bei der Ausarbeitung einer Ideologie des sozialen Wandels, die diesen teils verfälscht, teils fesselt und untergräbt. Wegen dieser kritischen Haltung möchte ich gleich zu Beginn sagen, daß jeder Anflug von Selbstgerechtigkeit – sollte er sich eingeschlichen haben – unbeabsichtigt und, was noch wichtiger, ungerechtfertigt ist. Wer sich, wie es bei mir der Fall war, erst 1965 an der Opposition gegen den Krieg beteiligte, hat keinen Anlaß, Stolz oder Genugtuung zu empfinden. Diese Opposition kam zehn oder fünfzehn Jahre zu spät. Das ist eine der Lehren, die wir aus der vietnamesischen Tragödie gezogen haben sollten.

Diese Essays sind zum größten Teil ausgearbeitete Fassungen von
Vorträgen, die ich im Laufe der letzten vier Jahre gehalten habe.
Während dieser Zeit habe ich an mehr Konferenzen, Debatten,
Podiumsgesprächen, Teach-ins und Tagungen über Vietnam und
den amerikanischen Imperialismus teilgenommen, als ich erinnern
möchte. Vielleicht sollte ich aber erwähnen, daß mich während dieser Vorträge und Diskussionen immer stärker ein Gefühl der
Unaufrichtigkeit befiel. Es hat nichts zu tun mit intellektuellen
Problemen. Die grundlegenden Fakten sind deutlich genug, die Einschätzung der Situation ist denkbar genau – aber die ganze Proze-
dur nimmt in emotionaler wie in moralischer Hinsicht beunruhigend
falsche Formen an. Es ist ein Gefühl, das mich auch früher gelegentlich überfallen hat. Ich erinnere mich zum Beispiel, wie ich vor
vielen Jahren eine ausgezeichnete Analyse der Osteuropapolitik
Hitlers las, im Zustand grimmiger Faszination. Der Autor versuchte
mit allen Mitteln, gelassen, wissenschaftlich und objektiv zu sein;
er unterdrückte die einzig mögliche menschliche Reaktion auf einen
Plan zur Versklavung und Vernichtung von Millionen »unter-
menschlicher Lebewesen«, damit die Erben der geistigen Werte der
westlichen Kultur in der Lage sein würden, unbehelligt eine höhere
Form der Gesellschaft zu entwickeln. Durch die Kontrolle dieser
elementaren menschlichen Reaktion treten wir in eine technische
Debatte mit der Nazi-Intelligenz ein: Ist es technisch möglich, Millionen von Körpern wegzuschaffen? Welche Beweise gibt es für die
Minderwertigkeit der Slawen? Müssen sie erst zu Staub oder in ihre
»natürliche« Heimat im Osten zurückgeschickt werden, damit diese
große Kultur zum Wohl der ganzen Menschheit erblühen kann? Ist
es wahr, daß die Juden ein Krebsgeschwür sind, das an der Lebens-
kraft des deutschen Volkes zehrt? Und so weiter. Ohne mir dessen
bewußt zu sein, sah ich mich in diesen Sumpf wahnsinniger Rationalität gezogen: ich erfand Argumente, um die Thesen eines Bor-
mann oder Rosenberg zu widerlegen.
Mit dem Eintritt in die Arena der Argumente und Gegenargumente,
der technischen Möglichkeiten und Taktiken, der Fußnoten und
Zitate, mit dem Eingehen auf die Voraussetzung, daß die Debatte
über gewisse Streitfragen legitim sei, hat man bereits seine Menschlichkeit verloren. Eben dieses Gefühl kann ich kaum unterdrücken,
wenn ich die verschiedenen Schritte bei der Entwicklung eines

Arguments gegen den Krieg in Vietnam vollziehe. Jeder, der dieser Aufgabe auch nur einen Teil seines Verstandes widmet, kann ein überwältigendes Argument anführen; darüber besteht kein Zweifel mehr. Indem er es aber tut, degradiert er sich selbst und beleidigt über alle Maßen die Opfer unserer Gewalttätigkeit und unserer moralischen Blindheit. Es mag eine Zeit gegeben haben, da die amerikanische Vietnampolitik noch eine Sache war, über die sich diskutieren ließ. Diese Zeit ist längst vorbei. Man kann heute ebensowenig darüber diskutieren wie über den italienischen Krieg in Abessinien oder die Unterdrückung der Freiheit des ungarischen Volkes durch die Russen. Dieser Krieg ist nichts anderes als eine Obszönität, eine abscheuliche Untat schwacher und armseliger Menschen, uns alle eingeschlossen, die wir es zugelassen haben, daß er immer weiter geführt wurde mit endloser Wildheit und Zerstörungswut – uns alle eingeschlossen, die wir geschwiegen hätten, wenn Stabilität und Ordnung weiterhin gewährleistet gewesen wären. Es ist nicht gerade ein Vergnügen, solche Worte zu gebrauchen, aber die Ehrlichkeit gestattet mir keine angenehmeren.

Die Dinge, die wir in diesen schrecklichen Jahren zu sehen und zu lesen bekamen, sind ungeheuerlich. Vor mir liegt gerade ein AP-Photo aus der *New York Times* mit folgendem Text:

Heimatlose Kinder: Ein Mädchen hält sein verwundetes Schwesterchen im Arm, während südvietnamesische Soldaten durch das Dorf streifen. Die Kinder wurden aus einem Bunker unter ihrem Haus gerettet, das niederbrannte, als amerikanische Hubschrauber das Feuer auf den Viet Kong eröffneten. Die Szene spielt im Mekong-Delta, südwestlich von Saigon.

Ich kann das Pathos dieser Szene nicht beschreiben, auch nicht den Ausdruck auf dem Gesicht des verwundeten Kindes. Wie viele hundert solcher Bilder müssen wir noch sehen, bevor wir anfangen, uns zu besinnen und zu handeln?

Ich glaube, das ist das erste Mal in der Geschichte, daß eine Nation ihre Kriegsverbrechen so unverblümt und öffentlich zur Schau stellt. Vielleicht zeigt das, wie gut unsere freien Institutionen funktionieren. Oder zeigt es nur, wie immun wir dem Leiden gegenüber geworden sind? Vermutlich letzteres. So jedenfalls muß es scheinen, wenn man beobachtet, wie die Opposition gegen den Krieg in den letzten Monaten gewachsen ist. Der Hauptgrund dafür ist zweifel-

los der, daß die Kriegskosten für uns zu hoch, ja unannehmbar
geworden sind. Es ist beklagenswert, aber wahr, daß es nicht die
Bemühungen des »peace movement« waren, die die öffentliche Meinung Amerikas und die politische Szene hierzulande verändert
haben; noch weniger waren es die Erklärungen irgendwelcher politischer Sprecher, es war vielmehr der Widerstand der Vietnamesen,
die der amerikanischen Macht einfach nicht weichen wollen. Und
schlimmer noch: der »verantwortlichen« Haltung zufolge ist die
Opposition gegen den Krieg aus finanziellen Gründen nicht etwa,
wie ich sagte, beklagenswert, sondern vielmehr bewundernswert,
weil dem Geist der amerikanischen Politik gemäß. Die Politik Amerikas ist eine Politik der Anpassung, die moralische Erwägungen mit
Erfolg ausschließt. Daher ist es durchaus richtig – und ein weiterer
Beweis für unsere Überlegenheit –, daß nur pragmatische Erwägungen über Kosten und Nützlichkeit unsere Aktionen lenken. Nach
der Ermordung von Martin Luther King sagte Kenneth Clark:
»Man muß um dieses Land weinen.« Sollen wir weinen oder lachen,
wenn wir in den Leitartikeln unserer großen Zeitungen und fast
überall in der links-liberalen Presse lesen, daß die Gesundheit unseres demokratischen Systems durch Johnsons Rede vom 31. März
1968 bestätigt wurde? Angesichts des Scheiterns seiner Vietnam-
Politik, einer großen internationalen Wirtschaftskrise und heftiger
Unruhen im eigenen Land, die das Regieren unmöglich zu machen
drohten, machte der Präsident eine »noble« und »großmütige« Geste
– »das letzte Opfer für den Frieden«, wie ein Senator es nannte:
Er verkündete, daß er nicht wieder kandidieren werde. Das ist der
Beweis für die Lebensfähigkeit der amerikanischen Demokratie.
Gemessen an diesen Maßstäben gab es eine noch lebensfähigere
Demokratie als die unsere, nämlich gegen Ende der dreißiger Jahre
im faschistischen Japan, wo mehr als ein Dutzend Kabinette unter
nicht unähnlichen Umständen stürzten. Die Gesundheit unseres
Systems hätte bewiesen werden können durch eine Änderung der
Politik aufgrund der Erkenntnis, daß das, was wir in Vietnam
angerichtet haben, falsch und kriminell ist, daß ein amerikanischer
»Sieg« eine Katastrophe gewesen wäre. Nichts lag dem politischen
Bewußtsein Amerikas ferner. Solange sich das nicht ändert, sind wir
dazu verdammt, diese Schrecken immer weiter zu erleben.
Der wichtigste Grund für die Opposition gegen den Krieg sind, wie

gesagt, die Kosten, die er uns bereitet. Ein zweiter Grund ist das Gefühl, daß die Kosten für seine Opfer zu hoch sind. Auf den ersten Blick scheint diese Reaktion ein höheres moralisches Niveau zu zeigen als jene, aber das ist keineswegs ausgemacht. Unser Prinzip, die Klauen zurückzuziehen, wenn das Opfer zu stark blutet, ist kaum erhaben zu nennen. Wie wäre es mit einer Opposition gegen den Krieg, weil wir kein Recht haben, das südvietnamesische Regime zu stabilisieren oder die Experimente mit der »Kontrolle der materiellen und menschlichen Ressourcen« durchzuführen, an denen die »Befriedungstheoretiker« so große Freude haben? Diese Opposition ist nur schwach entwickelt und in der politischen Arena praktisch nicht existent. Der pragmatische und verantwortungsvolle Experte der gegenwärtigen Politik läßt sich zu einer solchen Sentimentalität nicht herab.

Im März 1968 veröffentlichte der *Boston Globe* eine Reihe von Briefen, die ein Mitglied der *International Voluntary Services* [IVS, eine private Hilfsorganisation] geschrieben hatte – eine Lehrerin in einem Montagnard-Dorf und offensichtlich ein Mensch mit viel Mut und Hingabe an die Sache. Es waren größtenteils nette, unterhaltsame Berichte über das Leben in Vietnam und die guten Taten, die wir für diese armen Menschen dort vollbringen. Hier einige Auszüge aus einem der Briefe:

Komisch, was wir da in Vietnam machen: wir bauen diese sicheren Inseln, die Menschen werden umgesiedelt, in »befriedete« Gebiete zusammengepfercht, aber der größte Teil des Landes ist Niemandsland, das wir durch Bombardements, Entlaubungen usw. geschwind in eine Wüste verwandeln... Wenn die Amerikaner ihren Willen durchsetzen, dann wird es ein Land werden, das aus lauter Sandstränden besteht, mit ein paar sicheren Gebieten als Inseln dazwischen... der Rest wird Einöde sein. Komisch, das einem Land anzutun, dem man Geld für seinen wirtschaftlichen und politischen Aufbau gibt. Aber es heißt, daß die einzige Möglichkeit, die Guerillakräfte zu zerschlagen, darin besteht, ihre Lebensquellen (Land und Leute) zu vernichten, das Land zu ruinieren und die Menschen in den Gebieten zu sammeln, die unter unserem Schutz stehen.4

Ich glaube, ein solcher Brief verrät eine Menge über die Stimmung, in der sich das Land heute befindet. Ein Mitglied der IVS erfährt, daß unsere Versuche darauf zielen, »ihre Lebensquellen (Land und Leute) zu vernichten«, und geht dann froh und pflichtgetreu seiner Arbeit nach, beim Wiederaufbau des Zerstörten zu helfen. Und mehr

noch: Einige hunderttausend Einwohner von Groß-Boston – dem
kulturellen Zentrum der USA, wie sie glauben – dürften diesen
Brief gelesen haben und dann ihrer Arbeit nachgegangen sein. Warum auch nicht? Er ist nicht bedrückender als Dutzende von anderen
Dingen, die sie gesehen und gelesen haben. Es ist in der Tat zweifelhaft, ob wir dem vietnamesischen Volk (d. h. den Kommunisten)
noch irgend etwas antun können, das mehr als ein vorübergehendes
Schaudern verursacht.

Einige Wochen früher konnten die Einwohner Bostons an der gleichen Stelle auf der Titelseite des *Globe* einen Artikel vom Leiter des
Department of Government der Harvard-Universität lesen, in
dem der Urbanisierungsprozeß in Südvietnam beschrieben wurde,
ein interessantes soziologisches Projekt, das eine ganze Reihe neuer
Möglichkeiten für den Aufbau einer Nation eröffnet.[5] Details über
die Art und Weise, wie »die Vereinigten Staaten das Volk von Vietnam urbanisieren«, werden uns erspart, aber andere haben diesen
Prozeß beschrieben – z. B. die eben genannte IVS-Helferin. Die
Urbanisierung ist natürlich das »Komische«, das wir dem vietnamesischen Volk antun. Don Luce, der sein Amt als Leiter der IVS
gegen Ende des Jahres 1967 aus Protest gegen die Politik der Vereinigten Staaten niederlegte, schrieb über diesen Prozeß:

Weniger »glückliche« Dorfbewohner [als jene in »befriedeten« Dörfern]
sind aus ihren angestammten Wohnsitzen vertrieben und in Flüchtlings-
lagern untergebracht worden, die sich an der Peripherie der Städte an-
häufen. In diesen öden Lagern leben fast ausschließlich Frauen und Kinder, die tief erbittert sind darüber, daß man sie von ihren Äckern vertrieben und aus ihrem Lebensrhythmus gerissen hat, fort von den Gräbern
ihrer Ahnen und sogar von ihren Ehemännern, die in der Regel mit dem
»Viet Kong« zusammenarbeiten. Ihr ehemaliges Dorf wird gewöhnlich
Teil einer freien Angriffszone. Das bedeutet, daß Flugzeuge im gesamten
Gebiet Bomben abwerfen können und daß jeder, den man hier festnimmt,
für einen »Viet Kong« gehalten und erschossen wird. Unglücklicherweise
gehen viele Flüchtlinge zurück, um ihren Reis zu ernten, oder sie wandern
in diese Gebiete, um Holz und Stroh zu sammeln. In Tuy Hoa wurde ein
IVS-Helfer im Provinzhospital, in dem er halbtags arbeitete, um eine
Blutspende gebeten. Er fragte einen alten Mann, der im Hospital wartete,
was geschehen war. Der Alte antwortete bitter: „Mein Sohn und vier
andere Männer gingen zum Holzholen. Auf dem Rückweg schwebte ein
amerikanischer Hubschrauber über ihnen. Aus Angst rannten sie los. Vier
wurden verwundet, einer getötet.«[6]

Kurz, die Urbanisierung ist der Prozeß, mit dem man »ihre Lebensquellen (Land und Leute) vernichtet, das Land ruiniert und die
Menschen in den Gebieten sammelt, die unter unserem Schutz
stehen«. Das ist für jeden verständlich. Und doch ist der Protest nur
schwach, wenn der Leiter des *Department of Government* an unserer besten Universität vom soziologischen Prozeß der Urbanisierung
spricht, von den Vorteilen, die den Vietnamesen daraus erwachsen,
und von den Möglichkeiten, die er uns bietet zur Gewinnung des
Krieges.

Diese kühle und analytische Einstellung zu dem Problem, wie der
Krieg zu gewinnen sei, kann durch unzählige Beispiele in den Schriften der verantwortlichen politischen Analytiker belegt werden. Um
nur eines zu nennen: in seinen Bemerkungen über die Bombardie-
rungstaktik in Nordvietnam[7] spricht Joseph Harsch von den Frustrationen, die die Politik der begrenzten Bombardierung bereitet:

Eine auf einen laubigen Dschungel abgeworfene Bombe führt zu keinem
sichtbaren Ergebnis. Selbst wenn sie einen mit Waffen beladenen Lastkraftwagen trifft, erfährt der Pilot nur selten die Befriedigung, zu wissen,
was er damit erreicht hat. Der Angriff auf einen großen Staudamm ist da
schon etwas anderes. Es gibt eine riesige Explosion, die von oben aus deutlich zu sehen ist. Man kann sehen, wie der Damm zusammenbricht, wie
das Wasser durch die Öffnungen strömt und weite Landstriche und Dörfer
überschwemmt. Der Pilot, der einen Staudamm bombardiert, kehrt heim
mit dem Gefühl, etwas erreicht zu haben. Über solche Heldentaten sind
Bücher geschrieben und Filme gedreht worden... Durch die Bombe, die
den Damm zerstört, werden Dörfer überflutet, Menschen ertränkt, Ernten
vernichtet und Kraftwerke demoliert... Durch das Bombardieren eines
Dammes würden Menschen zu Schaden kommen. Jeder zusätzlich zer-
störte Damm wäre ein weiterer Grund für die Feststellung, daß »der
Feind Schaden zufügt«. Theoretisch sollte die Regierung eines Volkes,
wenn ihm genug »Schaden zugefügt« ist, eher dazu bereit sein, sich an den
Konferenztisch zu setzen.

Trotz all der Vorteile, die die Bombardierung von Dämmen mit sich
bringt, glaubt Harsch offensichtlich, daß es doch vernünftiger ist,
Lastkraftwagen zu bombardieren, und zwar deshalb, weil es »keinen Beweis dafür gibt, daß das Leid, das der Zivilbevölkerung
Nordvietnams zugefügt wurde«, die Wirkung hatte, ihre Regierung
verhandlungsbereit zu machen. Außerdem sind die Folgen terrori-
stischer Bombardements in einem nichtindustrialisierten Land nur
unbedeutend. Harsch schlägt daher vor, wir sollten nicht »die spek-

takulären Ziele verfolgen, die strategisch fragwürdiges Leid beim
nordvietnamesischen Volk hervorrufen«, sondern vielmehr »die
unspektakulären Ziele, die für den Infanteristen auf dem Schlachtfeld militärische Erleichterung bedeuten können«, auch wenn das
bedauerlich ist für die Piloten, die das Gefühl der Erfüllung und
Befriedigung vermissen werden, das die überschwemmten Dörfer,
das Ertrinken von Menschen und die vernichteten Ernten in ihnen
auslösen würden.

Rein zufällig veröffentlichte dieselbe Zeitung nur wenige Tage später einen Augenzeugenbericht über die Bombardierung von Deichen
in Nordvietnam.[8] Der Korrespondent berichtet:

> Im fruchtbaren Delta des Roten Flusses – Nordvietnams größter Reiskam-
> mer – werden in letzter Zeit immer mehr Deiche angegriffen. Die Absicht
> der amerikanischen Bombardierungen scheint nicht nur in der Demorali-
> sierung und Beunruhigung der Bevölkerung des am dichtesten besiedelten
> Gebiets des Landes zu liegen, sondern auch in der Vernichtung der Ernten
> in den ausgedehnten Ebenen mit ihren ungeschützten, offenen Flächen...
> Hier im Delta-Gebiet, dessen Reisfelder den größten Teil des Reisvorrats
> für 17 Millionen Nordvietnamesen erzeugen, sind die Deiche entlang den
> unzählbaren kleinen Zusammenflüssen des Roten Flusses fast täglich ange-
> griffen worden... Die Bombardierungen in dem Delta scheinen eindeutig
> das Ziel zu haben, die Agrarproduktion zu stoppen. Militärische Ziele
> lassen sich an den Deichen nicht ausmachen. Das stärkste Artilleriematerial,
> das wir zu sehen bekamen, waren die überalterten Gewehre der Bauern-
> miliz.

Als historischen Bezugspunkt führe man sich den deutschen Reichs-
kommissar Seyß-Inquart vor Augen, der in Nürnberg zum Tod verurteilt wurde, weil er in Holland zur Zeit der Invasion der Alliierten die Deiche hatte öffnen lassen.[9] Da die Herausgeber des *Christian Science Monitor* nicht der Meinung waren, daß diese Ent-
hüllung eines redaktionellen Kommentars bedürfe, weiß ich nicht,
ob sie das vernünftige Argument Harschs, lieber die Lastkraftwagen als die Dämme zu bombardieren, jetzt durch andere Erwägungen entkräftet glaubten.

Als letztes Beispiel für die verhärtete Reaktion der Amerikaner auf
die Enthüllungen der Massenmedien nenne ich eine kleine Zeitungs-
notiz aus der *New York Times* vom 18. März 1968 mit der Überschrift: »Armeeausstellung verbietet simuliertes Schießen auf vietnamesische Hütte.« In der Notiz wird über einen Versuch des

»peace movement« berichtet, eine Ausstellung im *Museum of Science and Industry* in Chicago zu sprengen:

Ab heute ist es den Besuchern untersagt, einen Helikopter zu besteigen und mit einem Maschinengewehr vorgetäuschtes Feuer auf Ziele in einem Diorama vom zentralen Hochland Vietnams abzugeben. Die Ziele waren eine Hütte, zwei Brücken und ein Waffenlager; wenn ein Ziel getroffen wurde, leuchtete ein Licht auf.

Offensichtlich hatten die Kinder großen Spaß daran, bis diese verdammten »peaceniks« auftauchten und eine ihrer ewigen Demonstrationen starteten, wobei sie sogar die Ausstellung besetzten. Dem Bericht der *New York Times* zufolge »waren die Demonstranten ganz besonders dagegen, daß es Kindern erlaubt war, auf diese Hütten zu ›feuern‹, obwohl weder in deren Nähe noch sonstwo in dem Diorama Menschen zu sehen waren«, was klipp und klar zeigt, wie unvernünftig »peaceniks« sein können. Als kleine Entschädigung für die Schließung dieser unterhaltsamen Einrichtung »können jedoch die Besucher ihre Fähigkeiten noch an anderen Ausstellungsstücken erproben: beim Schießen mit einem Panzerabwehrgeschütz oder verschiedenen Gewehrmodellen«.

Was soll man noch sagen über ein Land, in dem das wissenschaftliche Museum einer großen Stadt eine Ausstellung veranstaltet, in der Menschen von einem Helikopter aus mit Maschinengewehren auf vietnamesische Hütten schießen und ein Feuer aufleuchtet, wenn das Ziel getroffen ist? Was soll man noch sagen über ein Land, in dem es möglich ist, daß eine solche Idee auch nur in Erwägung gezogen wird? Über dieses Land muß man weinen.

Diese und tausend andere Beispiele bezeugen die moralische Degeneration in solchem Ausmaß, daß Gespräche über die »normalen Kanäle« politischer Aktionen und Proteste sinnlos oder verlogen werden. Wir müssen uns fragen, ob das, was in den Vereinigten Staaten dringend vonnöten ist, abweichende Meinungen sind – oder Entnazifizierung. Die Frage ist strittig. Vernünftige Leute mögen da unterschiedlicher Meinung sein. Aber die Tatsache, daß die Frage immer noch strittig ist, läßt mich erschrecken. Meiner Ansicht nach ist es eine Art Entnazifizierung, die wir brauchen. Allerdings gibt es keine starke Kraft von außen, die von uns Rechenschaft fordern könnte – die Veränderung muß von innen heraus kommen.

Ich habe bisher nur von der Unterdrückung in Übersee gesprochen,

muß aber wohl kaum hervorheben, daß es dazu eine einheimische
Entsprechung gibt. Die Reaktion auf das Leid unterdrückter Min-
derheiten im eigenen Land unterscheidet sich nicht wesentlich von
der brutalen Gleichgültigkeit gegenüber der Not, die wir anderen
Teilen der Welt aufgezwungen haben. Die Opposition gegen den
Krieg in Vietnam beruht weitgehend auf den Kosten, die er verursacht, und auf der Unfähigkeit der amerikanischen Macht, den
Widerstand der Vietnamesen zu brechen. Und die ersten zaghaften
Versuche, den farbigen Amerikanern die Freiheit zu geben, wurden
größtenteils aus Angst unternommen. Das ist so traurig wie wahr.
Wir müssen diese Tatsachen erkennen und tief bedauern, dürfen uns
aber nicht lähmen lassen durch diese Erkenntnis. Zorn, Beschimp-
fungen, Eingeständnisse übergroßer Schuld mögen eine gute Therapie sein; sie können aber auch wirksamen Aktionen im Wege stehen,
die sich immer so hinstellen lassen, daß sie der Ungeheuerlichkeit
des Verbrechens unangemessen erscheinen. Nichts ist einfacher, als
sich eine neue Form der Selbstbefriedigung anzueignen, die nicht
weniger lähmt als die alte Apathie. Die Gefahr liegt nahe. Es ist
nicht gerade eine neue Einsicht, daß sich das Bekenntnis der Schuld
als eine Technik institutionalisieren läßt, eben das zu vermeiden,
was getan werden müßte. Man kann sogar ein Gefühl der Befriedigung empfinden, wenn man seine eigene böse Natur betrachtet.
Nicht weniger trügerisch ist der Ruf nach der »Revolution« zu einer
Zeit, da noch nicht einmal die Keime neuer Institutionen vorhanden
sind, geschweige denn das moralische und politische Bewußtsein, das
zu einer grundsätzlichen Veränderung des sozialen Lebens führen
könnte. Sollte es heute in Amerika eine »Revolution« geben, so
wäre sie zweifellos eine Bewegung, die auf irgendeine Spielart des
Faschismus hinausliefe. Wir müssen uns hüten vor einer revolutionären Rhetorik, der zuliebe Karl Marx das Britische Museum hätte
niederbrennen müssen, weil es Teil einer repressiven Gesellschaft
war. Es wäre kriminell, die gefährlichen Mängel und Unzulänglichkeiten unserer Institutionen zu übersehen, aber ebenso, das erhebliche Maß an Freiheit, das die meisten von uns im Rahmen dieser feh-
lerhaften Institutionen genießen, nicht auszunutzen, um diese zu
verändern oder durch eine bessere soziale Ordnung zu ersetzen. Wer
die Geschichte ein wenig verfolgt, wird nicht überrascht sein zu sehen, daß jene, die am lautesten fordern, wir sollten alles zerschlagen

und zerstören, später zu den Verwaltern eines neuen Unterdrük-
kungssystems gehören.

Eines Tages wird der Krieg in Vietnam zu Ende sein und mit ihm
der durch ihn ins Leben gerufene Impuls zur Selbstanalyse und zur
Suche nach Erneuerung und Alternativen. Diejenigen, die nur
wegen der Kosten und Grausamkeiten gegen den Krieg waren, zählen dann nicht mehr. Vielleicht wird eine amerikanische Niederlage,
die sich nicht verschleiern läßt, oder ein »Sieg«, der den Weg für
neue Barbarei ebnet, von einer gefährlichen Repression im Inland
begleitet sein, die wenig Energie und Wille übrig läßt für die Neu-
bewertung von Ideologien und die Neuordnung des sozialen Lebens.
Aber es gibt auch ermutigende Zeichen. Es wächst die Erkenntnis,
daß es eine Illusion ist zu glauben, alles werde sich zum Guten wenden, wenn nur der derzeitige liberale Held ins Weiße Haus ein-
ziehe. Und es wächst die Einsicht, daß isolierte, miteinander kon-
kurrierende Individuen den repressiven Institutionen schwerlich
allein entgegenwirken können. Im besten Fall wird man einige von
ihnen als intellektuelle Störenfriede dulden. Die Masse wird sogar
in einer formellen Demokratie »die Werte, die oft zufällig, oft ab-
sichtlich aufgrund von Privilegien geprägt worden sind«, akzeptieren, Werte, die »eher unbewußt angenommene Gewohnheiten als
freie Entscheidungen« repräsentieren.[10] In einer zersplitterten, auf
Wettbewerb ausgerichteten Gesellschaft können die Individuen ihre
wahren Interessen weder erkennen noch verteidigen, sowenig wie
sie das können, wenn sie durch totalitäre Kontrolle an freier Vereinigung gehindert werden. Die Einsicht in diese Sachlage hat junge
Menschen zu verschiedenen Formen des Widerstands zusammen-
geführt und zu dem noch kaum bekannten, aber sehr eindrucks-
vollen Experiment bewogen, in vielen Teilen des Landes Kommunen zu gründen; sie motiviert offensichtlich auch viele Verteidiger
der »Black Power«-Bewegung. Es ist interessant zu sehen, wie die
klassischen Ideen eines freiheitlichen Sozialismus Eingang in die
Ideologie der »neuen Linken« gefunden haben. Äußerungen wie die
folgenden sind fast schon zum Klischee geworden – ohne darum
falsch oder belanglos zu sein: Unser soziales System hat »die allgemeinen Interessen der menschlichen Gesellschaft den privaten
Interessen von Individuen geopfert und auf diese Weise jede echte
Beziehung zwischen den Menschen systematisch untergraben«; »Die

Demokratie mit ihrer Devise *Gleichheit aller Bürger vor dem Gesetz*
und der Liberalismus mit seiner Devise *Recht des Menschen auf die
Entfaltung der eigenen Persönlichkeit* sind beide an der Realität der
kapitalistischen Wirtschaft zerbrochen«; »Das größte Übel einer
jeden Form von Macht ist, daß sie immer wieder versucht, die reiche
Mannigfaltigkeit des sozialen Lebens in festgelegte Formen zu
zwängen und bestimmten Normen anzupassen«.

Politische Rechte haben ihren Ursprung nicht in Parlamenten, vielmehr
sind sie diesen von außen aufgezwungen worden. Und selbst ihre gesetzliche Verankerung war lange Zeit hindurch keine Garantie für ihre Ge-
währleistung. Sie existieren nicht, weil sie ordnungsgemäß auf ein Stück
Papier niedergeschrieben wurden, sondern erst dann, wenn sie zur ein-
gefleischten Gewohnheit eines Volkes geworden sind und wenn jeder Versuch, sie zu schmälern, auf den heftigen Widerstand der unteren Bevölke-
rungsschichten stößt. Wo das nicht der Fall ist, kann keine parlamentarische Opposition und kein platonischer Appell an die Verfassung mehr
helfen. Man erzwingt sich den Respekt der anderen, wenn man die eigene
menschliche Würde zu verteidigen weiß. Das gilt nicht nur für das Privat-
leben, es ist auch im politischen Leben nie anders gewesen.[11]

Ich halte das Wiederaufleben anarchistischen Denkens in der »neuen
Linken« und die Versuche, es in die Praxis umzusetzen, für die viel-
versprechendste Entwicklung der letzten Jahre. Wenn sich diese
Entwicklung durchsetzt, besteht meines Erachtens wirklich die
Hoffnung, daß die gegenwärtige Krise Amerikas nicht in eine ame-
rikanische und weltweite Tragödie ausartet.
Im Jahrzehnt der Gleichgültigkeit beschrieb Albert Einstein einmal
die Bedeutung der *War Resisters' League* mit folgenden Worten:

... durch die Vereinigung befreit sie mutige und resolute Individuen von
dem lähmenden Gefühl der Isolierung und Einsamkeit und gibt ihnen so
die moralische Unterstützung bei der Erfüllung dessen, was sie für ihre
Aufgabe halten. Die Existenz einer solchen moralischen Elite ist unerläß-
lich für die Vorbereitung einer fundamentalen Veränderung der öffentlichen Meinung, einer Veränderung, die unter den gegebenen Umständen
absolut notwendig ist, wenn die Menschheit überleben soll.[12]

In den vergangenen Jahren ist die »moralische Elite« zu einer beträchtlichen Kraft innerhalb der Jugend geworden, die nach Möglichkeiten sucht, sich zu vereinigen und als politische wie als moralische Kraft zu handeln. Es bleibt abzuwarten, ob daraus eine schöpferische und sich selbst tragende Tradition werden kann, deren

Überleben nicht von äußeren Ereignissen abhängt, und ob sie sich mit anderen Kräften zusammenschließen wird mit dem Ziel konstruktiver Veränderungen. Gelingt ihr das, so werden wir vielleicht auch mit den Problemen, die uns heute quälen, fertig werden. Vielleicht können wir dann ein Schicksal vermeiden, das Einstein – einer oft zitierten Geschichte zufolge – beschrieben hat, als man ihn fragte, welche Art von Waffen in einem potentiellen Dritten Weltkrieg zur Anwendung kommen würden. Seine Antwort war, er wisse nicht, welche Waffen im Dritten Weltkrieg angewendet würden, aber er sei sicher, daß der Vierte Weltkrieg mit Steinen und Keulen ausgetragen werde.

Objektivität und liberales Gelehrtentum

In einem seiner jüngsten Essays spricht Conor Cruise O'Brien von dem Prozeß der »konterrevolutionären Subordination«, der die Integrität der Gelehrten in unserer konterrevolutionären Gesellschaft gefährdet, so wie die »revolutionäre Subordination«, ein oft genanntes und gründlich beklagtes Phänomen, die Integrität der Gelehrten in revolutionären und postrevolutionären Situationen untergraben hat.[1] Er stellt fest, daß die »Macht in der heutigen Zeit über mehr Intelligenz verfügen kann und dieser Intelligenz in bezug auf ihre Methoden mehr Freiheit läßt als jemals zuvor in der Geschichte«, eine Entwicklung, die durchaus nicht ermutigend sei, da wir uns immer mehr dem Zustand einer »durch die systematische Korruption ihrer Intelligenz verstümmelten Gesellschaft« annäherten. Er erklärt nachdrücklich, daß »die Gemeinschaft der Intellektuellen die Aufgabe hat, nicht nur allgemeine Prinzipien auszuarbeiten, sondern erhöhte und besondere Wachsamkeit zu üben angesichts der besonderen und zunehmenden Gefährdung ihrer Integrität«.

Senator Fulbright hat in einer bedeutenden und einsichtsvollen Rede ein ähnliches Thema behandelt.[2] Er beschreibt das Versagen der Universitäten, »ein wirksames Gegengewicht zum militärisch-industriellen Komplex zu bilden durch stärkere Betonung der traditionellen Werte unserer Demokratie«. Statt dessen haben sie sich »dem Monolith angeschlossen und tragen in hohem Maß zu dessen Macht und Einfluß bei.« Er verweist vor allem auf das Versagen der Sozialwissenschaftler, »die als verantwortliche und unabhängige Kritiker der Regierungspolitik handeln sollten« und statt dessen zu Agenten dieser Politik werden. »Während junge Nonkonformisten die Erneuerung des amerikanischen Versprechens fordern, hört die ältere Generation nicht auf, es zu untergraben.« Da die

Teile dieses Essays wurden im März 1968 an der New York University vorgetragen innerhalb einer Vorlesungsreihe über »Macht und Bewußtsein«, die demnächst in Buchform erscheinen soll, herausgegeben von Conor Cruise O'Brien. – Ich habe Paul Potter, André Schiffrin und William Watson für wertvolle Hinweise zu danken.

Universität »ihre Unabhängigkeit aufgegeben, die Lehre vernach-
lässigt und die Wissenschaft entstellt« hat, kann sie »nicht nur ihrer
Verantwortung für die Studenten nicht gerecht werden, sie verrät
auch das Vertrauen der Öffentlichkeit«.

Über das Ausmaß dieses Verrats mag man sich streiten. Kaum in
Zweifel steht dagegen, daß er eine bedrohliche Tendenz darstellt.
Senator Fulbright nennt eine der Hauptursachen: der Zugang zu
Geld und Einfluß. Andere Ursachen sind zum Beispiel eine höchst
restriktive, fast allgemein herrschende Ideologie und die der Professionalisierung innewohnende Dynamik. Für die erste dieser Ursachen hat Senator Fulbright an anderer Stelle eine Beobachtung
Tocquevilles angeführt: »Ich kenne kein Land, in dem so wenig geistige Unabhängigkeit und wirkliche Diskussionsfreiheit herrscht wie
in Amerika.« Natürlich gibt es freie Institutionen, doch ist ihre
Funktion traditionsgemäß durch Passivität und Konformismus eingeschränkt – ein Zyniker würde sagen, daß gerade darin der
Grund ihres Fortbestehens liegt. Der Einfluß der Professionalisierung liegt ebenso deutlich zutage. Der »freischwebende Intellektuelle« kann sich mit Problemen beschäftigen, die in sich interessant
und wichtig sind – unabhängig davon, ob er dabei Erfolg hat oder
nicht. Der professionelle Intellektuelle dagegen neigt dazu, seine
Probleme aufgrund der von ihm beherrschten Methode zu definieren und hat den verständlichen Wunsch, sein Können zu erproben.
Senator Clark zitiert dazu eine Bemerkung von Harold Agnew,
dem Direktor der *Los Alamos Laboratories Weapons Division*: »Die
Grundlage der modernen Technologie ist Innovation, und nichts ist
der Innovation hinderlicher, als wenn man sieht, daß die eigenen
Produkte verschmäht oder ignoriert werden im Namen schaler Prämissen einschließlich der Meinung der Weltöffentlichkeit«[3] – »eine
schockierende These und eine gefährliche dazu«, wie Clark richtig
bemerkt. In ähnlicher Weise werden Verhaltensforscher, die sich im
Besitz gewisser Kontroll- und Manipulationstechniken glauben, die
Probleme aufzuspüren trachten, die ihrem Wissen und Können entsprechen, und diese als »wichtige Probleme« bezeichnen; und es sollte uns nicht überraschen, wenn sie gelegentlich ihre Verachtung für
»schale Prämissen einschließlich der Meinung der Weltöffentlichkeit« bezeugen. So wie es unter den Ingenieuren »Waffen-Fetischi-
sten« gibt, die ihre Bomben und Geschosse konstruieren, finden wir

bei den Verhaltensforschern Sozialtechniker, die in Vietnam »Experimente mit Methoden zur Kontrolle von Bevölkerung und Ressourcen« planen und durchführen.[4]

Diese verschiedenen Faktoren – Zugang zur Macht, allgemein herrschende Ideologie, Professionalisierung – mögen an sich beklagenswert sein oder nicht; es besteht jedoch kein Zweifel daran, daß sie durch ihr Zusammenspiel eine ernsthafte Gefahr für die Integrität des Gelehrten auf den Gebieten bedeuten, die um intellektuelle Anerkennung kämpfen und deshalb besonders anfällig sind für Arbeiten in der Art von Greshams Gesetz. Hinzu kommt, daß die Subversion der Gelehrten für die Gesellschaft als ganze gefährlich ist. In einer Gesellschaft, die das Spezialistentum fördert und vor technischen Expertisen in die Knie geht, ist diese Gefahr besonders groß. Unter solchen Umständen steht dem Mißbrauch von Wissen und Können – oder genauer: der Berufung auf Wissen und Können – wenig im Wege. Ist man sich dessen einmal bewußt, so bleibt man nicht gleichgültig gegenüber dem Anspruch einiger Sozialwissenschaftler, daß gerade ihr Fach für die Ausbildung der (wie sie es nennen) »Mandarine der Zukunft« entscheidend sei.[5] Philosophie und Literatur, informiert uns Ithiel Pool, haben weiterhin »ihren Wert«, aber nur Psychologie, Soziologie, Systemanalyse und die politischen Wissenschaften vermitteln das Wissen, durch das die »Menschen der Macht menschlich und zivilisiert werden«. Der Krieg in Vietnam wurde in nicht unerheblichem Maß von diesen neuen Mandarinen geplant und organisiert, und er legt Zeugnis ab von der Menschlichkeit und Zivilisiertheit, mit der sie offenbar die Ausübung der Macht zu umgeben gedenken.[6]

Ist der neue Zugang der technischen Intelligentsia zur Macht eine Täuschung oder eine wachsende Realität? Da sind diejenigen, die die »Skelettstruktur einer neuen Gesellschaft« umreißen, in der die Führungsrolle »den Forschungsorganisationen, Industrielaboratorien, Experimentierstationen und Universitäten«, den »Naturwissenschaftlern, Mathematikern, Ökonomen und Ingenieuren der neuen Computer-Technologie« zukommen wird – »nicht nur die größten Begabungen, sondern vielleicht der ganze Komplex von sozialem Prestige und Rang wird seine Wurzeln haben in den Zirkeln der Intellektuellen und der Wissenschaftler«.[7] Ein sorgsamer Blick auf die »Skelettstruktur« dieser neuen Gesellschaft, wenn sie eine solche ist, kann kaum beruhigen. Wie Daniel Bell betont, »ist es der Krieg, nicht der Frieden, der weitgehend dafür verantwortlich war, daß sich die Regierung auf Planung und technokratische Methoden einließ«, und unsere gegenwärtige »mobilisierte Gesellschaft« ist eine Gesellschaft, die auf das »soziale Ziel« der »militärischen und der Kriegsbereitschaft« ausgerichtet ist. Der relative Optimismus, mit dem Bell diese neue Gesellschaft betrachtet, rührt her von seiner Annahme, die Universität sei »der Ort, wo theoretisches Wissen ohne Interessenbindung gesucht, geprüft und kodifiziert wird«, und »der mobilisierte Zustand des Kalten Krieges und des Wettlaufs um den Mond« sei eine vorübergehende Verirrung, eine Reaktion auf kommunistische Aggressivität. Man hat im Gegenteil guten Grund für die Behauptung, daß die Universitäten das ihnen geschenkte Vertrauen erheblich verraten haben; daß die außenpolitischen Entscheidungen weitgehend »ein Reflex innenpolitischer Kräfte« sowie wirtschaftlicher Institutionen sind (und nicht »ein Urteil über die nationalen Interessen, aus dem strategische Entscheidungen folgen, die auf Berechnungen über Stärke und Absichten eines Gegners beruhen«); daß die Mobilmachung keine »ironische«, sondern vielmehr eine natürliche Konsequenz unserer gegenwärtigen sozialen und wirtschaftlichen Strukturen ist; daß die Technologen, die an die Macht gelangen, dazu taugen, den bestehenden Institutionen zu dienen; und daß von einer weiteren Zentralisierung der Entscheidungsprozesse in der Hand der Regierung und einer weiteren Beschneidung der korporativen Verbände nichts anderes zu erwarten ist als eine Katastrophe. Die Erfahrungen der letzten Jahre geben uns wenig Anlaß, diese Entwicklungen optimistisch zu betrachten.

Welche Gründe gibt es, ganz allgemein, für die Annahme, daß jene, deren Machtanspruch sich auf Wissen und Können stützt, die Macht heilsamer ausüben werden als die, deren Anspruch sich auf Reichtum und vornehme Herkunft stützte? Man könnte im Gegenteil erwarten, daß der neue Mandarin auf gefährliche Weise arrogant, aggressiv und unfähig wäre, Niederlagen hinzunehmen, anders als sein Vorgänger, dessen Machtanspruch durch begrenztes Wissen, mangelnden Eifer oder sichtbare Fehler an Renommee nichts einbüßte.[8] Am Beispiel der vietnamesischen Katastrophe lassen sich alle diese Faktoren aufzeigen. Wir wollen nicht vorschnell verall-

gemeinern, aber weder Geschichte noch Psychologie noch Soziologie
geben uns irgendeinen Grund, der Herrschaft der neuen Mandarine
hoffnungsvoll entgegenzusehen.

In der Regel erwartet man von jeder Gruppe, die Zugang zu Macht
und Reichtum hat, daß sie sich eine Ideologie bastelt, die diesen Zustand im Namen der allgemeinen Wohlfahrt rechtfertigt. Aus eben
diesem Grund wird Bells These, daß die Intellektuellen näher an
das Zentrum der Macht rücken oder zumindest tiefer in die Entscheidungsinstanzen hineingezogen werden, in gewisser Hinsicht
von dem oben genannten Phänomen der konterrevolutionären Subordination gestützt. Das heißt, man kann erwarten, daß, wenn der
Zugang zur Macht einfacher wird, die Mängel der Gesellschaft aus
den Augen schwinden, der Status quo weniger verkorkst erscheint
und die Wahrung der Ordnung zu einer Angelegenheit von überragender Bedeutung wird. Tatsache ist, daß die amerikanischen
Intellektuellen immer mehr den Status einer doppelt privilegierten
Elite einnehmen: erstens als amerikanische Bürger im Hinblick auf
die übrige Welt, und zweitens aufgrund ihrer Rolle in der amerikanischen Gesellschaft, die zweifellos recht zentral ist, ob nun Bells
Voraussage sich als richtig erweisen wird oder nicht. In einer solchen
Situation werden die Gefahren der konterrevolutionären Subordination, sowohl auf nationaler wie auf internationaler Ebene, offenkundig. O'Brien hat recht, wenn er auf die Notwendigkeit »erhöhter und besonderer Wachsamkeit« gegenüber den Gefahren der konterrevolutionären Subordination hinweist, von denen wir, wie er
richtig sagt, »fast gar nichts hören«. Ich möchte in diesem Essay
einige Beispiele für sie geben.

Vor einigen Jahren wurde begeistert verkündet, daß »die fundamentalen politischen Probleme der industriellen Revolution gelöst
worden sind« und daß »dieser Sieg der demokratischen Sozialevolu-
tion des Westens das Politisieren jener Intellektuellen beendet hat,
die Ideologien oder Utopien nötig haben, um zu sozialem Handeln
angeregt zu werden«.[9] In dieser Zeit, da man an »das Ende der
Ideologien« glaubte, neigten selbst aufgeklärte und wohlinformierte
Kommentatoren dazu, höchst erstaunliche Urteile über den Zustand
der amerikanischen Gesellschaft zu fällen. Daniel Bell zum Beispiel
schrieb: »In einer Wirtschaft des Massenkonsums können alle Grup-

pen sehr leicht die äußerlichen Statussymbole erwerben und die
sichtbaren Unterschiede verwischen.«[10] In einem Artikel in *Commentary* vom Oktober 1964 behauptete er, wir hätten sie tatsächlich schon erreicht, »die egalitäre, durch soziale Mobilität charakterisierte Gesellschaft, die die mit der marxistischen Tradition eng
verbundenen ›freischwebenden Intellektuellen‹ während der letzten hundert Jahre gefordert haben«. Trotz der wahrnehmbaren
Verbesserung des allgemeinen Lebensstandards scheint folgende
Äußerung von Gunnar Myrdal der augenblicklichen Situation weit
mehr zu entsprechen: »Die verbreitete Ansicht, daß Amerika ein
unermeßlich reiches und wohlhabendes Land sei, ist weitgehend eine
Übertreibung. Amerikas Wohlstand ist schwer mit Hypotheken be-
lastet. Amerika bürdet seiner armen Bevölkerung riesige Schulden
auf. Daß diese Schuld beglichen werden muß, ist nicht nur der
Wunsch der ›do-gooders‹. Wird sie nicht beglichen, dann erwächst
daraus ein Risiko für die gesellschaftliche Ordnung und die Demokratie, wie wir es schon einmal erlebt haben.«[11] In der Tat ist die
Behauptung, daß *alle* Gruppen am Massenkonsum teilhaben und
»die sichtbaren Unterschiede verwischen« können, stark übertrieben.
Ähnliche Beurteilungen der amerikanischen Gesellschaft erscheinen
häufig im gelehrten Schrifttum von heute. Hier nur ein Beispiel.
Betrachten wir die Analyse, die Adam Ulan vom Marxschen Begriff
des Kapitalismus gibt: »Man kann einen zeitgenössischen Beobachter wie Marx nicht wegen seiner Überzeugung tadeln, daß industrieller Fanatismus und Selbstgerechtigkeit unverkennbare Merkmale des Kapitalisten seien. Die soziale Szene Englands in den vier-
ziger und fünfziger Jahren des letzten Jahrhunderts rechtfertigte
nicht ohne weiteres den Eindruck, daß der Kapitalist menschlicher
werden und in seinem unaufhörlichen Streben nach Akkumulation
und Expansionen nachlassen würde.«[12] Zugegeben wiederum die gewaltigen Veränderungen, die die industrielle Gesellschaft im Laufe
des letzten Jahrhunderts erfahren hat, so überrascht es doch zu
hören, daß der Kapitalist in seinem unaufhörlichen Streben nach
Akkumulation und Expansion nachgelassen hat.[13]
Diese und ähnliche Bemerkungen illustrieren eine Unfähigkeit, die
Realität der zeitgenössischen Gesellschaft in den Griff zu bekommen, die wohl nicht direkt auf den neu gefundenen (oder zumindest

hoffnungsvoll gesuchten) Zugang zu Macht und Reichtum zurückzuführen ist, aber dennoch dem entspricht, was man von der sich entwickelnden Ideologie einer neuen, privilegierten Elite zu erwarten hat.

Verschiedene Züge dieser Ideologie hat Zbigniew Brzezinski in einem kürzlich erschienenen Artikel[14] festgehalten; da werden ein paar der Auffassungen und Einstellungen, die seit einiger Zeit im öffentlichen Bewußtsein aufgetaucht sind, summiert – fast möchte ich sagen »parodiert«. Auch Brzezinski sieht, daß ein »tiefgreifender Wandel« in der Gruppe der Intellektuellen stattfindet, da »der weitgehend humanistisch, gelegentlich auch ideologisch orientierte intellektuelle Dissident, der seine Funktion hauptsächlich darin sieht, Kritik an der Gesellschaft zu üben, schnell ersetzt wird – entweder durch Experten und Spezialisten, die in besondere Regierungsunternehmungen verwickelt sind, oder durch die Generalintegratoren, die in Wahrheit die Hausideologen der Machthaber sind und für die umfassende intellektuelle Integration heterogener Handlungen sorgen«. Er vermutet, daß diese »auf Organisation und Applikation bedachten Intellektuellen« möglicherweise größere und wichtigere Interessen in das politische System hineintragen werden, obwohl, wie er sagt, die Gefahr besteht, daß »die intellektuelle Freiheit und die objektive Suche nach Wahrheit« schwinden werden, wenn diese applikationssüchtigen Intellektuellen erst den neuen Zugang zu »Macht, Prestige und einem schönen Leben« gefunden haben. Sie sind eine neue meritokratische Elite, »die das amerikanische Leben in die Hand nimmt, sich die Universitäten zunutze macht, die neuesten Kommunikationsmittel ausschöpft und sich so schnell es immer geht mit den jüngsten technologischen Neuerungen wappnet«. Ihr zivilisierender Einfluß zeigt sich angeblich in dem großen Fortschritt, der in dieser neuen »historischen Ära«, in die einzig Amerika bereits eingetreten ist, im Hinblick auf die Probleme erzielt wurde, mit denen sich die wichtigtuerischen Politiker vergangener Zeiten herumgeschlagen haben – die Probleme der Städte, der Luftverseuchung, des Abfalls, der Zerstörungssucht, der Ausbeutung und der Armut. Unter der Führung dieser »neuen Zucht von Politiker-Intellektuellen« ist Amerika zu »*der* kreativen Gesellschaft geworden, der die anderen, bewußt oder unbewußt, nacheifern«. Das sehen wir zum Beispiel in der Mathematik, in der Biologie, der Anthropologie, der Philosophie, beim Film, in der Musik, in der historischen Forschung usw., wo andere, hoffnungslos zurückgebliebene Zivilisationen nur beobachten und imitieren, was Amerika kreiert. So bewegen wir uns in Richtung auf eine neue, weltweite »›Superkultur‹, die stark vom amerikanischen Leben mit seiner universellen elektronischen Computersprache beeinflußt ist«, und ein enormer und stetig wachsender »psycho-kultureller Abgrund« tut sich auf zwischen Amerika und dem Rest der »entwickelten Welt«.

Es ist unmöglich, sich auch nur auszumalen, was Brzezinski sich unter einer »universellen elektronischen Computersprache« vorstellt, oder welche kulturellen Werte seiner Meinung nach von dem neuen, »technologisch dominanten und konditionierten Technetron« geschaffen werden, der, wie er offensichtlich glaubt, ein »besserer Speicher ist für jene undefinierbare Qualität, die wir Menschlichkeit nennen«. Es lohnt sich nicht, Brzezinskis Verwechslungen und Mißverständnisse zu entwirren. Interessant ist vielmehr, wie aus seiner trüben Erkenntnis der augenblicklichen Entwicklungen in Wissenschaft und Technologie eine ideologische Rechtfertigung entsteht: für die »wachsende Rolle, die Individuen mit speziellen intellektuellen und wissenschaftlichen Voraussetzungen in den zentralen Entscheidungsinstanzen spielen«, für die neuen, »auf Organisation und Applikation bedachten Intellektuellen« an den Universitäten und für »das schöpferische Auge des riesigen Kommunikationsbereichs«.

Der Glaube, daß im eigenen Land grundsätzlich alles richtig sei, hat seine Parallele in der weitverbreiteten Ansicht, daß auch die Probleme im internationalen Bereich einem intelligenten Management anheimfallen würden, gäbe es nicht die Machenschaften der Kommunisten. Ein Aspekt dieser Selbstgefälligkeit ist die Ansicht, der Kalte Krieg sei ausschließlich eine Folge der russischen (später der chinesischen) Aggressivität. Daniel Bell beschreibt die Ursachen des Kalten Krieges folgendermaßen: »Als die Russen anhoben, die griechische Guerilla EAM gegen das, was in Teheran stillschweigend als britische Einflußsphäre akzeptiert worden war, aufzuwiegeln, begannen die Kommunisten gegen den anglo-amerikanischen Imperialismus zu wettern. Nach der Ablehnung des Marshallplans und dem Putsch der Kommunisten im Februar 1948 in der Tschecho-

slowakei war der Kalte Krieg in vollem Gang.«[15] Das ist sicherlich
keine objektive und ausgewogene Feststellung über die Ursachen des
Kalten Krieges, aber die in ihr zum Ausdruck kommende Entstel-
lung ist ein Bestandteil von Bells Optimismus in bezug auf die neue
Gesellschaft, denn sie erlaubt ihm zu behaupten, daß unsere Politik
des Kalten Krieges rein reaktiv sei und daß die neue technische
Intelligenz, sobald die Kriegslust der Kommunisten gezügelt sei,
ihre Aufmerksamkeit dem Aufbau einer besseren Gesellschaft widmen könne.

Ein ähnlicher Faktor in der Ideologie des liberalen Intellektuellen
ist sein fester Glaube an die grundsätzliche Großzügigkeit des Westens in seiner Einstellung gegenüber der Dritten Welt. Adam Ulan
gibt wiederum ein typisches Beispiel: »Die Probleme einer internationalen Gesellschaft, die eine wirtschaftliche und ideologische
Revolution durchmacht, scheinen... die Großzügigkeit – mit all
ihren Vor- und Nachteilen – auf den Plan zu rufen, die die Politik
der führenden demokratischen Mächte des Westens charakterisiert.«[16]
Selbst Hans Morgenthau verfällt dieser Illusion. Er faßt eine Diskussion über Interventionen in folgenden Sätzen zusammen: »Wir
haben mit weit mehr als 100 Milliarden Dollar in das politische,
militärische und wirtschaftliche Leben anderer Länder eingegriffen,
und gegenwärtig sind wir in einen kostspieligen und risikoreichen
Krieg verwickelt, um in Südvietnam eine Nation aufzubauen. Nur
die Gegner der Vereinigten Staaten werden die Großzügigkeit dieser Anstrengungen, die in der Geschichte ihresgleichen suchen, in
Frage stellen.«[17] Was immer man über diese 100 Milliarden Dollar
denken mag: es ist schwer einzusehen, warum irgend jemand die
behauptete Großzügigkeit unserer Anstrengung, in Südvietnam eine
Nation aufzubauen, ernst nehmen sollte, ernster als ähnliche Beteuerungen von Großmut, die viele unserer Vorgänger in solchen
Unternehmungen abgaben. An Großzügigkeit hat es den Mächten,
die darauf erpicht waren, ihre Hegemonie auszudehnen, nie gefehlt.
Ein weiterer Zug in der Ideologie der neuen emporkommenden
Elite ist die Sorge um Ordnung, um Aufrechterhaltung des Status
quo, der im Augenblick als recht günstig angesehen wird. Ein ausgezeichnetes Beispiel dafür ist die Stellungnahme von vierzehn führenden Politologen und Historikern über die Asienpolitik der Vereinigten Staaten, die kürzlich vom *Freedom House Public Affairs*

Institute verbreitet wurde.[18] Diese Gelehrten bezeichnen sich selbst
als »den gemäßigten Flügel der Akademiker«. Die Bezeichnung
trifft genau zu: sie stehen in der Mitte zwischen den beiden Formen
des Extremismus, von denen die eine fordert, daß wir jeden, der uns
im Weg steht, vernichten, und die andere, daß wir wenigstens die
Spielregeln der internationalen Politik einhalten sollten, so wie wir
es von jeder anderen Weltmacht erwarten. Die Vierzehn wollen mit
ihrer Stellungnahme »diejenigen unter uns provozieren, die, von
Schuldkomplexen übermannt, in der Behauptung oder Unterstellung
Trost suchen, daß wir immer unrecht und unsere Kritiker immer
recht haben und daß nur Unheil zu erwarten steht«. Sie halten unseren Leumund in Asien für »erstaunlich gut« und applaudieren unserer längst bewiesenen Fähigkeit, Fehler wieder gutzumachen, unserer »Begabung für Pragmatismus und Selbstkritik« und unserer
»gesunden Abneigung gegen engstirnigen Nationalismus« – Fähigkeiten, die uns von den »größeren Gesellschaften unserer Ära« unterscheiden.

Die gemäßigten Gelehrten machen darauf aufmerksam, »daß die
USA unbedingt fortfahren müssen, Chinas Macht abzuschrecken,
einzuschränken und aufzuwiegen, wenn ein größerer Krieg im
asiatisch-pazifischen Raum vermieden werden soll«. Es ist wahr,
China hat seit dem Korea-Krieg »beträchtliche Vorsicht walten lassen, um eine direkte Konfrontation mit den Vereinigten Staaten
oder der Sowjetunion zu vermeiden«, und China wird wahrscheinlich »damit fortfahren, Worte statt Taten einzusetzen, und sich auf
innenpolitische Probleme konzentrieren«. Wir können dessen jedoch
nicht sicher sein und müssen uns daher weiter bemühen, den Drachen
zu zähmen. Eines der schwierigsten Probleme, vor die China uns
stellt, ist seine Politik des »isolationistischen Fanatismus« – offensichtlich eine ernsthafte Gefahr für den Frieden. Eine andere Gefahr ist die angsterregende Gestalt Mao Tse-tungs, eines Roman-
tikers, der sich weigert, den »für die Organisation dieser unerhört
vielschichtigen, extrem schwierigen Gesellschaft notwendigen Bürokratismus« hinzunehmen. Die gemäßigten Gelehrten würden sich
viel wohler fühlen an der Seite des ihnen vertrauten technischen
Experten, der sich dem »Triumph des Bürokratismus« verschrieben
hat und keine romantischen Versuche unternimmt, den Parteiappa-
rat und die von ihm auferlegte Ordnung zu unterwandern.

Des weiteren kündigen die gemäßigten Gelehrten ihre Unterstützung für »unsere grundlegende Position« in Vietnam an. Ein kommunistischer Sieg in Vietnam, so behaupten sie, würde »die Möglichkeiten eines politischen Gleichgewichts in Asien aufs Spiel setzen,
unserer Glaubwürdigkeit ernstlich schaden und die Moral wie auch
die Politik unserer asiatischen Verbündeten und der Neutralen stark
beeinträchtigen«. Unter einem »politischen Gleichgewicht« verstehen sie natürlich nicht den Status quo der Jahre 1945/46 oder
seine Definition durch das internationale Genfer Abkommen von
1954. Sie erklären nicht, warum die Glaubwürdigkeit der USA
wichtiger ist als die Glaubwürdigkeit der einheimischen Bevölkerung Vietnams, die sich dem nationalen Befreiungskrieg verschrieben hat. Auch erklären sie nicht, warum die Moral der Militärdiktaturen in Thailand und Taiwan gestützt werden muß. Sie spielen nur dunkel auf die Gefahren eines dritten Weltkriegs an, Gefahren, die ernst genug sind und sich noch erhöhen, wo immer die Verfechter einer revolutionären Veränderung auf eine ausländische
konterrevolutionäre Macht treffen. Im Prinzip können solche Gefahren verringert werden, indem man entweder den revolutionären
Elan dämpft oder die konterrevolutionären Kräfte zurückzieht.
Letzteres wäre jedoch undenkbar und unverantwortlich.
Der entscheidende Punkt im Programm der gemäßigten Gelehrten
ist, daß wir »jene Elemente, die die These vertreten, Gewalt sei das
beste Mittel, um Veränderungen zu bewirken«, nicht unterstützen
dürfen. Es sollte festgehalten werden, daß es nicht die Gewalt als
solche ist, gegen die die gemäßigten Gelehrten sich wenden. Im
Gegenteil, sie bejahen unsere Gewalt in Vietnam, die, wie sie sehr
wohl wissen, diejenige des vietnamesischen Feindes bei weitem über-
trifft. Sie unterstreichen diesen Punkt noch, indem sie die »dramatischen Veränderungen« in Indonesien als unseren größten Erfolg in
Südostasien anführen – die dramatischste davon war das Massaker
von mehreren hunderttausend Menschen. Aber dieses Massaker ist,
ähnlich der Ausrottung des vietnamesischen Volkes durch uns, keine
Gewaltanwendung zum Zweck der sozialen Veränderung – und daher legitim. Außerdem scheint es, als seien die Massakrierten weitgehend besitzlose Bauern und chinesischer Abstammung gewesen
und als hätte der »Gegenputsch« die traditionelle Autorität wieder
fest in den Sattel gehoben.[19] Wenn dem so ist, besteht um so weni-

ger Grund, diese Gewaltanwendung zu beklagen; und wirklich halten sich die gemäßigten Gelehrten in ihrer Diskussion über die dramatischen Veränderungen in Indonesien mit diesbezüglichen Anspielungen taktvoll zurück. Daraus müssen wir schließen, daß, wenn diese Gelehrten die Gewaltanwendung zum Zwecke sozialer Veränderungen beklagen, es nicht die Gewalt, sondern die soziale Veränderung ist, was sie wahrhaft beunruhigt. Soziale Veränderung, die abweicht von dem Kurs, den wir bestimmt haben, darf nicht geduldet werden. Die Gefahr für die Ordnung wäre zu groß.

So groß ist die Bedeutung von Stabilität und Ordnung, daß sogar die Reformen, die die amerikanische Zustimmung finden, oft aufgeschoben werden müssen – wie die gemäßigten Gelehrten hervorheben. »In der Tat verstärken viele Reformen, so wünschenswert und dringlich sie auf lange Sicht auch sein mögen, die Instabilität. Für ein Volk im Belagerungszustand gibt es keinen Ersatz für Sicherheit.« Es braucht wohl kaum betont zu werden, daß hier nicht die Sicherheit vor den amerikanischen Bombardierungen gemeint ist, sondern die Sicherheit vor den »falschen« politischen und sozialen Veränderungen.

Die politischen Empfehlungen der gemäßigten Gelehrten entspringen ihren besonderen ideologischen Vorurteilen, namentlich dem, daß eine bestimmte Art von Stabilität – nicht die von Nordkorea oder Nordvietnam, sondern die von Thailand, Taiwan oder den Philippinen – derart wichtig sei, daß wir bereit sein müssen, unsere unvergleichlichen Gewaltmittel einzusetzen, um für die Wahrung dieser Stabilität zu sorgen. Es ist lehrreich, die Meinungen anderer Mentoren der neuen Mandarine über das Problem von Ordnung und Reform zu hören. Ithiel Pool formuliert das zentrale Problem derart:

Wie sich im Kongo, in Vietnam, in der Dominikanischen Republik deutlich zeigt, hängt die Ordnung davon ab, daß die neu mobilisierten Schichten dahin gebracht werden, wieder auf einen gewissen Grad von Passivität und Defaitismus zurückzufallen, aus dem sie erst kürzlich durch den Modernisierungsprozeß herausgerissen wurden. Die Aufrechterhaltung der Ordnung verlangt zumindest vorübergehend eine Verminderung der neu erwachten Bestrebungen und ein Nachlassen der politischen Aktivität.[20]

Das ist es also, was »wir in den vergangenen dreißig Jahren intensiver empirischer Untersuchungen über zeitgenössische Gesellschaf-

ten gelernt haben«. Pool nennt nur Fakten, er schlägt keine Maßnahmen vor. Eine ähnliche Lesart der Fakten ist uns von der innenpolitischen Szene her vertraut: Arbeiter bedrohen die öffentliche
Ordnung, weil sie für ihre Forderungen streiken; die Ungeduld der
Neger bedroht die Stabilität des Staatskörpers. Man kann sich
natürlich eine andere Möglichkeit vorstellen, wie die Ordnung in all
diesen Fällen zu bewahren wäre: vor allem dadurch, daß man die
Forderungen erfüllte oder zumindest die Barrieren abbaute, die
durch eine möglicherweise verborgene und verschleierte Kraft den
Versuchen, die »neu erwachten Bestrebungen« einzulösen, in den
Weg gelegt worden sind. Das aber könnte bedeuten, daß die Reichen
und Mächtigen einige ihrer Privilegien opfern müßten, und bleibt
deshalb als eine Möglichkeit, die Ordnung zu erhalten, ausgeschlossen. Pools neue Mandarine würden derartigen Vorschlägen wohl
kaum große Sympathie entgegenbringen.

Von der doppelt privilegierten Position des amerikanischen Gelehrten aus gesehen, muß die überragende Bedeutung von Ordnung,
Stabilität und Gewaltlosigkeit (der Unterdrückten) ganz einleuchtend erscheinen. Für andere liegen die Dinge nicht ganz so einfach.
Wer nur hören will, kann genügend Urteile vernehmen, die dem
folgenden eines indischen Wirtschaftswissenschaftlers gleichen:

Es ist verlogen, sich auf »Demokratie«, »gerechte Prozesse« und »Gewaltlosigkeit« zu berufen, um das Ausbleiben von Taten zu rationalisieren.
Denn unter solchen Umständen werden sinnvolle Begriffe sinnlos, weil sie
in Wirklichkeit die unerbittliche Ausbeutung der Massen rechtfertigen;
einmal nur eine Verleugnung der Demokratie, und schon wird mittels
vertraglicher Formalitäten eine noch brutalere Form der Gewalttätigkeit
an der überwiegenden Mehrheit verübt.[21]

Die gemäßigten Gelehrten Amerikas scheinen nicht in der Lage zu
sein, diese einfachen Wahrheiten zu begreifen.

Es sollte hier nicht der Eindruck entstehen, als würde sich die Ideologie der liberalen Intelligentsia als ein Regen von Sprengbomben
und Napalm in Politik umsetzen. Tatsächlich waren die liberalen
Experten über den starken Einsatz militärischer Mittel in Vietnam
bestürzt und haben immer wieder betont, daß sozialer Wiederaufbau und Wirtschaftshilfe der Schlüssel zu unseren Bemühungen sein
sollten. Deshalb glaube ich, daß wir die Einstellungen, die sich bei den
neuen Mandarinen herauskristallisieren, besser verstehen werden,

wenn wir uns die Spezialstudien über »Befriedung« vornehmen, zum
Beispiel die Forschungsmonographie von William Nighswonger, die
ich bereits erwähnte (s. Anm. 4). Der Autor, heute Professor der
politischen Wissenschaften, war von 1962 bis 1964 Geschäftsträger
des amerikanischen »Amtes für Internationale Entwicklung« (AID)
in der Provinz Quang Nam. Wie er die Dinge sieht, »hängen die
vertrackten Probleme der Befriedung eng zusammen mit den Problemen der politischen Entwicklung und bedingen – in diesem historischen Augenblick – ein intensives Engagement Amerikas«. Daher
müssen die Amerikaner einige »grundlegende Fragen nach Wert und
Verpflichtung« stellen – »Fragen, die den bequemen Legalismus von
›Selbstbestimmung‹ und ›Nichteinmischung‹ hinter sich lassen.«
Dieser bequeme Legalismus ist von geringer Relevanz für eine Welt,
in der sich der Westen von »der raffinierten Methodik und quasi-
religiösen Motivation des kommunistischen Aufstands« heraus-
gefordert sieht. Wir haben die Pflicht, unseren Sachverstand im
Interesse der Demokratie und der Freiheit auf ein doppeltes Ziel
anzuwenden: »den Feind zu isolieren, seinen Einfluß und seine
Kontrolle über die Landbevölkerung auszuschalten sowie durch eine
wirksame örtliche Verwaltung und durch Programme für landwirtschaftliche Reformen die freiwillige Unterstützung der Bauern zu
gewinnen«. »Eine grundlegende Voraussetzung ist, daß der Aufstand niedergeschlagen werden muß – zum Schutz der Menschenrechte...« Nichts gegen die »beachtlichen Erfolge der wirtschaftlichen und sozialen Entwicklung« in Rußland und China, aber:
»Der südvietnamesische Bauer verdient etwas Besseres«, und wir
müssen es ihm geben – wie wir es in Lateinamerika und auf den
Philippinen getan haben –, selbst wenn wir dazu den bequemen
Legalismus von gestern aufgeben und mit militärischer Macht inter-
venieren müssen.
Natürlich wird das nicht ganz einfach sein. Der Feind hat enorme
Vorteile. Denn »wie in China, so haben auch in Vietnam die Aufständischen die konfuzianische Lehre von den ethischen Lebens-
regeln für sich eingespannt – sowohl durch ihre Attacken gegen die
Korruption der Regierung wie durch ihr vorbildliches kommunisti-
sches Verhalten«; und »nach der Genfer Konferenz zog der Viet
Kong viel von der Unterstützung und den Sympathien der Bevölkerung auf sich, die vorher im Süden dem Viet Minh zugeflossen

waren«. Nach dem Sturze Diems verschlimmerte sich die Lage noch: »... weite Gebiete, die unter Regierungskontrolle gestanden hatten, gerieten plötzlich in den Einflußbereich des Viet Kong.« Gegen Ende des Jahres 1964 war die Befriedung der Provinz Quang Nam »schlechterdings nicht mehr möglich«, und das schlimmste war, daß »die Regierung den Kampf um Quang Nam an Streitkräfte des Viet Kong verlor, die größtenteils aus dieser Provinz stammten«.[22] Der »Viet Kong« schien sich bis 1966 in den ländlichen Gebieten so sehr eingenistet zu haben, daß »nur eine höchst inspirierte und durchgreifende konterrevolutionäre Kampagne bei nahezu perfekter Durchführung und mit kompakter militärischer Unterstützung in der Lage sein würde, einen derart mächtigen und weitreichenden Revolutionsapparat zu zerstören«.

Unser größtes Problem sind die »fortschrittlichen sozialen und wirtschaftlichen Ergebnisse«, die der »Viet Kong« erzielt. Ein AID-Bericht vom März 1965 legt dieses Problem dar. Er vergleicht »unsere ›Dörfer des neuen Lebens‹« mit den Dörfern des »Viet Kong«:

Der grundsätzliche Unterschied besteht darin, daß die Viet-Kong-Dörfer gut organisiert, sauber, wirtschaftlich selbständig sind und ein aktives Verteidigungssystem haben. So war zum Beispiel die Baumwollindustrie eines dieser Dörfer so groß wie früher nur irgendwo in der Provinz Chuong Thien. Man gräbt neue Kanäle und baut Ananas an. Der Viet Kong hat auch ein Umsiedlungsprogramm für jüngere Familien. Die betreffenden Gebiete fallen mit den Gebieten zusammen, die außerhalb der vorgesehenen Interessensphäre der GVN liegen. Wenn die Aktivitäten von USOM und GVN auf keine bessere Basis gestellt werden, ist die Wahrscheinlichkeit gering, daß sich die augenblickliche Einstellung der Bevölkerung ändert. In einem Gebiet, das nur fünf Kilometer von der Provinzhauptstadt entfernt liegt, verweigerte die Bevölkerung zum Beispiel jede ärztliche Unterstützung von seiten der ARVN.

Doch ist noch nicht alles verloren. Obwohl »die Stärke des Viet Kong auf dem Lande seit Beginn des Jahres 1962 einen ›Quantensprung‹ gemacht hat«, gibt es einen ausgleichenden Faktor: »Die konterrevolutionäre militärische Kapazität wurde durch den erhöhten Einsatz amerikanischer Truppen radikal verändert.« Dadurch stehen uns völlig neue Möglichkeiten offen. Wir können beispielsweise einige der »Experimente mit Methoden zur Kontrolle von Bevölkerung und Ressourcen« wirksamer durchführen, die bereits

1961, wenn auch nur mit geringem Erfolg, von der USOM und der einheimischen Polizei erprobt worden sind. Mittels der neuen Möglichkeiten der »Kontrolle über die materiellen und menschlichen Ressourcen« können wir sogar einen Teil der Bevölkerung wieder auf unsere Seite ziehen – und das ist eine dringende Aufgabe: »Da zahllose Südvietnamesen gegenwärtig mit dem Viet Kong verbündet sind (aus welchen Gründen auch immer), muß es eine der zentralen Aufgaben der Befriedungsbestrebungen werden, diese Bauern wieder für die nationale Sache zu gewinnen.«

Wollen wir bei der Ausübung der »Kontrolle über die materiellen und menschlichen Ressourcen« erfolgreich sein, dann müssen wir zunächst das Verhalten der ARVN disziplinieren. Einem AID-Bericht vom Februar 1965 zufolge hat »eine hohe Quote von Diebstählen, Raubüberfällen, Vergewaltigungen und Lebensmittelunterschlagungen in den Landgebieten die Bevölkerung gegenüber der ARVN und den regionalen Truppen nicht gerade freundlicher gestimmt.« Das Verhältnis besserte sich auch nicht, als viele Zivilpersonen Zeugen eines Vorfalls wurden, bei dem ein Befehlshaber der ARVN einen Wehrdienstverweigerer tötete, ihm den Bauch aufschlitzte, »Herz und Leber herausholte und in einem Restaurant zubereiten ließ«, worauf »Herz und Leber von einigen Soldaten verspeist wurden«. Solche Taten verursachen große Schwierigkeiten, besonders dann, wenn man versucht, einen Feind zu besiegen, der so niederträchtig ist, »vorbildliches kommunistisches Verhalten« an den Tag zu legen.

Ganz allgemein genommen, »setzt der Erfolg von Befriedungsversuchen voraus, daß Überlebende da sind, die befriedet werden können«, und »bei dem stattlichen Umfang der amerikanischen, koreanischen, australischen und einheimischen vietnamesischen Einheiten« ist es manchmal schwierig, diese Minimalbedingung erfüllt zu sehen.

Da sind noch andere Probleme, zum Beispiel »die Schwierigkeit, dem Feind (im Mekong-Delta) die Nahrungsmittel zu entziehen«; »der Wunsch nach eigenem Landbesitz«, der aus irgendeinem unerklärlichen Grund von unseren Saigoner Freunden niemals erfüllt wird; die Korruption; die gelegentliche Bombardierung des »falschen« Dorfes; die zunehmende »Infiltration der militärischen und Regierungsorganisationen seitens des Viet Kong«; die Tatsache, daß

wir infolge unzulänglicher Verfahrensweisen oft »den Wolf unter
den Schafen lassen«, wenn wir Bauern in neue Dörfer umsiedeln; und
anderes mehr.

Gleichwohl, wir haben eine gute »Befriedungstheorie«, die drei Stufen umfaßt: »die Beseitigung des Viet Kong durch Such- und Vernichtungsoperationen; Schutz und Kontrolle der Bevölkerung und
ihrer Ressourcen durch Polizei und Militär; Vorbereitung und Bewaffnung der Bauern zur Verteidigung ihrer Gemeinwesen«. Wenn
wir die dritte Stufe nur selten erreichen, dann deshalb, weil wir es
noch nicht gelernt haben, »ein Gefühl für die Dringlichkeit des
revolutionären Anliegens zu wecken« und »diese Einstellung bei
unseren vietnamesischen Verbündeten durchzusetzen«. Daher sehen
wir zwar, daß die »wahre Revolution« die ist, die wir durchführen,
»im Gegensatz zu der künstlich angetriebenen und gesteuerten Revolution Diems oder der Kommunisten«, aber es fällt uns schwer,
den vietnamesischen Bauern oder unseren »vietnamesischen Verbündeten« diesen Sachverhalt klar zu machen. Was not tut, ist offensichtlich eine bessere Ausbildung der amerikanischen Beamten und
natürlich auch die echte nationale Hingabe an diese humanitäre
Aufgabe.

Ein großer Fehler unserer Gesellschaft, so behauptet dieser Politologe, ist unsere Neigung, »die aktive Rolle Amerikas bei der Förderung demokratischer Institutionen in Übersee« auszuschlagen. Das
Pazifizierungsprogramm für Vietnam ist ein Versuch, unserer Verantwortung für den Aufbau demokratischer Institutionen in Übersee gerecht zu werden durch rationale Methoden zur Kontrolle
materieller und menschlicher Ressourcen. Unsere Weigerung, dieser
Aufgabe nachzukommen, könnte als eine Politik beschrieben werden, die »mehr egoistisch und ängstlich als großzügig und aufgeklärt« ist[23], um die Ausdrucksweise früherer Zeiten zu gebrauchen.
Wenn wir von der Terminologie der Verhaltensforschung absehen,
so enthüllt sich in einer solchen Studie die Mentalität eines Kolonial-
beamten, der von dem Großmut des Mutterlandes und dessen rich-
tiger Auffassung von der Weltordnung überzeugt und sicher ist, daß
er die wahren Interessen der rückständigen Menschen kennt, für
deren Wohlergehen er zu sorgen hat. Tatsächlich lassen viele der
wissenschaftlichen Arbeiten über Südostasien eben diese Mentalität
erkennen. Als ein Beispiel mag die Ausgabe des *Asian Survey* vom

August 1967 dienen, die ausschließlich einem Symposium über Vietnam gewidmet ist, bei dem eine Reihe von Experten ihre Gedanken über den Erfolg und die Weiterführung unseres Unternehmens vortrugen. Der einführende Artikel von Samuel Huntington, dem Dekan des *Department of Government* an der Harvard-Universität, hat den Titel »Sozialwissenschaft und Vietnam«. Huntington betont die Notwendigkeit, »das wissenschaftliche Studium und Verständnis Vietnams voranzutreiben«, wenn unsere »Einmischung« dort Erfolg haben soll, und gibt seiner Meinung Ausdruck, daß die Aufsätze dieses Bandes »beweisen, daß Fragen und Themen, die in engem Zusammenhang mit der Politik stehen, in wissenschaftlicher und objektiver Form dargeboten und analysiert werden können«.

Huntingtons eigener Beitrag zum »wissenschaftlichen Studium und Verständnis Vietnams« besteht unter anderem in einem Artikel im *Boston Globe* vom 17. Februar 1968. Hier beschreibt er die »bedeutenden Veränderungen der vietnamesischen Gesellschaft während der letzten fünfzig Jahre«, im besonderen den Urbanisierungsprozeß. Dieser Prozeß »zielte direkt auf die Stärke und die potentielle Anziehungskraft des Viet Kong«. »Solange die überwiegende Mehrheit der Bevölkerung auf dem Land lebte, konnte der Viet Kong den Krieg gewinnen, wenn er die Kontrolle über diese Bevölkerung gewann – er kam diesem Ziel 1961 und 1964 bedenklich nahe. Aber die von den Amerikanern unterstützte städtische Revolution unterlief die ländliche Revolution des Viet Kong.« Die Flüchtlinge aus den Landgebieten fanden in den Städten nicht nur Sicherheit, sondern auch »Wohlstand und wirtschaftliche Prosperität«. »Die Kriegsprosperität in den Städten brachte zwar einigen Leuten Schaden, aber die Mehrheit der Bevölkerung profitierte davon.«

Über die Ursachen der Urbanisierung, die schon oft beschrieben worden sind, sagt zum Beispiel ein amerikanischer Sprecher in Vietnam: »Es gab für die Bauern drei Möglichkeiten. Erstens dort zu bleiben, wo sie waren. Zweitens in Gebiete zu ziehen, die unter unserer Kontrolle standen. Drittens in das Innere des Landes zu gehen, zum Viet Kong ... Unsere Operationen sind so geplant, daß die erste Möglichkeit undurchführbar, die zweite attraktiv und die Wahrscheinlichkeit, daß sich jemand für die dritte entscheidet, auf Null reduziert wird.«[24] Die Vorteile, die den jetzt in den Städten

lebenden Menschen zukommen, sind in der Presse ebenfalls ausführlich geschildert worden, zum Beispiel von James Doyle im
Globe am 2. Februar 1966: Saigon »ist eine *reiche* Stadt; Barbesit-
zer, Prostituierte, Geldwechsler und Schwarzhändler machen ihr
Glück, solange es anhält. Es ist eine *arme* Stadt mit hunderttausen-
den von Flüchtlingen, die in Stroh- und Blechhütten zusammengepfercht leben; mehr als zwei Millionen Menschen drängen sich auf
21 Quadratmeilen zusammen.« Oder von Neil Sheehan in einem
berühmten und oft zitierten Artikel der *New York Times* (9. September 1966):

Eine Fahrt durch Saigon führt einen anderen Aspekt des sozialen Systems
vor Augen. Fast alle Neubauten sind Luxusappartements, Hotel- und
Bürogebäude, finanziert von chinesischen Geschäftsleuten oder wohlhabenden Vietnamesen mit Verwandten in oder guten Beziehungen zu der
Regierung. Die Häuser sind dazu bestimmt, an Amerikaner vermietet zu
werden. Die Arbeiter Saigons leben nach wie vor in stinkenden Elends-
vierteln an der Peripherie der Stadt... Bars und Bordelle, tausende junger Vietnamesinnen, die sich als Barmädchen oder Prostituierte erniedri-
gen, Rowdybanden und Bettler und Kinder, die ihre älteren Schwestern
verkaufen, und Taschendiebstähle – das sind die Merkmale des Stadt-
lebens, die man überall findet.

Der auffallende Unterschied zwischen den Berichten in der Presse
und denen der vorübergehend in Vietnam weilenden Gelehrten ist
schon oft bemerkt worden. Man sollte darüber nicht erstaunt sein.
Jeder geht seinem Beruf nach. Der Beruf des Journalisten besteht
darin, zu beschreiben, was er mit eigenen Augen sieht; viele haben
das mit Mut und Brillanz getan. Der Kolonialbeamte dagegen bemüht sich um die Rechtfertigung dessen, was er getan hat und zu tun
gedenkt; ist er gleichzeitig auch ein »Experte«, so versucht er, die
entsprechende ideologische Verpackung zu finden, um zu zeigen,
daß unsere Handlungen richtig und rechtschaffen sind, und um die
nagenden Zweifel zu ersticken. Der eine sieht moralische Erniedrigung und stinkende Slums, der andere sieht Wohlstand und Prosperität – und wenn der liebe alte Onkel Sam aus lauter Freundschaft
einmal jemand ganz unabsichtlich auf den Fuß tritt, so ist das durchaus kein Grund für schlechte Laune.
Kehren wir zurück zu der Sammlung gelehrter und objektiver
Untersuchungen im *Asian Survey*. Die erste, von Kenneth Young,
dem Präsidenten der *Asian Society*, behandelt unsere Schwierig-

keiten bei der »Übertragung von Innovationen und Institutionen auf die vietnamesischen Verhältnisse« und geht die Sozialwissenschaftler um Beistand an zur Überbrückung dieser Schwierigkeiten. Die Sozialwissenschaftler, meint Young, sollten »die Verwicklungen« untersuchen, »die effektiv das verhindern oder auf eine andere Ebene verlagern, was die Amerikaner durch regierungspolitische Maßnahmen oder den Einsatz von Technikern der vietnamesischen Bevölkerung oder einer vietnamesischen Institution nahelegen möchten«. Das Problem liegt also im Bereich der Kommunikation. Für diesen objektiven Gelehrten gibt es keinen Zweifel an unserem Recht, »Innovationen und Institutionen auf die vietnamesischen Verhältnisse zu übertragen«, wenn nötig mit Gewalt, auch nicht an unserem überlegenen Wissen um die notwendigen Neuerungen und geeigneten Institutionen. Ganz ähnlich erfaßte Lord Cornwallis die Notwendigkeit, »die Institution« des Junkertums auf Indien zu »übertragen« – wie jeder vernünftige Mensch sehen konnte, war das die einzige kultivierte Form sozialer Organisation.

Die von Huntington gelobte »wissenschaftliche Objektivität« beweist auch Milton Sacks in seinem Beitrag unter dem Titel »Die Stärkung der Regierung in Südvietnam«. Laut Sacks gibt es zwei Kräfte in Südvietnam, die »Nationalisten« und die »Kommunisten«. Die Kommunisten sind der Viet Minh und die FNL; bei den Nationalisten hebt er besonders die VNQDD und die Dai Viet (sowie das Militär) hervor. Die »Nationalisten« haben so manche Probleme. Sie wurden zum Beispiel »von den Franzosen, den Japanern, den Kommunisten und später von den Amerikanern manipuliert«, und »zu viele der führenden Generale Südvietnams kämpften zusammen mit den Franzosen gegen das vietnamesische Volk«.[25] Unser Problem ist die Schwäche der Nationalisten, obgleich es zur Zeit der Regierung General Khanhs hoffnungsvolle Aussichten gab – »ein höchst interessantes Experiment, denn es war eine echte Koalition von Vertretern aller größeren politischen Gruppen Südvietnams«. Merkwürdigerweise war diese höchst repräsentative Regierung nicht in der Lage, »den Vorschlag einer anscheinend echten Koalitionsregierung«, den die Nationale Befreiungsfront in der Mitte des Jahres 1964 machte, zu akzeptieren oder auch nur in Erwägung zu ziehen.[26] Laut Douglas Pike konnte der Vorschlag nicht ernsthaft erwogen werden, weil keine der »nichtkommunistischen«

Gruppen Südvietnams, »mit Ausnahme vielleicht der Buddhisten,
sich für groß und stark genug hielt, um den Eintritt in eine Koalition riskieren zu können; sie mußten befürchten, daß der Wal den
Karpfen fressen würde.« Deshalb, so führt er weiter aus, »konnte
eine Regierungskoalition mit einer starken FNL in Südvietnam
nicht ›verkauft‹ werden«, nicht einmal an die Regierung, die laut
Sacks »eine echte Koalition aller größeren politischen Gruppen Südvietnams« war. Vielmehr bestanden die GVN und ihre Nachfolger
weiter darauf, daß die FNL ihre aufrichtige Gesinnung zeigen solle,
indem sie »ihre bewaffneten Einheiten und politischen Kader aus
dem Territorium Südvietnams« zurückziehe (1. März 1965).

Nach Sacks »liegt das Problem darin, ein institutionelles Arrangement zu treffen, das den Faktoren und Kräften entgegenwirken
kann, die zu dieser Unstabilität führen«, der Krankheit des gegenwärtigen politischen Lebens in Vietnam. Das ist ein Problem, das
sich natürlich *uns* stellt. Und wir sind, wie Sacks glaubt, durchaus
auf dem Weg zu einer Lösung, mit Hilfe der neuen Verfassung und
der bevorstehenden Wahlen (September 1967), die »Persönlichkeiten herausstellen werden, welche durch das Mandat des Volkes legi-
timiert sind, mit starker Autorität über Krieg und Frieden zu ihrer
Wählerschaft zu sprechen«. Zwar werden nach diesen »freien Wahlen ... immer noch diejenigen nicht vertreten sein, die unter dem
Banner der Nationalen Befreiungsfront Südvietnams kämpfen, wie
auch jene, deren Kandidaten an den Wahlen nicht teilnehmen durften«, aber wir müssen eben einsehen, daß keine Institution in der
wirklichen Welt perfekt sein kann. Der entscheidende Punkt ist
Sacks zufolge der, daß zum ersten Mal seit dem Sturze Diems Wahlen stattfinden werden, die von der jeweiligen Regierung nicht bloß
»als Mittel zur Legitimierung der ihr bereits gegebenen Macht, d. h.
zur Bestätigung ihrer selbst mit Hilfe des Regierungsapparats« betrachtet werden. Sieht man von der erstaunlichen Naivität hinsichtlich der bevorstehenden Wahlen ab, so fällt einem die still-
schweigende Annahme auf, daß wir das Recht haben, unsere
Bemühungen um die Stärkung der Regierung Südvietnams fortzusetzen im Interesse dessen, was wir als vietnamesischen Nationalismus bezeichnen. In ganz ähnlicher Weise haben die Offiziere der
Kwantung-Armee vor 35 Jahren versucht, »echten mandschurischen
Nationalismus« zu fördern.

Um besser zu verstehen, was es mit der Ansicht, daß wir die »Nationalisten« gegen die »Kommunisten« verteidigen müssen, auf sich hat, sollten wir uns wieder Pikes interessanter Untersuchung zuwenden. Die nationalistischen Gruppen, die Sacks erwähnt, sind VNQDD und Dai Viet. Die erstere wurde, nach ihrer buchstäblichen Vernichtung durch die Franzosen, im Jahre 1942 von den chinesischen Nationalisten wieder ins Leben gerufen. »Sie erhielt sich durch Räuberunwesen. Verräter wurden meist öffentlich hingerichtet, und die Gewaltakte waren im allgemeinen hinsichtlich ihrer psychologischen Wirkung sorgfältig geplant.« Als sie nach dem Zweiten Weltkrieg »mit den chinesischen Besatzungstruppen« nach Vietnam zurückkehrte, gewann sie »bis Mitte 1946, als sie vom Viet Minh ausgelöscht wurde, einigen Einfluß«. »Die VNQDD war niemals eine politische Massenpartei im westlichen Sinn. Auf der Höhe ihres Einflusses zählte sie nach Schätzungen ihrer eigenen Führer weniger als 1500 Mitglieder. Auch war sie weder in Zentral- noch in Südvietnam jemals besonders stark. Sie hatte keine Organisation und hielt keine Parteitage oder Versammlungen ab.« Der Dai Viet andererseits »zählte zu seinen Mitgliedern führende vietnamesische Persönlichkeiten und Regierungsbeamte, die Japan [sc. das faschistische Japan] als geeignetes Vorbild für Vietnam ansahen. Die Organisation machte nie besondere Zugeständnisse, weder an die Demokratie noch an die breite Masse der Vietnamesen. Wahrscheinlich hatte sie nie mehr als 1000 Mitglieder und betrachtete sich nicht als Organisation auf Massenbasis. Obgleich ihre wirtschaftspolitische Tendenz im Grunde sozialistisch war, lehnte sie den westlichen Liberalismus zugunsten autoritärer Führung und blinden Gehorsams ab.« Während des Krieges »war sie stets eindeutig pro-japanisch orientiert«.

Im Gegensatz zu diesen echten Nationalisten haben wir einmal den Viet Minh, dessen »Kampf auf antikolonialer, eindeutig nationalistischer Basis lief und *alle* Vietnamesen betraf«, und dann die Nationale Befreiungsfront, die die Landbevölkerung Vietnams »nicht einfach als ein Pfand in einem Machtkampf, sondern als ein aktives Element beim Angriff« ansah. Sie erklärte, »daß ihr Wettstreit mit der GVN und den USA auf politischer Ebene ausgetragen werden solle, und daß der Einsatz von massiver militärischer Macht an sich illegitim sei«, bis sie von den Amerikanern und der GVN gezwun-

gen wurde, »ebenfalls Gewalt anzuwenden, um überleben zu können«. In ihren internen Dokumenten wie auch in ihren öffentlichen
Bekanntmachungen bestand die Nationale Befreiungsfront von Anfang an darauf, ihr Ziel sei »die Errichtung einer demokratisch-
nationalen Koalitionsregierung in Südvietnam; die Verwirklichung
der Unabhängigkeit und der demokratischen Freiheiten, die Verbesserung der Lebensbedingungen des Volkes, ein Sicherheitsfrieden
und die nationale Wiedervereinigung auf der Basis der Unabhängigkeit und der Demokratie«. »Außer der FNL hat es in Südvietnam
niemals eine politische Partei mit wirklicher Massenbasis gegeben.«
Sie organisierte »die Landbevölkerung mittels der Selbstkontrolle
– Sieg durch die Waffe der Organisation«: sie rief nämlich eine
Reihe von »funktionellen Befreiungsverbänden« ins Leben, die auf
Selbsthilfe beruhten und auf »Verbandsdisziplin«, verbunden mit
dem »Recht auf Diskussionsfreiheit und geheime Wahl bei Ver-
bandstreffen«, und erzeugte einen »Gemeinschaftssinn, zunächst
durch die Entwicklung politischer Denk- und Verhaltensmuster, die
den sozialen Problemen eines vietnamesischen Dorfes inmitten großer sozialer Veränderungen angepaßt waren, und zweitens durch
die Errichtung einer Basis für Gruppenaktionen, die dem einzelnen
Dorfbewohner den Eindruck vermittelten, daß seine eigenen Bemühungen Sinn und Erfolg haben konnten« (offensichtlich ein er-
probter und hinterlistiger Feind). Dies lag natürlich vor dem »Beginn massiver amerikanischer Hilfe und dem GVN-Programm der
strategischen Dörfer«. Nachdem die Amerikaner die Kriegsführung
an sich gerissen hatten, wurde der Akzent von der politischen auf
die militärische Ebene verlegt, und schließlich kam die Einmischung
und vielleicht auch die Kontrolle von seiten Nordvietnams; »ab
1965 wurden große Mengen regulärer nordvietnamesischer Truppen nach Südvietnam geschickt«.
Hier sehen wir also den Unterschied zwischen Dai Viet und
VNQDD, die den südvietnamesischen Nationalismus vertreten,
und der Nationalen Befreiungsfront, einer von außen kommenden,
fremden Macht. Man darf nicht vergessen, daß Sacks die faktische
Beschreibung von Pike zweifellos als akkurat bezeichnen würde,
aber – gleich Pike – der Meinung wäre, daß sie nichts beweist, da
wir die letzten Schiedsrichter darüber sind, was als »echter vietnamesischer Nationalismus« zu gelten hat.

Ein interessantes Gegengewicht zu Sacks' Gegenüberstellung von
nationalistischen und kommunistischen Kräften ist David Wurfels
sorgfältige Analyse der »politischen Elite Saigons« in der gleichen
Ausgabe des *Asian Survey*. Er behauptet, daß »diese Elite ihren
Charakter während der letzten Jahre nicht wesentlich geändert
hat« (d. h. seit 1962), obwohl einige Wandlungen eingetreten sein
mögen: »Früher gab es nur unter den reichen Landbesitzern Leute,
die über beträchtliche politische wie auch wirtschaftliche Macht ver-
fügten; in den letzten Jahren mag die große Korruption auch einigen anderen zu dieser Auszeichnung verholfen haben.« Er fährt
fort: »Alle nach Diems Sturz den Kabinetten angehörigen Militärs
dienten in ziviler oder militärischer Funktion unter Bao Dai und
den Franzosen.« Während der Herrschaft der Franzosen »kamen
diejenigen, die es am bequemsten fanden, in den Staatsdienst einzutreten, aus solchen Familien, die bereits zur bürokratisch-intellek-
tuellen Elite zählten. Zu Beginn der fünfziger Jahre sahen sie im
Radikalismus, in der Gestalt des Viet Minh, eine Gefahr für ihre
eigene Stellung. Die gegenwärtige politische Elite ist das Produkt
dieser Entwicklung.« Die Dinge könnten sich zwar ändern, räumt
Wurfel ein, aber »bisher setzten sich die Kabinette Südvietnams und
vielleicht auch der größte Teil der restlichen politischen Elite aus
einer strikt westlich orientierten Intelligentsia zusammen. Während
die Bevölkerung Südvietnams offenbar revolutionär gestimmt ist,
läßt sich das von dieser Elite kaum sagen.« Die FNL andererseits
ist eine »Gegen-Elite«, weniger westlich orientiert: unter den Mitgliedern des Zentralkomitees der FNL »studierten nur 3 von 27 in
Frankreich«.

Das Problem der »Stärkung der Regierung« wird von Ithiel Pool
weiter analysiert, und zwar analog zu Sacks' Beitrag in dieser
Sammlung »gelehrter und objektiver Untersuchungen«. Er beginnt
mit einer allgemeinen These: »Ich lasse hier eine große Reihe mög-
licher politischer Regelungen außer acht«, d. h. solche, die »die Ein-
beziehung des Viet Kong in eine Koalitionsregierung oder selbst den
Fortbestand des Viet Kong als legale Organisation in Südvietnam«
vorsehen. Solche Arrangements »sind nicht akzeptabel« – nämlich
für uns. Die einzige akzeptable Regelung ist eine »von der GVN er-
wirkte, trotz der fortbestehenden großen politischen Macht des Viet
Kong«.

Da gibt es freilich ein bestimmtes Problem: »... der Viet Kong ist zu stark, um einfach besiegt oder unterdrückt zu werden.« Daraus folgt, daß wir den Aktivisten des »Viet Kong« Anreize bieten müssen, damit sie sich unserem Unternehmen anschließen. Seines Erachtens dürfte das nicht allzu schwierig sein. Die Führungsschicht des »Viet Kong« besteht im Grunde aus karrieresüchtigen Bürokraten, und der Theorie der kognitiven Dissonanz zufolge sind diese »unzufriedenen Führungskräfte« durchaus fähig, »einen totalen Bruch herbeizuführen, wenn die Schwierigkeiten überhand nehmen«. Wir müssen ihnen daher »eine politische Rationalisierung für den Wechsel ins andere Lager« anbieten. Das Problem ist ein ideologisches. Wir müssen eine Veränderung im »Wirklichkeitsbild« der »Viet-Kong«-Kader bewirken, ihre »naive Ideologie«, die die GVN als »Marionetten der Amerikaner und Handlanger der Ausbeuter, als Steuereinzieher, Händler, Großgrundbesitzer, Polizisten und böse Menschen in den Dörfern« bezeichnet, durch eine realistischere Konzeption ersetzen. Das können wir erreichen, wenn wir die Betonung auf die Selbstverwaltung der Dörfer legen und den Einsatz militärischer Kräfte bei der Eintreibung von Abgaben unterbinden – ein Vorschlag, den man in Saigon zweifellos mit Begeisterung aufnehmen wird. Die Aussicht, als Funktionäre für eine Zentralregierung zu arbeiten, die eine derartige Politik verfolgt, wird für die Kader des »Viet Kong« verlockend sein, und somit ist unser Problem gelöst, nämlich jene Organisation zu eliminieren, die über die fähigsten politischen Führungskräfte verfügt.

Andere haben stark abweichende Beurteilungen der menschlichen Qualitäten und Motivationen dieser Kader abgegeben. Joseph Buttinger zum Beispiel stellt die Unfähigkeit des Diem-Regimes, Unterstützung zu finden, dem Erfolg der Nationalen Befreiungsfront gegenüber: »... daß man Menschen, die bereit waren, ihrem Land zu dienen, in Vietnam finden konnte, daran bestand kein Zweifel. Dem Viet Minh gelang es, sie zu Zehntausenden anzuwerben und ihnen übermenschliche Anstrengungen und große Opfer im Kampf um die Unabhängigkeit abzuverlangen.«[27] Dutzende von Militärberichten geben Aufschluß über den erstaunlichen Heldenmut und das Engagement der Guerillakämpfer. Den Kolonialverwaltern fiel es jedoch schon immer schwer, dieses Phänomen zu verstehen oder in den Griff zu bekommen.

Im Verlauf seiner Analyse unseres Dilemmas in Vietnam erklärt uns Pool, weshalb unser Verständnis für solche Dinge getrübt ist. Wir leben in einer »belasteten Zivilisation, in der ein traditionsgebundener Glaube an Gleichheit herrscht«. Aus diesem Grund fällt es uns schwer, den wahren Charakter der von dem »Viet Kong« vorgenommenen Neuverteilung des Landes zu verstehen: es ist in erster Linie eine »Vetternwirtschaft«, bei der »unzufriedene Bauern sich zu Banden zusammenschließen, um ihre Nachbarn zu berauben« und dann »die verdienstvollen Mitglieder dieser Kabale zu belohnen«.

Diese Terminologie erinnert an Franz Borkenaus Darstellung des »Stadiums moralischer Indifferenz« in der Geschichte der russischen Revolution, wo Greueltaten gleich der, »durch Raubüberfälle das persönliche Eigentum einzelner Bourgeois zu ›enteignen‹«[28], gang und gäbe waren. Wir dagegen hängen, wenn wir die Landreform durchführen, an dem »traditionsgebundenen Glauben an Gleichheit«. So berichtete die *New York Times* am 26. Dezember 1967 von einer kurz zuvor stattgefundenen Expertenkonferenz über den »Erfolg Taiwans bei der Landreform«, einen der wirklichen Erfolge in der Geschichte der US-Interventionen: »Die Regierung entschädigte die früheren Landbesitzer zum Teil (30 Prozent) mit Anteilen an vier großen öffentlichen Unternehmen, die sie von den Japanern übernommen hatte. Der Rest wurde in Pfandbriefen ausgezahlt... Viele Teilnehmer der Konferenz nannten diese Entschädigung den gerissensten Teil des Taiwan-Programms. Auf diese Weise seien nicht nur die Landbesitzer gerecht behandelt, sondern auch die Energien und das Kapital dieser Menschen der Industrie zugeführt worden«, wodurch der »gesamte Aufbau der Gesellschaft« in der einzig gesunden und humanen Richtung beschleunigt worden sei.

Pool bemerkt beiläufig, daß »man in Laien-Diskussionen jetzt oft Kommentare hört des Inhalts, der vietnamesische Kommunismus sei, weil anti-chinesisch, dem jugoslawischen Kommunismus gleich«. Es wäre natürlich lächerlich, einen solchen Kausalzusammenhang zu sehen, und tatsächlich habe ich solche Kommentare nie in »Laien-Diskussionen« oder anderswo gehört. Laien wie Hans Morgenthau, General James Gavin und andere haben vielmehr gesagt, daß der Kommunismus in Vietnam dem Kommunismus Titos ähnele, insofern er sich vom chinesischen Einfluß freimachen wolle. Damit kontern sie die Behauptung, daß wir mit dem Angriff auf den vietnamesischen Kommunismus in irgendeiner Form den »chinesischen Kommunismus eindämmen« – eine Behauptung, die zum Beispiel in der Erklärung des »Bürgerkomitees für Frieden und Freiheit in Vietnam« auftaucht, in der Pool, Sacks und andere im Namen »der verständnisvollen, unabhängigen und verantwortlichen Männer und Frauen, die sich seit je dagegen gewehrt haben, internationale Aggressoren von Hitler bis Mao Tse-tung anzuerkennen«, zu bedenken geben, daß, wenn wir »Vietnam aufgeben«, »Peking und Hanoi erfolgstrunken ihre expansionistische Politik durch viele andere ›Befreiungskriege‹ fortsetzen« werden. Durch die falsche Darstellung der Bezugnahme auf titoistische Tendenzen umgeht Pool das Problem, zu erklären, wie ein antichinesisches Nordvietnam als Agent der hitlerischen Aggression Pekings dienen kann; und durch den Verweis auf »Laien-Diskussionen«, vermute ich, will er die Schwäche seines Arguments vertuschen: er selbst ist ja ein Fachmann.

Pool hat seinen Standpunkt auf einer Konferenz des *Stevenson Institute* im Juli 1968 in Chicago weiter ausgeführt.[28a] Er stellt fest, daß »unser schwerster Fehler in Vietnam eindeutig der Beginn der Bombardierung des Nordens war«. Er hat dafür eine interessante Erklärung parat:

Bevor das passierte, war ich der Ansicht, daß die Vereinigten Staaten als Demokratie dem moralischen Protest nicht standhalten könnten, der sich erheben würde, wenn wir vom Himmel herunter den Tod auf ein Gebiet regnen ließen, in dem es keinen Krieg gibt. Nach dem Beginn der Bombardierungen kam ich zu dem Schluß, daß ich mich geirrt hatte. Für eine Weile schien es keinen Protestaufschrei zu geben, doch die Zeit brachte ihn mit sich. Nun kehrte ich wieder zu meinem alten Standpunkt zurück, jedoch mit einer wichtigen Modifikation, den Zeitfaktor betreffend. Öffentliche Reaktionen stellen sich nicht unmittelbar ein. Viele Handlungen, die die öffentliche Meinung sonst unmöglich machen würde, sind möglich, wenn sie kurzfristig geschehen. Ich glaube, wir dürfen sagen, daß eine Demokratie den Krieg nicht als Instrument der Politik einsetzen kann, es sei denn, er wird ernsthaft provoziert oder ist schnell erfolgreich.

Das ist der Stil eines wahren Wissenschaftlers, der einige der Variablen korrigiert, die in seine Berechnungen eingegangen sind – und wir können sicher sein, Professor Pool ist voller Verachtung für diese »Anti-Intellektuellen« wie Senator Fulbright, die nicht begreifen wollen, welch »unerhörte Bedeutung den angewandten Sozialwissenschaften dabei zukommt, die Handlungen unserer Regierung auf fremdem Boden rationaler und menschlicher zu machen, als sie es bisher waren«. Im Gegensatz zu den Anti-Intellektuellen versteht der Experte der angewandten Sozialwissenschaften, daß es absolut richtig ist, »vom Himmel herunter den Tod auf ein Gebiet regnen zu lassen, in dem es keinen Krieg gibt«, sofern wir nur »schnell erfolgreich sind«. Wenn der Sieg auf sich warten läßt, wird »der Zusammenhalt der demokratischen Gemeinschaft« durch einen Einsatz des Kriegs als Instrument der Politik zerrissen werden. Andererseits können wir dieses Instrument nicht aufgeben, denn wir müssen »langsam erkennen, daß wir in Sicherheit nur in einer Welt leben können, in der die politischen Systeme aller Staaten demokratisch und pazifistisch eingestellt sind« – wie das unsere. Obwohl es vorzuziehen wäre, ohne die Anwendung von Gewalt »politische Ergebnisse zu beeinflussen«, müssen wir weiterhin bereit sein, »es mit gefährlichen, bewaffneten Ideologien aufzunehmen« wie in Vietnam, zumindest so lange, bis sich die verschiedenen »Aspekte unseres Wertsystems« – insbesondere seine »pazifistische Einstellung« – über die ganze Welt verbreitet haben.

Daraus scheint zu folgen, daß unser Scheitern in Vietnam auf einen schweren Fehler unseres eigenen politischen Systems zurückzuführen ist: seine Unfähigkeit, die moralische Entrüstung einzudämmen, die sich erhob, als wir anfingen, den Tod auf ein Gebiet herunterregnen zu lassen, in dem es keinen Krieg gab. Zu genau dieser Schlußfolgerung kommt Professor Pool, dem es an Logik nicht mangelt: »... wir zahlen einen übermäßig hohen Preis für unsere Ziele«, und »in diesem Sinne haben wir sicher versagt – aber mehr in den Vereinigten Staaten als in Vietnam. Die qualvolle politische Lektion, die unser Land aufreibt, ist die Erfahrung, daß unser eigenes politisches System versagt hat.« Die Leistung unseres politischen Systems war »enttäuschend« und »hoffnungslos« (aber nicht ganz hoffnungslos, da »es keinen Beweis dafür gibt, daß die Regierung oder die Mehrheit bereit sind, sich Hals über Kopf aus Vietnam zurückzuziehen«). Unser System hat sich als unfähig erwiesen, mit der »Heftigkeit des Protestes« fertig zu werden, der zusammen mit anderen Faktoren die Stabilität im eigenen Land bedroht. »Das sind

Schwächen, die wir gewöhnlich den Vietnamesen vorwerfen, aber
der Vorwurf sollte besser an uns selbst gerichtet werden.«
Kurz, eine demokratische Gemeinschaft ist unfähig, einen aggressiven Krieg auf brutale Weise durchzuführen, und das ist eine
Schwäche der Demokratie. Falsch ist nicht die Politik, den Tod auf
ein Gebiet herunterregnen zu lassen, in dem es keinen Krieg gibt,
noch weniger die weitaus stärkere Bombardierung Südvietnams, die
unerwähnt bleibt. Falsch ist die Unfähigkeit eines demokratischen
Systems, den unvermeidlichen Protest und die moralische Entrüstung einzudämmen. Die Schlußfolgerung liegt auf der Hand,
und wir mögen uns fragen, wie lang es noch dauern wird, bis zumindest einige einflußreiche Stimmen des liberalen Amerika die
Notwendigkeit erklären, das wichtigste Hindernis für die Erreichung dessen, was Professor Pool »unsere nationalen Ziele«
nennt, aus dem Weg zu räumen.
Huntington scheint übrigens das Unbehagen seines Kollegen angesichts der Mängel der Demokratie als eines politischen Systems in
einer Zeit, da wir uns, wie Pool es formuliert, »massiv bedroht«
fühlen, zu teilen. Auf derselben Konferenz empfiehlt er, wir sollten
unsere Interventionen »in vernünftigen Grenzen, vorsichtig und
heimlich« durchführen, und er glaubt sogar, »die Wendung unserer
Gesellschaft zur Introversion« könne »gute Nebenwirkungen« haben, weil die »begrenzteren Formen der Einmischung in die Angelegenheiten anderer Länder«, auf die wir uns beschränken werden,
dadurch, daß man »diesen Fragen immer weniger öffentliche
Aufmerksamkeit und Anteilnahme schenken wird«, erleichtert
werden.
Die charakteristischen Merkmale von Pools rationalerer und
menschlicherer Methode der Sozialwissenschaft werden in anderen
Äußerungen deutlich. So erwähnt er ganz beiläufig, daß 1964 »der
Viet Kong die einzig funktionsfähige politische Struktur in Vietnam war«, und daß es damals »klar war, daß der Viet Kong, wenn
die amerikanischen Streitkräfte nicht kämen, Vietnam übernehmen
würde«. Er ist jedoch beeindruckt von der Tatsache, daß das nach
der amerikanischen Invasion nicht länger so klar ist, und das ist
seiner Ansicht nach die Rechtfertigung für die Intervention Amerikas. Man erinnere sich an die Beschlüsse, die die amerikanische Regierung 1964 unter den von Pool beschriebenen Umständen gefaßt

hat. In *No More Vietnams?* erfahren wir von James Thomson, 1961 bis 1966 Ostasienexperte des Außenministeriums und des Weißen Hauses, im Sommer 1964 hätten sich die wichtigsten Berater des Präsidenten getroffen und einstimmig beschlossen, nach den Wahlen die Bombardierung Nordvietnams zu veranlassen. Das ist ein nützlicher Hinweis auf die Bedeutung der Wahlpolitik in bezug auf internationale Fragen. Im Jahre 1964 war, wie Professor Pool sicherlich weiß, nichts über reguläre nordvietnamesische Einheiten im Süden und nur wenig über rinnsalartige Nachschubwege bekannt. Pool könnte auch der Äußerung zustimmen, die Daniel Ellsberg, ein RAND-Corporation-Berater des Verteidigungsministeriums für Vietnam-Fragen, auf derselben Konferenz verlauten ließ, daß nämlich »die Bombardierungen im Süden lange genug gedauert haben, um die südvietnamesische Gesellschaft heftig und wahrscheinlich auf immer zu erschüttern«, daß »wir die Gesellschaft Vietnams zerstört haben«. Er könnte sogar zugeben, daß Bernard Fall recht hat mit seinem düsteren Urteil, »Vietnam als kulturelle und historische Einheit [sei] von der Auslöschung bedroht«, da »das Land unter den Schlägen der größten Militärmaschine, die jemals auf ein Gebiet dieses Umfangs losgelassen wurde, buchstäblich abstirbt«. Keine dieser Feststellungen jedoch bringt den rationaleren und menschlicheren Sozialwissenschaftler darauf, daß wir vielleicht einen noch gröberen »Fehler« begangen haben, als eine Politik zu verfolgen, die die Stabilität im eigenen Land bedroht.

Nochmals zurück zum Vietnam-Symposium des *Asian Survey*. Der wichtigste Beitrag ist ohne Zweifel Edward Mitchells Bericht über seine Studie für die RAND-Corporation über »die Bedeutung der Pacht für den Aufstand in Vietnam«. Bei der Untersuchung von 26 Provinzen hat Mitchell eine signifikante Korrelation zwischen der »Ungleichheit des Landbesitzes« und dem »Ausmaß der Regierungs- [lies: amerikanischen] Kontrolle« entdeckt. Kurz: »Größere Ungleichheit impliziert größere Kontrolle.« »Die Provinzen scheinen gesicherter zu sein, wenn der Prozentsatz des vom Eigentümer bearbeiteten Landes gering ist (der Pachtbesitz hoch ist); die Ungleichheit bei der flächenmäßigen Verteilung des Ackerlandes ist erheblich; ausgedehnte Besitzungen, die früher den Franzosen gehörten, existieren noch immer, eine Neuverteilung des Landes hat nicht stattgefunden.« Um dieses Phänomen zu erklären, bemüht Mitchell

die Geschichte und die Verhaltenspsychologie. Wie er sagt, »war es
in einer Anzahl geschichtlicher Fälle der bessergestellte Bauer, der
revoltierte, während seine ärmeren Brüder die bestehende Ordnung
aktiv unterstützten oder passiv duldeten«. Die »verhaltenspsycho-
logische Erklärung« dafür liegt »in der relativen Fügsamkeit der
ärmeren Bauern und in der gefestigten Autorität der Landbesitzer
in den mehr ›feudalen‹ Gebieten ... Der Landbesitzer kann einen
erheblichen Einfluß auf das Verhalten seiner Pächter ausüben und
dieses, wenn es seinen persönlichen Interessen zuwiderläuft, sofort
korrigieren.«

In einem Interview mit der *New York Times* (15. Oktober 1967)
gibt Mitchell eine zusätzliche Erklärung für die Tatsache, daß die
sichersten Gebiete die sind, »deren soziale Struktur im wesentlichen
feudal« geblieben ist: wenn die Feudalstruktur abgelöst wird, »entsteht ein Vakuum, und das ist für den Viet Kong ideal, weil er eine
Organisation hat, mit der er es ausfüllen kann«. Diese Bemerkung
weist auf ein Problem hin, das den amerikanischen Bemühungen
immer im Weg stand. Wie Buttinger betont, war auch das Diem-
Regime nicht fähig, mit »frei konstituierten Organisationen« zu
experimentieren, weil diese »vom Viet Minh erobert worden
wären«.[29]

Mitchells lehrreiche Untersuchung bekräftigt Roger Hilsmans Analyse der Aufstandsbekämpfung. Hilsman ist der Ansicht, daß
Modernisierung »in einem Anti-Guerilla-Programm nicht sehr weit
führen kann«, weil sie »etablierte Sozialgefüge unvermeidlich ent-
wurzelt [und] politische und wirtschaftliche Wirren und Spannungen hervorruft«. Er meint daher, daß zwar die Popularität der
Regierung, Reform und Modernisierung »wichtige Bestandteile«
sein können, daß aber ihre Rolle bei der Bekämpfung der Revolution »mehr im Rahmen ihres Beitrags zur physischen Sicherheit gemessen werden muß«.[30]

Bevor wir dieses Symposium über Sozialwissenschaft und Vietnam
beiseite legen, sollten wir einen Blick auf die wissenschaftliche Freiheit werfen, die es dem Gelehrten erlaubt, gewisse Kommentare *nicht*
zu geben, bestimmte Schlüsse *nicht* zu ziehen. John Bennett zum
Beispiel erörtert die wichtige Frage der »geographischen und beruf-
lichen Mobilität«: »Unter dem zweifachen Einfluß der verbesserten
Möglichkeiten anderswo und der verminderten Sicherheit zu Hause

sind die Menschen in einem bisher unbekannten Ausmaß bereit, sich umsiedeln zu lassen.« Kein weiterer Kommentar zu dieser »Bereitwilligkeit«, die derart interessante neue Möglichkeiten für den Wiederaufbau der vietnamesischen Gesellschaft eröffnet. John Donnell behandelt den ungewöhnlichen Erfolg der »Befriedung« in der Provinz Binh Dinh, besonders in den Gebieten unter koreanischer Kontrolle. Die Koreaner »neigten dazu, eine eigene Show mit eigenen Methoden abzuziehen, und manchmal gaben sie den aus Saigon geschickten RD-Teams nicht den gewünschten Operationsspielraum«, aber sie waren »außerordentlich erfolgreich in der Auslöschung des Einflusses der FNL«. Auch hier: kein Kommentar zu diesen Methoden, die von der Presse detailliert geschildert wurden[31], oder über die Bedeutung der Tatsache, daß Koreaner die vietnamesischen Dörfer dem Einfluß der FNL entziehen und den vietnamesischen Führungskadern nicht den gewünschten Spielraum lassen.

Mitchell zieht aus seiner Analyse keine Konsequenzen für die Politik, andere jedoch haben den entscheidenden Punkt erkannt: man erinnere sich an die Bemerkungen der gemäßigten Gelehrten über die Gefahren einer Sozialreform. Einige Wissenschaftler sind in ihrer Analyse viel weiter gegangen. So zieht Charles Wolf, Wirtschaftsexperte der RAND-Corporation, der diese Frage in einem jüngst erschienenen Buch[32] erörtert, zwei »theoretische Modelle« für die Analyse der Rebellionsproblematik heran. Das erste ist die Methode des Hirn-und-Herz-Drills zur Bekämpfung der Revolution, bei der die Unterstützung durch das Volk einen besonderen Platz einnimmt. Wolf gibt zu, daß es ohne Zweifel ein »erstrebenswertes Ziel« ist, »die Treue des Volkes zu einer Regierung, die gegen eine revolutionäre Bewegung kämpft«, zu gewinnen, aber dieses Ziel, so argumentiert er, ist »als Begriffsrahmen für konterrevolutionäre Programme« nicht geeignet. Die Alternativmethode, die er vorschlägt, hat als »Grundthema« den Begriff der »Beeinflussung des Verhaltens statt der Einstellung«. So »können die Konfiskation von Hühnern, die Zerstörung von Häusern oder die Vernichtung von Dörfern ein Teil der Aufstandsbekämpfung sein, aber nur dann, wenn ihnen ein gewichtiger Anlaß zugrunde liegt: die Bestrafung derjenigen nämlich, die die Rebellen unterstützt haben ... Bei jedem harten Zugreifen der Regierungsautorität muß eindeutig erkennbar sein, daß es absichtsvoll geschieht, und zwar wegen des

Verhaltens der Bevölkerung, die an der revolutionären Bewegung
teilnimmt.« Überdies muß man beachten, daß »eine Politik, die
durch den Anstieg der Nahrungsmittelpreise zu einer Erhöhung des
ländlichen Einkommens führt, oder Projekte, die durch die Verteilung von Dünger und Schlachtvieh zur Steigerung der Agrarproduktion führen, sich während eines Aufstands negativ auswirken können, ... da sie es dem Guerilla erleichtern, an die von ihm
benötigten Bestände heranzukommen, und dadurch seine Aktionen
praktisch unterstützen«. Allgemeiner: »Bei der Aufstellung von
Programmen zur wirtschaftlichen und sozialen Verbesserung ist es
entscheidend, diese Programme auf das von der Regierung gewünschte Verhalten der Bevölkerung abzustimmen.« Das Prinzip
ist also, die kooperierenden Dörfer zu belohnen und für regierungs-
feindliches Verhalten Strafen festzusetzen. »In einem sehr weiten
Sinn sollte das Hauptanliegen der Aufstandsbekämpfung darin bestehen, mehr das Verhalten der Bevölkerung als ihre Loyalität und
Einstellung zu beeinflussen«; »die erste Überlegung sollte immer
sein, ob die vorgeschlagene Maßnahme die Kosten und Schwierigkeiten der Aufständischen erhöht und ihre Organisation zu sprengen hilft, nicht hingegen, ob man mit ihrer Hilfe die Loyalität und
Unterstützung des Volkes gewinnen kann oder ob sie zu einer pro-
duktiveren, wirksameren und gerechteren Ausnutzung der Ressourcen beiträgt.«
Andere Gelehrte haben die Vorteile von Wolfs »Alternativmethode«, die sich mehr auf Verhaltenskontrolle als auf die Mystik
der öffentlichen Meinung verläßt, noch deutlicher herausgearbeitet.
Morton H. Halperin vom *Harvard Center for International Affairs*
zum Beispiel schreibt, daß die USA in Vietnam »jeden größeren Sieg
des Viet Kong verhindern konnten, und zwar unabhängig von der
Loyalität der Bevölkerung«. So erhalten wir den empirischen Beweis für ein bestimmtes Prinzip der Verhaltensforschung:

Die Ereignisse in Vietnam illustrieren auch die Tatsache, daß die meisten
Menschen weniger durch abstrakte Appelle motiviert werden als durch
ihre Einschätzung des Handlungsverlaufs, der am ehesten zu ihrer persönlichen Sicherheit und zur Befriedigung ihrer wirtschaftlichen, sozialen
und psychologischen Wünsche führen wird. So haben sich die Amerikaner
durch großangelegte Luftangriffe in Südvietnam zwar eine Anzahl von
Menschen zu Feinden gemacht; aber gleichzeitig demonstrierten sie diesen
Menschen, daß der Viet Kong ihre Sicherheit nicht mehr garantieren

konnte, wie er es vor den Bombardierungen tat, und daß der Glaube an einen bevorstehenden Sieg des Viet Kong eine gefährliche Täuschung ist.[33]

Wir können also neben der »Konfiskation von Hühnern, Zerstörung von Häusern und Vernichtung von Dörfern« wie in Vietnam 100 Pfund Sprengstoff pro Person, 12 Tonnen pro Quadratmeile, einsetzen als wirksame Methode der Verhaltenskontrolle, die auf dem jetzt wieder einmal durch Experiment bekräftigten Prinzip beruht, daß die Befriedung von Bedürfnissen eine wichtigere Motivierung menschlichen Verhaltens ist als der abstrakte Appell an die Loyalität. Das ist sicher ein höchst vernünftiger Rat. Absurd dagegen wäre der Versuch, das Verhalten einer Ratte zu kontrollieren, indem man ihre Loyalität gewinnt, anstatt ein Dressurschema zu entwerfen.

Ein zusätzlicher Vorteil dieser neuen, wissenschaftlicheren Methode liegt darin, daß sie auch »in den Vereinigten Staaten die Einstellung gegenüber den *konter*revolutionären Aktionen verändern« wird.[34] (Im Falle der USA muß natürlich nicht nur dem Verhalten, sondern auch den Einstellungen der Bevölkerung Rechnung getragen werden.) Sie wird uns helfen, eine der größten Schwächen der amerikanischen Mentalität zu bekämpfen: die »emotionale Reaktion«, die uns Partei ergreifen läßt für die »Verteidiger des durchschnittlichen Menschen« und gegen einen »grausamen, tyrannischen Ausbeuter« (»daß diese Rollenfixierung sowohl Realität wie auch Schein enthält, steht nicht zur Debatte«). Diese Sentimentalität »verhindert oft eine realistische Einschätzung von Alternativen und verleitet uns statt dessen zu einer nörgelnden Selbstgerechtigkeit in unserer Beziehung zu der bedrängten Regierung, die wir zu unterstützen vorgeben«. Wir können sie überwinden, wenn wir uns auf die Verhaltenskontrolle konzentrieren anstatt auf die Veränderung von Einstellungen oder die Massage von Hirn-und-Herz. Die neue Haltung gegenüber der Konterrevolution sollte deshalb nicht nur bei der Ausweitung der Kontrolle über Regierungen, die Amerika anerkennt, wirksam werden, sie könnte auch eine heilsame Wirkung auf uns selbst ausüben. Die Möglichkeiten sind faszinierend. Vielleicht entledigen wir uns auf diese Weise sogar der Beschränkungen unserer »belasteten Zivilisation, in der ein traditionsgebundener Glaube an Gleichheit herrscht«.

Nach Wolf ist es außerordentlich wichtig, daß wir ein rationales

Verständnis für den Aufstand entwickeln, da er »wahrscheinlich die
am häufigsten auftretende Art politico-militärischer Bedrohung in
der Dritten Welt und sicher eines der vielschichtigsten und heraus-
fordernsten Probleme für die Politik und das Programm der USA«
ist. Das Hauptziel der amerikanischen Außenpolitik in der Dritten
Welt muß »die *Verleugnung* des kommunistischen Einflusses« sein,
und im besonderen die Unterstützung der Länder, die ihre »Unabhängigkeit gegen äußere und innere kommunistische Vorherrschaft« verteidigen. Das letztere Problem, die Verteidigung der
Unabhängigkeit gegen die Vorherrschaft der Kommunisten im
Innern, ist – besonders in Lateinamerika – von höchster Relevanz.
Wir müssen dieser Gefahr begegnen, indem wir das wirtschaftliche
Wachstum und die Modernisierung vorantreiben (uns dabei jedoch
vergewissern, daß wir die Risiken dieser Prozesse umgehen, vgl.
Mitchell), und zwar verbunden mit einem »verantwortlichen Einsatz von Gewaltmitteln«. Die Frage, ob diese unsere Gewaltanwendung in einem vom Aufstand bedrohten Land ratsam ist, wird nicht
gestellt. Würde sie gestellt, so fände man die Rechtfertigung in der
Behauptung, daß wir in einer Welt leben, »in der der Verlust der
nationalen Unabhängigkeit oft gleichbedeutend ist mit kommunistischer Kontrolle und der Kommunismus als unabwendbar angesehen
wird«. So verteidigen wir, mit Orwellscher Logik, tatsächlich die
nationale Unabhängigkeit, wenn wir unsere Militärmacht einsetzen,
um eine herrschende Elite gegen einen einheimischen Aufstand zu
verteidigen.[35]
Vielleicht liegt der interessanteste Aspekt gelehrter Arbeiten wie
dieser in der Art und Weise, wie man das Vokabular der Verhaltensforschung anwendet, um sich mit einem Mantel der Wohl-
anständigkeit zu bedecken. Assoziationsketten der folgenden Art
lassen sich beliebig herstellen: Die Wissenschaft ist, wie jedermann
weiß, verantwortungsvoll, gemäßigt, unsentimental und auch ansonsten gut. Die Verhaltensforschung sagt uns, daß es möglich ist,
sich ausschließlich mit Verhalten und Verhaltenskontrolle zu beschäftigen. Daher *müssen* wir uns ausschließlich mit Verhalten und
Verhaltenskontrolle beschäftigen[36]; und es ist verantwortungsvoll,
gemäßigt, unsentimental und auch ansonsten gut, das Verhalten
durch angemessene Belohnung und Bestrafung zu kontrollieren. Das
Interesse für Loyalitäten und Einstellungen ist emotional und un-

wissenschaftlich. Als rationale Menschen, die an das Ethos der Wissenschaft glauben, sollten wir uns damit beschäftigen, das Verhalten in eine wünschenswerte Richtung zu lenken, und uns nicht von mystischen Begriffen wie Freiheit, individuelle Bedürfnisse oder Volkswillen verführen lassen.

Ich möchte klarstellen, daß ich die Verhaltensforschung nicht deshalb kritisiere, weil sie sich zu solchen Entstellungen eignet. Aus anderen Gründen scheint mir die Fixierung auf das Verhalten bedenklich zu sein; sie verkennt die Arbeitsweise der Wissenschaft und auferlegt dem Studium von Mensch und Gesellschaft sinnlose methodologische Einschränkungen – doch das ist eine ganz andere Sache. Man sollte sich aber fragen, bis zu welchem Grad die Beliebtheit dieser Methode auf ihren tatsächlichen Erfolgen beruht, und inwieweit sie ihre Anerkennung der Einfachheit verdankt, mit der sie sich zu einer neuen Zwangsideologie mit leicht wissenschaftlichem Anstrich ummodeln läßt. (Ganz nebenbei sei erwähnt, daß diese Fragen auch außerhalb der Politik gestellt werden können, besonders im Zusammenhang mit Erziehung und Therapie.)

Die Annahme, daß die Kolonialmächte großzügig sind und die Interessen der einheimischen Bevölkerung im Herzen tragen, ist so alt wie der Imperialismus selbst. So lobte der Liberale Herman Merivale bei einer Vorlesung in Oxford im Jahre 1840 die »britische Politik der kolonialen Aufklärung«, die »im Gegensatz zur Politik unserer Vorfahren steht«, welche sich wenig kümmerten »um die innere Verwaltung ihrer Kolonien, sie vielmehr in Unterdrückung hielten, um die erhofften wirtschaftlichen Vorteile aus ihnen ziehen zu können«; wir dagegen »verschaffen ihnen wirtschaftliche Vorteile und erlegen uns zu ihren Gunsten Steuern auf, damit sie weiter an unserer Herrschaft interessiert sind, so daß wir das Vergnügen haben, sie zu regieren«.[37] Und unser Landsmann John Hay beschrieb 1898 »eine Partnerschaft des Wohlwollens«, die Kuba, Hawaii und den Philippinen Freiheit und Fortschritt bringen werde, ebenso wie die »Pax Britannica« Indien, Ägypten und Südafrika diese Wohltaten gebracht habe.[38] Die Wohltätigkeit des Imperialismus ist ein bekannter Kehrreim, aber die Idee, daß die Frage der Wohltätigkeit irrelevant, eine unangebrachte, sentimentale Erwägung sei, ist ein neuer Zug in der imperialistischen Rhetorik, ein Beitrag von der Art, wie man ihn sehr wohl von den

»neuen Mandarinen« erwarten kann, deren Machtanspruch sich auf
Wissen und Können gründet.
Gehen wir einen Schritt weiter und beachten wir, wie falsch die
ganze Diskussion über den »Begriffsrahmen« der Gegenrebellion ist.
Die Ansicht, daß wir wählen müssen zwischen der Methode der
»Hirn-und-Herz-Massage« und der der Verhaltensbeeinflussung,
setzt voraus, daß wir überhaupt das Recht zu wählen haben. Das
bedeutet, daß wir uns ein Recht herausnehmen, das wir sicherlich keiner anderen Weltmacht zugestehen würden. Doch der überwiegende
Teil der amerikanischen Gelehrten spricht uns dieses Recht zu. William Henderson zum Beispiel, früher Fernostspezialist im Außenpolitischen Ausschuß, empfiehlt uns, »eine konstruktive, manipula-
tive Diplomatie zu verfolgen«, damit wir Herr werden über »interne Subversion, besonders in der Form eines kommunistisch-inspirierten Guerillakriegs oder -aufstands« – »innere Aggression«, wie
er es nennt, in Übereinstimmung mit dem gegenwärtigen Gebrauch
des Wortes.[39] Unsere »historischen Aufgaben«, verkündet er, sind
»nichts Geringeres als die zweckvolle und konstruktive Hilfeleistung
bei dem Aufbau moderner Nationen in Südostasien, die Umleitung
einer fundamentalen Revolution in Richtung auf ein Ziel, das ver-
einbar ist mit den weitreichenden Interessen der Vereinigten Staaten«. Als selbstverständlich gilt, daß der wahre »Aufbau einer Nation« jener Entwicklungsweg ist, der sich mit unseren Interessen
deckt; folglich gibt es keine Schwierigkeit, diesen historischen Aufgaben gemeinsam nachzugehen. Zwei wirkliche Hindernisse stellen
sich jedoch der geforderten manipulativen Diplomatie in den Weg.
Das erste ist »eine große psychologische Sperre«. Wir müssen lernen,
»alte Dogmen« aufzugeben, und eine »neue Diplomatie« verfolgen,
die »offen interventionistisch« ist – im vollen Bewußtsein, »daß sie
allen traditionellen Gepflogenheiten der diplomatischen Praxis zuwiderläuft«. Einige werden sich fragen, ob »wir moralisch das Recht
haben, uns in die autonomen Angelegenheiten anderer einzumischen«, aber Henderson meint, daß die kommunistische Gefahr
diese Einmischung völlig rechtfertigt, und drängt uns zu der Bereitschaft, »unsere ›special forces‹ einzusetzen, wenn die nächste
Glocke läutet«, ohne moralische Bedenken und ohne zu zögern. Das
zweite Hindernis ist die Tatsache, daß »unser Wissen auf erbärm-
liche Weise unzulänglich« ist. Er appelliert daher an die Akademi-

ker (die nur zu bereit sein werden, Folge zu leisten), »den Fundus
an Expertisen und das Korps von Spezialisten«, das Wissen, die
Fachleute und die Lehrer bereitzustellen, die wir brauchen, um diese
»wendige Diplomatie« wirksamer durchführen zu können.

Beim liberalen Flügel können wir in der Untersuchung von Roger
Hilsman über die Diplomatie der Kennedy-Administration, *To
move a Nation,* eine ganz ähnliche Botschaft finden. Er informiert
uns darüber, daß unter den »nüchternen und pragmatischen Liberalen« des Kennedy-Teams die am meisten umstrittene Frage die war,
wie die USA mit dem Problem des »modernen Guerillakrieges nach
kommunistischem Rezept« fertig werden könnten. Ein Problem deshalb, weil es ein »*einheimischer* Krieg ist, eine nicht eindeutige
Aggression, da sie direkte und offene Attacken, die internationale
Grenzen verletzen würden, vermeidet«. Offensichtlich waren die
nüchternen und pragmatischen Liberalen niemals geteilter Meinung
über unser Recht, internationale Grenzen zu verletzen, wenn wir
auf einen solchen »internen Krieg« reagierten. Als eines der wichtigsten Beispiele für die »Art von kritischer, prüfender Analyse«, zu
der das neue, liberale, wiederbelebte Außenministerium anzuregen
versuchte, nennt Hilsman eine Studie, die zeigen soll, wie die USA
den Sturz der Regierung Mossadegh im Iran wirksamer hätten betreiben können. Laut Hilsman hatte Allen Dulles »grundsätzlich
recht« mit seiner Behauptung, daß Mossadegh im Iran (wie Arbenz
in Guatemala) an die Macht gelangt war »mit der Absicht, einen
kommunistischen Staat zu gründen« – eine höchst erstaunliche Feststellung aus dem Mund des Chefs des Geheimdienstes; und Dulles
hatte grundsätzlich recht, die Vereinigten Staaten zur Unterstützung »loyaler antikommunistischer Elemente« im Iran und in Guatemala zu bewegen, um die Gefahr zu dämmen, obwohl »die an der
Macht befindliche *Regierung* dazu nicht aufgefordert hatte«. Hilsman drückt seine liberale Weltsicht kurz und bündig aus, wenn er
den Unterschied zwischen dem iranischen Aufstand und dem ungeschickten Versuch in der Schweinebucht aufzeigt: »Es ist eine Sache,
... den Anhängern des Schah in ihrem Kampf gegen Mossadegh
und seine kommunistischen Verbündeten beizustehen, und es ist eine
ganz andere Sache, eine Invasion von tausend Mann gegen Castros
Kuba zu unterstützen, wo es keine wirksame innere Opposition
gab.« Das erste Unternehmen war bewundernswert, das letztere,

da zum Scheitern verurteilt, »ist eine ganz andere Sache«, vom
Standpunkt des pragmatischen Liberalen aus gesehen.

In Vietnam wurde der liberale Interventionismus nicht richtig prak-
tiziert, und die Situation geriet uns aus der Hand. Über den Charakter dieser Behandlung von internationalen Angelegenheiten können wir mehr erfahren, wenn wir ein besseres Beispiel untersuchen.
Thailand ist ein solcher Fall, und die sorgsame und informative
Arbeit von Frank C. Darling, einem Kennedy-Liberalen, früher
CIA-Experte für Südostasien und jetzt Dekan der Abteilung für
politische Wissenschaften an der DePauw-Universität[40], wirft ein
schönes Licht auf die liberale Ideologie der USA.

Die für unsere Diskussion relevanten Tatsachen, wie Darling sie
umreißt, sind kurz die folgenden. Gegen Ende des Zweiten Weltkriegs warnte der frühere britische Minister Sir Josiah Crosby, »die
Errichtung einer konstitutionellen Regierung wäre unmöglich und
die Wiederkehr einer Militärdiktatur unvermeidlich«, wenn die
Macht der bewaffneten Thai-Kräfte nicht reduziert würde. Die
amerikanische Politik der Nachkriegszeit bestand in der Unterstützung und Stärkung der Streitkräfte und der Polizei, und die Voraussage Crosbys wurde bestätigt.

In der Zeit unmittelbar nach dem Krieg unternahm man erste
Schritte in Richtung auf eine konstitutionelle Regierung. Durch eine
Reihe von Militärputschen jedoch wurde Phibun Songkhram, der
während des Krieges mit den Japanern kollaboriert hatte, im Jahre
1948 als Premier eingesetzt, und damit waren diese frühen Bemühungen zunichte gemacht. Die Reaktion der USA auf liberale
Regierungen war damals unentschieden und »abwartend«. Phibun
dagegen wurde sofort anerkannt. Warum? »In diesem immer un-
ruhiger werdenden Gebiet war Thailand die einzige Nation, innerhalb deren Grenzen es keine kommunistische Insurrektion gab, und
es blieb als einziges Land relativ stabil und ruhig. Als die USA
Maßnahmen zur Abschreckung der kommunistischen Aggression in
Südostasien in Erwägung zogen, wurde ein konservatives und anti-
kommunistisches Regime in Thailand immer attraktiver, ohne
Rücksicht auf seine Innenpolitik oder seine Methoden zur Eroberung der Macht.« Phibun hatte verstanden. Im August 1949 »erklärte er, daß der Druck von außen ›alarmierend‹ geworden war
und daß die Aktivität der Kommunisten im Innern ›stark zuge-

nommen< hatte«. 1950 bewilligte Truman eine Summe von 10 Millionen Dollar für militärische Hilfe.

Die neuen Führungskräfte bedienten sich dieser beträchtlichen amerikanischen Militärhilfe, um das politische System in »eine stärkere und grausamere Form autoritärer Herrschaft« zu verwandeln und ein ausgedehntes System von Korruption, Vetternwirtschaft und Schiebung zu entwickeln, das ihnen half, sich der Treue ihrer Anhänger zu vergewissern. Zur gleichen Zeit »kamen amerikanische Handelsgesellschaften ins Land, die große Mengen Gummi und Zinn kauften... Schiffsladungen mit Rohstoffen gingen nun auf direktem Weg nach den USA anstatt über Hongkong und Singapur«.[41] Um 1958 »kauften die USA 90 Prozent der thailändischen Gummi- und den größten Teil der Zinnproduktion«. Amerikanische Investitionen blieben jedoch niedrig, teils wegen der unsicheren politischen Lage, teils wegen der »Probleme, die durch die zunehmende Verstaatlichung und Wirtschaftsplanung entstanden waren«. Um die Lage zu verbessern, führte die Sarit-Diktatur (siehe unten) Steuerbegünstigungen und Garantien gegen Verstaatlichung und gegen die Konkurrenz regierungseigener Wirtschaftsunternehmen ein, verbot schließlich den Handel mit China und schaffte alle Monopole ab, ob regierungseigene oder private, »als ein Versuch, privates Kapital aus dem Ausland anzuziehen«.

Der Einfluß Amerikas gab der Diktatur Phibuns »materielle und moralische Unterstützung« und »entmutigte die politische Opposition«. Er stärkte die Exekutive und »ermutigte die militärischen Führer zu verstärkten Maßnahmen bei der Unterdrückung der einheimischen Opposition, mit der Rechtfertigung, daß alle gegen die Regierung gerichteten Aktivitäten kommunistisch inspiriert seien«. Pridi Phanomyong, ein liberaler Intellektueller, der am Sturz der absoluten Monarchie im Jahre 1932 entscheidend beteiligt war, während des Krieges die Untergrundbewegung »Freies Thailand« angeführt hatte und 1946, als die Thai-Demokratie »eine permanente Hochstimmung« erreichte, gewählt worden war, tauchte 1954 im kommunistischen China auf; die USA unterstützten Phibun, »der ein Verbündeter Japans gewesen war, während Pridi, der der OSS mutig beigestanden hatte, in Peking mit den chinesischen Kommunisten zusammenarbeitete«. Das war »Ironie«.

Man kann sich nur schwer vorstellen, wie die Entwicklung zu einem

konstitutionellen parlamentarischen System hätte aussehen können,
wenn es nicht die von den Amerikanern geförderte Unterdrückung
gegeben hätte. In jedem Fall waren die Liberalen äußerst schwach,
besonders weil die Wirtschaft von westlichen und chinesischen Unternehmen beherrscht wurde, die mit der korrupten Regierungs-
bürokratie im Bund standen. Die Gruppe der Putschisten, die die
Regierung gestürzt hatten, »setzte sich fast ausschließlich aus einfachen Bürgern zusammen, von denen viele aus der Bauernschaft
und aus Familien des rangniedrigen Militär- und Staatsdienstes
kamen«, und die jetzt ihren Teil an der Korruption und der autoritären Macht forderten. Die oppositionellen »Demokraten« waren
größtenteils »Mitglieder der königlichen Familie oder konservative
Landbesitzer, die sich ihre Rolle in der Regierung und ihren persönlichen Reichtum erhalten wollten«. Welche Möglichkeiten es auch
immer gegeben haben mag, eine gerechtere Gesellschaftsordnung
aufzubauen, sie verflüchtigten sich, als die amerikanische Präsenz
beherrschend wurde. Sicher war sich jeder liberale Thai-Reformer
um 1950 dieser Tatsache bewußt geworden, unmittelbar nach den
Putschen, der Farce von sogenannten Wahlen, der Ermordung und
Folterung von Führern der antijapanischen Untergrundbewegung
»Freies Thailand«, dem Übergriff des Militärs auf die Politik und
weite Bereiche der Wirtschaft, – besonders wenn er auf die Worte
des amerikanischen Botschafters Stanton bei der Unterzeichnung
eines neuen Entwicklungshilfeabkommens achtete: »Das amerikanische Volk steht voll und ganz hinter diesem Hilfsprogramm für
Thailand, weil es ein tiefes Interesse hat an dem Volk der Thai, dessen Hingabe an die Ideen der Freiheit und Unabhängigkeit und
dessen aufrichtige Unterstützung der UN die Bewunderung des
amerikanischen Volkes gefunden haben.«
»Eine bemerkenswerte Tendenz während dieser ganzen Periode
war die wachsende Vertrautheit zwischen den militärischen Führern der Thai und den höchsten Militärbeamten der USA«, die
ihnen zu »umfangreicher Hilfe aus dem Ausland« verhalfen, »wodurch ihre eigene politische Macht wiederum gefestigt wurde«. Der
Chef der amerikanischen Militärmission, Oberst Charles Sheldon,
stellte fest, daß Thailand »bedroht ist von einer bewaffneten
Aggression durch Menschen, die nicht an die Demokratie glauben,
die nicht an die Freiheit und Würde des Individuums glauben, so

wie es das thailändische Volk und auch mein Land tun«. Adlai Stevenson warnte 1953 die Führer der Thai, ihr Land sei »die Zielscheibe für den Viet Minh«, und gab seiner Hoffnung Ausdruck, daß sie »diese Gefahr in ihrem vollen Ausmaß erkennen mögen«. Derweil wurde mit Hilfe der Vereinigten Staaten eine mächtige Armee aufgebaut, und die Polizei wurde mit Panzern, Artillerie, Patrouillenbooten, einer Luftwaffe und einem Ausbildungslager für Fallschirmjäger ausgerüstet. Das Verhältnis von Polizei zu Zivilbevölkerung war ziemlich einmalig in der Welt – etwa ein Polizist auf 400 Zivilpersonen. Der Polizeichef vertraute unterdessen »auf sein Monopol, den Opiumhandel, und auf seine ausgedehnten kommerziellen Unternehmen, deren Gewinne er benötigte, um seinen eigenen politischen Apparat zu unterhalten«, während der Armeechef »ein hohes Einkommen aus der nationalen Lotterie bezog«.
Später entdeckte man, daß der Polizeichef unbeschreibliche Greueltaten verübt hatte. »Das Ausmaß der Folterungen und Morde, die auf das Konto des früheren Polizeichefs gehen, wird wahrscheinlich nie ganz bekannt werden.« Was heute bekannt ist, kam ans Licht, nachdem Sarit, der Armeechef, durch einen erneuten Putsch im Jahre 1957 die Macht an sich gerissen hatte. Sarit »betonte die Notwendigkeit einer stabilen Regierung und einer verstärkten Unterdrückung einheimischer Kommunisten, um ›weiterhin auf das Vertrauen, den Kredit und die Hilfe Amerikas bauen zu können‹«. Die Amerikaner waren natürlich erfreut darüber, und die offizielle Reaktion war sehr günstig. Als Sarit 1963 starb, entdeckte man, daß sein persönliches Vermögen etwa 137 Millionen Dollar betrug. Sowohl Darling als auch Hilsman bezeichnen ihn als einen »wohltätigen« Diktator, vielleicht deshalb, weil er »erkannte, daß der Kommunismus nicht allein durch Massenverhaftungen, Erschießungskommandos und die Androhung brutaler Strafen aufgehalten werden konnte, und weil er ein Entwicklungsprojekt in den nordöstlichen Regionen in Angriff nahm«, neben verschiedenen anderen leichten Reformen – ohne jedoch die früheren Praktiken aufzugeben, von denen er annahm, daß sie »den Amerikanern erneut die Notwendigkeit erhöhter militärischer und wirtschaftlicher Hilfe zur Verhütung einer ›kommunistischen Subversion‹ vor Augen halten«. Er führte auch eine strenge Zensur ein, schaffte Wirtschaftsverbände und Gewerkschaften ab, bestrafte als »Kommunisten«

Verdächtige ohne Erbarmen und unternahm, wie bereits erwähnt, verschiedene Schritte, um ausländisches Kapital ins Land zu ziehen.

Um 1960 »waren 12 Prozent der amerikanischen Entwicklungshilfe für Thailand seit dem Beginn des Kalten Krieges für die wirtschaftliche und soziale Entwicklung ausgegeben worden«. Die Wirkung der amerikanischen Hilfe war eindeutig. »Die weitreichende materielle und diplomatische Unterstützung, die die Vereinigten Staaten der militärischen Führung angedeihen ließen, half das Aufkommen einer jeden Konkurrenzgruppe verhindern, die den Trend zu einer absoluten politischen Herrschaft hätte bremsen und das Land zu einer moderneren Regierungsform zurück(!)führen können.« Im Haushaltsjahr 1963 versuchte die Kennedy-Regierung vom Kongreß 50 Millionen Dollar an Militärhilfe für Thailand zu erhalten, vielleicht zur Feier dieser Erfolge. Die Kennedy-Regierung hatte »gute Absichten und wohlbegründete politische Vorschläge«, nahm im übrigen aber »keine bedeutenden Änderungen an der militärisch orientierten Politik in Thailand« vor.

Diese Auszüge geben ein angemessenes Bild vom amerikanischen Einfluß auf Thailand, wie Darlings Bericht ihn vorstellt. Natürlich ist Darling darüber nicht allzu glücklich. Er ist beunruhigt, daß Amerikas Einfluß die Entwicklung zu einer konstitutionellen Demokratie aufgehalten und zu einer autokratischen Herrschaft beigetragen hat, die verantwortlich ist für Grausamkeiten, welche manchmal »mit denen der Nazis und der Kommunisten wetteiferten«. Auch zeigt er sich beunruhigt über unser Unvermögen, durch diese Maßnahmen eine wirkliche Kontrolle (mit seinen Worten: »Sicherheit und Stabilität«) zu erreichen. So hatten die Amerikaner, als Sarit durch den Putsch von 1957 die Macht an sich riß, »keine Gewähr dafür, daß er sein neues Regime nicht an radikalen wirtschaftlichen und sozialen Programmen orientieren würde, wie es zum Beispiel Castro in Kuba getan hat ... Auf dem Spiel stand eine Investition von ungefähr 300 Millionen Dollar an militärischer Ausrüstung und eine sich allmählich ausdehnende Wirtschaftsbasis, die, wäre sie in falsche Hände geraten, gegen die Interessen Amerikas in Südostasien hätte verwendet werden können.« Glücklicherweise traten diese schrecklichen Konsequenzen nicht ein, und statt radikaler Wirtschafts- und Sozialprogramme gab es nur die Fortsetzung

des alten Terrors und der alten Korruption. Dennoch, die Gefahr
hatte bestanden.
Welche Schlüsse zieht Darling aus seinem Bericht? Seiner Ansicht
nach[42] gibt es vier Möglichkeiten für die amerikanische Außenpolitik:
Die erste wäre »die Aufgabe des militärischen Programms und der
Rückzug der amerikanischen Truppen aus dem Land«. Das wäre
jedoch »irrational«, weil dann überall in der nichtkommunistischen
Welt »der Respekt vor der Geduld und Toleranz Amerikas im Umgang mit nichtdemokratischen Regierungen nachlassen würde«;
außerdem »würden Thailands Sicherheit und wirtschaftlicher Fortschritt gefährdet«. Für den pragmatischen Liberalen steht fest, daß
das Vertrauen in unser Engagement für Militärdiktaturen wie die
in Thailand aufrechterhalten werden muß, was ja auch aus dem
bereits zitierten Dokument der gemäßigten Gelehrten hervorgeht.
Sicher wäre es unklug, die weitere Entwicklung auf dem Weg, der
unter amerikanischem Einfluß so vielversprechend eingeschlagen
wurde und jetzt von rund 40 000 amerikanischen Truppen fest-
getreten ist, zu gefährden.
Eine zweite Möglichkeit wäre die Neutralisierung Thailands und
anderer Staaten in Südostasien. Auch das ist irrational. Erstens
»würde die Einstellung der militärischen Präsenz Amerikas nicht
vom Rückzug irgendwelcher kommunistischer Streitkräfte begleitet
sein« – es gibt dort nämlich keine fremden kommunistischen Streitkräfte –, und deshalb würden wir durch diese Strategie nichts gewinnen. Zweitens können wir niemals sicher sein, daß es keine »Infiltration kommunistischer Rebellen in der Zukunft« geben wird.
Und schließlich »haben die Führer der Thai sich zur Kooperation
mit den USA entschlossen«, aus sehr verständlichen Gründen.
Eine dritte Möglichkeit wäre die Ausübung unserer Macht in Thailand, um »politische und wirtschaftliche Reformen durchzusetzen«.
Aber diese politische Alternative würde »der amerikanischen Strategie in Thailand und in anderen nichtkommunistischen Ländern
großen Schaden zufügen«. Hinzu kommt, daß »die extensive Einmischung in die inneren Angelegenheiten anderer Nationen, auch
bei den besten Absichten, im Gegensatz zur amerikanischen Tradition steht«, was unser Nachkriegsarchiv über Thailand klar belegt.[43]

Daher müssen wir die vierte Möglichkeit ergreifen und unsere
gegenwärtige Politik fortsetzen. »Diese Möglichkeit ist wahrscheinlich die rationalste und realistischste. Die Militärpolizei mag verstärkt werden, wenn es sich zeigt, daß nur die amerikanische Militärmacht fähig ist, großangelegte, offene Aggressionen in Südostasien zu verhindern; den Thai-Streitkräften kommt die Aufgabe
zu, begrenzten Guerilla-Unternehmungen entgegenzutreten.«
Diese Darlegung der amerikanischen Politik in Thailand und der
Richtung, die sie einschlagen sollte, entspricht nur zu genau den allgemeinen Vorstellungen der pragmatischen Liberalen, so wie sie
u. a. Hilsman dargelegt hat. Auch umreißt sie deutlich die Hoffnung, die wir heute den Ländern am Rande des asiatischen Kontinents anzubieten haben. Vietnam mag ein Irrweg sein. Unsere Einmischung in Thailand jedoch kann kaum zur Politik der Irrwege
gerechnet werden.
Einen interessanteren Wink gibt uns Darling in *Thailand and the
United States*, wenn er erklärt, wie in einer früheren Periode »der
westliche Begriff von Recht und Gesetz« durch amerikanischen Einfluß verbreitet wurde. »Beweise dafür, daß einige Beamte zum Verständnis von Recht und Gesetz gelangten, traten zutage« – durch
die Erklärung eines Thai-Ministers, der betonte, es sei »für das
Wohlergehen einer Nation wesentlich, daß sie niedergeschriebene
Gesetze hat, und daß Adlige daran gehindert werden, das Volk zu
unterdrücken – sonst wäre dieses gleich den Hühnern, die man, anstatt sie um der Eier willen zu halten, abschlachtet«. Auch in ihrem
Verhalten gegenüber der internationalen Welt gelangte die Thai-
Regierung zu der Einsicht, daß Recht und Gesetz eine Notwendigkeit sind: »Die wachsende Achtung vor dem Gesetz zeigte sich auch
darin, daß sich die Thai-Regierung an die übermäßigen Restriktionen hielt, die ihr in den Verträgen mit den westlichen Nationen
auferlegt worden waren, obwohl sie eine schwere finanzielle Be-
lastung für das Königreich darstellten.« Das alles ist ohne jede
Ironie gesagt. Tatsächlich beleuchten diese Beispiele in schönster
Weise, was »Recht und Gesetz« für schwache Nationen und für die
Ausgebeuteten einer jeden Gesellschaft bedeuten.
Darling, Hilsman und viele andere, die ich zitiert habe, repräsentieren den gemäßigten liberalen Flügel der gelehrten Beschäftigung
mit der internationalen Politik. Es mag von Nutzen sein, einige

andere Ansichten zu prüfen, die von amerikanischen Gelehrten vertreten werden. Betrachten wir zum Beispiel die Vorschläge von Thomas R. Adam, Professor für politische Wissenschaften an der Universität von New York.[44]

Adam beginnt mit dem Entwurf einer »Ideallösung« der amerikanischen Probleme im pazifischen Raum, der wir unsere Anstrengungen widmen sollten. Diese Ideallösung bedeutet, daß die USA als »der verantwortliche militärische Protagonist aller westlichen Interessen in jenem Gebiet« mit überwiegendem Einfluß bei den Entscheidungen einer vereinigten westlichen Politik anerkannt werden. Die amerikanische Oberhoheit über einige territoriale Basen in diesem Gebiet würde »ideale Bedingungen für die Expansion der Macht auf angrenzende Gebiete« schaffen. Eine solche Basis würde die Bildung einer regionalen Organisation unter unserer Führung möglich machen, die »direkte Interventionen in Korea, Vietnam, Laos und Kambodscha« ohne die Last und Verantwortung unilateraler Interventionen gestattete (»angesichts der unverschämten kommunistischen Aggression ist es nicht die Tatsache der Intervention als solche, die ein Problem darstellt, vielmehr ihr unilateraler Charakter«).

Wir müssen uns klarmachen, daß es für die Wahrung der westlichen Interessen keine sinnvolle Alternative zu der Errichtung einer solchen Machtbasis in den Gebieten gibt, die unter unserer direkten Oberhoheit stehen. Wir können den »historischen Zusammenhang« zwischen Asien und der westlichen Welt nicht aufrechterhalten, wenn wir nicht »durch die Ausübung von Macht und Einfluß« an den Vorgängen in Asien teilnehmen. Wir müssen die Tatsache akzeptieren, »daß wir in einen harten Kampf um unser kulturelles Überleben verwickelt sind, der diese ununterbrochene Präsenz westlich orientierter Staaten bedingt« – in Asien. Es ist eine Illusion zu glauben, daß wir uns aus Asien zurückziehen und es sich selbst überlassen können, denn unsere eigene westliche Kultur muß als »eine Minderheitenbewegung jüngsten Datums in der kulturellen Evolution« verstanden werden, und es kann nicht als sicher gelten, daß Asien auch weiterhin »unfähig sein wird, sich in unsere Angelegenheiten einzumischen«. Also müssen wir, um uns selbst zu verteidigen, mit Gewalt in die Angelegenheiten Asiens eingreifen. Sollte es uns nicht gelingen, »unser Wirtschaftssystem des Unternehmer-

tums« überall einzuführen, dann werden wir »unsere Privilegien
und Gewinne mit Hilfe der permanenten, brutalen und kostspieligen Ausübung überlegener Macht in jedem Winkel der Erde verteidigen« müssen.
Wieso sind wir berechtigt, mit Gewalt in die Angelegenheiten
Asiens einzugreifen? »Eine naheliegende Rechtfertigung für die
Einmischung der USA in die Politik Asiens liegt in unserer Führungsrolle im weltweiten Kampf gegen den Kommunismus. Die politische und wirtschaftliche Unterwanderung der Mehrheit der Völker dieser Welt durch die Kommunisten erscheint der politischen
Führung Amerikas verhängnisvoll für unsere Sicherheit und unseren
Fortschritt; diese Ansicht wird nahezu einstimmig von der öffentlichen Meinung unterstützt.« Wenn wir diese Logik ein paar Schritte
weiter treiben, werden wir bald dieselbe »naheliegende Rechtfertigung« dafür haben, China mit Atomwaffen auszulöschen – und
vielleicht auch Frankreich, wenn wir schon mal dabei sind.
Eine weitere Rechtfertigung liegt darin, daß die Verteidigung unserer westlichen Küsten »die Kontrolle über den nördlichen Pazifik als
virtuell amerikanisches Gewässer erfordert«, eine Tatsache, die
»einen der Gründe darstellt für die Einmischung der Vereinigten
Staaten in die Machtkämpfe dieses gesamten Gebiets«, um die
Sicherheit dieses *mare nostrum* zu gewährleisten. Unser »Sieg über
Japan ließ in Südostasien und im Fernen Osten ein Machtvakuum
entstehen, das die Kommunisten zu Aggressionen verführte; deshalb mußten wir einschreiten und unsere Militärmacht einsetzen«.
»Inselbesitzungen wie Guam, die strategische Pfänder darstellen,
und wahrscheinlich auch Okinawa bleiben unentbehrlich, wenn
nicht für die direkte Verteidigung unserer Küsten, so bestimmt
wegen ihrer militärischen Lage, die für unsere uneingeschränkte
Sicherheit und unsere weltpolitischen Vorhaben von großer Bedeutung ist.«[45] Sieht man ab von der gewaltigen Perspektive dieser Ansicht, die bei unseren Vorgängern kaum ihresgleichen findet, so erscheint die Terminologie nicht unvertraut.
Sicher, es gibt gewisse Grenzen, die wir respektieren müssen, wenn
wir unsere Politik der Errichtung einer »Operationsbasis« für die
Ausübung unserer Macht im Fernen Osten planen. Im besonderen
»muß die Strategie auf politischen und sozialen Zielen beruhen, die
von allen Betroffenen akzeptiert werden oder ihnen auferlegt wer-

den können«. Offensichtlich wäre es nicht zweckmäßig, sich auf eine Politik zu versteifen, die den davon Betroffenen in unseren neuen Herrschaftsgebieten nicht aufgenötigt werden kann.

Diese Vorschläge finden Unterstützung durch einen kurzen Abriß der Folgen westlicher Vorherrschaft, zum Beispiel der »indischen Erfolgsgeschichte«, wo das »Unternehmenskapital sich als nützlicher Auslöser für einen fruchtbaren sozialen Wandel auf dem Subkontinent Indien und in den umliegenden Gebieten erwies«, eine Entwicklung, die nur aufgehalten wurde durch die Passivität »der traditionellen Sozialsysteme Asiens« bei der Aneigung der »industriellen Ideologie ihres kolonialen Vormunds«. Eine wichtige Lehre ist für uns der Erfolg der »neutralen Pax Britannica« bei der Durchsetzung der Ordnung, so daß der »Handel florieren konnte und seine Früchte die verlorene Freiheit ersetzten«.

Adam erspart uns die Bemerkung, daß die undankbaren Eingeborenen diese Jahrhunderte der Mühen manchmal nicht zu würdigen wissen. Etwa ein Sprecher der indischen Kongreß-Partei: »Die Sache ist die, daß die Engländer während der Zeit ihrer Herrschaft über Indien der Brutalität und Barbarei, deren der Mensch fähig ist, keinerlei Grenzen setzten. Hitlers Zerstörungsakte, sein Dachau, sein Belsen... werden angesichts dieser imperialistischen Barbarei bedeutungslos...«[46] Eine derartige Reaktion auf Jahrhunderte selbstloser und liebevoller Bemühungen mag wohl einige Überraschung hervorrufen, bis wir zu der Erkenntnis kommen, daß sie wahrscheinlich nur der Ausdruck eines übergroßen Schuldgefühls bei jenen ist, die mit diesen Wohltaten bedacht worden sind.

Vor einer Generation gab es schon einmal politische Führer, die die Auswirkungen kommunistischer Erfolge auf ihre Sicherheit und ihren Fortschritt fürchteten und mit der nahezu einstimmigen Unterstützung der öffentlichen Meinung auszogen, die Welt durch gewaltsame Interventionen zu verbessern – sie füllten Machtvakuen aus, errichteten territoriale Basen, die für ihre uneingeschränkte Sicherheit und ihre weltpolitischen Vorhaben von großer Bedeutung waren, und zwangen den Betroffenen politische und soziale Ziele auf... Professor Adam hat uns wenig Neues zu berichten.

II

Die Beispiele für konterrevolutionäre Subordination, die ich bisher angeführt habe, stammen zum größten Teil aus den politischen Wissenschaften und dem Studium der internationalen, im besonderen der asiatischen Politik – im großen und ganzen ziemlich traurige Zweige der amerikanischen Wissenschaft und so eng verknüpft mit den imperialistischen Zielen Amerikas, daß man nur wenig erstaunt ist, wenn man entdeckt, wie weitgehend hier die Normen unserer Zivilisation aufgegeben werden. Bei der Eröffnung der Diskussion nannte ich aber ein weit allgemeineres Problem. Wenn es plausibel erscheint, daß die Ideologie gewöhnlich als Maske für das Eigeninteresse dient, dann muß man annehmen, daß die Intellektuellen bei der Interpretation der Geschichte oder bei der Formulierung der Politik dazu neigen werden, eine elitäre Position zu beziehen: sie werden Volksbewegungen und Massenbeteiligung bei politischen Entscheidungen verurteilen und dafür die Notwendigkeit hervorheben, daß diejenigen die Oberaufsicht übernehmen, die das (wie sie glauben) für die Führung der Gesellschaft und die Kontrolle des sozialen Wandels notwendige Wissen und Können haben. Das ist nicht gerade ein neuer Gedanke. Eines der wichtigsten Elemente der anarchistischen Kritik am Marxismus vor einem Jahrhundert war die folgende Voraussage von Bakunin:

Der Theorie von Herrn Marx zufolge soll das Volk den Staat nicht nur nicht zerstören, sondern ihn stärken und ihn seinen Wohltätern, Wärtern und Lehrern zur Verfügung stellen – den Führern der kommunistischen Partei, vor allem Herrn Marx und seinen Freunden, die fortfahren werden, [die Menschheit] auf ihre eigene Weise zu befreien. Sie werden die Zügel der Regierung in eine starke Hand legen, weil das unwissende Volk einer strengen Vormundschaft bedarf; sie werden eine einzige Staatsbank gründen und in ihren Händen alle kommerziellen, industriellen, landwirtschaftlichen und selbst wissenschaftlichen Tätigkeiten konzentrieren; dann werden sie die Massen aufteilen in zwei Armeen – eine industrielle und eine landwirtschaftliche – unter der direkten Aufsicht von Staatsingenieuren, die einen neuen, privilegierten wissenschaftlich-politischen Stand bilden werden.[47]

Man kann nicht umhin, verblüfft zu sein über die Parallelität zwischen dieser Vorhersage und der bereits zitierten von Daniel Bell, daß in der neuen, postindustriellen Gesellschaft »nicht nur die größten Begabungen, sondern vielleicht der ganze Komplex von sozialem Prestige und Rang in den Zirkeln der Intellektuellen und Wissenschaftler seine Wurzeln habe wird«.[48] Untersuchen wir diese Parallele ein wenig näher, so können wir uns fragen, ob die linke Kritik an der leninistischen Elitevorstellung unter ganz anderen Umständen geltend gemacht werden kann für die liberale Ideologie der intellektuellen Elite, die eine dominierende Rolle bei der Lenkung des Wohlfahrtstaates anstrebt.

1918 argumentierte Rosa Luxemburg, der bolschewistische Elitarismus werde eine Gesellschaft hervorbringen, in der nur noch die Bürokratie ein aktives Element des sozialen Lebens darstellen werde – heute wäre es die »rote Bürokratie« jenes Staatssozialismus, den Bakunin lange zuvor als »die niederträchtigste und schrecklichste Lüge unseres Jahrhunderts« bezeichnet hatte.[49] Eine wahre soziale Revolution »erfordert eine ganze geistige Umwälzung in den durch Jahrhunderte der bürgerlichen Klassenherrschaft degradierten Massen«.[50] »Nur durch die Ausrottung der Gewohnheiten des Gehorsams und der Unterwürfigkeit bis auf ihre letzte Wurzel kann die Arbeiterklasse zum Verständnis einer neuen Form von Disziplin gelangen, einer Selbstdisziplin, die aus freier Zustimmung erwächst.«[51] 1904 sagte sie voraus, daß Lenins Organisationsprinzipien »eine junge Arbeiterbewegung den Herrschaftsgelüsten der Akademiker« ausliefern und »zum gefügigen Werkzeug eines ›Komitees‹« herabwürdigen werden.[52] In der elitären Doktrin der Bolschewisten von 1918 sah sie eine Herabsetzung der schöpferischen, spontanen, sich selbst korrigierenden Kraft der Massenaktionen, die allein, wie sie sagte, die unzähligen Probleme des sozialen Wiederaufbaus lösen und jene geistige Umwälzung bewirken könnten, die das Herz einer wahren sozialen Revolution sei. Als sich die bolschewistischen Praktiken zu einem Dogma verhärteten, wurde die Angst vor einer Initiative des Volkes und vor spontanen Massenaktionen, die nicht unter Leitung und Kontrolle der designierten Vorhut stand, ein dominierender Faktor in der sogenannten »kommunistischen« Ideologie.

Der Widerstand gegenüber Massenbewegungen und sozialen Veränderungen, die sich der Kontrolle der privilegierten Eliten entziehen, ist ein hervorstechender Zug auch der liberalen Ideologie von heute.[53] Auf dem Gebiet der Außenpolitik nimmt er die bereits erwähnten Formen an. Zum Abschluß dieser Diskussion über konter-revolutionäre Subordination möchte ich an einem recht entscheiden-den Testfall untersuchen, inwieweit dieses besondere Vorurteil der liberalen amerikanischen Ideologie selbst in Interpretationen von Ereignissen der Vergangenheit, als sich die außenpolitischen Ver-strickungen Amerikas noch in Grenzen hielten, und in einigen wirk-lich bedeutenden historischen Arbeiten aufzeigen läßt.

Die *American Historical Association* verleiht alle zwei Jahre einen Preis für die beste Untersuchung über europäische Geschichte. 1966 wurde er Gabriel Jackson für seine Studie über Spanien in den dreißiger Jahren zugesprochen.[54] Ohne jede Frage ist unter den Dutzenden von Büchern über diese Periode das von Jackson eines der besten, und ich ziehe nicht in Zweifel, daß er den Preis verdient hat. Der spanische Bürgerkrieg gehört zu den wichtigsten Ereignis-sen der modernen Geschichte und auch zu den am häufigsten unter-suchten. Hier treffen die Kräfte und Ideen aufeinander, die die europäische Geschichte seit der industriellen Revolution beherrscht haben. Überdies erinnert Spaniens damalige Beziehung zu den Großmächten in mancher Hinsicht an die der Länder, die heute die »Dritte Welt« genannt werden. In gewisser Weise geben also die Ereignisse des spanischen Bürgerkriegs einen Vorgeschmack dessen, was die Zukunft uns auftischen mag, denn Revolutionen in der Dritten Welt entwurzeln traditionelle Gesellschaften, gefährden die imperiale Vorherrschaft, verschärfen die Rivalität zwischen den Großmächten und bringen die Welt in gefährliche Nähe eines Krie-ges, der, kann er nicht verhindert werden, sicherlich die letzte Kata-strophe der modernen Geschichte sein wird. Ich habe zwei Gründe, eine hervorragende Analyse des spanischen Bürgerkriegs aus der Feder eines Liberalen zu untersuchen. Erstens sind diese Ereignisse an sich sehr interessant, und zweitens gewährt diese Analyse Ein-blicke in die zugrunde liegenden elitären Vorurteile, von denen ich glaube, daß sie den Kern des Phänomens der konterrevolutionären Subordination ausmachen.

In seiner Untersuchung der spanischen Republik versucht Jackson nicht, seine Sympathie für die liberale Demokratie zu verleugnen, die von Menschen wie Azaña, Casares Quiroga, Martínez Barrio[55] und den anderen »verantwortlichen nationalen Führern« vertreten wurde. Indem er diese Haltung einnimmt, spricht er für einen Großteil der liberalen Gelehrten; es ist nur recht und billig zu erwähnen, daß Männer in Lateinamerika, Asien und Afrika, die den eben genannten Spaniern ähnlich wären, die Unterstützung der amerikanischen Liberalen fänden, wenn es sich so ergäbe. Im übrigen versucht Jackson nur selten, seine Antipathie gegenüber der vom spanischen Volk getragenen Revolution und ihren Zielen zu verbergen.

Es ist kein kritischer Einwand gegen Jacksons Untersuchung, daß er seinen Standpunkt und seine Sympathien mit solcher Deutlichkeit formuliert. Im Gegenteil, der Wert dieser Arbeit als einer Interpretation historischer Ereignisse wird durch die Tatsache unterstrichen, daß der Autor sein Engagement so klar und nachdrücklich zum Ausdruck bringt. Ich glaube aber, man kann beweisen, daß Jacksons Bericht über die spanische Revolution irreführend und zum Teil unfair ist, und daß die Unfähigkeit zur Objektivität, die sich hier offenbart, insofern sehr bezeichnend ist, als sie typisch ist für die Einstellung eines liberalen (wie auch eines kommunistischen) Intellektuellen zu revolutionären Bewegungen, die weitgehend spontan und nur wenig organisiert sind, aber in tiefwurzelnden Bedürfnissen und Idealen der besitzlosen Massen ihren Ursprung haben. Es ist eine akademische Übereinkunft, in dem Gebrauch von Ausdrücken wie denen des vorangegangenen Satzes ein Zeichen von Naivität und wirrköpfiger Sentimentalität zu sehen. Diese Übereinkunft stützt sich jedoch mehr auf ideologische Überzeugung als auf die Geschichte oder die Untersuchung des gesellschaftlichen Lebens – auf eine Überzeugung, die meines Erachtens von Ereignissen wie der Revolution, die im Sommer 1936 einen großen Teil Spaniens ergriff, Lügen gestraft wird.

Natürlich findet man heute nirgendwo in den Entwicklungsländern Verhältnisse wie in Spanien um 1930. Trotzdem läßt die begrenzte Information, die wir im besonderen über Volksbewegungen in Asien haben, auf einige ähnliche Erscheinungen schließen, die weit ernsthafter und wohlwollender untersucht werden sollten als bisher.[56] Unzulängliche Informationen machen den Versuch, solche Parallelen zu ziehen, zu einem Wagnis; dagegen halte ich es durchaus für möglich, langfristige Tendenzen aufzuzeigen, die in der Reaktion liberaler wie auch kommunistischer Intellektueller auf derartige Massenbewegungen sichtbar werden.

Wie bereits erwähnt, ist der spanische Bürgerkrieg nicht nur eines

der entscheidenden, sondern auch eines der am genauesten unter-
suchten Ereignisse der modernen Geschichte. Es gibt jedoch ein paar
erstaunliche Lücken. Während der Monate nach Francos Aufstand
im Juli 1936 fand in großen Teilen Spaniens eine soziale Revolution
von bisher nicht erreichtem Ausmaß statt. Sie hatte keine »revolutionäre Vorhut« und scheint weitgehend spontan verlaufen zu sein;
große Massen von Land- und Stadtarbeitern beteiligten sich an einer
radikalen Veränderung der sozialen und wirtschaftlichen Verhältnisse, die bis zu ihrem gewaltsamen Ende mit bemerkenswertem
Erfolg durchgehalten wurde. Diese vorwiegend anarchistische Revolution und die sich daraus ergebende massive Transformation der
Gesellschaft sind in neueren historischen Studien als eine Art Verirrung, ja als Ärgernis behandelt worden, das einer erfolgreichen
Kriegsführung zum Schutz des bürgerlichen Regimes gegen den
Aufstand Francos im Wege stand. Viele Historiker sind wahrscheinlich der Ansicht von Eric Hobsbawm[57], daß für das *Scheitern* der
sozialen Revolution in Spanien »die Anarchisten verantwortlich
waren«, daß der Anarchismus »ein Unglück« war, eine Art »moralischer Gymnastik« ohne »konkrete Ergebnisse«, im besten Fall »ein
zutiefst bewegendes Schauspiel für jemand, der die Religion des
Volkes studiert«. Die umfassendste historische Arbeit über die anarchistische Revolution[58] ist relativ schwer zugänglich, und offensichtlich sind weder ihr Autor, der heute in Südfrankreich lebt, noch die
vielen Flüchtlinge, die niemals ihre Memoiren schreiben werden,
aber unschätzbare persönliche Zeugnisse ablegen könnten, von den
Verfassern der wichtigsten geschichtlichen Arbeiten konsultiert worden.[59] Die einzige Sammlung von Dokumenten, die sich mit der
Kollektivierung befassen[60], ist nur in einem Anarchisten-Verlag
herausgekommen und folglich für die große Zahl der Leser kaum
erreichbar; auch ist sie nur selten zu Rate gezogen worden – sie findet sich beispielsweise nicht in Jacksons Bibliographie, obwohl dessen Bericht auch eine soziale und politische, nicht nur eine militärische Geschichte sein will. In der Tat, dieser erstaunliche soziale Um-
bruch scheint weitgehend aus dem Gedächtnis verschwunden zu sein.
Drama und Pathos des spanischen Bürgerkriegs sind keinesfalls ver-
blaßt, wie die Wirkung des Films »Sterben in Madrid« beweist.
Doch in diesem Film fehlt jeder Bezug auf die Volksrevolution, die
große Teile der spanischen Gesellschaft umgeformt hat.

Ich werde mich hier mit den Ereignissen von 1936–37[61] und mit einem besonderen Aspekt des vielschichtigen Krieges auseinandersetzen, an dem Franco-Nationalisten, Republikaner (einschließlich der Kommunisten), Anarchisten und sozialistische Arbeitergruppen beteiligt waren. Der Aufstand Francos im Juli 1936 ereignete sich vor dem Hintergrund von monatelangen Streiks, Enteignungen und Kämpfen zwischen Bauern und der Zivilgarde. Der linke Sozialistenführer Largo Caballero hatte im Juni die Bewaffnung der Arbeiter gefordert, was von Azaña abgelehnt worden war. Zum Zeitpunkt des Putsches war die republikanische Regierung lahmgelegt. In Madrid und Barcelona bewaffneten sich die Arbeiter selbst; sie raubten die Arsenale der Regierung und sogar die Schiffe im Hafen aus und schlugen den Aufstand nieder, während die Regierung unentschlossen blieb, hin- und hergerissen zwischen den gleich großen Gefahren, sich Franco zu unterwerfen oder die Arbeiterklasse zu bewaffnen. In weiten Teilen Spaniens fiel die effektive Autorität in die Hände der anarchistischen und sozialistischen Arbeiter, die bei der Niederschlagung des Aufstands eine wesentliche, in der Regel sogar die führende Rolle gespielt hatten.

Die folgenden Monate sind oft als eine Periode der »Doppelherrschaft« bezeichnet worden. In Barcelona waren Industrie und Handel weitgehend kollektiviert, und eine Welle der Kollektivierung verbreitete sich über die ländlichen Gebiete, über Kleinstädte und Dörfer in Aragonien, Kastilien und der Provinz Levante sowie in geringerem, wenn auch nicht unbedeutendem Ausmaß in vielen Gebieten von Katalonien, Asturien, Estremadura und Andulusien. Die militärische Macht lag bei den Verteidigungskomitees, die soziale und wirtschaftliche Organisation zeigte viele Erscheinungsformen, die im wesentlichen dem Programm des Kongresses der anarchistischen CNT vom Mai 1936 in Saragossa entsprachen. Die Revolution war »apolitisch« in dem Sinne, daß ihre Macht- und Verwaltungsorgane von der republikanischen Zentralregierung getrennt blieben; auch nachdem mehrere führende Anarchisten im Herbst 1936 in die Regierung eingetreten waren, arbeiteten sie weiterhin recht unabhängig, bis die Revolution schließlich zwischen den faschistischen und den kommunistisch gelenkten republikanischen Kräften zerrieben wurde. Der Erfolg der Kollektivierung von Industrie und Handel in Barcelona beeindruckte sogar einen so wenig sym-

pathisierenden Beobachter wie Borkenau. Über das Ausmaß der
Kollektivierung auf dem Land geben folgende Daten aus anarchistischen Quellen Aufschluß: in Aragonien 450 Kollektive mit einer
halben Million Mitglieder; in der Provinz Levante 900 Kollektive,
die für die Hälfte der landwirtschaftlichen Produktion und 70 Prozent des Markthandels in diesem landwirtschaftlich reichsten Gebiet
Spaniens aufkamen; in Kastilien 300 Kollektive mit etwa hunderttausend Mitgliedern.[62] In Katalonien behielt die von Companys
geleitete bürgerliche Regierung die nominelle Autorität, doch die
wirkliche Macht lag in den Händen der anarchistisch orientierten
Komitees.

Die Zeit vom Juli bis Ende September kann als eine Zeit spontaner,
weitreichender, jedoch unvollendeter sozialer Revolution bezeichnet
werden.[63] Eine Anzahl anarchistischer Führer schloß sich der Regierung an; der Grund dafür, wie Federica Montseny am 3. Januar
1937 erklärte, war dieser: »... die Anarchisten sind in die Regierung eingetreten, um die Revolution vor einer Abweichung zu bewahren, um sie nach dem Krieg weiterführen zu können und um
sich jeder diktatorischen Tendenz zu widersetzen, von wo sie auch
kommen mag.«[64] Die Zentralregierung geriet immer mehr unter
die Kontrolle der Kommunisten – in Katalonien unter die Kontrolle
der von den Kommunisten beherrschten PSUC –, was weitgehend
die Folge der wertvollen militärischen Unterstützung durch Rußland war. Der Erfolg der Kommunisten war am größten in den
reichen landwirtschaftlichen Gebieten der Provinz Levante, wo
wohlhabende Gutsbesitzer in der Bauern-Föderation zusammen-
strömten, die von der Partei zum Schutz der reichen Bauern gegründet worden war; diese Föderation »diente als machtvolles Instrument zur Bremsung der Kollektivierung auf dem Land, die von den
Landarbeitern der Provinz betrieben wurde«.[65] Auch anderswo
spiegelten konterrevolutionäre Erfolge den immer größer werdenden Einfluß der Kommunisten in der Republik wider.

Die erste Phase der Konterrevolution waren die Legalisierung und
Regulierung derjenigen Errungenschaften der Revolution, die irre-
versibel schienen. Ein Dekret des kommunistischen Landwirt-
schaftsministers Vicente Uribe vom 7. Oktober legalisierte bestimmte Enteignungen – vor allem von Grund und Boden, der den
an Francos Putsch Beteiligten gehörte. Natürlich waren diese Besit-

zungen bereits enteignet, aber das hinderte die kommunistische Presse nicht, das Dekret als »die revolutionärste Maßnahme seit dem militärischen Aufstand« zu bezeichnen.[66] Da jedoch die Güter von Landbesitzern, die sich nicht direkt am Aufstand Francos beteiligt hatten, ausgenommen waren, bedeutete das Dekret, vom Standpunkt der Revolutionäre aus, einen Rückschritt; es wurde nicht nur von der CNT, sondern auch von der an die UGT angeschlossenen Sozialistischen Föderation der Landarbeiter kritisiert. Die Forderung nach einem umfassenderen Dekret konnte vom kommunistisch-inspirierten Kabinett nicht erfüllt werden, da die kommunistische Partei »die Unterstützung der besitzenden Klassen für den Kampf gegen Franco« suchte und es sich daher »nicht leisten konnte, die kleinen und mittleren Eigentümer zurückzuweisen, die der Bewegung der Arbeiterklasse schon vor dem Bürgerkrieg feindlich gesonnen waren«.[67] Zu diesen »kleinen Eigentümern« zählten offensichtlich auch Inhaber recht beträchtlicher Güter. Durch das Dekret waren die Pächter gezwungen, weiterhin Pachtzins zu zahlen, sofern die Pachtherren nicht Francos Aufstand unterstützt hatten, und indem es früheren Landbesitz garantierte, verhinderte es die Verteilung des Bodens an die Armen der Gemeinde. Ricardo Zabalza, Generalsekretär der Landarbeiter-Föderation, nannte die so entstandene Situation eine »ärgerliche Ungerechtigkeit«; »die Sykophanten der ehemaligen politischen Bosse erfreuen sich noch immer einer privilegierten Stellung auf Kosten derjenigen, die, weil sie Revolutionäre waren, nicht einmal das kleinste Stückchen Land pachten konnten«.[68]

Ein Dekret vom 24. Oktober 1936 schloß die Phase der Legalisierung und Beschränkung der bereits erzielten Erfolge ab. Verkündet von einem Mitglied der CNT, das in der katalonischen *Generalidad* Wirtschaftsrat geworden war, sanktionierte es die Kollektivierung der Industrie in Katalonien. Auch in diesem Fall war die Maßnahme, vom revolutionären Standpunkt aus betrachtet, regressiv. Die Kollektivierung blieb beschränkt auf Unternehmen mit mehr als hundert Arbeitern, und durch verschiedene Bedingungen wurde die Kontrolle aus den Händen der Arbeiterkomitees in die der Staatsbürokratie gelegt.[69]

Die zweite Phase der Konterrevolution, vom Oktober 1936 bis Ende Mai 1937, brachte die Zerstörung der lokalen Komitees, die

Ersetzung der Miliz durch eine konventionelle Armee und die Restauration des vorrevolutionären Sozial- und Wirtschaftssystems, wo immer die Möglichkeit dazu gegeben war. Schließlich erfolgte im Mai 1937 ein direkter Angriff auf die Arbeiterklasse in Barcelona (die »Mai-Tage«).[70] Nach dem Erfolg dieses Angriffs wurde die Liquidierung der Revolution vollendet. Das Kollektivierungsdekret vom 24. Oktober wurde aufgehoben und die Industrie von der Arbeiterkontrolle »befreit«. Kommunistisch-gelenkte Armeen durchzogen Aragonien, zerstörten viele Kollektive, zerschlugen deren Organisationen und unterstellten das Land wieder der Kontrolle der Zentralregierung. In allen von den Republikanern beherrschten Gebieten handelte die jetzt unter dem Einfluß der Kommunisten stehende Regierung in Übereinstimmung mit dem am 17. Dezember 1936 in der *Prawda* angekündigten Programm: »Was Katalonien anbelangt, so hat die Säuberung von trotzkistischen und anarchosyndikalistischen Elementen dort bereits begonnen und wird mit der gleichen Energie durchgeführt werden wie in der UdSSR«[71] – und, so können wir hinzufügen, auf die gleiche Art und Weise.

Kurz, die Zeit vom Sommer 1936 bis 1937 war eine Zeit der Revolution und zugleich der Konterrevolution: die Revolution vollzog sich weitgehend spontan und fand die Massenbeteiligung anarchistischer und sozialistischer Industrie- und Landarbeiter; die Konterrevolution stand unter kommunistischer Führung, und die kommunistische Partei repräsentierte in zunehmendem Maße den rechten Flügel der Republik. Während dieser Zeit und nach dem Erfolg der Konterrevolution wagte die Republik einen Krieg gegen Franco; das ist in unzähligen Veröffentlichungen bis ins Detail beschrieben worden, und ich möchte hier nur wenig darüber sagen. Den kommunistisch-gelenkten konterrevolutionären Kampf muß man natürlich vor dem Hintergrund des anhaltenden antifaschistischen Kriegs und des allgemeinen Versuchs der Sowjetunion sehen, ein breites antifaschistisches Bündnis mit den westlichen Demokratien zu schließen. Ein Grund für die rigorose konterrevolutionäre Politik der Kommunisten war ihr Glaube, daß England niemals einen Sieg der Revolution in Spanien dulden würde, da England – wie auch Frankreich und in geringerem Maß die USA – hier beträchtliche wirtschaftliche Interessen hatte.[72] Darauf werde ich später noch zurückkommen. Ich halte es jedoch für wichtig, sich zu vergegen-

wärtigen, daß es zweifellos auch andere Gründe dafür gab. Rudolf
Rockers Kommentar trifft meiner Ansicht nach genau diesen Punkt:

... das spanische Volk war in einen verzweifelten Kampf gegen einen
erbarmungslosen Feind verwickelt und außerdem den heimlichen Intrigen
der großen imperialistischen Mächte ausgeliefert. Trotzdem haben die
spanischen Revolutionäre nicht den verheerenden Ausweg in die Diktatur
gewählt, sondern jede aufrichtige Überzeugung respektiert. Jeder, ob
Freund oder Feind der CNT, der Barcelona nach den Juli-Kämpfen besuchte, war erstaunt über die Freiheit des öffentlichen Lebens und das
Fehlen jeglicher Maßnahme zur Unterdrückung der freien Meinungs-
äußerung.
Zwei Jahrzehnte lang haben die Anhänger des Bolschewismus den Massen eingehämmert, daß die Diktatur lebensnotwendig sei für die Verteidigung der sogenannten proletarischen Interessen gegen die Angriffe
der Konterrevolution und für die Wegbereitung des Sozialismus. Sie
haben der Sache des Sozialismus durch diese Propaganda nicht gedient,
sie haben vielmehr dem Faschismus in Italien, Deutschland und Öster-
reich den Weg geebnet, indem sie viele Millionen Menschen vergessen
machten, daß eine Diktatur, die extremste Form der Tyrannei, niemals
zur sozialen Befreiung führen kann. In Rußland hat die sogenannte Diktatur des Proletariats nicht zum Sozialismus geführt, sondern zu der Herrschaft einer neuen Bürokratie über das Proletariat und das ganze
Volk...
Die russischen Autokraten und ihre Anhänger fürchten am meisten, ein
Sieg des freien Sozialismus in Spanien könnte den ihnen blind Nachfolgenden zeigen, daß die vielgerühmte »Notwendigkeit einer Diktatur«
nichts als ein großer Schwindel ist, der in Rußland zum Despotismus
Stalins geführt hat und heute in Spanien dazu dienen soll, der Konterrevolution zu einem Sieg über die Arbeiter- und Bauernrevolution zu
verhelfen.[73]

Nach Jahrzehnten antikommunistischer Indoktrination ist es
schwierig, eine Perspektive zu gewinnen, die es erlaubt, ernsthaft
abzuschätzen, wie weit Bolschewismus und westlicher Liberalismus
in ihrer Opposition gegen die Volksrevolution vereint waren. Ich
glaube jedoch, daß man die Ereignisse in Spanien nicht richtig verstehen kann, solange man diese Perspektive nicht gewonnen hat.
Dieser kurze Bericht – parteiisch, aber doch exakt, wie ich glaube –
soll mir als Hintergrund dienen, wenn ich mich jetzt der Darstellung
zuwende, die Jackson von dieser Seite des spanischen Bürgerkriegs
gibt (siehe Anm. 54).
Jackson glaubt (S. 259), daß die sowjetische Unterstützung der
republikanischen Partei in Spanien von zwei Faktoren bestimmt

war: zunächst von der Sorge um die sowjetische Sicherheit, sodann
von der Hoffnung, daß ein Sieg der Republikaner »die Sache der
weltweiten ›Revolution des Volkes‹, mit der sich die sowjetischen
Führer zu identifizieren wünschten«, vorantreiben werde. Sie stellten ihre revolutionären Ziele hintenan, wie er meint, weil »es im
Augenblick darauf ankam, den Mittelstand und die westlichen Regierungen nicht in Angst zu versetzen«.

Was die Sorge um die sowjetische Sicherheit betrifft, so hat Jackson
zweifellos recht. Es ist einleuchtend, daß die sowjetische Unterstützung der Republik ein Aspekt des Versuches war, mit den westlichen Demokratien gemeinsam gegen die faschistische Gefahr anzu-
gehen. Vollkommen falsch jedoch erscheint mir Jacksons Vorstellung von der Sowjetunion als einer revolutionären Macht, die darauf baute, daß ein Sieg der Republikaner »die unterbrochene Entwicklung zur Weltrevolution« wieder antreiben werde, und sich
selbst mit der »Sache der weltweiten ›Revolution des Volkes‹« zu
identifizieren trachtete. Jackson führt keine Beweise an, die diese
Interpretation der sowjetischen Politik unterstützen könnten, und
mir sind auch keine bekannt.

Es ist interessant zu sehen, wie unterschiedlich die Ereignisse zur
Zeit des spanischen Bürgerkriegs interpretiert wurden, nicht nur von
Anarchisten wie Rocker, sondern auch von Kommentatoren wie Ge-
rald Brenan und Franz Borkenau, die mit der Situation in Spanien
gut vertraut waren. Brenan zufolge war die konterrevolutionäre
Politik der Kommunisten (die er für »äußerst vernünftig« hält)

eine Politik, die den Kommunisten selbst am besten paßt. Rußland ist ein
totalitäres, von einer Bürokratie beherrschtes Regime: die Geistesverfas-
sung seiner Führer, die den schrecklichsten Umsturz in der Geschichte überlebt haben, ist zynischer und opportunistischer Natur: die ganze Struktur
des Staates ist dogmatisch und autoritär. Zu erwarten, daß diese Männer
in einem Land wie Spanien, wo sich der wildeste Idealismus mit großer
charakterlicher Unabhängigkeit paart, eine soziale Revolution anführen
würden, wäre unvernünftig. Gewiß, den Russen stand von seiten ihrer
ausländischen Bewunderer eine Menge Idealismus zur Verfügung, aber sie
konnten ihn zu nichts anderem verwenden, als zur Schaffung eines guß-
eisernen bürokratischen Staates, in dem alle gleich denken und den Befehlen ihrer Vorgesetzten gehorchen.[74]

Nichts in dem Verhalten der Russen in Spanien läßt auf irgendein
Interesse an einer »Revolution des Volkes« schließen. Vielmehr be-

stand die kommunistische Politik darin, »sich sogar solchen Agrar-
und Industriekollektiven zu widersetzen, die spontan entstanden
waren, und das Land von einer Polizei überfluten zu lassen, die,
gleich der russischen GPU, mehr den Anordnungen ihrer Partei als
denen des Innenministeriums folgte«. Die Kommunisten waren bemüht, jeglichen Impuls zur »Spontaneität von Rede und Handlung«
zu unterdrücken, da »ihre ganze Veranlagung und Geschichte sie
dem Lokalen und Spontanen mißtrauen und auf Ordnung, Disziplin und bürokratische Uniformität bauen ließ« – sie also eine oppo-
sitionelle Haltung gegenüber den revolutionären Kräften in Spanien einnehmen hieß. Wie Brenan bemerkt, zogen die Russen ihre
Unterstützung zurück, als feststand, daß die Engländer sich von der
Beschwichtigungspolitik nicht beeinflussen ließen; eine Tatsache, die
zusätzlich die These unterstützt, daß nur außenpolitische Erwägungen die Sowjetunion zu Hilfeleistungen an die Republik veranlaßt
hatten.

Borkenaus Analyse ist ähnlicher Art. Er billigt die Politik der Kommunisten wegen ihrer »Effizienz«, betont aber, daß die Kommunisten »der revolutionären sozialen Aktivität ein Ende setzten und
auf ihrer Ansicht beharrten, es handele sich hier nicht um eine Revolution, sondern nur um die Verteidigung einer legalen Regierung . . .
Die kommunistische Politik in Spanien wurde nicht so sehr von den
Notwendigkeiten des spanischen Kampfes diktiert, sondern hauptsächlich von den Interessen einer ausländischen Interventionsmacht,
Rußland«, das »eine revolutionäre Vergangenheit, aber keine revolutionäre Gegenwart« hat. Die Kommunisten handelten »nicht in
der Absicht, chaotische Begeisterung in disziplinierte Begeisterung
zu verwandeln [was Borkenau für notwendig hält], sondern in der
Absicht, Massenaktionen völlig abzuschaffen und sie durch disziplinierte militärische und administrative Aktionen zu ersetzen«. Er
merkt an, daß sich diese Politik »direkt gegen die Interessen und
Forderungen der Massen« wandte und daher die Teilnahme des
Volkes schwächte. Die nunmehr passiven Massen würden sich nicht
zur Verteidigung einer kommunistischen Diktatur hergeben, die
die ehemalige Autorität wiederherstellte und sogar »eine entschiedene Vorliebe für die Polizeikräfte des alten Regimes zeigte, die
den Massen so verhaßt waren«. Ich habe den Eindruck, daß die
Dokumente diese Interpretation der kommunistischen Politik und

ihrer Konsequenzen bestätigen, während Borkenaus Annahme, daß
die »Effizienz« der Kommunisten notwendig war, um den Kampf
gegen Franco zu gewinnen, sehr dubios ist. Diesen Punkt werde ich
später wieder aufgreifen.[75]
Es ist wichtig, hier zu erwähnen, daß eine Reihe von spanischen
Kommunistenführern sich schweren Herzens zu ähnlichen Folgerungen genötigt sahen. Bolloten nennt dafür mehrere Beispiele[76],
insbesondere den Militärkommandanten »El Campesino« und Jesús
Hernández, einen Minister der Regierung Caballero. Der erste sagte
nach seiner Flucht aus der Sowjetunion im Jahre 1949, er habe die
»revolutionäre Solidarität« der UdSSR während des Bürgerkriegs
für selbstverständlich gehalten – ein höchst erstaunliches Maß an
Naivität – und erst später gemerkt, »daß der Kreml nicht dem
Interesse der Völker dient, sondern sie seinen eigenen Interessen
dienstbar macht; daß er mit unvergleichlicher List und Tücke die
internationale Arbeiterklasse als bloßes Pfand bei seinem politischen Intrigenspiel mißbraucht«. Hernández gibt in einer kurz nach
dem Bürgerkrieg gehaltenen Rede zu, daß die spanischen Kommu-
nistenführer »mehr als sowjetische Handlanger denn als Söhne des
spanischen Volkes handelten«. »Es mag absurd, ja unglaublich erscheinen«, so fügt er hinzu, »aber unsere Schulung unter sowjeti-
scher Aufsicht hatte uns derart umgekrempelt, daß wir vollständig
›entnationalisiert‹ waren; unsere nationale Seele war uns ausgeris-
sen und durch einen fanatisch-chauvinistischen Internationalismus
ersetzt worden, der an den Türmen des Kreml begann und
endete«.
Kurz nach dem dritten Weltkongreß der Kommunistischen Internationale im Jahre 1921 schrieb der »ultra-linke« Holländer Her-
mann Gorter, daß der Kongreß »einstweilen über das Schicksal der
Weltrevolution entschieden hat. Jede Zielsetzung, die entschlossen
nach einer Weltrevolution verlangte..., wurde aus der russischen
Internationale verbannt. Die kommunistischen Parteien Westeuro-
pas und der ganzen Welt, die ihre Mitgliedschaft in der russischen
Internationale behalten, werden in Zukunft nichts weiter sein als
ein Mittel zur Sicherung der russischen Revolution und der Sowjet-
republik.«[77] Diese Vorhersage erwies sich als richtig. Jacksons Ansicht, daß die Sowjetunion gegen Ende der dreißiger Jahre eine
revolutionäre Macht gewesen sei oder daß sich die Sowjetführer gar

ernsthaft mit der Weltrevolution identifiziert hätten, entbehrt jeder
faktischen Grundlage. Sie ist eine Fehlinterpretation, die ihre Parallele hat in der amerikanischen Mythologie des Kalten Krieges mit
ihrer Erfindung einer von Moskau (heute von Peking) gelenkten
»internationalen kommunistischen Verschwörung«, womit wir nur
unsere eigene interventionistische Politik rechtfertigen.
Zurück zu den Ereignissen im revolutionären Spanien. Jackson beschreibt die ersten Stadien der Kollektivierung wie folgt: Die
Gewerkschaften in Madrid »wie auch in Barcelona und Valencia
mißbrauchten ihre plötzlich gewonnene Autorität, indem sie das
Zeichen *incautado* [unter der Kontrolle der Arbeiter] an Gebäuden
und Beförderungsmitteln jeglicher Art anbrachten« (S. 279). Warum war das ein *Mißbrauch* der Autorität? Das erklärt Jackson nicht.
In der Wahl seiner Worte zeigt sich sein Unwille, die Realität der
revolutionären Situation anzuerkennen, und das trotz seines Berichts über den Zusammenbruch der republikanischen Autorität. Die
Feststellung, daß die Arbeiter »ihre plötzlich gewonnene Autorität
mißbrauchten«, weil sie die Kollektivierung vorantrieben, beruht
auf einem moralischen Urteil, das an jenes von Ithiel Pool erinnert,
der die Landreform in Vietnam als »Beraubung des Nachbarn«
charakterisiert, oder auch von Franz Borkenau, der die Enteignungen in der Sowjetunion als »Banditentum« bezeichnet, das von
»moralischer Indifferenz« zeuge.
Innerhalb weniger Monate, so informiert uns Jackson, »ebbte die
revolutionäre Flut in Katalonien ab«, nachdem »immer größer werdende Nahrungs- und Vorratsprobleme und die Erfahrungen mit
der Verwaltung von Dörfern, Grenzstationen und öffentlichen Einrichtungen den Anarchisten die unerwartete Kompliziertheit der
modernen Gesellschaft klar gemacht hatten« (S. 313/314). In Barcelona »war der naive Optimismus aus der Zeit der revolutionären
Erfolge im vorangegangenen August Gefühlen des Grolls und des
Betrogenseins gewichen«, da sich die Lebenshaltungskosten verdop-
pelten, das Brot knapp wurde und die Polizei ebenso brutal vorging
wie zur Zeit der Monarchie. »Die POUM und die Presse der
Anarchisten lobten die Kollektivierung und machten die Polizei
Valencias für den Rückgang der Produktion verantwortlich, weil
sie die katalonische Wirtschaft boykottiert und die Bourgeoisie begünstigt habe. Die Schuld am Verlust Málagas gaben sie vor allem

der niedrigen Moral und der Desorientiertheit des andalusischen
Proletariats, das die zunehmende Rechtsorientierung der Regierung
in Valencia mitangesehen habe« (S. 368). Jackson glaubt offensichtlich, daß diese »linke« Interpretation der Ereignisse unsinnig
und daß es in Wahrheit die Inkompetenz oder der Verrat der
Anarchisten war, die zu diesen Schwierigkeiten führten: »In Katalonien traten die CNT-Komitees in den Fabriken mit der Kriegsproduktion auf der Stelle, unter dem Vorwand, die Regierung entziehe ihnen die Rohstoffe und begünstige die Bourgeoisie« (S. 365).
Tatsächlich »ebbte die revolutionäre Flut in Katalonien ab«, und
zwar nach einem von der kommunistischen Partei angeführten Angriff der Mittelklasse, nicht aber deshalb, weil man »die Kompliziertheit der modernen Gesellschaft« erkannt hatte. Und überdies
stimmte es, daß die von den Kommunisten beherrschte Zentralregierung mit großem Erfolg versuchte, die kollektivierte Industrie
und Landwirtschaft zu behindern und die Kollektivierung des
Handels zu hintertreiben. Ich habe bereits auf die ersten Stadien der
Konterrevolution verwiesen. Eine genauere Untersuchung der von
Jackson herangezogenen und anderer Quellen zeigt, daß die Beschul-
digungen der Anarchisten nicht grundlos waren, wie Jackson unterstellt. Bolloten führt eine Menge Beweismaterial an zur Unterstützung dieser seiner Schlußfolgerung:

Auf dem Land machten sich die Kommunisten zu mutigen Verteidigern
der kleinen und mittleren Eigentümer und Landwirte gegen die Kollek-
tivierungsvorstöße der lohnabhängigen Landarbeiter, gegen die Politik der
Gewerkschaften, die den Bauern untersagten, mehr Land zu besitzen, als
sie mit eigenen Kräften bebauen konnten, und gegen die Praktiken der
Revolutionskomitees, die die Ernte beschlagnahmten, sich in den Privat-
handel einmischten und von den Pächtern Zinsen einzogen.[78]

Die Politik der Regierung wurde vom kommunistischen Landwirt-
schaftsminister deutlich formuliert: »Wir erklären, daß das Eigentum des kleinen Bauern heilig ist und daß jene, die dieses Eigentum
angreifen oder anzugreifen versuchen, als Feinde der Regierung betrachtet werden müssen.«[79] Gerald Brenan, kein Freund der Kollektivierung, erklärt deren Scheitern wie folgt (S. 321):

Die Zentralregierung und insbesondere ihre kommunistischen und sozialistischen Mitglieder wollten [die Kollektive] unter die direkte Kontrolle
des Staates stellen: deshalb unterließen sie es, ihnen den für den Kauf von

Rohstoffen nötigen Kredit zu gewähren; sobald der Vorrat an unverarbeiteter Baumwolle erschöpft war, setzte die Arbeit in den Spinnereien aus... selbst [die Rüstungsindustrie in Katalonien] wurde ständig durch die neuen bürokratischen Organe des Versorgungsministeriums schikaniert.[80]

Er zitiert den bürgerlichen Präsidenten von Katalonien, Companys, mit dessen Worten: »Die Arbeiter in den Munitionsfabriken Barcelonas haben 56 und mehr Stunden die Woche gearbeitet, und es gab weder Sabotage noch Undiszipliniertheit«, bis die Arbeiter durch die von der Zentralregierung und der kommunistischen Partei eingeführte Bürokratisierung (und später Militarisierung) demoralisiert wurden.[81] Seine eigene Schlußfolgerung lautet, daß »die Regierung in Valencia jetzt die PSUC gegen die CNT ausspielte, aber nicht..., weil die katalonischen Arbeiter Schwierigkeiten machten, sondern weil die Kommunisten sie schwächen wollten, bevor sie sie vernichteten«.

Das zitierte Schreiben von Companys an Prieto bestätigt laut Richards (S. 47) die Erfolge der kollektivierten katalonischen Kriegsindustrie und zeigt, »wieviel mehr hätte erreicht werden können, wenn die Mittel für die Expansion der Industrie von der Zentralregierung nicht verweigert worden wären«. Richards zitiert auch einen Sprecher des Untersekretariats für Munition und Bewaffnung der Regierung in Valencia, der zugibt, daß »die Kriegsindustrie Kataloniens das Zehnfache der gesamten übrigen Industrie Spaniens produziert hatte« und »daß diese Produktion von Anfang September* an hätte vervierfacht werden können, wenn Katalonien die notwendigen Mittel für den Kauf von Rohstoffen erhalten hätte, die man dem spanischen Boden nicht abgewinnen konnte«. Es ist wichtig, daran zu erinnern, daß die Zentralregierung enorme Goldreserven hatte (die bald der Sowjetunion übergeben werden sollten), so daß man die Rohstoffe für die katalonische Industrie wahrscheinlich hätte kaufen können, trotz der feindseligen Einstellung der westlichen Demokratien gegenüber der Republik während der Revolutionsperiode (siehe unten). Überdies hatte man wiederholt um Rohstoffe gebeten. Am 24. September 1936 berichtete Juan Fabregas, CNT-Delegierter des Wirtschaftsrates von Katalonien, der

---

* Diese Aussage stammt vom 1. September 1937, wahrscheinlich bezieht sich das Datum auf September 1936.

zum Teil für das bereits erwähnte Kollektivierungsdekret verantwortlich war, die finanziellen Schwierigkeiten Kataloniens seien
durch die Weigerung der Zentralregierung entstanden, »irgendwelche wirtschaftliche oder finanzielle Hilfe zu leisten, wahrscheinlich weil sie nur wenig Sympathien für Arbeitsbedingungen hegt,
wie sie in Katalonien herrschen«[82] – damit ist die Kollektivierung
gemeint. Er »berichtete weiter, daß eine Kommission, die sich mit
der Bitte um einen Kredit für den Kauf von Kriegsmaterial und
Rohstoffen an Madrid wandte und eine Milliarde Peseten in Sicher-
heiten anbot, die bei der Bank von Spanien deponiert waren, auf
direkte Ablehnung stieß. Allein die Tatsache, daß die neue katalonische Kriegsindustrie durch die Arbeiter der CNT kontrolliert
wurde, war ein ausreichender Grund für die Madrider Regierung,
jede Hilfe, die nicht an Bedingungen geknüpft wäre, zu verweigern.
Nur im Austausch gegen Regierungskontrolle hätte sie finanzielle
Unterstützung geleistet.«[83]
Broué und Témime sind ganz ähnlicher Ansicht. Was den Vorwurf
der »Inkompetenz« betrifft, der gegen die kollektivierte Industrie
erhoben wurde, so dürfe man »die schweren Lasten des Krieges
nicht unterschätzen«. Trotz dieser Lasten aber, so bemerken sie,
»haben neue Techniken der Betriebsführung und die Abschaffung
der Dividendenausschüttung eine Senkung der Preise ermöglicht«,
und »die Mechanisierung und Rationalisierung, die in vielen Betrieben durchgeführt wurden, ... haben die Produktion erheblich ansteigen lassen. Die Arbeiter nahmen die großen Opfer mit Begeisterung auf sich, weil sie in den meisten Fällen überzeugt waren, daß
die Fabrik ihnen gehörte und daß sie letztlich für sich und ihre
Klassengenossen arbeiteten. Ein wahrhaft neuer Geist war über die
Wirtschaft Spaniens gekommen mit der Konzentration verstreuter
Unternehmen, der Vereinfachung kommerzieller Strukturen, bedeutenden Sozialleistungen für Alte und Kinder, Arbeitsunfähige
und Kranke und schließlich für alle Arbeitnehmer« (S.150/51). Die
große Schwäche der Revolution lag nach Ansicht der beiden Autoren darin, daß sie nicht bis zu Ende geführt wurde. Schuld daran
war einerseits der Krieg, andererseits die Politik der Zentralregierung. Auch Broué und Témime betonen die Weigerung der Regierung von Madrid, im frühen Stadium der Kollektivierung der von
ihr betroffenen Industrie und Landwirtschaft Kredite oder Kapi-

talhilfe zu gewähren – selbst dann, wenn, wie im Fall Kataloniens, von der Regionalregierung ausreichende Garantien angeboten wurden. So waren die kollektivierten Betriebe gezwungen, mit dem Kapital zu arbeiten, das sie sich in der Zeit der Revolution angeeignet hatten. Durch die Kontrolle über Geld und Kredit »konnte die Regierung das Funktionieren der Kollektivbetriebe nach eigenem Wunsch einschränken oder verhindern« (S. 144).

Laut Broué und Témime waren es die Kreditrestriktionen, die schließlich zur Zerstörung der kollektivierten Industrie führten. Die Regierung Companys in Katalonien weigerte sich, eine Bank für Industrie und Kredit zu gründen, wie es CNT und POUM forderten, und die Zentralregierung (die sich in diesem Fall auf die Kontrolle der Banken durch die sozialistische UGT verließ) war in der Lage, den Kapitalzufluß zu kontrollieren und den »Kredit für private Betriebe zu reservieren«. Alle Versuche, Kredite für die kollektivierte Industrie zu bekommen, blieben erfolglos; »der Kollektivierungsprozeß wurde zuerst behindert, dann gestoppt: die Regierung behielt mittels der Banken die Kontrolle über die Industrie... [und später] durch ihren Einfluß auf die Auswahl von Managern und Direktoren«, die häufig keine anderen waren als die früheren Besitzer und Manager, nur mit neuen Titeln. Im Fall der kollektivierten Landwirtschaft war die Situation ähnlich (S. 204 f.).

Die Situation wurde in der westlichen Welt richtig eingeschätzt. Im Februar 1938 las man in der *New York Times:* »Das Prinzip der Staatsintervention und -kontrolle in Handel und Industrie gegenüber der Arbeiterkontrolle unter dem Mantel der Kollektivierung kommt im loyalistischen Spanien durch eine Reihe neuer Verordnungen allmählich wieder zur Geltung. Gleichzeitig müssen auch das Prinzip des Privateigentums und die den Korporationen und Gesellschaften durch die Verfassung zugebilligten Rechte wieder in Kraft gesetzt werden.«[84]

Morrow nennt (S. 64/65) eine Reihe von Maßnahmen der katalonischen Regierung, mit denen die Kollektivierung eingeschränkt wurde, sobald die von der Arbeiterrevolution im Juli 1936 gegründeten Institutionen die Macht verloren hatten. Am 3. Februar wurde die Kollektivierung der Milchwirtschaft für illegal erklärt.[85] Im April »annullierte die Generalidad die Kontrolle der Arbeiter über den Zoll, indem sie sich weigerte, den Besitz der Arbeiter an Materialien

anzuerkennen, die exportiert und aufgrund von Anträgen früherer
Besitzer durch ausländische Gerichtshöfe festgehalten worden
waren. Von jetzt an waren die Fabriken und landwirtschaftlichen
Kollektive, die Güter exportierten, in der Hand der Regierung.«
Im Mai wurde, wie bereits erwähnt, das Kollektivierungsdekret
vom 24. Oktober 1936 für ungültig erklärt mit der Begründung, es
sei »von der Generalidad ohne Befugnis erlassen worden«, weil es
»eine Gesetzgebung des [spanischen] Staates dafür weder gab noch
gibt« und »Artikel 44 der Verfassung besagt, daß Enteignung und
Sozialisierung Angelegenheiten des Staates sind«. Ein Dekret vom
28. August »gab der Regierung das Recht, sich in jedes Hütten- oder
Bergwerk einzuschalten oder es zu übernehmen.« Das anarchistische
Blatt *Solidaridad Obrera* berichtete im Oktober über einen Beschluß
des Beschaffungsamtes des Verteidigungsministeriums, Kaufver-
träge nur mit Betrieben abzuschließen, die »wieder unter den früheren Besitzverhältnissen« arbeiten oder »unter einer entsprechenden,
vom Wirtschafts- und Finanzministerium kontrollierten kommis-
sarischen Leitung« stehen.[86]
Zurück zu Jacksons Feststellung, daß »in Katalonien die CNT-
Komitees in den Fabriken mit der Kriegsproduktion auf der Stelle
traten, unter dem Vorwand, die Regierung entziehe ihnen die Rohstoffe und begünstige die Bourgeoisie«. Ich glaube, man muß schließen, daß diese Feststellung mehr Jacksons Vorurteile zugunsten der
kapitalistischen Demokratie ausdrückt, als daß sie eine Beschreibung
der historischen Tatsachen wäre. Zumindest können wir soviel
sagen: Jackson nennt keine Beweise für seine Schlußfolgerung, und
es gibt hinreichende Gründe, sie in Frage zu stellen. Ich habe eine
Reihe von Quellen angeführt, die der liberale Historiker mit Recht
als voreingenommen für die Revolution bezeichnen würde. Der
springende Punkt ist aber, daß bei den liberalen Historikern selbst
der Mangel an Objektivität, ihre tiefsitzenden Vorurteile in der
Regel viel weniger für selbstverständlich gehalten werden; es gibt,
so meine ich, gute Gründe für die Annahme, daß diese ihre Unfähigkeit zur Objektivität sich auf die Urteile, die über den Charakter der spanischen Revolution gefällt wurden, verheerend ausge-
wirkt hat.
Wir wollen Jacksons Urteile, die durch keinerlei Belege gestützt
werden, weiter untersuchen und seine Bemerkung nochmals auf-

greifen, daß in Barcelona »der naive Optimismus aus der Zeit der revolutionären Erfolge im vorangegangenen August Gefühlen des Grolls und des Betrogenseins gewichen« waren. Tatsache ist, daß im Januar 1937 in Barcelona große Unzufriedenheit herrschte. Aber war das nur eine Auswirkung der »unerwarteten Kompliziertheit der modernen Gesellschaft«? Wenn wir ein bißchen genauer hinsehen, zeigt sich uns ein ganz anderes Bild. Unter dem Druck der Sowjets erhielt die PSUC großen Einfluß in der katalonischen Regierung und »schickte [im Dezember 1936] Comorera ins Ernährungsministerium, den Mann, der auf der damaligen politischen Szene Kataloniens am weitesten rechts stand«[87] – und der dank seiner politischen Ansichten zum bereitwilligsten Kollaborateur der kommunistischen Partei werden konnte. Laut Jackson »sorgte er unverzüglich dafür, daß Tauschhandel und Beschlagnahmungen aufhörten, und wurde zum Verteidiger der Bauern gegen die Revolution« (S. 314); er »setzte den Beschlagnahmungen ein Ende, führte die Geldwirtschaft wieder ein und schützte die katalonischen Bauern vor weiteren Kollektivierungsmaßnahmen« (S. 361). Das ist alles, was Jackson über Juan Comorera zu sagen weiß.

Wir erfahren mehr über ihn aus anderen Werken – zum Beispiel von Borkenau, der im Januar 1937 zum zweiten Mal in Barcelona war, und der allgemein als höchst erfahrener und kenntnisreicher Beobachter mit stark anti-anarchistischer Einstellung gilt. Laut Borkenau repräsentierte Comorera »eine politische Haltung, die am besten mit der des extremen rechten Flügels der deutschen Sozialdemokratie verglichen werden kann. Ihm hatte der Kampf gegen den Anarchismus schon immer als Hauptziel der sozialistischen Politik in Spanien gegolten ... Zu seiner Überraschung fand er in den Kommunisten unerwartete Bundesgenossen seiner Abneigung [gegen die Politik der Anarchisten]«.[88] Es war unmöglich, die Kollektivierung der Industrie in diesem Stadium in den Prozeß der Konterrevolution umzubiegen; Comorera gelang es jedoch, das System kaputtzumachen, durch das die Versorgung Barcelonas gewährleistet worden war, nämlich die Dorfkomitees, die, meistens unter dem Einfluß der CNT, gemeinsam dafür gesorgt hatten (laut Borkenau möglicherweise unfreiwillig), daß Mehl in die Städte geliefert wurde. Borkenau beschreibt die Situation wie folgt:

.. Comorera, der von jenen Prinzipien des abstrakten Liberalismus ausging, die noch keine Regierung während eines Krieges befolgt hat, die aber in den Sozialisten des rechten Flügels ihre letzten und gläubigsten Bewunderer finden, ersetzte die chaotischen Brot-Komitees nicht etwa durch eine zentralisierte Verwaltung. Er führte einfach den privaten Brothandel wieder ein, ohne jede Einschränkung. Im Januar gab es nicht einmal mehr ein Rationierungssystem in Barcelona. Den Arbeitern wurde es selbst überlassen, zu ihrem Brot zu kommen, so gut sie es konnten, und das bei Löhnen, die sich seit dem Mai kaum geändert hatten, während die Preise gestiegen waren. In der Praxis bedeutete das, daß die Frauen ab vier Uhr morgens Schlange stehen mußten. Die Empörung in den Arbeiterbezirken war natürlich groß, um so mehr, als sich die Knappheit des Brotes schnell steigerte, seitdem Comorera sein Amt angetreten hatte.[89]

Kurz, bei den Arbeitern von Barcelona regten sich nicht nur »Gefühle des Grolls und des Betrogenseins«, als sie die »unerwartete Kompliziertheit der modernen Gesellschaft« kennenlernten. Vielmehr hatten sie guten Grund zu glauben, daß sie *tatsächlich* betrogen wurden – vom alten Gauner im neuen Gewand.

Auch Orwells Beobachtungen sind äußerst interessant:

Jeder, der während des Krieges im Abstand von einigen Monaten zweimal Barcelona besuchte, hat sich über die außerordentlichen Veränderungen in dieser Stadt geäußert. Ob jemand zuerst im August und dann im Januar hingekommen war, oder, wie ich selbst, zuerst im Dezember und dann wieder im April, was er sagte, war merkwürdigerweise immer das gleiche: Die Atmosphäre der Revolution war nicht mehr vorhanden. Zweifellos sah für jeden, der im August dagewesen war, als das Blut in den Straßen kaum getrocknet und die Miliz in den kleinen Hotels einquartiert war, Barcelona schon im Dezember bürgerlich aus. Für mich, der ich soeben aus England kam, glich das eher einer Arbeiterstadt als irgend etwas sonst, was ich für möglich gehalten hätte. Jetzt [im April] war die Flut zurückgerollt. Es war wieder eine gewöhnliche Stadt, ein wenig vom Krieg gezwickt und zerstört, aber sonst ohne äußere Anzeichen für die Vorherrschaft der Arbeiterklasse ... Fette, wohlhabende Männer, elegante Frauen und rassige Autos gab es überall ... Die Offiziere der neuen Volksarmee, ein Typ, der kaum existierte, als ich Barcelona verließ, schwärmten in überraschender Anzahl herum ... [sie trugen] elegante Khakiuniformen mit enger Taille, wie die Uniform eines britischen Armeeoffiziers, nur noch übertriebener. Ich glaube nicht, daß mehr als einer von zwanzig schon an der Front gewesen war, aber sie alle trugen automatische Pistolen an der Koppel, während wir an der Front weder für Geld noch gute Worte Pistolen bekommen konnten ...* Einschnei-

---

* Orwell war soeben von der Front in Aragonien zurückgekommen, wo er bei der POUM-Miliz gedient hatte, in einem Gebiet, das weitgehend von Truppen des linken Flügels (POUM und Anarchisten) beherrscht wurde.

dende Veränderungen hatten sich in dieser Stadt vollzogen. Zwei Tatsachen waren der Schlüssel zu allem anderen. Einmal hatten die Leute – die Zivilbevölkerung – sehr viel von ihrem Interesse am Krieg verloren, andererseits behauptete sich wieder die normale Unterscheidung der Gesellschaft in reich und arm, Ober- und Unterklassen.[90]

Wo Jackson das Zurückrollen der revolutionären Flut der Entdeckung der unerwarteten Kompliziertheit der modernen Gesellschaft zuschreibt, geben Orwells Beobachtungen aus erster Hand, wie auch die von Borkenau, eine viel einfachere Erklärung. Was wirklich nach Erklärung verlangt, ist nicht die Unzufriedenheit der Arbeiter Barcelonas, es sind vielmehr die seltsamen Konstruktionen des Historikers.

Jacksons Auslassungen über Juan Comorera verdienen es, hier wiederholt zu werden: Comorera »sorgte unverzüglich dafür, daß Tauschhandel und Beschlagnahmungen aufhörten, er wurde zum Verteidiger der Bauern gegen die Revolution«; er »setzte den Beschlagnahmungen ein Ende, führte die Geldwirtschaft wieder ein und schützte die katalonischen Bauern vor weiterer Kollektivierungsmaßnahmen«. Diese Äußerungen unterstellen, daß sich die Bauern Kataloniens geschlossen der Revolution widersetzten und daß Comorera die von ihnen gefürchtete Kollektivierung bremste. Jackson erwähnt nirgendwo irgendwelche Differenzen innerhalb der Bauernschaft über diese Frage und bringt keine Belege bei für die implizite Behauptung, daß die Kollektivierung zur Zeit von Comoreras Amtsantritt in vollem Gange war. In Wahrheit ist es fraglich, ob Comoreras Karriere den Lauf der Kollektivierung in Katalonien beeinflußt hat. Beweismaterial ist schwer zugänglich, doch hat es den Anschein, als sei die Kollektivierung der Landwirtschaft in Katalonien keineswegs sehr extensiv gewesen und als habe sie im Dezember, als Comorera sein Amt antrat, sich nicht mehr weiter ausgedehnt. Wir wissen aus anarchistischen Quellen, daß es in Katalonien Fälle von gewaltsamer Kollektivierung gab[91], aber ich kann keinen Beweis dafür finden, daß Comorera die Bauern vor einer gewaltsamen Kollektivierung »geschützt« hätte. Auch ist die Annahme, daß sich die Bauernschaft *geschlossen* der Kollektivierung widersetzte, im besten Fall irreführend. Bolloten gibt eine richtigere Darstellung der Situation (S. 56): »Wenn der einzelne Bauer die schnell um sich greifende Entwicklung der kollektivierten Landwirtschaft mit Bestürzung betrachtete, so sahen die Landarbeiter der anarcho-syndikalistischen CNT und der sozialistischen UGT darin vielmehr den Beginn einer neuen Ära.« Kurz, auf dem Lande spielte sich ein komplizierter Klassenkampf ab, auch wenn wir aus Jacksons simplifizierendem und irreführendem Bericht nur wenig darüber erfahren. Man darf getrost annehmen, daß diese Entstellungen wiederum Jacksons Antipathie gegen die Revolution und ihre Ziele verraten. Ich werde auf diese Frage zurückkommen und mich dabei mit Gebieten befassen, in denen die landwirtschaftliche Kollektivierung weit umfangreicher war als in Katalonien.

Die Schwierigkeiten der modernen Gesellschaft, die die ahnungslosen anarchistischen Arbeiter Barcelonas in Verwirrung stürzten, waren in Jacksons Augen die zunehmenden Nahrungs- und Vorratsprobleme und die Verwaltung von Grenzstationen, Dörfern und öffentlichen Einrichtungen. Wie bereits bemerkt, scheinen die Nahrungs- und Vorratsprobleme am schnellsten unter der glänzenden Führung Juan Comoreras zugenommen zu haben. Was die Grenzstationen betrifft, so sah die Situation laut Jacksons Darstellung (S. 368) so aus: »Seit dem 18. Juli hatten die Anarchisten die Zollstationen an der französischen Grenze kontrolliert. Am 17. April 1937 begannen die neuorganisierten Carabineros auf Befehl des Finanzministers Juan Negrín die Grenze wieder zu besetzen. Mindestens acht Anarchisten wurden bei Zusammenstößen mit den Carabineros getötet.« Abgesehen von dieser allerdings ernsten Schwierigkeit scheint es kaum Grund für die Annahme zu geben, daß das Problem der Besetzung von Grenzposten zum Zurückrollen der revolutionären Flut beigetragen habe. Die vorliegenden Berichte deuten auch nicht darauf hin, daß die Verwaltungsprobleme der Dörfer und öffentlichen Einrichtungen unerwartet auftraten oder für die katalonischen Arbeiter zu kompliziert waren – eine nun wirklich unerwartete Entwicklung, die in dem uns zugänglichen Material aber gleichwohl ihre Bestätigung findet. Ich möchte noch einmal betonen, daß Jackson *keine* Beweise für seine Schlußfolgerung über das Zurückrollen der revolutionären Flut und die Gründe für die Unzufriedenheit der katalonischen Arbeiter anführt. Wiederum halte ich es für angebracht, seine Urteile den elitären Vorurteilen des liberalen Intellektuellen zuzuschreiben und nicht den historischen Zeugnissen.

Kommen wir zu Jacksons Erklärung, daß die Anarchisten »die Schuld am Verlust Málagas vor allem der niedrigen Moral und der Desorientiertheit des andalusischen Proletariats gaben, das die zunehmende Rechtsorientierung der Regierung in Valencia mit angesehen habe«. Wiederum hat man den Eindruck, daß Jackson hier nur ein weiteres Symptom für die Naivität und Unvernunft der spanischen Anarchisten sieht. Doch wiederum hat die Geschichte einen Haken. Eine von Jacksons Hauptquellen ist natürlich Borkenau, der kurz vor dem Fall Málagas am 8. Februar 1937 einige Tage in dieser Gegend verbrachte. Aber Borkenaus detaillierte Beobachtungen scheinen die anarchistische »Erklärung«, zumindest teilweise, zu stützen. Er glaubt, daß Málaga hätte gerettet werden können, jedoch nur durch einen »Verzweiflungskampf« mit Massenbeteiligung, so wie ihn »die Anarchisten hätten führen können«. Zwei Faktoren aber verhinderten eine solche Verteidigung: erstens, daß der mit der Verteidigung beauftragte Offizier, Oberstleutnant Villalba, »seine Aufgabe als eine rein militärische sah, während er tatsächlich keine militärischen Mittel, sondern nur die Kräfte der Volksbewegung zu seiner Verfügung hatte«; er war ein Berufsoffizier, »der im Innersten seines Herzens den Geist der Miliz verachtete« und unfähig war, den »politischen Faktor« zu verstehen.[92] Ein zweites Moment war der im Februar einsetzende Verfall des politischen Bewußtseins und der Massenbeteiligung. Die Komitees der Anarchisten arbeiteten nicht mehr, die Autorität von Polizei und Zivilgarde war wiederhergestellt. »Das Ärgernis der vielen hundert unabhängigen Polizei-Instanzen in den Dörfern war ausgeräumt, doch mit ihm verschwand auch das leidenschaftliche Interesse der Dorfbevölkerungen am Bürgerkrieg... Das kurze Zwischenspiel des spanischen Rätesystems war zu Ende gegangen« (S. 212). Nach einem Blick auf die Situation in Málaga und die Spannungen in der Regierung in Valencia (die unfähig war, der Miliz zur Verteidigung Málagas Unterstützung und Waffen zukommen zu lassen) kommt Borkenau zu folgendem Schluß (S. 228): »Die spanische Republik zahlte mit dem Fall von Málaga für den Entschluß ihres rechten Flügels, die soziale Revolution zu beenden, und für den ihres linken Flügels, dies zu verhindern.« Jackson verweist, wenn er den Fall von Málaga erörtert, auf den Terror und die politischen Rivalitäten innerhalb der Stadt, aber nicht auf die Tat-

sache, daß Borkenaus Beschreibung und die daraus folgende Interpretation die Ansicht stärkt, daß die Niederlage sehr weitgehend
auf die niedrige Moral und die Unfähigkeit oder die mangelnde
Bereitwilligkeit der Regierung in Valencia zurückgeht, einen vom
Volke getragenen Krieg zu führen. Im Gegenteil, er folgert, die
Tatsache, daß es Villalba an Mitteln »zur Kontrolle der ernsten
politischen Rivalitäten« mangelte, sei einer der Faktoren gewesen,
die ihn an der Ausführung der entscheidenden militärischen Aufgaben hinderten. Er scheint sich also gerade die Ansicht zu eigen zu
machen, die Borkenau verwirft, daß nämlich die Aufgabe »eine rein
militärische« war. Auf mich wirkt Borkenaus Augenzeugenbericht
weit überzeugender.

Auch in diesem Fall hat Jackson die Situation verfälscht beschrieben, vielleicht wiederum im Banne der elitären Vorurteile, die die
liberalen und kommunistischen Interpretationen des Bürgerkriegs
beherrschen. Wie Oberstleutnant Villalba haben auch die liberalen
Historiker oft eine starke Abneigung gegen »die Kräfte der Volksbewegung« und »den Geist der Miliz«. Und es läßt sich zeigen, daß
sie entsprechend unfähig sind, den »politischen Faktor« zu verstehen.

Während der Mai-Tage von 1937 wurde der Revolution in Katalonien der Todesstoß versetzt. Am 3. Mai erschien der Beauftragte
für öffentliche Ordnung, das PSUC-Mitglgied Rodríguez Salas, mit
einem Polizeikommando im zentralen Telegraphenamt, um es zu
besetzen. Es war keine vorherige Warnung oder Konsultation der
anarchistischen Minister der Regierung erfolgt. Das Amt, früher im
Besitz von IT & T, war im Juli von den Arbeitern Barcelonas erobert worden und arbeitete seitdem unter der Kontrolle eines
UGT-CNT-Komitees, dem ein Regierungsbeauftragter angehörte –
durchaus in Übereinstimmung mit dem Kollektivierungsdekret vom
24. Oktober 1936. Im Londoner *Daily Worker* las man am 11. Mai
1937: »Salas schickte die bewaffnete republikanische Polizei aus, die
Angestellten dort zu entwaffnen, meistens Mitglieder der CNT-
Gewerkschaften.« Das Ziel dieser Aktion war nach Ansicht Juan
Comoreras, »einer anomalen Situation ein Ende zu setzen«, d. h.
daß niemand telefonieren konnte, »ohne daß das indiskrete Ohr des
Kontrolleurs mithörte«.[93] Der bewaffnete Widerstand im Telegraphenamt verhinderte die Besetzung des Gebäudes. In ganz Bar-

celona errichteten lokale Verteidigungskomitees Barrikaden. Companys und die Anarchistenführer beschworen die Arbeiter, die Waffen niederzulegen. Bis zum 6. Mai dauerte ein unsicherer Waffenstillstand an, dann trafen die ersten Kommandos der Sturmgarde ein und brachen das Versprechen der Regierung, den Waffenstillstand einzuhalten und die militärischen Kräfte zurückzuziehen. Die Truppen standen unter dem Befehl von General Pozas, dem ehemaligen Befehlshaber der verhaßten Zivilgarde, jetzt Mitglied der kommunistischen Partei. In dem nun folgenden Kampf wurden mehr als 500 Menschen getötet und über tausend verwundet. »Die Mai-Tage waren in Wahrheit das Todesgeläut der Revolution, sie kündigten die politische Niederlage aller und den Tod einiger führender Revolutionäre an.«[94]

Diese Ereignisse – in der Geschichte der spanischen Revolution nehmen sie eine hervorragende Stellung ein – werden von Jackson nur als Randerscheinungen erwähnt. Natürlich muß der Bericht eines Historikers selektiv sein; vom links-liberalen Standpunkt aus betrachtet, den Jackson mit Hugh Thomas und vielen anderen teilt, war die Liquidierung der Revolution in Katalonien eine Randerscheinung, wie auch die Revolution selbst nur ein unbedeutendes Ärgernis war, eine gewisse Irritation, die die Kräfte vom Kampf zur Rettung der bürgerlichen Regierung ablenkte. Der Entschluß, die Revolution gewaltsam niederzuschlagen, wird mit folgenden Worten beschrieben:

Am 5. Mai erreichte Companys einen zerbrechlichen Waffenstillstand auf der Basis, daß sich die PSUC-Mitglieder aus der Regionalregierung zurückzögen; die Frage der Telephongesellschaft wurde zukünftigen Verhandlungen überlassen. Noch in derselben Nacht jedoch wurde Antonio Sesé, ein UGT-Sekretär, der dem umgebildeten Kabinett beitreten sollte, ermordet. Auf jeden Fall waren die Behörden Valencias nicht gewillt, noch länger mit der katalonischen Linken zu fackeln. Am 6. Mai kamen mehrere tausend *asaltos* [Sturmgardisten] in die Stadt, und die republikanische Kriegsmarine demonstrierte im Hafen.[95]

Interessant an dieser Beschreibung ist das, was ungesagt bleibt. Es gibt zum Beispiel keinen Kommentar zu der Tatsache, daß der Anmarsch der *asaltos* den »zerbrechlichen Waffenstillstand« verletzte, der von den Arbeitern Barcelonas und den in der Nähe stationierten Truppen der POUM und der Anarchisten akzeptiert worden war. Kaum erwähnt werden die blutigen Konsequenzen oder die politi-

sche Bedeutung dieser mangelnden Bereitwilligkeit, »noch länger
mit der katalonischen Linken zu fackeln«. Es fehlt jede Bemerkung
darüber, daß außer Sesé auch Berneri und andere Anarchistenführer
ermordet worden sind, und zwar nicht nur während der Mai-Tage,
sondern auch in den Wochen davor.[96] Jackson erwähnt nicht die
Tatsache, daß zusammen mit der republikanischen Marine auch britische Schiffe im Hafen »demonstrierten«.[97] Noch verweist er auf
die vielsagenden Beobachtungen Orwells über die Sturmgarde im
Vergleich zu den Truppen an der Front, wo er die vorangegangenen
Monate verbracht hatte. Die Sturmgardisten »waren ausgezeichnete Truppen, bei weitem die besten, die ich in Spanien gesehen
hatte... Ich war an die zerlumpte, kaum bewaffnete Miliz der
aragonischen Front gewöhnt und wußte nicht, daß die Republik
über solche Truppen verfügte... Die Zivilgardisten und die Carabineros, die überhaupt nicht für die Front bestimmt waren, waren
besser bewaffnet und viel besser eingekleidet als wir selbst. Ich habe
den Verdacht, daß das in allen Kriegen so ist – immer der gleiche
Kontrast zwischen der feinen Polizei in der Etappe und den zer-
lumpten Soldaten an der Front.«[98] (Siehe unten S. 103).
Der Kontrast verrät eine Menge über den Charakter des Krieges,
wie ihn die Regierung in Valencia verstand. Später sollte Orwell
diese Folgerung klar aussprechen: »Eine Regierung, die fünfzehn-
jährige Jungen mit vierzig Jahre alten Gewehren an die Front
schickt und ihre besten Männer und neuesten Waffen in der Etappe
zurückbehält, hat augenscheinlich mehr Angst vor der Revolution
als vor den Faschisten. Daher die schwächliche Kriegspolitik der
vergangenen sechs Monate, daher auch der Kompromiß, mit dem
der Krieg zweifellos enden wird.«[99] Jacksons Bericht über diese
Ereignisse mit all seinen Auslassungen und Unterstellungen läßt
darauf schließen, daß auch er die Ansicht teilt, die größte Gefahr
für Spanien wäre ein Sieg der Revolution gewesen.
Offensichtlich traut Jackson dem Zeugnis Orwells nicht so recht,
denn er weist darauf hin, daß »der Leser sich an Orwells eigene ehrliche Feststellung erinnern möge, er habe nur sehr wenig über die
politischen Implikationen des Kampfes gewußt«. Ein seltsamer
Hinweis. Zunächst einmal kann sich Orwells Analyse der »politischen Implikationen des Kampfes« nach dreißig Jahren erstaunlich
gut behaupten; wenn sie anfechtbar ist, dann wahrscheinlich wegen

seiner Neigung, der POUM im Vergleich zu den Anarchisten ein zu großes Gewicht zu geben – was nicht weiter verwundert, wenn man bedenkt, daß er sich der POUM-Miliz angeschlossen hatte. Was er über den schwachköpfigen Unsinn sagt, der damals in der stalinistischen und liberalen Presse zu lesen stand, scheint vollkommen richtig zu sein. Spätere Enthüllungen haben wenig Grund gegeben, die von ihm berichteten Tatsachen oder seine auf dem Höhepunkt des Konflikts vorgetragene Interpretation anzuzweifeln. Wie steht es also mit seiner »politischen Ignoranz«? Im Hinblick auf die endgültige Niederwerfung der Revolution im Mai bemerkt er: »Ich erkannte – wenn auch aufgrund meiner politischen Ignoranz nicht so deutlich, wie es nötig gewesen wäre –, daß die Regierung, wenn sie erst einmal selbstsicherer wäre, zu Repressalien greifen würde.« Diese Art von »politischer Ignoranz« sucht man in jüngeren historischen Arbeiten leider vergeblich.

Kurz nach den Mai-Tagen erfolgte der Sturz der Regierung Caballero, und Juan Negrín wurde Ministerpräsident der Republik Spanien. Broué und Témime beschreiben Negrín als »bedingungslosen Verteidiger des kapitalistischen Eigentums und entschiedensten Gegner jeder Kollektivierung, der alle Vorschläge der CNT-Minister blockierte. Der gründliche Umbau der Zollbeamtenschaft war sein Werk. Er war es auch, der die Verbringung der Goldvorräte der Republik in die Sowjetunion veranlaßte. Er genoß das Vertrauen der Gemäßigten und ... verstand sich ausgezeichnet mit den Kommunisten.«

Die erste größere Maßnahme der Regierung Negrín war die Unterdrückung der POUM und die Konsolidierung der zentralen Kontrolle über Katalonien. Sodann wandte die Regierung sich Aragonien zu, das seit dem Beginn der Revolution weitgehend unter der Kontrolle der Anarchisten gestanden hatte. Hier war die landwirtschaftliche Kollektivierung sehr weit gediehen und der Einfluß der Kommunisten sehr schwach. Die Gemeinderäte Aragoniens waren im Verteidigungsrat von Aragón koordiniert, in dem Joaquín Ascaso den Vorsitz führte, ein bekannter CNT-Kämpfer, dessen Bruder während der Mai-Unruhen ermordet worden war. Die Anarchisten hatten unter der Regierung Caballero ihre Zustimmung zur Vertretung anderer antifaschistischer Parteien gegeben, die Kommunisten eingeschlossen; die Mehrheit blieb jedoch anarchi-

stisch. Im August verkündete die Regierung Negrín die Auflösung
des Rates von Aragón und entsandte eine Division der spanischen
Armee unter Führung des kommunistischen Offiziers Enrique
Líster, die die Auflösung der lokalen Komitees betreiben, die Kollektive auflösen und den Einfluß der Zentralregierung festigen
sollte. Ascaso wurde in Haft genommen aufgrund der Anklage, für
den Diebstahl von Schmuck verantwortlich zu sein – Schmuck nämlich, den der Rat im Herbst 1936 für eigene Zwecke »gestohlen«
hatte. Die lokale anarchistische Presse wurde unterdrückt zugunsten
einer kommunistischen Zeitung, die Anarchistenzentren wurden in
der Regel gewaltsam besetzt und geschlossen. Das letzte Bollwerk
der Anarchisten wurde am 21. September mit Panzern und Artillerie genommen. Wegen der von der Regierung eingeführten Zensur
gibt es nur wenige direkte Berichte über diese Ereignisse, und die
Geschichtsschreiber gehen schnell über sie hinweg.[100] Laut Morrow
»verglich die offizielle CNT-Presse den Angriff auf Aragón mit der
Unterwerfung Asturiens durch Lopez Ochoa im Oktober 1934« –
eine der blutigsten Repressionen der neueren spanischen Geschichte.
Das dürfte eine Übertreibung sein. Tatsache aber ist, daß die Verwaltungsorgane des Volkes von Lísters Legionen vernichtet wurden, und damit war die Revolution in Aragonien beendet.
Zu diesen Ereignissen gibt Jackson folgenden Kommentar:

Am 11. August gab die Regierung die Auflösung des *Consejo de Aragón*
bekannt, dieses von den Anarchisten beherrschten Verwaltungsorgans, das
im Dezember 1936 von Largo Caballero anerkannt worden war. Man
wußte, daß die Bauern den *Consejo* haßten; die Anarchisten waren während der Kämpfe in Barcelona von der Front desertiert; und schon die
bloße Existenz des *Consejo* war eine ständige Herausforderung für die
Autorität der Zentralregierung. Alle diese Gründe veranlaßten Negrín
zur Aussendung von Truppen und zur Verhaftung der anarchistischen
Amtsträger. Sobald ihre Autorität jedoch aufgehoben war, wurden sie
wieder freigelassen.[101]

Diese Bemerkungen sind höchst interessant. Beachten wir als erstes
die Anschuldigung, die Anarchisten seien während der Maiunruhen
von der Front desertiert. Es stimmt zwar, daß Teile bestimmter
Divisionen der Anarchisten und der POUM im Begriff waren, nach
Barcelona aufzubrechen, aber dazu kam es nicht mehr, da am 5. Mai
der »zerbrechliche Waffenstillstand« verkündet wurde. Keine anarchistischen Kräfte kamen auch nur in die Nähe von Barcelona, um

das dortige Proletariat und seine Institutionen vor Angriffen zu schützen. Dagegen wurde eine motorisierte Kolonne von 5000 Sturmgardisten auf Anordnung der Regierung von der Front abgezogen, um den »zerbrechlichen Waffenstillstand« zu brechen.[102] Folglich waren die einzigen Kräfte, die während der Kämpfe in Barcelona »von der Front desertierten«, diejenigen, die von der Regierung den Auftrag erhielten, die Revolution mit Gewalt niederzuschlagen. Man erinnere sich an die oben (S. 100) zitierten Beobachtungen Orwells.

Wie steht es mit Jacksons Feststellung, »man wußte, daß die Bauern den *Consejo* haßten?« Wie in den anderen, bereits genannten Fällen gibt uns Jackson nicht den geringsten Hinweis, worauf dieses Urteil sich stützt. Die detailliertesten Untersuchungen über Kollektive sind anarchistischen Ursprungs, und sie zeigen an, daß Aragonien eines der Gebiete war, in denen die Kollektivierung am umfangreichsten und erfolgreichsten war.[103] Die Landarbeiter-Föderation sowohl der CNT wie der UGT unterstützten die Kollektivierung mit allen Kräften, und beide waren ohne Zweifel Massenorganisationen. Einige Nicht-Anarchisten, die den Kollektivierungsprozeß mit eigenen Augen erlebten, schrieben wohlwollende Berichte darüber und betonten den freiwilligen Charakter der Kollektivierung.[104] Laut Gaston Leval, einem anarchistischen Beobachter, der ausführliche Untersuchungen über die Kollektivierung auf dem Land anstellte, »haben sich in Aragonien 75 Prozent der kleinen Eigentümer freiwillig der neuen Ordnung der Dinge angepaßt«; die anderen waren nicht gezwungen, sich den Kollektiven anzuschließen.[105] Andere anarchistische Beobachter, vor allen Augustin Souchy, machen detaillierte Angaben über die Arbeitsweise der Kollektive in Aragonien. Wenn man nicht ein fantastisches Maß an Fälschung unterstellen will, lassen sich ihre Beschreibungen unmöglich mit der Behauptung in Einklang bringen, daß »man wußte, daß die Bauern den *Consejo* haßten« – es sei denn, man engt den Begriff »Bauer« ein auf »individuelle Gutsbesitzer«; in diesem Fall könnte die Behauptung freilich zutreffen, würde aber die Auflösung des Rates nur unter der Voraussetzung rechtfertigen, daß die Rechte des individuellen Gutsbesitzers vorrangig sind, nicht die des besitzlosen Arbeiters. Es wird kaum bezweifelt, daß die Kollektive in wirtschaftlicher Hinsicht erfolgreich waren[106], was sie sicher nicht hätten

sein können, wenn die Kollektivierung erzwungen und der Landbevölkerung verhaßt gewesen wäre.

Ich habe bereits Bollotens allgemeine Schlußfolgerung zitiert, die
auf umfassendem dokumentarischen Material beruht: während der
einzelne Bauer die Entwicklung der kollektivierten Landwirtschaft
mit Bestürzung verfolgt haben mag, »sahen die Landarbeiter der
anarcho-syndikalistischen CNT und der sozialistischen UGT darin
vielmehr den Beginn einer neuen Ära«. Dieses Urteil scheint angesichts des uns zugänglichen Materials durchaus vernünftig. Besonders im Hinblick auf Aragonien stellt Bolloten fest, daß die »tief-
verschuldeten Bauern stark beeindruckt waren von den Vorstellungen der CNT und der FAI, ein Umstand, der den landwirtschaftlichen Kollektivbetrieben einen mächtigen, spontanen Auftrieb
gab«, mögen auch in den anarchistischen Quellen, die im allgemeinen
sehr offen über Fehlschläge berichten, manche Schwierigkeiten erwähnt werden. Bolloten zitiert unter anderen zwei kommunistische
Quellen, denen zufolge etwa 70 Prozent der Landbevölkerung Aragoniens in Kollektiven lebten (S. 71). Er fügt hinzu, daß »viele der
450 Kollektive dieses Gebiets weitgehend freiwillig entstanden
waren«; allerdings sei das Ausmaß der Kollektivierung hier »in
gewisser Hinsicht« auf die »Anwesenheit von Milizsoldaten aus
dem benachbarten Katalonien, von denen die überwiegende Mehrheit Mitglieder der CNT und FAI waren«, zurückzuführen. In
vielen Fällen hätten sich Bauern mit eigenem Besitz dem Kollektiv-
system angeschlossen, obwohl sie nicht dazu gezwungen waren; sie
taten es aus anderen Gründen: »... nicht nur, daß sie daran gehindert wurden, Lohnarbeiter einzustellen und frei über ihre Ernte zu
verfügen, ... außerdem wurden ihnen oft all die Vorteile verweigert, die die Mitglieder der Kollektive genossen« (S. 72). Bolloten
berichtet auch über den Versuch der Kommunisten im April 1937, in
den »Gebieten, in denen die CNT und UGT in gegenseitigem Ein-
verständnis Kollektivbetriebe errichtet hatten«, Zwistigkeiten hervorzurufen (S. 195), was in einigen Fällen zu heftigen Kämpfen
und zu Dutzenden von Bluttaten führte, wie aus Dokumenten der
CNT hervorgeht.[107]

Bollotens eingehende Analyse der Ereignisse vom Sommer 1937
wirft viel Licht auf die Frage, wie sich in Aragonien die Bauern zur
Kollektivierung verhielten:

Es war unvermeidlich, daß die Angriffe auf die Kollektive die ländliche Wirtschaft und die Moral ungünstig beeinflußten. Denn mag es auch stimmen, daß die Kollektivierung in einigen Gebieten für die Mehrheit der Bauern Fluch bedeutete, so ist es doch ebenso wahr, daß in anderen Gebieten die Kollektivhöfe vom größten Teil der Landbevölkerung aus freiem Antrieb organisiert wurden. In der Provinz Toledo zum Beispiel, wo schon vor dem Krieg landwirtschaftliche Kollektive existierten, entschieden sich nach Angaben einer Kommunisten-freundlichen Quelle 83 Prozent der Bauern zugunsten der kollektiven Bodenbearbeitung. Als die Kampagne gegen die Kollektive kurz vor der Sommerernte [1937] ihren Höhepunkt erreichte, ... wurden die Landarbeiter plötzlich von Bestürzung und Furcht befallen. An vielen Orten wurde die Feldarbeit liegengelassen oder nur apathisch fortgesetzt, und die Gefahr war groß, daß ein wesentlicher und für die Kriegsanstrengungen lebensnotwendiger Teil der Ernte verkommen würde. (S. 196)

Diese Umstände waren es, nach Bolloten, die die Kommunisten zwangen, ihre Politik zu ändern und sich – vorübergehend – mit den Kollektiven abzufinden. Ein Gesetz wurde verabschiedet, das die Kollektive *»für die Dauer des gegenwärtigen Erntejahres«* legalisierte und ihnen einige Hilfe gewährte. Dadurch »entspannte sich die Lage auf dem Land während der Haupterntezeit ein wenig«. Gleich nachdem die Ernte eingefahren war, wurde die Politik wiederum geändert – in eine Politik harter Repressalien. Bolloten führt kommunistische Quellen an, denen zufolge »eine kurze, wenn auch wütende Kampagne zu Anfang August« den Weg für die Auflösung des Rates von Aragón bereitete. In Vollstreckung des Auflösungsdekrets »befahl der neu ernannte Generalgouverneur José Ignacio Mantécon, Mitglied der linksrepublikanischen Partei, aber heimlicher Anhänger der Kommunisten [der nach dem Krieg im Exil in die Partei eintrat], die Liquidierung der Kollektivbetriebe«. Das Werkzeug war Lísters Division, die die alte Ordnung mit Gewalt und Terror wieder herstellte. In kommunistischen Quellen, die Bolloten zitiert, wird die extreme Härte der Methoden Lísters eingestanden. Auch der kommunistische Generalsekretär des Instituts für Agrarreform gab zu, daß die Maßnahmen zur Auflösung der Kollektive »ein sehr schwerer Fehler« waren und »ein unerhörtes Chaos auf dem Land verursachten«, denn »diejenigen, die mit den Kollektiven unzufrieden waren, ... nahmen sie im Sturm, schleppten die Ernte und landwirtschaftliche Geräte weg und teilten sie untereinander auf, ohne die Kollektive zu verschonen, die ohne Ge-

walt oder Zwang entstanden waren, die prosperierten, die als Orga-
nisationsmodelle dienten ... Die Folge war, daß die Feldarbeit fast
völlig eingestellt wurde und ein Viertel des Bodens zur Saatzeit
noch nicht bearbeitet war« (S. 200). Wieder war es notwendig, den
harten Druck auf die Kollektive zu erleichtern, um eine Katastrophe zu verhindern. Zusammenfassend sagt Bolloten über diese
Ereignisse und ihre Folgen:

> Obwohl sich die Lage in Aragonien in gewisser Hinsicht besserte, waren
> Haß und Empörung, hervorgerufen durch die Liquidierung der Kollektive
> und die darauf folgende Unterdrückung, niemals gänzlich verschwunden.
> Noch ebbte die darüber entstandene Enttäuschung bei den anarcho-
> syndikalistischen Kräften an der aragonischen Front jemals ganz ab, eine
> Enttäuschung, die zweifellos zum Zusammenbruch der Front einige Mo-
> nate später beigetragen hat ... Nach der Zerstörung der landwirtschaft-
> lichen Kollektive Aragoniens war die kommunistische Partei gezwungen,
> ihre Politik zu ändern und die Kollektive auch in anderen Gebieten gegen
> ihre früheren Besitzer zu verteidigen, die die Rückgabe des beschlagnahm-
> ten Landes forderten ... (S. 200/1)

Zurück zu Jacksons Feststellungen. Ich glaube, wir müssen ihnen
entnehmen, daß Jackson die Situation entschieden falsch beurteilt.[108]
Die Auflösung des Rates von Aragón und die weitgehende Zerstörung der Kollektive durch militärische Gewalt waren nur ein
weiteres Stadium in der Auslöschung der Volksrevolution und der
Wiederherstellung der alten Ordnung. Ich möchte nochmals betonen, daß ich Jackson nicht wegen seiner negativen Einstellung zur
sozialen Revolution kritisiere, vielmehr wegen seines Mangels an
Objektivität bei der Auseinandersetzung mit der Revolution und
der ihr folgenden Repression.
Bei den Historikern, die sich mit dem spanischen Bürgerkrieg beschäftigt haben, herrscht die Ansicht, daß die Politik der Kommunisten im wesentlichen richtig war – daß es zur Konsolidierung der
in- und ausländischen Unterstützung für die Regierung notwendig
war, die soziale Revolution aufzuhalten und dann zu unterbinden.
Jackson zum Beispiel sagt, Caballero habe »erkannt, daß es unbedingt notwendig war, die Autorität des republikanischen Staates
wiederherzustellen und eng mit den Liberalen des Mittelstandes zu-
sammenzuarbeiten«. Die Anarchistenführer, die in die Regierung
eintraten, teilten seine Ansicht. Sie vertrauten auf die guten Absichten von Liberalen wie Companys und glaubten – recht naiv, wie

die Ereignisse zeigen sollten –, daß ihnen die westlichen Demokratien zu Hilfe kommen würden.

Eine direkt entgegengesetzte Politik vertrat Camillo Berneri. In einem offenen Brief an den anarchistischen Minister Frau Federica Montseny[109] faßt er seine Ansichten so zusammen: »Die Alternative Krieg oder Revolution hat keine Bedeutung mehr. *Die einzige Alternative ist diese: entweder Sieg über Franco durch einen revolutionären Krieg oder aber Niederlage.*« Seiner Meinung nach sollte Marokko die Unabhängigkeit gegeben und der Versuch unternommen werden, in ganz Nordafrika einen Aufstand zu entfachen. Es sollte ein revolutionärer Kampf gegen den westlichen Kapitalismus in Nordafrika und gleichzeitig gegen das bürgerliche Regime in Spanien geführt werden, das die Errungenschaften der Juli-Revolution immer mehr zunichte machte. Die Hauptfront sollte die politische sein. Franco verlasse sich stark auf maurische Kontingente, darunter auch große Einheiten aus Französisch-Marokko. Die Republik könne sich diesen Umstand zunutze machen, die nationalistischen Kräfte demoralisieren und sie vielleicht sogar durch politische Agitation auf der Basis der konkreten Möglichkeit einer pan-islamischen oder doch marokkanischen Revolution für die revolutionäre Sache gewinnen. Und im April 1937 drängte Berneri darauf, die Armee der Republik zur Verteidigung der Revolution zu reorganisieren, so daß sie den Geist einer Massenbewegung aus den ersten Tagen der Revolution wiederfinden könne. Er zitiert die Worte seines Landsmanns Louis Bertoni, der von der Huesca-Front schrieb:

Der spanische Krieg, dem jeder neue Glaube, jede Idee einer gesellschaftlichen Umwandlung, jede revolutionäre Größe und jede universelle Bedeutung genommen wurde, ist jetzt nichts anderes mehr als ein nationaler Unabhängigkeitskrieg, der weitergeführt werden muß, um die von der internationalen Plutokratie erstrebte Ausrottung zu verhindern. Er bleibt ein Ringen um Leben und Tod, ist aber kein Krieg mehr zur Schaffung einer neuen Gesellschaft und einer neuen Menschheit.

In einem solchen Krieg sei das menschliche Element, das den Sieg über den Faschismus herbeiführen könne, abgestorben.

Rückblickend scheinen Berneris Ideen durchaus vernünftig. Delegationen marokkanischer Nationalisten wandten sich in der Tat an die Regierung in Valencia mit der Bitte um Waffen und militärische Ausrüstung, wurden jedoch von Caballero zurückgewiesen, der statt

dessen Frankreich und England territoriale Konzessionen in Nordafrika anbot, um die Unterstützung dieser beiden Länder zu gewinnen. Laut Broué und Témime verlor die Republik durch diese Politik »das Mittel eines revolutionären Defaitismus in der feindlichen
Armee« und mehr noch: eine mögliche Waffe gegen eine Intervention Italiens. Jackson hingegen tut Berneris Vorschlag mit der Bemerkung ab, die Unabhängigkeit für Marokko (und in diesem Zusammenhang selbst die Unterstützung der marokkanischen Nationalisten) wäre »eine Geste (gewesen), die in Paris und London kaum
begrüßt worden wäre«. Natürlich hätten Frankreich und Großbritannien diese Entwicklung kaum begrüßt. Wie Berneri sagt, »versteht es sich von selbst, daß man nicht zu gleicher Zeit französische
und britische Interessen in Marokko garantieren und dort einen
Aufstand anzetteln kann«. Doch Jacksons Kommentar trifft nicht
die Kernfrage, ob nämlich die spanische Revolution durch einen
revolutionären Krieg nach dem Vorschlag der Linken sowohl vor
den Faschisten an der Front als auch vor der bürgerlich-kommuni-
stischen Koalition innerhalb der Republik hätte geschützt werden
können, oder ob es nicht möglich gewesen wäre, die Republik zu
retten durch einen politischen Kampf, der Francos maurische Inva-
sionstruppen für sich gewonnen oder zumindest demoralisiert hätte.
Es ist nur zu verständlich, warum sich Caballero für diesen kühnen
Plan nicht gewinnen ließ: er baute eben auf eine mögliche Rückendeckung durch die westlichen Demokratien. Angesichts dessen jedoch, was wir heute wissen, erscheint Jacksons summarische Erledi-
gung eines potentiellen revolutionären Krieges recht unverfroren.
Überdies werden Bertonis Beobachtungen von der Huesca-Front
durch mancherlei anderes Beweismaterial bestätigt, von dem ich
einiges schon zitiert habe. Selbst diejenigen, die die kommunistische
Strategie der Disziplin und zentralen Kontrolle für notwendig hielten, räumen ein, daß die Repressionen, als ein unveräußerliches Element dieser Strategie, »dazu angetan waren, den Kampfgeist des
Volkes zu brechen«.[110] Man kann nur Vermutungen anstellen, doch
habe ich den Eindruck, daß viele Kommentatoren die Bedeutung des
politischen Faktors und die potentielle Kraft eines vom Volke getragenen Krieges, die Errungenschaften der Revolution zu verteidigen, stark unterschätzt haben. Es ist vielleicht bezeichnend, daß
Asturien, das einzige Gebiet Spaniens, in dem das System der CNT-

UGT-Komitees nicht durch eine zentrale Kontrolle ersetzt wurde, auch das einzige Gebiet ist, wo der Guerillakrieg noch lange nach Francos Sieg andauerte. Wie Broué und Témime feststellen[111], ist der Widerstand der asturischen Partisanen »ein Beweis für die Tiefe des revolutionären Elans, der, weil mit größerer Klugheit gepaart, durch die Wiedereinführung der Staatsautorität nicht gebrochen wurde«. Es kann kein Zweifel daran bestehen, daß die Revolution in Spanien die breite Masse der Bevölkerung durchdrungen und tiefe Wurzeln geschlagen hatte. Ein revolutionärer Krieg, wie Berneri ihn befürwortete, wäre trotz der größeren Militärmacht der Faschisten möglicherweise erfolgreich gewesen. Die Vorstellung, daß der Mensch die Maschine beherrschen kann, erscheint nicht mehr so romantisch und naiv wie noch vor einigen Jahren.

Im übrigen wurde das Vertrauen, das die Anarchistenführer der bürgerlichen Regierung entgegenbrachten, nicht honoriert, wie die Geschichte der Konterrevolution eindeutig beweist. Rückschauend hat man den Eindruck, daß Berneri mit seiner Bemerkung, sie hätten sich an der bürgerlichen Regierung nicht beteiligen, sondern versuchen sollen, diese Regierung durch die von der Revolution geschaffenen Institutionen zu ersetzen, recht hatte.[112] Der anarchistische Minister García Oliver stellte fest: »Wir setzten Vertrauen in das Wort und die Person eines katalonischen Demokraten und unterstützten Companys als Präsidenten der Generalidad«[113] – zu einer Zeit, als zumindest in Katalonien die Arbeiterorganisationen den Staatsapparat leicht hätten ersetzen und auf die früheren politischen Parteien verzichten können, so wie sie bereits die alte Wirtschaftsstruktur durch eine völlig neue ersetzt hatten. Companys sah durchaus die Grenzen, über die hinaus er mit den Anarchisten nicht zusammenarbeiten konnte. In einem Interview mit H. E. Kaminski weigerte er sich, diese Grenzen zu spezifizieren, und gab nur seiner Hoffnung Ausdruck, daß »die anarchistischen Massen sich den guten Absichten ihrer Führer nicht widersetzen mögen«, welche die »ihnen obliegende Verantwortung übernommen« haben. Er sah seine Aufgabe darin, »diese Verantwortung auf den richtigen Weg zu lenken«, den er in dem Interview nicht näher charakterisierte, der sich aber in den Ereignissen abzeichnete, die zu den Mai-Unruhen führten.[114] Wahrscheinlich fand Companys' Einstellung zu dem Kooperationswillen der Anarchistenführer präzisen Ausdruck in der Art,

wie er auf die Behauptung eines Korrespondenten von *New States-*
man and Nation reagierte, der voraussagte, daß die Ermordung
des anarchistischen Bürgermeisters von Puigcerdá zu einer Revolte
führen werde: »[Companys] lachte verächtlich und sagte, die Anarchisten würden kapitulieren, so wie sie es bisher immer getan hätten.«[115] Wie schon in einigen Einzelheiten beschrieben, hatte die
liberal-kommunistische Parteikoalition nicht die Absicht, dem Krieg
gegen Franco den Vorrang vor der Zerschlagung der Revolution
einzuräumen. Ein Sprecher Comoreras stellte diesen Punkt klar:
»Der PSUC wurde der Slogan zugeschrieben: ›Bevor wir Saragossa
erobern, müssen wir Barcelona nehmen.‹ Genauso ist es...«[116]
Comorera selbst hatte von Anfang an Companys gedrängt, der
CNT Widerstand zu leisten.[117] Die Hauptaufgabe der antifaschistischen Koalition, so betonte er, sei die Auflösung der Revolutionskomitees.[118] Ich habe schon eine Reihe von Beweisen dafür vorgelegt, daß die von der Volksfront ausgeübte Repression das Engagement und die Beteiligung des Volkes am antifaschistischen Krieg
ernsthaft schwächte. Was George Orwell erkannte, war auch den
Arbeitern Barcelonas und den Bauern in den Kollektivdörfern Aragoniens klar: die liberal-kommunistische Koalition würde keine
revolutionäre Umwandlung der spanischen Gesellschaft dulden; sie
würde sich dem Kampf gegen Franco erst dann voll und ganz verschreiben, wenn die alte Ordnung wiederhergestellt wäre, wenn
nötig mit Gewalt.[119]
Es gibt kaum einen Zweifel daran, daß die Landarbeiter in den
Kollektiven die soziale Bedeutung des Trends zur Konsolidierung
und zentralen Kontrolle durchaus verstanden. Das zeigen uns nicht
nur anarchistische Quellen, sondern auch die sozialistische Presse
vom Frühjahr 1937. Am 1. Mai stand im sozialistischen Parteiorgan
Adelante folgender Kommentar:

Beim Ausbruch der faschistischen Revolte stimmten die Arbeiterorganisationen und die demokratischen Elemente des Landes darin überein, daß
die sogenannte nationalistische Revolution, die unser Volk in den Abgrund des größten Elends zu stoßen drohte, nur durch eine soziale Revolution aufgehalten werden könnte. Die kommunistische Partei jedoch trat
dieser Ansicht mit aller Macht entgegen. Offensichtlich hatte sie ihre alten
Theorien von einer »Arbeiter- und Bauernrepublik« und einer »Diktatur
des Proletariats« vollständig vergessen. Die ständige Wiederholung ihres
neuen Slogans von der parlamentarisch-demokratischen Republik macht

deutlich, daß ihr der Sinn für die Realität total abhanden gekommen ist. Als die katholischen und konservativen Kreise der spanischen Bourgeoisie ihr altes System zerbrechen sahen und keinen Ausweg wußten, träufelte ihnen die kommunistische Partei neue Hoffnung ein. Sie versicherte ihnen, daß die von ihr propagierte demokratische Bürgerrepublik der katholischen Propaganda keine Hindernisse in den Weg legen werde, und vor allem, daß sie bereit sei, die Klasseninteressen der Bourgeoisie zu verteidigen.[120]

Daß man in weiten Teilen des Landes zu dieser Erkenntnis gekommen war, wurde in drastischer Weise unterstrichen durch eine Fragebogenaktion, die *Adelante* bei den Sekretären der Landarbeiter-Föderation der UGT durchführte und deren Ergebnisse im Juni 1937 veröffentlicht wurden[121]:

Die Antworten auf diese Fragen verrieten eine erstaunliche Einstimmigkeit. Überall die gleiche Geschichte. Die Bauernkollektive haben heute ihren größten Widersacher in der kommunistischen Partei. Die Kommunisten organisieren die reicheren Bauern, die nach billigen Arbeitskräften suchen und aus diesem Grund den kooperativen Unternehmen der armen Bauern ausgesprochen feindlich gesonnen sind.
Eben diejenigen, die vor der Revolution mit den Faschisten und Monarchisten sympathisierten, strömen jetzt – wie aus den Aussagen der Gewerkschaftsvertreter hervorgeht – in den Reihen der kommunistischen Partei zusammen. Über die allgemeinen Folgen der kommunistischen Aktivität auf dem Land haben die Sekretäre der UGT nur eine Meinung, die von einem Vertreter der Organisation in Valencia so formuliert wurde: »Es ist im wahrsten Sinne des Wortes ein Unglück.«[122]

Man kann sich leicht vorstellen, wie sehr die Erkenntnis dieses »Unglücks« die Bereitwilligkeit der Landarbeiter, am antifaschistischen Krieg teilzunehmen, mit all den Opfern, die das bedeutete, beeinflußt haben mag.
Die Einstellung der Zentralregierung zur Revolution wurde auf brutale Weise durch ihre Handlungen enthüllt und überdies durch ihre Propaganda bestätigt. Ein ehemaliger Minister beschreibt die Situation so:

Was durch die Koalition der kommunistischen Partei Spaniens mit den Republikanern des linken und den Sozialisten des rechten Flügels zum Ausdruck kommt, ist die Tatsache, daß in halb Spanien die soziale Revolution erfolgreich gewesen war. Erfolgreich nämlich in der Kollektivierung von Fabriken und Höfen, die jetzt unter der Kontrolle der Gewerkschaften arbeiteten, und zwar effektiv arbeiten. Während der drei Monate, in denen ich unter Alvarez del Vayo, dem damaligen Außenminister

der Regierung in Valencia, die Propaganda für England und die USA
leitete, wurde ich angewiesen, kein Wort über die Revolution im Wirtschaftssystem des loyalistischen Spanien verlauten lassen. Auch war es
keinem ausländischen Korrespondenten in Valencia erlaubt, offen über
die Revolution zu schreiben, die stattgefunden hatte.[123]

Kurz, es gibt Gründe genug für die Annahme, daß die Bereitschaft
zum Kampf gegen Franco bedeutend geschwächt, vielleicht zerstört
wurde durch die Politik der autoritären Zentralisation, die von der
liberal-kommunistischen Koalition in Angriff genommen, mit Gewalt
durchgesetzt und durch eine Propaganda maskiert wurde, die bei
den westlichen Intellektuellen auf fruchtbaren Boden fiel und noch
immer die Geschichtsschreibung beherrscht. Wenn diese Beurteilung
richtig ist, gewinnt die von Berneri und den linken »Extremisten«
vorgeschlagene Alternative an Überzeugungskraft.
Wie schon erwähnt, akzeptierten Caballero und die anarchistischen
Minister die Politik der Konterrevolution, weil sie auf die westlichen Demokratien bauten, von denen sie mit Bestimmtheit annahmen, daß sie ihnen früher oder später zu Hilfe kommen würden.
Diese Annahme war 1937 vielleicht noch verständlich. Es ist jedoch
seltsam, daß ein Historiker in den sechziger Jahren den Plan, durch
die Ausdehnung des revolutionären Krieges nach Marokko Francos
Etappe zu schlagen, mit der Begründung abtun kann, das hätte dem
westlichen Kapitalismus mißfallen (siehe oben S. 108).
Berneri hatte recht mit der Vermutung, daß sich die westlichen
Demokratien an einem antifaschistischen Kampf in Spanien nicht
beteiligen würden. Tatsächlich war ihre Mitschuld am faschistischen
Aufstand nicht unerheblich. Französische Bankiers, in der Regel
Franco-Anhänger, blockierten die Freigabe des spanischen Goldes
an die loyalistische Regierung, verhinderten auf diese Weise den
Kauf von Waffen und trugen dadurch mit dazu bei, daß sich die
Republik immer mehr auf die Sowjetunion verließ.[125] Die Politik
der »Nichteinmischung«, die die westliche Hilfe für die loyalistische
Regierung praktisch unmöglich machte, während Hitler und Musso-
lini den Krieg für Franco gewannen, war ebenfalls von der fran-
zösischen Regierung initiiert worden – sei's auch unter starkem
britischen Druck.[126]
Was Großbritannien anbelangt, so war die Hoffnung, daß es der
Republik zu Hilfe kommen würde, immer unrealistisch. Wenige

Tage nach Francos Putsch schrieb der für das Ausland verantwortliche Chefredakteur von *Paris-Soir*: »Mindestens vier Länder sind bereits aktiv in den Kampf verwickelt – Frankreich, das die Regierung in Madrid unterstützt, sowie Großbritannien, Italien und Deutschland, von denen jedes dieser oder jener Gruppe unter den Aufständischen heimliche, aber wirksame Hilfe zukommen läßt.«[127] In der Tat nahm die Unterstützung, die Großbritannien Franco leistete, schon in den ersten Stadien des Aufstands recht handfeste Formen an. Die spanische Marine blieb der Republik gegenüber loyal* und unternahm einige Versuche, Franco am Schiffstransport seiner Truppen von Marokko nach Spanien zu hindern. Über die Beteiligung Italiens und Deutschlands an der Vereitelung dieser Anstrengungen ist viel geschrieben worden[128]; die Rolle Englands erfuhr weniger Beachtung, läßt sich aber aus zeitgenössischen Berichten genau bestimmen. Am 11. August 1936 brachte die *New York Times* auf der ersten Seite einen Bericht über die Aktionen der britischen Marine in der Straße von Gibraltar, der keinen Zweifel daran ließ, daß »diese Aktionen den Rebellen helfen, weil sie Angriffe auf Algeciras, wo die Truppen aus Marokko landen, verhindern«. (Einige Tage zuvor war Algeciras von loyalistischen Kriegsschiffen bombardiert und das britische Konsulat beschädigt worden.) Eine Depesche aus Gibraltar, die den Bericht begleitete, beschreibt die Situation aus der dortigen Perspektive:

In der vergangenen Nacht hat Großbritannien, verärgert über den spanischen Parteienstreit, der die Schiffahrt und das neutrale Territorium Gibraltar gefährdet, den Hafen von Gibraltar praktisch sperren lassen durch das große Schlachtschiff »Queen Elizabeth«, das die Hafeneinfahrt blockierte und die umliegenden Gewässer mit Scheinwerfern unaufhörlich absuchte.

Heute patrouillierten viele Kriegsschiffe in der ganzen Meerenge, um jede Beeinträchtigung von Großbritanniens Kontrolle über die Pforte zum Mittelmeer, diesen lebenswichtigen Teil der britischen »Rettungsleine zum Osten«, zu verhindern.

Diese Aktion folgte auf wiederholte Warnungen an die Adresse der spanischen Regierung und auf die gestrige Verordnung, daß keine weiteren Kämpfe im Hafen von Gibraltar zugelassen werden. Die Engländer auf Gibraltar waren seit dem Beschuß von Algeciras durch das loyalistische Schlachtschiff „Jaime I« zusehends nervöser geworden.

---

* Genauer gesagt: die mit Franco sympathisierenden Offiziere wurden getötet, und in den meisten Fällen waren es die Matrosen, die der Republik gegenüber loyal blieben.

Die britische Neutralität besteht zwar noch, aber die Kontrolle der Meer-
enge und die Schließung des Hafens bedeuten doch eine Hilfe für die
rebellierenden Militärs, weil die loyalistischen Kriegsschiffe jetzt nicht
mehr versuchen können, Algeciras, das sich in den Händen der Rebellen
befindet, zu erobern und diese von Marokko zu isolieren. Die Rebellen
können jetzt einige Truppen, die schnell nach Algeciras zurückgeholt wor-
den waren, wieder im Norden beim Vorstoß auf Madrid einsetzen.
Wie heute abend in Gibraltar berichtet wurde, haben die Rebellen einen
Transport über die Meerenge geschickt und weitere Truppen aus Marokko
gelandet zur Verstärkung der Kolonnen, die vom Hauptquartier in
Sevilla aus nach Norden marschieren.
Das war in diesem Jahr das zweite Mal, daß Großbritannien eine Macht
verwarnte, als es seine Kontrollinstanz im Mittelmeer bedroht glaubte,
und es bleibt abzuwarten, ob die Regierung in Madrid den Italienern folgen und diese Warnung in den Wind schlagen wird. Versucht sie das, so
sind die britischen Kanoniere vom Fort Gibraltar angewiesen, Warn-
schüsse abzugeben. Was geschieht, wenn diese Schüsse nicht beachtet werden, liegt auf der Hand.
Alle Engländer hier nennen die Regierung in Madrid »die Kommunisten«,
und es besteht kein Zweifel daran, wo die britischen Sympathien jetzt
liegen, zumal General Francisco Franco, der Führer der Rebellen, erklärt
hat, daß er nicht unbedingt mit Italien zu kooperieren gedenke.
Die britische Regierung hat die hiesigen Spanier aufgefordert, jede Ge-
heimbündelei zu unterlassen, andernfalls sie ausgewiesen würden, und die
Engländer ermahnt, »loyalerweise sich jeder Handlung oder öffentlichen
Äußerung zu enthalten, die eine bestimmte Parteilichkeit oder Parteinahme verraten könnte«.
Die in der offiziellen *Gibraltar Gazette* veröffentlichte Warnung war
vom hiesigen britischen Kolonialsekretär unterzeichnet. Sie wurde veröffentlicht, nachdem den Behörden Nachrichten über mögliche kommunistische Unruhen hierorts zu Ohren gedrungen waren und es heftige Klagen darüber gegeben hatte, daß sich spanische Rebellen in Gibraltar aufhielten. Angeblich richteten die Rebellen hier ihr Hauptquartier ein und
bedrohten La Linea mit Kampfmaßnahmen. [Hervorhebung von mir]

Ich habe den vollständigen Wortlaut dieser Depesche zitiert, weil sie
den Charakter der britischen »Neutralität« in den ersten Phasen
des Krieges und in seinem weiteren Verlauf sehr genau vermittelt.
Sir Henry Chilton, der britische Botschafter in Spanien, gab im
Mai 1938 »seiner Überzeugung Ausdruck, daß ein Sieg Francos für
den Frieden in Spanien notwendig war; daß nicht die geringste Aussicht auf eine Vorherrschaft Italiens und/oder Deutschlands über
Spanien bestand; und daß er, selbst wenn die spanische Regierung
die Möglichkeit hätte, zu siegen (woran er nicht glaubte), davon

überzeugt war, daß ein Sieg Francos für Großbritannien besser wäre«.[129] Churchill stand der Republik zuerst sehr feindlich gegenüber, änderte aber seine Haltung bald nach dem Zusammenbruch der Revolution im Sommer 1937. Besonders befriedigte ihn die gewaltsame Unterdrückung der Anarchisten und die Militarisierung der Republik (weil notwendig, wenn »die gesamte Struktur der Zivilisation und des sozialen Lebens zerstört worden ist«, wie es durch die nun glücklich bezwungene Revolution geschehen war).[130] Dennoch blieben seine Sympathien für die Republik bedingt. In einem Interview vom 14. August 1938 erklärte er: »Franco hat jedes Recht auf seiner Seite, weil er sein Land liebt. Auch verteidigt er Europa gegen die kommunistische Gefahr – wenn wir es so nennen wollen. Ich aber, ich bin Engländer, und ich ziehe den Sieg der ›falschen‹ Sache vor. Ich sähe es lieber, wenn die andere Seite gewinnen würde, denn Franco könnte die Interessen Großbritanniens durchkreuzen und gefährden, die anderen dagegen nicht.«[131]

Den Deutschen war die Einstellung der Engländer natürlich genau bekannt, und sie bemühten sich sehr darum, daß der Nichteinmischungsausschuß in London und nicht in Paris seinen Sitz bekam. Der für diese Angelegenheit verantwortliche Staatssekretär des deutschen Außenministeriums schrieb dazu am 29. August 1936: »Natürlich müssen wir damit rechnen, daß in London Beschwerden jeder Art vorgebracht werden, wenn die Verpflichtung zur Nichteinmischung nicht eingehalten wird, aber wir können solche Beschwerden nicht in jedem Fall vermeiden. Es kann uns wirklich nur angenehm sein, wenn der Schwerpunkt, der bisher aufgrund der französischen Initiative in Paris lag, jetzt nach London verlagert wird.«[132] Sie wurden nicht enttäuscht. Im November sagte Außenminister Anthony Eden im Unterhaus: »Was die Übertretungen [des Nichteinmischungsabkommens] betrifft, so möchte ich kategorisch feststellen, daß meines Erachtens andere Regierungen mehr getadelt werden müssen als Deutschland oder Italien.«[133] Diese Feststellung konnte sich auf keinerlei Fakten stützen, aber sie entsprach der britischen Einstellung. Es ist interessant, daß England, deutschen Quellen zufolge, zu jener Zeit auf dem Weg über Gibraltar Munition an Franco lieferte und zu gleicher Zeit Deutschland über russische Waffenlieferungen an die Republik unterrichtete.[134]

Die britische Linke unterstützte größtenteils die liberal-kommuni-

stische Koalition; in Caballero sah sie einen »infantilen Linken«
und die Anarchisten hielt sie für grundsätzlich unerträglich.
Wie die Deutschen bald herausfanden, mußte sich die britische Politik der begrenzten Unterstützung Francos als erfolgreich für die
Wahrung der britischen Interessen in Spanien erweisen. Eine Note
des deutschen Außenministeriums im Oktober 1937 an die Botschaft
im nationalistischen Spanien enthielt folgenden Satz: »Daß England nicht dauernd wie bisher vom spanischen Markt ferngehalten
werden kann, ist eine Tatsache, mit der wir rechnen müssen. Englands alte Beziehungen zum spanischen Bergbau und der auf politischen und wirtschaftlichen Erwägungen beruhende Wunsch des Ge-
neralissimus, mit England zu einer Verständigung zu kommen, setzen unseren Chancen, die spanischen Rohstoffe auf die Dauer für
uns zu reservieren, gewisse Grenzen.«[135]
Man kann nur Vermutungen anstellen über die Konsequenzen der
britischen Unterstützung der Republik. Eine Erörterung dieser
Frage würde uns zu weit abführen, nämlich in eine Betrachtung der
britischen Diplomatie gegen Ende der dreißiger Jahre. Da aber heute, in völliger Mißachtung der historischen Tatsachen, bei Außenminister Rusk und einer Reihe seiner akademischen Anhänger viel
von der »Analogie zu München« die Rede ist, sollte man vielleicht
erwähnen, daß die Politik der »Eindämmung des Kommunismus«
nicht erst von Kennan im Jahre 1947 erfunden wurde. Sie war
schon ein besonderes Kennzeichen der Diplomatie der dreißiger
Jahre. 1934 bemerkte Lloyd George, daß »in absehbarer Zeit, vielleicht in einem Jahr, vielleicht in zwei Jahren, die konservativen
Kräfte dieses Landes Deutschland als Bollwerk gegen den Kommunismus in Europa ansehen werden... Seien wir in der Verurteilung Deutschlands nicht voreilig. Wir werden Deutschland noch als
unseren Freund begrüßen.«[136] Im September 1938 wurde das
Münchner Abkommen geschlossen; kurz danach begrüßten sowohl
Frankreich als auch Großbritannien Deutschland als »unseren
Freund«. Wie bereits erwähnt (s. Anm. 99), hat selbst Churchill zu
dieser Zeit eine recht fragwürdige Rolle gespielt. Das Münchner
Abkommen signalisierte natürlich das Ende der spanischen Repu-
blik, so wie ihre erzwungene Zuflucht zur Sowjetunion 1937 das
Ende der spanischen Revolution angekündigt hatte.
Die Vereinigten Staaten entfalteten wie Frankreich bei diesen Vor-

gängen weniger Initiative als Großbritannien, das weit größere wirtschaftliche Interessen in Spanien hatte. Trotzdem war die amerikanische Haltung nicht gerade rühmlich. Rein formal bewahrten die USA eine Position der strikten Neutralität. Doch wenn man genauer hinsieht, werden einige Zweifel wach. Nach Jacksons Information »hatte der amerikanische Oberst, der dem Telegraphenamt vorstand, den Verschwörern in Madrid für ihre Gespräche mit den Generalen Mola und Franco private Anschlüsse zur Verfügung gestellt«[137], und zwar kurz vor dem Putsch am 17. Juli. Im August drängte die amerikanische Regierung die Martin Aircraft Company, den vor dem Putsch geschlossenen Vertrag über die Lieferung von Flugzeugen an die Republik nicht einzulösen, und sie setzte auch die mexikanische Regierung unter Druck, in den USA gekauftes Kriegsmaterial nicht nach Spanien zu verschiffen.[138] Ein amerikanischer Waffenexporteur, Robert Cuse, bestand im Dezember 1936 auf seinem gesetzlichen Recht, Flugzeuge und Flugzeugmotoren per Schiff nach Spanien zu bringen, und das Außenministerium war gezwungen, seine Einwilligung zu geben. Cuse wurde von Roosevelt als unpatriotisch denunziert, obwohl dieser zugeben mußte, daß die Forderung rechtens war. Roosevelt verglich das Verhalten anderer Geschäftsleute mit dem von Cuse:

Nun, diese Firmen kamen der Forderung der Regierung nach. 90 Prozent der Geschäfte sind ehrlich, ich meine in moralischer Hinsicht ehrlich. Das sind diejenigen 90 Prozent, auf die wir immer voll Stolz deuten. Und dann tut ein Mann etwas, das auf eine vollkommen gesetzliche, aber durch und durch unpatriotische Handlung hinausläuft. Er repräsentiert jene 10 Prozent Geschäfte, die den höchsten Maßstäben nicht genügen. Entschuldigen Sie diese Moralpredigt, aber mir ist es sehr ernst damit.[139]

Zu den Firmen, die »moralisch ehrlich« blieben und sich daher nicht den Zorn Roosevelts zuzogen, gehörte die Texaco Oil Company, die ihre Verträge mit der spanischen Republik annullierte und statt dessen Öl an Franco lieferte. (Fünf Tanker, die im Juli 1936 auf hoher See waren, wurden an Francos Adresse umgeleitet, der während des Bürgerkriegs Öl im Wert von sechs Millionen Dollar auf Kredit erhielt.) Offenbar war weder die Presse noch die amerikanische Regierung in der Lage, diese Tatsache aufzudecken, obwohl die linksgerichteten Zeitungen damals davon berichteten.[140] Es gibt Beweise dafür, daß die amerikanische Regierung die Besorgnis Churchills und an-

derer über die gefährlichen Kräfte im Lager der Republikaner
teilte. Außenminister Hull zum Beispiel informierte Roosevelt am
23. Juli 1936 darüber, daß »einer der wichtigsten Faktoren in dieser Situation die Tatsache ist, daß die [spanische] Regierung große
Mengen Waffen und Munition an verantwortungslose Mitglieder
von linken politischen Organisationen verteilt hat«.[141]
Gleich Churchill begannen viele verantwortungsvolle Amerikaner
ihre Einstellung zur Republik zu überdenken, nachdem die soziale
Revolution niedergeschlagen war.[142] Die Beziehungen zu Franco
blieben jedoch herzlich. 1957 wünschte Präsident Eisenhower Franco einen »glücklichen Jahrestag« seines Aufstands[143], und Außenminister Rusk leistete 1961 seinen Tribut. Gegen die laut werdende
Kritik wurde Rusk vom amerikanischen Botschafter in Madrid verteidigt, der feststellte, Spanien sei »eine Nation, die die unerbittliche Natur der kommunistischen Gefahr kennt«[144], so wie Thailand, Südkorea, Taiwan und einige andere Länder der freien
Welt.[145]
Im Lichte solcher Tatsachen will es mir scheinen, daß Jackson leichtfertig mit den historischen Zeugnissen umgeht, wenn er die Vorschläge der spanischen Linken als absurd abtut. Es ist durchaus möglich, daß Berneris Strategie ebenso gescheitert wäre wie die der
liberal-kommunistischen Koalition. Sie war jedoch keinesfalls sinnlos. Ich glaube, daß die Unfähigkeit der Historiker, sich ernsthafter
mit ihr auseinanderzusetzen, wiederum zurückzuführen ist auf die
elitären Vorurteile, die die Geschichtsschreibung beherrschen – und
in diesem Fall auch auf eine gewisse Sentimentalität gegenüber den
westlichen Demokratien.
Die von der CNT im Jahre 1937 veröffentlichte Studie über die
Kollektivierung[146] schließt mit einer Beschreibung des Dorfes Membrilla. »In ihren erbärmlichen Hütten leben die armen Einwohner
einer armen Provinz; achttausend Menschen – und die Straßen sind
nicht gepflastert, es gibt keine Zeitung, kein Kino, kein Café und
keine Bibliothek im Ort. Andererseits stehen hier viele Kirchen, die
niedergebrannt wurden.« Unmittelbar nach dem Putsch Francos
wurde das Land enteignet und das Dorfleben kollektiviert. »Nahrungsmittel, Kleidung und Werkzeuge wurden auf die gesamte Bevölkerung gleichmäßig verteilt. Das Geld wurde abgeschafft, die
Arbeit kollektiviert, alle Erzeugnisse gingen an die Gemeinschaft,

der Konsum wurde sozialisiert. Aber es war nicht eine Sozialisierung des Reichtums, sondern der Armut.« Gearbeitet wurde wie vorher. Ein gewählter Rat ernannte Ausschüsse, die das Leben in der Kommune und ihre Beziehungen zur Außenwelt organisierten. Die lebensnotwendigen Dinge wurden, sofern sie verfügbar waren, frei verteilt. Eine große Zahl von Flüchtlingen wurde aufgenommen. Man richtete eine kleine Bücherei und eine kleine Planungsschule ein. Das Dokument schließt mit den Worten:

Die gesamte Bevölkerung lebte wie in einer Großfamilie zusammen. Funktionäre, Abgeordnete, der Gewerkschaftssekretär, die Mitglieder des Gemeinderates, sie alle waren gewählt und handelten als Familienoberhäupter. Aber sie standen unter Kontrolle, weil besondere Privilegien oder Korruption nicht geduldet wurden. Membrilla mag das ärmste Dorf Spaniens sein, aber es ist das gerechteste.

Ein solcher Bericht mit seinem Interesse an menschlichen Beziehungen und an dem Ideal einer gerechten Gesellschaft muß den abgebrühten Intellektuellen sehr seltsam anmuten. Er wird ihn mit Verachtung lesen oder als naiv, primitiv oder sonstwie irrational bezeichnen. Nur wenn solche Vorurteile abgebaut werden, wird es den Historikern möglich sein, die Massenbewegung, die das republikanische Spanien in eine der erstaunlichsten sozialen Revolutionen der Geschichte führte, ernsthaft zu untersuchen.

Franz Borkenau weist in seinem Kommentar über die Demoralisierung durch die autoritären Praktiken der Zentralregierung darauf hin (S. 295), daß »die Zeitungen von europäisierten Redakteuren geschrieben werden, während die Bewegung des Volkes in ihren tiefsten Impulsen unartikuliert bleibt... [sie offenbaren sich nur] durch Handlungen«. Die Objektivität der Wissenschaft bleibt so lange eine Illusion, wie ihr diese unartikulierten Impulse unfaßbar bleiben. Die Geschichte der Revolution in Spanien muß noch geschrieben werden.

Ich habe mich auf ein Thema – die Interpretation der sozialen Revolution in Spanien – in nur einer historischen Arbeit konzentriert, einer Arbeit, die ein ausgezeichnetes Beispiel liberaler Wissenschaft ist. Ich glaube, es gibt mehr als genug Beweise dafür, daß ein tiefes Vorurteil gegen die soziale Revolution und ein Engagement für die Werte und die Gesellschaftsordnung einer liberalen bürgerlichen Demokratie den Autor dazu gebracht haben, entscheidende Vorgänge falsch darzustellen und historische Strömungen von großer Tragweite zu übersehen. Es war nicht meine Absicht, das Engagement für jene Werte in Frage zu stellen – das wäre etwas völlig anderes. Vielmehr wollte ich zeigen, wie dieses Engagement einen erstaunlichen Mangel an Objektivität bedingt und ein Beispiel für »konterrevolutionäre Subordination« liefert, das subtiler, interessanter und letztlich – so glaube ich – viel wichtiger ist als die Beispiele, die im ersten Teil dieses Essays vorgestellt worden sind.

III

Bei der Eröffnung dieser Diskussion über die spanische Revolution verwies ich auf die klassische Kritik der Linken an der gesellschaftlichen Rolle des Intellektuellen, ob Marxist oder nicht, in der modernen Gesellschaft sowie auf Rosa Luxemburgs Vorbehalte gegen den Bolschewismus. Soziologen westlicher Provenienz haben wiederholt und mit gutem Recht die Bedeutung dieser Analyse für die Entwicklungen in der Sowjetunion hervorgehoben.[147] Dieselben Soziologen beschreiben die »Weltrevolution der Epoche« mit folgenden Worten: »Die wichtigste Veränderung ist der Niedergang von Handel und Gewerbe (sowie der früheren sozialen Strukturen) und der Aufstieg der Intellektuellen und Halbintellektuellen zu effektiver Macht.«[148] Die »ultra-linke« Kritik sah als Ziel dieser Entwicklung einen neuen Angriff auf die menschliche Freiheit und ein noch wirksameres Ausbeutungssystem voraus. Die Soziologen westlicher Provenienz sehen im Aufstieg der Intellektuellen zu effektiver Macht das Versprechen einer humaneren und reibungslos funktionierenden Gesellschaft, in der alle Probleme durch »technologische Kleinarbeit« gelöst werden können. Wer hat den schärferen Blick? Zumindest so viel ist klar: Es gibt gefährliche Tendenzen in der Ideologie der Wohlfahrtsstaat-Intelligentsia, die das für die Steuerung der »postindustriellen Gesellschaft« und für die Einrichtung einer von der amerikanischen Supermacht beherrschten internationalen Gesellschaft erforderliche Wissen und Können zu besitzen meint. Viele dieser Gefahren werden, auf rein ideologischer Basis, durch das Studium der konterrevolutionären Subordination der Wissenschaft deutlich. Die Gefahren bestehen sowohl dann, wenn die Berufung auf Wissen gerechtfertigt, wie auch dann, wenn sie erschlichen ist. In dem Maß, wie die Technik des Managements und der Kontrolle funktioniert, kann sie zur Konsolidierung der Autorität derer, die an der Macht sind, dienen, kann spontane und freie Experimente mit neuen sozialen Formen verhindern, kann die Möglichkeiten einer Neuordnung der Gesellschaft im Interesse der jetzt mehr oder weniger Depossedierten begrenzen. Wo diese Technik aber versagt, wird man sie durch alle die Zwangsmethoden ersetzen, die die moderne Technologie zur Wahrung von Ordnung und Stabilität bereithält.

Einen Eindruck von dem, was vor uns liegen mag, vermitteln die *Godkin-Lectures,* die McGeorge Bundy kürzlich an der Universität Harvard hielt.[149] Bundy fordert dazu auf, mehr Macht in die Hände der Exekutive zu legen, die »gemessen an ihren gegenwärtigen Aufgaben gefährlich schwach« sei. Daß eine starke Exekutive mit Gerechtigkeit und Weisheit handeln werde, muß anscheinend nicht eigens betont werden. Als Beispiel für einen höheren Beamten, der an die Regierung gebunden und mit noch mehr Macht ausgestattet werden sollte, nennt Bundy Robert McNamara. Nichts könnte die der »neuen Gesellschaft« immanenten Gefahren deutlicher aufdecken als die Rolle, die McNamaras Pentagon in den vergangenen sechs Jahren gespielt hat. Ohne Zweifel hat McNamara mit größtem Erfolg das getan, was überhaupt nicht hätte getan werden sollen. Ohne Zweifel hat er eine unvergleichliche Meisterschaft in der Logistik von Zwang und Repression bewiesen, verbunden mit der erstaunlichsten Unfähigkeit, politische und menschliche Faktoren zu begreifen. Die Erfolge des Pentagons sind nicht weniger bemerkenswert als seine Blamagen.[150] Wenn man sich getäuscht hat, hat man um so mehr Gewalt im Rückhalt. Wenn die »Experimente zur Kontrolle materieller und menschlicher Ressourcen« scheitern und die »revolutionäre Entwicklung« langsam steckenbleibt, dann greift man nur noch unverblümter auf die Taktiken der Gestapo zurück, die von der Fassade der »Befriedung« kaum verborgen werden.[151] Wenn demnächst in amerikanischen Städten Bomben geworfen werden, können wir mit den gleichen Reaktionen rechnen. Die Technik der »begrenzten Kriegführung« geht reibungslos in ein System einheimischer Repression über, das, wie man schnell erklären wird, weitaus menschlicher ist als das Massaker derjenigen, die nicht bereit

sind, auf den unausbleiblichen Sieg des Kampfes gegen die Armut
zu warten.

Warum sollte ein liberaler Intellektueller so sehr von den Vorzügen
eines politischen Systems der vierjährigen Diktatur überzeugt sein?
Die Antwort scheint nur zu eindeutig.

Der revolutionäre Pazifismus von A. J. Muste
Über die Hintergründe des Krieges im Pazifischen Raum

Vorbemerkung

Es könnte scheinen, als seien Titel und Untertitel ohne Beziehung zueinander. Deshalb mag ein erklärendes Wort von Nutzen sein. Ich schrieb diesen Essay für eine Gedenknummer der Zeitschrift *Liberation*, in der, wie der Herausgeber es formulierte, »eine Reihe von Artikeln zusammengestellt (ist), die sich mit einigen der Probleme auseinandersetzen, gegen die A. J. ankämpfte«. Ich glaube, Mustes revolutionärer Pazifismus war und ist eine höchst wichtige Doktrin, sowohl als politische Analyse wie auch hinsichtlich der moralischen Überzeugung, die sie zum Ausdruck bringt. Die Realität des antifaschistischen Krieges unterwarf sie einer sehr strengen Prüfung. Hält sie dieser Prüfung stand? Als ich mit der Arbeit an diesem Aufsatz begann, war ich mir dessen keineswegs sicher. Ich bin noch immer unschlüssig. Einige Punkte sind mir jetzt aber durchaus klar geworden. Die Reaktion Amerikas auf die Aggressivität Japans war in einem beträchtlichen Maße heuchlerisch. Schlimmer noch, es gab zwischen Japans Eskapaden und den unsrigen sehr auffällige, wahrhaft beunruhigende Ähnlichkeiten, sowohl im Charakter wie in der Rationalisierung, – mit dem grundsätzlichen Unterschied, daß die Berufung auf nationales Interesse, die im Falle Japans nicht ganz und gar ungerechtfertigt war, einfach lächerlich wird, wenn sie den Amerikanern als Rechtfertigung für ihre Eroberungen in Asien dient.

Der vorliegende Essay berührt alle diese Fragen: Mustes revolutionären Pazifismus und dessen Interpretation im Zusammenhang mit dem Zweiten Weltkrieg; die Hintergründe der imperialistischen Bestrebungen Japans; die Reaktion und Verantwortlichkeit des Westens; und damit zugleich die Bedeutung dieser Fragen im Hinblick auf die Probleme des gegenwärtigen Imperialismus in Asien.

Der Essay erschien zuerst in *Liberation*, Bd. 12 (Sept.–Okt. 1967). Ich bin Herbert Brix, Louis Kampf, André Schiffrin und John Viertel für Kommentare, die mir bei der hier vorliegenden Neufassung des Essays von großem Nutzen waren, zu Dank verpflichtet.

Zweifellos wäre der Essay kohärenter, wenn er sich auf eines oder zwei dieser Themen beschränken würde, und durchsichtiger, wenn er eine besondere »politische Linie« verträte. Nach dem eingehenden Studium dieser Themen kann ich jedoch nichts anderes anbieten als die vorsichtigen Feststellungen des letzten Absatzes.

In einem entscheidenden, vor vierzig Jahren geschriebenen Essay[1] erklärte A. J. Muste den Begriff der revolutionären Gewaltlosigkeit, der das Leitprinzip eines außergewöhnlichen Lebens war. »In einer auf Gewalttätigkeit aufgebauten Welt muß man Revolutionär sein, bevor man Pazifist sein kann.« »Es ist eine gewisse Trägheit in uns, der Wunsch, nicht gestört zu werden, der uns glauben macht, wenn nur alles ruhig bleibe, sei alles in Ordnung. Unbewußt neigen wir dazu, dem ›sozialen Frieden‹ den Vorzug zu geben, obwohl er uns nur deshalb besticht, weil er unser Leben und Eigentum gesichert erscheinen läßt. Tatsächlich passen sich die Menschen nur zu willig schlechten Bedingungen an; sie rebellieren viel zu wenig und zu selten. Nichts Edles liegt darin, wenn man sich in ein beengtes Leben fügt oder sich einer überlegenen Macht unterwirft.« Muste bestand darauf, daß die Pazifisten »unser Denken auf ein Ziel lenken«. Ihre vornehmlichste Aufgabe sei es, »die Gewalt, auf der das gegenwärtige System beruht, und all das Übel – materieller oder geistiger Natur –, das für die Massen der Menschen in der ganzen Welt daraus entspringt, anzuprangern ... Solange wir uns nicht ehrlich und angemessen um diese 90 Prozent unseres Problems kümmern, hat die Sorge um die 10 Prozent Gewalttätigkeit der Rebellen im Kampf gegen die Unterdrückung etwas Lächerliches und vielleicht sogar Verlogenes.« Niemals in der Geschichte Amerikas trafen diese Worte auf so tragische Weise zu wie heute.

Die Aufgabe des revolutionären Pazifisten wird im letzten Absatz des Essays deutlicher formuliert:

Diejenigen, die es schaffen, auf Reichtum, Stellung und Macht zu verzichten, weil einem sozialen System entspringend, das auf Gewalt gegründet ist und Gewinnsucht belohnt, und die sich wirklich mit dem Kampf der Massen zum Licht hin identifizieren, mögen in mancher Weise dazu beitragen – zweifellos mehr durch Taten als durch Worte –, eine bessere Möglichkeit zu finden, eine Technik des sozialen Fortschritts, die weniger grausam, brutal, kostspielig und langwierig ist als die, welche die Menschheit bisher kennt.

Es ist eine nicht geringe Auszeichnung für A. J. Muste, daß sein Lebenswerk an solchen Maßstäben gemessen werden kann. Seine Aufsätze sind nach wie vor gedankenreich und provokativ; sein Leben aber ist so inspirativ wie kaum ein anderes im Amerika des zwanzigsten Jahrhunderts. Muste glaubte wie Gandhi, daß »ungerechte Gesetze und Praktiken überleben, weil die Menschen ihnen gehorchen und sich ihnen anpassen. Sie tun das aus Angst. Es gibt Dinge, die sie mehr fürchten als die Fortdauer des Übels.« Er bereicherte ein halbes Jahrhundert amerikanischer Geschichte mit seinem persönlichen Engagement für diese einfachen Wahrheiten. Seine Bemühungen setzten zu einer Zeit ein, als »die Menschen glaubten, daß eine bessere menschliche Ordnung, eine klassenlose Welt ohne Krieg, eine sozialistische Gesellschaft, wenn man so will, geschaffen werden könnte«, zu einer Zeit, als die Arbeiterbewegung als »jene erstaunliche Kombination von Massenmacht, prophetischem Idealismus und utopischen Hoffnungen« bezeichnet werden konnte. Er führte seine Bemühungen fort in der Zeit der allgemeinen Ernüchterung durch den Krieg, der Depression und der antiradikalen Hysterie, bis hin zu den Tagen, als die amerikanischen Soziologen verkünden konnten, daß »die Erkenntnis, der sich niemand zu entziehen vermag, die ist, daß die egalitäre, durch soziale Mobilität charakterisierte Gesellschaft, die die mit der marxistischen Tradition eng verbundenen ›freischwebenden Intellektuellen‹ während der letzten hundert Jahre gefordert haben, schließlich in der Gestalt unserer schwerfälligen, bürokratischen Massengesellschaft hervorgetreten ist, die ihrerseits die Häretiker verschlungen hat«.[2] Und schließlich, noch immer nicht »verschlungen«, weigerte er sich beharrlich, einer jener gehorsamen und gelehrigen Männer zu sein, die der Schrecken unserer Zeit sind, bis zu dem Augenblick, in dem unsere »egalitäre, durch soziale Mobilität charakterisierte Gesellschaft« sich einer buchstäblichen Rebellion der unteren Schichten gegenübersieht; in dem junge Menschen tagtäglich mit den in Nürnberg gestellten Fragen konfrontiert werden, da sich ihr Land der Aufgabe widmet, die »Stabilität« eines Friedhofs zu erzwingen; in dem die Erkenntnis, der sich niemand entziehen kann, heißt, daß in der amerikanischen Gesellschaft etwas in drastischer Weise faul ist. In einem seiner letzten Essays beschreibt Muste sich als einen »reuelosen Unilateristen, aus politischen wie aus moralischen Gründen«.[3]

Seine Position beruht auf einem absoluten moralischen Engagement,
das man akzeptieren oder ablehnen, aber nicht sinnvoll diskutieren
kann. Andererseits verteidigt er sie mit Gründen, die mir nicht sehr
überzeugend erscheinen – mit dem psychologischen Prinzip »Gleiches schafft Gleiches, Freundlichkeit zeugt Freundlichkeit«, also mit
dem Appell an »die grundsätzliche Menschlichkeit des Gegners«.[4]
Es fällt schwer, sich den Glauben an die »grundsätzliche Menschlichkeit« eines SS-Mannes oder GPU-Kommissars oder eines von Haß
und Furcht geblendeten Rassisten oder schließlich eines empfindungs-
losen Opfers lebenslänglicher antikommunistischer Indoktrination
zu bewahren. Wenn der Feind ein weit entfernter Techniker ist, der
den Einsatz einer B-52 oder die »Befriedung« programmiert, gibt
es keine Möglichkeit für menschliche Konfrontation, und die
psychologische Grundlage für gewaltlose Taktiken, welcher Art
auch immer, löst sich auf. Eine Gesellschaft, in der es möglich ist,
Begriffe zu bilden wie »un-American« und »peacenik« – wo das
Wort »peace« zu einem schmutzigen Wort wird –, hat bereits eine
weite Strecke in Richtung auf die Immunisierung des Individuums
gegen jede menschliche Regung zurückgelegt. Die amerikanische Gesellschaft hat das Stadium des fast vollständigen Eintauchens in
Ideologie erreicht. Jede Verpflichtung ist aus dem Bewußtsein ge-
schwunden – Amerikaner sind ganz einfach »pragmatisch«, und sie
müssen auch andere in diesen glücklichen Zustand versetzen. So
kann ein Beamter des Amtes für Internationale Entwicklung ohne
jede Spur von Ironie schreiben, daß es unser Ziel sei, andere Nationen »vom doktrinären Vertrauen auf staatliche Unternehmungen
zur pragmatischen Unterstützung der Privatinitiative« hinzulen-
ken[5]; und eine Schlagzeile in der *New York Times* kann die Kapitulation Indiens vor amerikanischen Interessen als Indiens »Schritt
vom Sozialismus zum Pragmatismus« bezeichnen (siehe S. 270 unten). Zu dieser Einengung der Vorstellungswelt kommt noch die Unfähigkeit zu verstehen, daß die Schwachen und Ausgebeuteten sich
unseren wohltätigen Manipulationen ihres Lebens widersetzen können, eine Unfähigkeit, in menschlicher Form auf die Not, die wir
verursachen, zu reagieren.
Das Programm des unilateralen revolutionären Pazifismus läßt sich
nur dadurch sinnvoll beurteilen, daß man prüft, was es für konkrete
historische Situationen bedeutet. Als Rezept für die Vereinigten

Staaten in der Mitte der sechziger Jahre ist es nur zu leicht zu verteidigen. Es ist kein besonderes Verdienst, vernünftiger zu sein als ein Wahnsinniger. Dementsprechend ist fast jede Politik rationaler als eine, die immer wieder das Risiko eines nuklearen Krieges eingeht, sich also auf lange Sicht die Garantie für einen Atomkrieg einhandelt – welch »lange Sicht« wohl kaum sehr lang sein wird, wenn man an die Risiken denkt, die unsere Politiker auf sich zu nehmen bereit sind. So war Kennedy (laut Sorensens Memoiren) während der Cuba-Krise bereit, die Wahrscheinlichkeit von 1:3 bis 1:2 eines Atomkriegs zu akzeptieren, um klarzustellen, daß die Vereinigten Staaten allein das Recht haben, Raketenstützpunkte an den Grenzen eines potentiellen Feindes zu errichten.[6] Und wer weiß, welche »Wahrscheinlichkeiten« der CIA jetzt für die Rostows und Wheelers bereithält, die versuchen, aus ihrem vietnamesischen Fiasko noch etwas zu retten, indem sie Bomben an der chinesischen Grenze abwerfen? Auch bedarf es keiner besonderen politischen Intelligenz, eine weltweite De-Eskalation derjenigen Großmacht anzuraten, die nach jedem objektiven Maßstab die aggressivste in der Welt ist – gemessen an der Anzahl der Regierungen, die sie durch Gewalt erhält oder durch Intrigen stürzt, an ihren Truppen und Basen auf fremdem Boden, an ihrer Bereitschaft, die schrecklichste Tötungsmaschine der Geschichte einzusetzen, um eine Weltordnung nach ihrer Vorstellung zu erzwingen.

Es wäre aufschlußreicher, das Programm des revolutionären Pazifismus im Zusammenhang mit der Zeit vor einem Jahrzehnt zu sehen, als das internationale Gangstertum noch verbreiteter war – als die Engländer in mörderische Repressionen in Kenia verwickelt waren, die Franzosen den letzten ihrer schmutzigen Kolonialkriege kämpften und die Sowjetunion ihr osteuropäisches Herrschaftsgebiet durch Brutalität und Betrug konsolidierte. Aber es ist die internationale Lage vom Dezember 1941, die Mustes Doktrin der härtesten Prüfung unterwirft. Man kann viel lernen, wenn man die Ereignisse untersucht, die zum bewaffneten Angriff eines konkurrierenden Imperialismus auf amerikanische Besitzungen und die zu ihrer Verteidigung eingesetzten Kräfte führten; und noch mehr, wenn man sich die verschiedenen Reaktionen auf diese Ereignisse und ihre Nachwirkungen vor Augen führt. Wenn Mustes revolutionärer Pazifismus als ein allgemeines politisches Programm haltbar ist, dann muß er unter diesen extremen Bedingungen haltbar sein. Durch die Behauptung, daß er das sei, isolierte sich Muste nicht nur von jeder Massenbasis, sondern auch von allen amerikanischen Intellektuellen, eine kleine Randgruppe ausgenommen.

1941 beschrieb Muste den Krieg als

einen Konflikt zwischen zwei Machtgruppen, in dem es um Überleben und Vorherrschaft geht. Die eine der beiden Gruppen, zu der Großbritannien, die Vereinigten Staaten und vielleicht auch das »freie« Frankreich gehören, kontrolliert etwa 70 Prozent der Ressourcen der Welt und ein Territorium von dreißig Millionen Quadratmeilen. Der imperialistische *Status quo,* der sie derart bevorteilt, wurde erzielt durch eine Reihe von Kriegen, den letzten eingeschlossen. Jetzt wollen sie nichts weiter als in Frieden gelassen werden, und wenn man sie läßt, dann sind sie bereit, ihre Herrschaft milde, wenn auch bestimmt auszuüben... Auf der anderen Seite steht eine Gruppe von Mächten, zu der Deutschland, Italien, Ungarn und Japan gehören, die ungefähr 15 Prozent der Ressourcen der Welt und ein Gebiet von einer Million Quadratmeilen kontrollieren, auch sie entschlossen, die Situation zu ihren Gunsten zu verändern und ihre Vorstellung von »Ordnung« zu diktieren, und bewaffnet bis an die Zähne, um dies zu tun, auch wenn das bedeuten würde, die ganze Welt in einen Krieg zu treiben.[7]

Er sah voraus, daß ein Sieg der Alliierten »ein neues amerikanisches Imperium« hervorbringen werde, das sich ein unterwürfiges England einverleibt; »daß wir die nächste Nation sein werden, die zur Weltherrschaft drängt – in anderen Worten, die das tun wird, wofür wir Hitler verurteilen«. In der zerrütteten Zeit nach dem Krieg, prophezeite er, wird man uns sagen, daß »unsere einzige Sicherheit darin liegt, daß wir uns ›unbezwingbar‹ machen oder es bleiben. Das aber ... bedeutet, daß wir fähig sein müssen, jede internationale Streitfrage, die auftreten könnte, aufgrund unserer militärischen Übermacht zu entscheiden – was uns in eben die Lage versetzen würde, in die Hitler Deutschland zu bringen versucht.« In einem späteren Essay lesen wir: »*Nach* dem Krieg liegt das Problem beim Sieger. Er glaubt, gerade bewiesen zu haben, daß sich Krieg und Gewalt lohnen. Wer wird nun ihn belehren?«[8]

Die Prophezeiung, daß die Vereinigten Staaten als die weltbeherrschende Macht aus dem Krieg hervorgehen würden, war politischer Realismus; die Vorhersage, daß sie sich entsprechend verhalten würden, nachdem sie diesen Status mit Gewalt erreicht haben, war nicht weniger realistisch. Diese Tragödie, behauptete Muste, könnte verhindert werden durch den ernsthaften Versuch einer friedlichen Aussöhnung, anstatt einer Nation allein die Kriegsschuld aufzuladen; durch die Zusicherung, daß alle Völker gleichen Zugang zum Markt und zu den notwendigen Rohstoffen haben; durch Abrüstung, massive wirtschaftliche Wiedergutmachung und die Wegbereitung für eine internationale Föderation. Dem amerikanischen Ideologen von 1941 mußte diese Empfehlung damals so sinnlos erscheinen wie heute der Vorschlag, wir sollten Revolutionen unterstützen. In jenem Augenblick schlugen die Ereignisse wie auch die Politik eine völlig andere Richtung ein.

Da nichts dergleichen jemals in Angriff genommen wurde, kann man über den möglichen Ausgang der von Muste empfohlenen Entwicklung nur Spekulationen anstellen. Die Genauigkeit seiner Vorhersage dagegen bedarf leider kaum eines Kommentars. Außerdem läßt sich viel zugunsten seiner Analyse der damaligen Situation sagen, ein Thema von mehr als akademischem Interesse angesichts der Entwicklungen in Asien seit jener Zeit.

Wie ich schon sagte, stand Muste mit seiner Ansicht ziemlich allein. Um zu sehen, wie wenig sich die intellektuelle Landschaft verändert hat, reicht es aus, auf die zähe Diskussion über den Entschluß, die Atombombe abzuwerfen, zurückzublicken. Zur Debatte stand die Frage, ob dieser Entschluß den letzten Akt des Zweiten Weltkriegs konstituiere oder die erste Phase der amerikanischen Nachkriegsdiplomatie; und ob er als Mittel zur schnellen Beendigung des Krieges gerechtfertigt sei. Nur selten hat man die Frage gestellt, ob es überhaupt eine Rechtfertigung für den Sieg Amerikas im Krieg im Pazifischen Raum gebe; und wenn diese Frage einmal gestellt wurde, so im Zusammenhang mit dem Kalten Krieg: War es klug, ein Gegengewicht zur wachsenden Macht Chinas, die bald eine »kommunistische« Macht werden sollte, ausgeschaltet zu haben?

Eine typisch amerikanische Ansicht dürfte die des Historikers Louis Morton sein:

Im Spätsommer und Herbst des Jahres 1945 hatte das amerikanische Volk allen Grund zur Freude. Deutschland und Japan waren niedergerungen, und die amerikanischen Truppen, überall siegreich, würden bald heimkehren. Ein beispielloses Übel war besiegt worden durch die größte Gewaltdemonstration, die jemals in Namen der menschlichen Freiheit aufgeboten worden ist . . .9

Erstaunlich, daß eine solche Einstellung so harmlos ausgedrückt und so leichthin akzeptiert werden kann. Ist es wirklich wahr, daß das amerikanische Volk im August 1945 »allen Grund zur Freude« hatte – angesichts eines durch konventionelle Bombardements zerstörten Japan, in dem Zehntausende von Zivilisten umgebracht worden waren, ganz zu schweigen von dem entsetzlichen Tribut, den die zwei Atombomben forderten (der Abwurf der zweiten, so scheint es, war das abscheulichste Experiment in der Geschichte); oder angesichts der Nachricht von einem letzten *acte gratuit* der Barbarei (freilich unbedeutend im Vergleich zu dem, was gerade passiert war): ein Luftangriff mit tausend Flugzeugen *nach* der Verkündung der Kapitulation Japans, wenn auch *vor* ihrer offiziellen Bestätigung?[10] Kriegsminister Stimson fand es »erschreckend, daß kein Protest laut wurde gegen unsere Luftangriffe auf Japan, die zu solch außergewöhnlich schweren Verlusten an Menschenleben führten«; er glaubte, daß »etwas faul ist in einem Land, in dem das einfach hingenommen wird«. Was sollen wir dann über ein Land sagen, das nach zwanzig Jahren noch immer unfähig ist, sich mit der Frage der Kriegsschuld auseinanderzusetzen?

Natürlich ist es nicht so, als wäre die Frage der Kriegsschuld aus der Mode gekommen. Selbst heute noch wäre ein Besuch in Deutschland unvollständig ohne das rituelle Seufzen und Händeringen über das Versäumnis des deutschen Volkes, sich den Sünden der Nazizeit zu stellen, oder über die deutschen Schulbücher, deren Texte so rasch über die Grausamkeiten der Nazis oder die Frage der Kriegsschuld hinweggehen. Das ist ein sicheres Zeichen für die Korruption des deutschen Charakters. Gerade vor kurzem erst veröffentlichte eine Gruppe von liberalen Intellektuellen ihre Eindrücke von einer Reise durch Westdeutschland (*Atlantic Monthly*, Mai 1967). Niemand vergaß, die Frage der Kriegsschuld zu stellen. Einer berichtet: »Wie unterschiedlich unser Temperament oder unsere politischen Meinungen auch sein mochten, wir waren ganz einfach eine Gruppe, die durch ihren gemeinsamen Zweifel an Deutschlands Fähigkeit zur politischen Gesundung zusammengefunden hatte ... Wir hatten nicht vergessen und können nicht vergessen, daß wir uns in dem Land aufhielten, das fähig gewesen war, den Nationalsozialismus zu erfinden und zu vollstrecken.« Derselbe Kommentator ist beeindruckt von der »Würde und Seelenstärke«, mit der die jungen Deutschen

»eine emotionale und moralische Last tragen, die in der Geschichte ihresgleichen sucht: sie müssen leben mit dem Bewußtsein, daß die Generation ihrer Eltern, und oft ihre eigenen Eltern, die schlimmsten Grausamkeiten begangen haben, die in der Geschichte überliefert sind.« Ein anderer, ein leidenschaftlicher Apologet des amerikanischen Krieges in Vietnam, fragt sich: »Wie kann ein Mensch mit der Tatsache fertigwerden, daß sein Vater ein gefühlloser Mörder oder ein Komplice gefühlloser Mörder war?« Mehrere zeigten sich »beleidigt durch die Art, wie das Lager [Dachau] aufgeputzt und verschönert worden war«. (Ruft die »Verschönerung« Hiroshimas oder, um ein näherliegendes Beispiel zu nennen, die Verschönerung von Los Alamos die gleiche Reaktion hervor?) Einige, das sei zugegeben, weisen auf Vietnam hin; aber kein einziger stellt die Frage – und sei's auch nur, um sie zu verwerfen – nach der Haltung Amerikas während des Zweiten Weltkriegs oder nach der »emotionalen und moralischen Last«, die jene tragen müssen, deren Eltern zusahen, wie zwei Atombomben gegen einen geschlagenen und praktisch wehrlosen Feind eingesetzt wurden.

Um uns frei zu machen von dem Konformismus und der moralischen Blindheit, die zum nationalen Skandal geworden sind, sollten wir uns gelegentlich die maßvollen Reaktionen konservativer Asiaten auf einige unserer eigenen Heldentaten vor Augen führen. Man betrachte zum Beispiel die Äußerungen des indischen Richters Radhabinod Pal, der führenden Stimme Asiens beim Tokyo-Tribunal, das die Kriegsschuld Japans feststellte. In seinem sorgfältig abgewogenen (und weitgehend ignorierten) Urteil, das von dem Spruch des Tribunals abweicht, sagt er unter anderem:

Kaiser Wilhelm II. soll in den ersten Tagen jenes Krieges einen Brief an den österreichischen Kaiser Franz-Joseph gerichtet haben, in dem er schrieb: »Es zerreißt mir die Seele, aber alles muß auf Feuer und Schwert gesetzt werden; Männer, Frauen, Kinder und Alte müssen getötet werden, kein Baum, kein Haus darf stehenbleiben. Mit solchen Methoden des Terrors, die allein imstande sind, ein Volk zu treffen, das so degeneriert ist wie die Franzosen, wird der Krieg in zwei Monaten vorüber sein, wogegen er sich, wenn ich menschlichen Überlegungen Raum gebe, über Jahre hinziehen wird. Trotz meines Widerwillens mußte ich mich deshalb für die erste Methode entscheiden.«

Hier zeigt sich eine rücksichtslose Politik, und diese Politik wahllosen Mordens zur Verkürzung des Krieges wurde als ein Verbrechen angesehen. Wenn beim Krieg im Pazifischen Raum, den wir hier betrachten, irgend etwas dem gleichkommt, was der zitierte Brief des deutschen Kaisers ausdrückt, dann ist es die Entscheidung der alliierten Mächte, die Bombe einzusetzen. Zukünftige Generationen werden über diese traurige Entscheidung urteilen. Die Geschichte wird darüber befinden, ob jeder Gefühlsausbruch der Bevölkerung gegen die Anwendung einer solchen Waffe irrational und nur sentimental ist, und ob es legitim ist, durch ein derartig wahlloses Hinschlachten den Sieg zu erringen, indem man den Willen der ganzen Nation, weiter zu kämpfen, bricht. Wir brauchen uns hier nicht mit der Betrachtung darüber aufzuhalten, ob »die Atombombe eine grundlegendere Besinnung auf das Wesen des Krieges und die legitimen Mittel zur Verfolgung militärischer Ziele erzwingen wird«. Für meine gegenwärtigen Zwecke genügt es zu sagen: wenn eine wahllose Zerstörung zivilen Lebens und Eigentums im Krieg noch illegitim ist, dann war im pazifischen Krieg die Entscheidung für die Atombombe die einzige unmittelbare Annäherung an die Direktiven des deutschen Kaisers während des Ersten Weltkriegs und der Nazi-Führer während des Zweiten Weltkriegs. Nichts Vergleichbares könnte zu Lasten des gegenwärtigen Angeklagten vorgebracht werden.[11]

Wenn wir über das Gewissen der Deutschen lamentieren, verlangen wir von ihnen eine Demonstration von Selbsthaß – ohne Zweifel eine gute Sache. Aber für uns ist die Angelegenheit unendlich viel ernster. Es hat nichts mit Selbsthaß zu tun, wenn man die Sünden der Vergangenheit ins Auge faßt. Gleich dem deutschen Kaiser glauben wir, daß alles auf Feuer und Schwert gesetzt werden muß, damit der Krieg schneller zu Ende geht, und wir handeln nach diesem Glauben. Doch ungleich dem deutschen Kaiser zerreißt es uns nicht die Seele. Wir bewahren viel Ruhe, wenn wir heute fortfahren, neue Kapitel der Geschichte mit dem Blut der Hilflosen und Unschuldigen zu schreiben.

Zurück zu Mustes revolutionärem Pazifismus im Kontext des Jahres 1941. Der erste seiner Vorschläge war der, nicht »einer Nation allein die Kriegsschuld zu geben«. Der zweite, es sollte allen Völkern der gleiche Zugang zum Markt und zu den notwendigen Rohstoffen zugesichert werden. Der unmittelbare Anlaß für den Angriff auf Pearl Harbor war die Einsicht der japanischen Militärs, daß es »jetzt oder nie« geschehen müsse. Die Westmächte kontrollierten die Rohstoffe, von denen die Existenz Japans abhing, und diese Vorräte wurden blockiert als Vergeltungsmaßnahme für die Expansion auf dem Festland und das Bündnis mit Deutschland und Italien in dem Dreimächtepakt. Japan sah sich einer diplomatischen Offensive Amerikas gegenüber, die das Ziel hatte, es »von einem feindlichen, expansionistischen Imperium, das sehr stolz auf sein Schicksal und die ehrgeizigen Pläne für seine Zukunft war, in eine friedliche, zufriedene Nation von Kaufleuten zu verwandeln, die sich verpflichteten, den Vereinigten Staaten in ihrem Kampf gegen Hitler beizustehen«[12] – genau das also, was durch den Krieg erreicht wurde, wenn man »Hitler« durch »die internationale kommunistische Verschwörung« ersetzt. Um die mißliche Lage Japans besser zu verstehen, um die Behauptung, Japan repräsentiere die Kräfte eines »beispiellosen Übels«, das sich gegen den von den Amerikanern geführten Kampf »im Namen der menschlichen Freiheit« formiere, prüfen und Mustes radikale pazifistische Alternative würdigen zu können, muß man mit einiger Sorgfalt die Hintergründe des japanischen Imperialismus ins Auge fassen.

In der Mitte des neunzehnten Jahrhunderts war Japan durch Gewaltandrohung dem westlichen Einfluß geöffnet worden und hatte dann eine erstaunlich erfolgreiche Anstrengung in Richtung auf Modernisierung unternommen. Die alte Feudalstruktur wurde durch eine neue Plutokratie ersetzt, die die parlamentarische Regierungsform adaptierte. Die Beteiligung der Massen an der sich entwickelnden politischen Struktur war minimal. Es ist zweifelhaft, ob der Lebensstandard der Bauern und der Arbeiter während der Zeit des Übergangs von einer mittelalterlichen zu einer modernen kapitalistischen Gesellschaft gestiegen ist. Japan schloß sich den anderen imperialistischen Mächten bei der Ausbeutung Ostasiens an und besetzte Formosa, Korea und Teile der südlichen Mandschurei. Kurz, gegen Ende der zwanziger Jahre war Japan das, was in der modernen politischen Sprache als »Demokratie« bezeichnet wird, und versuchte, die übliche Rolle einer Großmacht zu spielen.

Ein Gefahrenmoment lag in der virtuellen Unabhängigkeit der Streitkräfte von der Zivilregierung. Die »Doppeldiplomatie«, die sich daraus ergab, sollte bald verheerende Folgen haben.

Der große europäische Krieg von 1914–1918 gab Japan die Chance, seine »Rechte und Interessen« in China auszudehnen und seiner expandierenden Industrie neue Märkte zu erschließen. Das Wiederaufleben der europäischen Konkurrenz war ein schwerer Schlag, und die Diplomatie der Nachkriegszeit versuchte vergeblich, ein neues und stabiles internationales System zu schaffen, das Japan in den Kreis der anderen imperialistischen Mächte einreihen würde. Guten Glaubens akzeptierte Japan die untergeordnete Rolle, die ihm zugedacht war, und gab sich während der zwanziger Jahre damit zufrieden, ein wohlerzogenes Mitglied des imperialistischen Clubs zu sein. Die Washingtoner Konferenz von 1921–22 setzte die Marinestreitkräfte Amerikas, Englands und Japans in dem Verhältnis 5:5:3 fest, gemäß dem amerikanischen Standpunkt der »Gleichheit der Sicherheit« und nicht dem der Japaner, der »Gleichheit der Rüstung« forderte. Wie Schroeder sagt, »argumentierten die Amerikaner dahingehend, daß Japan, ein auf allen Seiten von traditionellen Feinden und mächtigen Rivalen umgebenes Land, sich in einer überlegenen natürlichen Verteidigungsposition befinde, während die Vereinigten Staaten, mitten zwischen zwei Ozeanen und ohne mächtigen Feind auf zwei Kontinenten, von Natur aus schlechter für seine Verteidigung ausgestattet sei«.[13]

Die Vereinbarungen der Washingtoner Konferenz wurden 1930 im Londoner Flottenvertrag zwischen Japan, Großbritannien und den Vereinigten Staaten erneut bekräftigt. James Crowley hat dieses Thema detailliert untersucht.[14] In den Verhandlungen, die zu dem Vertrag führten, legte Außenminister Stimson den Akzent auf »die ungewöhnlichen Probleme, die sich aus der Notwendigkeit für die Vereinigten Staaten, zwei Küsten zu verteidigen, und aus den ›großen Zugeständnissen‹ ergeben, die die amerikanische Regierung zum Zeitpunkt der Washingtoner Konferenz gemacht hatte«. Crowley weist darauf hin, daß »Japan sich während der ganzen zwanziger Jahre treu an die Bedingungen der Verträge der Washingtoner Konferenz gehalten hatte«. In den Londoner Verhandlungen stand zur Debatte, ob Japan sein Hauptziel weiter verfolgen könne: »Vorherrschaft über die amerikanische Flotte in japanischen Hoheitsgewässern«. Das Vertragswerk von London verpflichtete Japan, diesen Plan fallenzulassen. Es »machte weder England zu einer zweitklassigen Seemacht, noch gefährdete es die Sicherheit der Vereinigten Staaten oder ihrer Inselbesitzungen im Pazifik«, kompromittierte aber »das Prinzip japanischer Seeherrschaft in Japans eigenen Gewässern«.

Die Opposition innerhalb Japans gegen dieses Vertragswerk war heftig. Sie führte zur Stärkung des Einflusses der Militärs, die nicht zu Unrecht glaubten, daß die politische Führung die Sicherheit Japans ernsthaft gefährdete. Der Vertrag evozierte auch den ersten einer »Reihe von gewaltsamen Angriffen gegen die legalen Führer Japans, Attentate, die die politische Geschichte dieses Landes während der dreißiger Jahre charakterisierten«: Ministerpräsident Hamaguchi, der für den Vertrag verantwortlich war, wurde 1930 durch die Schüsse eines »patriotischen Jugendlichen« schwer verwundet. Eine unmittelbare Folge des Vertrages war, daß die Oppositionspartei folgende Forderungen in ihr Programm aufnahm: »die Aufrechterhaltung der privilegierten Stellung Japans in der Mandschurei und eine Außenpolitik, die abrückt von der Notwendigkeit der Zusammenarbeit mit den anglo-amerikanischen Nationen zur Verteidigung japanischer Interessen auf dem Kontinent und hinsichtlich der Vereinbarungen über die Flottenstärke«. Kurz gesagt, es scheint klar, daß die Weigerung der Vereinigten Staaten, Japan die Hegemonie über die eigenen Gewässer zuzubilligen (während sie selbst natürlich auf ihrer Hegemonie im westlichen Atlantik und östlichen Pazifik bestanden), einer der entscheidenden Gründe für die Krise war, die bald ausbrechen sollte.

Später kamen die Japaner dahinter, daß man sie noch gründlicher getäuscht hatte in den diplomatischen Vereinbarungen der frühen zwanziger Jahre, welche »der Vorstellung Ausdruck gaben, daß der Ferne Osten im wesentlichen ein Boden für die kommerziellen und finanziellen Aktivitäten der westlichen Länder ist, und ... die die Notwendigkeit betonten, alle Signatarmächte auf gleichen Fuß zu stellen, womit man das wünschenswerte Ziel ignorierte, besondere Beziehungen zwischen bestimmten Ländern, hauptsächlich zwischen Japan und China, herzustellen«.[15] Eine typisch japanische Ansicht über diese Situation vertrat ein Delegierter der Konferenz des *Institute of Pacific Relations* (IRP) von 1925: »Gerade in dem Augenblick, als [Japan] das Spiel des Raffens zu beherrschen begann, bekamen die anderen Mächte, von denen die meisten ohnehin alles hatten, was sie wollten, einen Anfall von Tugend und brachen das Spiel ab.«[16] Ein Jahrzehnt später bekräftigte das ein Delegierter der IRP-Konferenz von 1936 mit den Worten:

Die Japaner meinen, daß die westlichen Länder unfair sind, wenn sie Japan den Status quo aufdrängen und das dann »Frieden« nennen. Die Vorstellung, die sie mit diplomatischem Arrangement und kollektiver Sicherheit verbinden, ist, daß dies nur Mittel seien, diese Art von Frieden

zu zementieren, und deshalb ist das japanische Volk dagegen. Das bedeutet nicht, daß Japan zur kollektiven Sicherheit nicht beitragen würde,
wenn man ein Arrangement fände, das für »friedliche Veränderung«
sorgt... Japan hat den legitimen Wunsch nach Expansion. Welche Mittel
stehen einer Nation für eine legitime Expansion zur Verfügung? Imperialistische Zugriffe sind offensichtlich unmodern, aber das hat das japanische
Volk noch nicht begriffen. Im allgemeinen argumentiert der Japaner so,
daß Großbritannien und die anderen Westmächte es getan haben, warum
also sollten wir es nicht auch tun? Das Problem ist weniger, den Aggressor
zu bestimmen, als Möglichkeiten für die notwendige Expansion mit friedlichen Mitteln zu finden.[17]

In der Mitte der zwanziger Jahre brachten die Japaner von allen
imperialistischen Mächten dem Bestreben der Kuomintang, China
zu vereinigen, die meisten Sympathien entgegen. 1927 bemerkte
Tschiang Kai-schek, die japanische Politik unterscheide sich deutlich
von der »repressiven« Haltung Großbritanniens und der Vereinigten Staaten, und Eugene Ch'en, damals ein hoher Beamter der
Kuomintang, stellte die Nichtbeteiligung Japans an der Bombardierung Nankings durch die Imperialisten der »für die westliche Zivilisation bezeichnenden Grausamkeit« gegenüber; das bezeuge »Japans Freundschaft gegenüber China«. Das Ziel der japanischen
Diplomatie war es, die antikommunistischen Elemente innerhalb
der Kuomintang zu stärken und gleichzeitig die Herrschaft des
Kriegsherrn Chang Tso-lin über eine wenigstens halb-unabhängige
Mandschurei zu unterstützen. Damals schien das nicht völlig abwegig, obwohl die Rechtsposition Japans unsicher war und diese
Politik ganz bestimmt in Konflikt mit dem chinesischen Nationalismus kommen mußte. Ein Experte sagt dazu:

Um 1927 konnte die Mandschurei politisch nur insofern mit China identifiziert werden, als ihr Oberherr, Chang Tso-lin, auch Oberbefehlshaber
der Anti-Kuomintang-Koalition war, die die Kontrolle über Peking
hatte. Aber Changs ökonomische und militärische Basis in den drei östlichen Provinzen war von China absolut unabhängig, und in der Vergangenheit hatte er die Unabhängigkeit der Mandschurei proklamiert.[18]

Falls diese Feststellung zutrifft, war Japans Politik nicht unrealistisch, wenn sie die wachsende nationalistische Bewegung in China
an der Einverleibung der Mandschurei zu hindern und gleichzeitig
die Ambitionen des mandschurischen Kriegsherrn, ganz China ein-
zunehmen, zu drosseln suchte. Das blieb im wesentlichen das Ziel

· der japanischen Regierungen, selbst noch zur Zeit des »mandschurischen Zwischenfalls« von 1931–32.

Um 1931 wurde es langsam klar, daß die relativ versöhnliche Politik der zwanziger Jahre unmöglich die »Rechte und Interessen« garantieren konnte, die Japan für seine weitere Entwicklung als wesentlich erachtete. Die Auswirkungen der Weltwirtschaftskrise waren unmittelbar und hart (siehe unten). Der Londoner Vertrag hatte Japan die militärische Sicherheit gegenüber den anderen imperialistischen Mächten verweigert. Die Mandschurei blieb zwar von der Kuomintang unabhängig, aber das Drängen der chinesischen Nationalisten auf Vereinigung wurde immer stärker. Zur gleichen Zeit hatte die Sowjetunion ihre militärische Position an der Grenze zur Mandschurei erheblich ausgebaut, ein Umstand, der die japanischen Militärs beunruhigen mußte. Japan hatte beträchtliche Investitionen in die südmandschurische Eisenbahn gesteckt und betrachtete die Mandschurei, zu recht oder unrecht, als eine außergewöhnlich wichtige Quelle für die von ihm dringend benötigten Rohstoffe. Eine große Zahl von Japanern[19] wie auch Tausende koreanischer Bauern hatten sich, von Japan dazu ermutigt, in der Mandschurei angesiedelt, was den chinesischen Nationalismus auflodern ließ und gleichzeitig das Engagement der Kwantung-Armee in der Mandschurei zwecks »Aufrechterhaltung der Ordnung« vertiefte. Die Zukunft der südmandschurischen Eisenbahn – und mit ihr die dazugehörigen Investitionen sowie das Wohlergehen der japanischen und koreanischen Einwanderer und Einwohner – stand auf dem Spiel, als sich der Druck Chinas sowohl in der Mandschurei wie in Nationalchina verstärkte. »Einer Vereinbarung von 1905 zufolge war es China untersagt, irgendwelche Eisenbahnlinien parallel zur südmandschurischen Eisenbahn zu bauen oder Linien einzurichten, die den kommerziellen Verkehr auf dieser Strecke beeinträchtigen könnten«[20], aber China war natürlich nicht geneigt, diese Abmachungen zu respektieren, und die Versuche der Japaner, Gespräche über den Eisenbahnbau zu führen, scheiterten, da die Kuomintang ihre Bemühungen fortsetzte, die Mandschurei an China anzugliedern und den Einfluß Japans auszuschalten. Sie wurde darin zweifellos von der Mehrheit der mandschurischen Bevölkerung unterstützt. Es gab eine Reihe ernsterer Anschläge auf koreanische Siedler und japanische Militärs. Im Sommer 1931 wurde ein japani-

scher Offizier ermordet. In Shanghai rief man zum Boykott japanischer Waren auf.

Unter diesen Umständen verschärfte sich in Japan die Diskussion
darüber, ob die Zukunft des Landes in einer durch militärische
Macht garantierten »politischen Führungsrolle innerhalb eines ost-
asiatischen Machtblocks« liege, oder ob man weiterhin an den »von
den übersättigten Mächten des Westens aufgestellten neuen diplomatischen Regeln« festhalten solle.[21] Die Streitfrage wurde entschieden im September 1931, als Offiziere der Kwantung-Armee
einen Zusammenstoß mit den chinesischen Kräften provozierten
(»Mukden-Zwischenfall«) und dazu übergingen, die gesamte Mandschurei unter ihre Kontrolle zu stellen. China lehnte erwartungs-
gemäß das Verhandlungsangebot der japanischen Offiziere ab und
beharrte darauf, daß der »Abzug eine Vorbedingung für direkte
Verhandlungen« sei.[22] In Ausübung ihres Rechts auf »Selbstverteidigung« gegen die chinesischen »Banditen« setzte die Kwantung-
Armee die Kontrolle mit Gewalt durch, und im August 1932 anerkannte die Regierung Japans unter starkem Druck der Militärs und
der Bevölkerung die Mandschurei als den neuen, »unabhängigen«
Staat Mandschukuo unter dem letzten Mandschu-Kaiser Pu-yi. Wie
Walter Lippmann sagt, ist uns die Methode der Einsetzung von
»lokalen chinesischen Regierungen, die von Japan abhängig waren«,
durchaus »vertraut«, weil eng verwandt mit dem amerikanischen
Vorgehen »in Nicaragua, Haiti und anderswo«.[23]

Die Ereignisse in der Mandschurei blieben nicht ohne Einfluß auf
China und Japan selbst und beschworen eine internationale Krise
herauf. Der Boykott in Shanghai und ein Zusammenstoß zwischen
chinesischen Truppen und japanischen Marinestreitkräften in der
Nähe des (laut internationalem Abkommen) japanischen Sektors
führte zu einem Vergeltungsschlag der Japaner gegen Shanghai.
»Dieser rücksichtslose Einsatz der Luftstreitmacht gegen ein kleines
Kontingent chinesischer Soldaten, die sich inmitten einer zusammen-
gedrängten Menge von Zivilisten befanden, rief in England und den
Vereinigten Staaten heftige Erschütterung und Entrüstung her-
vor.«[24] In Japan sah man diesen Zwischenfall mit ganz anderen
Augen an. Der damalige japanische Botschafter in China, Mamoru
Shigemitsu, schreibt in seinen Memoiren[25], er sei verantwortlich ge-
wesen für das Ersuchen an die Regierung, Truppen nach Shanghai

zu schicken, »um die japanischen Einwohner vor der Vernichtung zu bewahren«. Seiner Ansicht nach waren die dreißigtausend japanischen Siedler und das japanische Eigentum in Shanghai der chinesischen Armee, in der Links-Tendenzen herrschten, auf Gedeih und Verderb ausgeliefert. Außerdem begannen »chinesische Kommunisten« in den Spinnereien der Japaner zu streiken. Aus all diesen Gründen glaubte sich Shigemitsu berechtigt, Truppen anzufordern, denen »es gelänge, die chinesischen Kräfte aus dem Shanghai-Distrikt zu entfernen und Gesetz und Ordnung wiederherzustellen« – ein »vertrauter Vorgang«, wie Lippmann mit Recht anmerkt, und nicht ohne heutige Parallelen.[26]

Für Japan selbst waren die Konsequenzen der Ereignisse von 1931–32 sehr schwerwiegend. Laut Masao Maruyama, einem hervorragenden japanischen Politologen, »brach die während der Vorbereitungszeit aufgespeicherte Energie des radikalen Faschismus nun mit aller Macht hervor, unter dem vereinigten Druck der Panik im eigenen Land und der internationalen Krisen, die der Übergriff auf die Mandschurei, der Shanghai-Zwischenfall und Japans Austritt aus dem Völkerbund auslösten«.[27] Hinzu kam, daß »die Streitfrage der Verletzung des Oberkommandos«, die daher rührte, daß die politische Führung die militärische übergangen und auf der Londoner Flottenkonferenz vor dem Westen praktisch kapituliert hatte, »der faschistischen Bewegung starken Auftrieb gab« (S. 81). 1932 und 1933 trug eine Reihe von Attentaten auf prominente Politiker (darunter Ministerpräsident Inukai) weiter zur Schwächung der zivilen und zur Stärkung der militärischen Macht bei.

Die internationale Reaktion auf diese Ereignisse war zwiespältig. Der Völkerbund entsandte eine Untersuchungskommission unter Lord Lytton, die die Lage in der Mandschurei prüfen sollte. In ihrem Bericht wurde der japanische Standpunkt, daß Mandschukuo ein unabhängiger Staat sei, verworfen und eine lose Form der chinesischen Souveränität befürwortet, was Japan zum Austritt aus dem Völkerbund veranlaßte. Auch die amerikanische Diplomatie sah sich in einer etwas isolierten Lage, weil ihre streng anti-japanische Haltung bei den anderen Westmächten wenig Beifall fand.

In einer sorgfältigen Untersuchung der Standpunkte der Lytton-Kommission, der Regierung Inukai und der Armeeführung zeigt Sadako Ogata, daß die Übereinstimmung sehr weit reichte:

... die zentrale Armeeführung ... bestand auf der Errichtung eines neuen lokalen Regimes, das zu Verhandlungen über die Beilegung der mandschurischen Probleme befugt sei, aber unter der formellen Souveränität der nationalen Regierung Chinas stehe – ein traditionelles Arrangement, das auch die meisten anderen Länder zu akzeptieren bereit waren. Die Lytton-Kommission schlug die Schaffung eines eigenen Regimes zur Verwaltung der Mandschurei vor, das weitgehend autonom wäre, aber der chinesischen Rechtsprechung unterläge. Als der Staat von Mandschukuo schließlich seine Unabhängigkeit erklärte, verweigerte die japanische Regierung die formelle Anerkennung und versuchte so, einen Zusammenstoß mit den Mächten zu vermeiden, die sich mittlerweile geschlossen hinter den Grundsatz der Nichtanerkennung der durch militärische Aktionen Japans in der Mandschurei herbeigeführten Veränderungen gestellt hatten. Die vollständige politische Rekonstruktion der Mandschurei erreichte dann die Kwantung-Armee, trotz des Widerstandes der Regierung und der obersten Militärführer.[28]

Der Bericht der Lytton-Kommission ging auf einige der vielschichtigen Probleme dieser Situation ein und zog diesen Schluß:

Hier liegt nicht ein Fall vor, wo ein Land einem anderen Land den Krieg erklärt hat, ohne vorher die Möglichkeiten zur friedlichen Regelung, die das Genfer Protokoll des Völkerbundes vorsieht, ausgeschöpft zu haben. Auch haben wir hier nicht einfach einen Fall, wo die Grenzen eines Landes durch die Streitkräfte eines Nachbarlandes verletzt wurden, denn in der Mandschurei gibt es viele Besonderheiten, die in anderen Teilen der Welt keine genauen Parallelen haben.

In dem Bericht wird weiter darauf hingewiesen, daß der Streit in einem Gebiet entstand, in dem sowohl China als auch Japan »eigene Rechte und Interessen zu vertreten behaupten, von denen nur wenige durch das Völkerrecht klar definiert sind; einem Gebiet, das, obwohl rechtlich gesehen ein Teil von China, autonom genug war, um mit Japan direkte Verhandlungen über die diesem Konflikt zugrunde liegenden Probleme zu führen«.[29]
Es bleibt offen, ob eine versöhnlichere amerikanische Diplomatie, die einige der wirklichen Probleme Japans in Rechnung gestellt hätte, einer von der militärischen Führung unterstützten Zivilregierung hätte helfen können, die unabhängigen Initiativen der Kwantung-Armee in den Griff zu bekommen, der es schließlich gelang, die japanische Regierung zur Anerkennung eines *fait accompli* zu bewegen – eines Mandschukuo, das mehr ein Marionette der Kwantung-Armee als der japanischen Regierung selbst war.

Auf jeden Fall brachte der Erfolg der Kwantung-Armee bei der Durchsetzung ihrer Auffassung vom Status der Mandschurei Japan und die Vereinigten Staaten auf Kollisionskurs. Japan verfolgte von nun an eine »unabhängige Diplomatie« und setzte Gewalt ein, um seine Ziele zu verwirklichen. Die Ziele der japanischen Politik waren, Rōyama zufolge, in der Mitte der dreißiger Jahre diese:

nicht China zu erobern oder ihm irgendein Gebiet wegzunehmen, sondern zusammen mit China und Mandschukuo eine neue Ordnung zu schaffen, welche die drei unabhängigen Staaten umfaßt. In Übereinstimmung mit diesem Programm soll Ostasien ein großes autonomes Gebiet werden, in dem Japan wirtschaftliche Sicherheit und Schutz gegen solche Handelsboykotte erhält, wie es sie von seiten der Westmächte erlebt hat.[30]

Diese Politik stand im Gegensatz sowohl zum chinesischen Nationalismus als auch zur langfristigen Politik der Offenen Tür, auf die die Vereinigten Staaten gegenüber China beharrten.

Seit 1928 war die Kluft zwischen der Politik der japanischen Regierungen, die das Spiel der internationalen Politik in Übereinstimmung mit den von den herrschenden imperialistischen Mächten festgesetzten Regeln zu spielen versuchten, und der Kwantung-Armee, die diese Regeln als für Japan nachteilig bezeichnete und auch mit der Ungerechtigkeit der in Japan bestehenden Gesellschaftsordnung unzufrieden war, zunehmend größer geworden. Die unabhängigen Initiativen der Kwantung-Armee gingen weitgehend von den jungen Offizieren kleinbürgerlicher Herkunft aus, die zugleich die Interessen der Soldaten, die meistens bäuerlicher Abkunft waren, zu vertreten meinten. »Die Vorgänge in der Mandschurei sind der äußere Ausdruck der radikalen Reformbewegung, die ursprünglich von Kita und Okawa inspiriert worden war«[31], zwei Sozialreformern, die die These aufgestellt hatten, Japan vertrete ein »internationales Proletariat« und habe die Mission, die asiatischen Massen zu emanzipieren und den schreienden Ungerechtigkeiten des modernen Kapitalismus die Stirn zu bieten. Das 1932 für Mandschukuo vorgeschlagene Grundgesetz sollte das Volk vor »Wucher, exzessiven Profiten und jedem anderen ungerechten wirtschaftlichen Druck« schützen. Wie Ogata bemerkt[32], war das Grundgesetz »ein Versuch, den modernen, durch den Kapitalismus hervorgerufenen Formen wirtschaftlicher Ungerechtigkeit vorzubeugen«. In Japan selbst reüssierte dieses Programm bei den Sozialdemokraten, die

»chinesische Kriegsherren und selbstsüchtige japanische Kapitalisten für die Schwierigkeiten [in der Mandschurei] verantwortlich
machten« und die Forderung stellten, in der Mandschurei ein sozia-
listisches System zu schaffen, das ›sowohl den chinesischen als auch
den japanischen Einwohnern‹ zum Vorteile gereiche«.³³
Ogata führt viel Beweismaterial an zur Bekräftigung seiner These,
daß die Kwantung-Armee niemals die Etablierung der japanischen
Herrschaft angestrebt, sondern vielmehr vorgeschlagen hatte, »den
lokalen Selbstverwaltungsorganen der Chinesen große Bewegungs-
freiheit zu lassen; sie wollte weder das tägliche Leben des mandschurischen Volkes unterbrechen noch seine Assimilation an die japanische Kultur erzwingen« (S. 182). Das Autonomie-Programm
war offensichtlich von gewissen Autonomiebestrebungen einheimischer Chinesen beeinflußt und hoffte, diese zu gewinnen. »In der
Zeit unmittelbar vor der mandschurischen Krise versuchte eine
Gruppe von Chinesen unter der Führung von Chang Ku ebenfalls,
eine autonome Mandschurei zu schaffen, auf der Basis der Zusammenarbeit ihrer sechs größten ethnischen Gruppen (Japaner, Chinesen, Russen, Mongolen, Koreaner und Mandschus), um das Gebiet
gegen japanische, chinesische und sowjetische Übergriffe zu schützen« (S. 40). An der Spitze der von der Kwantung-Armee eingesetzten Behörden standen

prominente Chinesen mit japanischer Protektion. Die Reorganisation der
lokalen Regierungsorgane geschah mit Hilfe der traditionellen Selbstver-
waltungsorgane ... Yu Chung-han, ein prominenter Angehöriger der
Mukden-Regierung, ... wurde am 10. November zum Vorsitzenden des
Führungsausschusses der Selbstverwaltung bestimmt. Yu war der Führer
einer zivilen Gruppe in der Mandschurei gewesen, die anders als die
Kriegsherren an dem Prinzip des absoluten *hokyo anmin* (sichere Grenzen
und friedliches Leben) festhielt. Seiner Meinung nach rangierten die
Sicherheit und Prosperität der nordöstlichen Provinzen vor allem anderen,
selbst vor der Beziehung zu China. Durch eine Steuerreform, die Verbesserung des Besoldungssystems für Regierungsbeamte und die Abschaffung der kostspieligen Armee sollte das Volk der Mandschurei die Vorteile friedlicher Arbeit genießen können, während sein mächtigster Nach-
bar, Japan, mit seiner Verteidigung beauftragt würde. (S. 118 f.)

Gemeinhin betrachtete die Kwantung-Armee das Dreißig-Mil-
lionen-Volk der Mandschurei – von dem die Hälfte seit Beginn der
japanischen Anstrengungen für die wirtschaftliche Entwicklung ein

Vierteljahrhundert zuvor eingewandert war – als »leidende Massen, die der Mißwirtschaft der Kriegsherren und der Habsucht der verruchten Beamten zum Opfer gefallen waren; Massen, die trotz des natürlichen Reichtums dieses Gebiets nichts von den Wohltaten der Zivilisation genossen«.[34] Außerdem sah die Armee die Mandschurei als »eine Festung gegen den Vorstoß der Russen nach Süden, der desto bedrohlicher wurde, je deutlicher die sowjetische Einflußnahme auf die chinesische Revolution zutage trat«.[35] Gleich vielen japanischen Zivilisten glaubte auch sie, daß »China unter der Führung Tschiang Kai-scheks und mit der Unterstützung der demokratischen Westmächte, die China in einem semi-kolonialen Zustand halten und vor den Zugriffen der Japaner auf dem Kontinent absichern wollten, immer mehr zu einem militär-faschistischen Land wurde«[36] und kein Recht hatte, die Mandschurei zu beherrschen. Sie war, um die von Außenminister Rusk bevorzugte Terminologie zu verwenden, nicht gewillt, das mandschurische Volk seinen mächtigeren oder besser organisierten Nachbarn zu opfern, und unternahm ernsthafte Versuche, das Volk für sich zu gewinnen und die verantwortlichen chinesischen Führungskräfte zu unterstützen, die sich selbst für die Unabhängigkeit der Mandschurei eingesetzt hatten.[37]

Man kann in der Tat behaupten, daß, »wenn der Westen nicht interveniert hätte, wodurch Chinas Position gestärkt wurde, die Tibetaner und Mongolen nach dem Zusammenbruch des Mandschu-Imperiums [im Jahre 1911] ihre nationale Souveränität leicht hätten wiedererlangen können«, so wie die Mandschus. Angestachelt vom Westen hatte die nationalistische Regierung ihre ursprüngliche Forderung nach einem Bündnis bei Gleichstellung der Chinesen, Mandschus, Mongolen, Moslems und Tibetaner aufgegeben und sich auf den Standpunkt gestellt, daß China die Herrschaft über die äußeren Gebiete übernehmen solle. Der Westen ging davon aus, daß China unter seiner Führung und seinem Einfluß stehen werde: »dadurch, daß er China ein maximales Gebiet zuerkannte, erweiterte er den Bereich für zukünftige westliche Investition und Ausbeutung«[38] (eine Tatsache, die der heutigen Klage des Westens über den »chinesischen Expansionismus« einen ironischen Beigeschmack verleiht). Unter diesem Gesichtspunkt konnte die Unabhängigkeit von Mandschukuo leicht als ein Schritt zur Emanzipation der ost-

asiatischen Völker von der Herrschaft des Westens angesehen
werden.

Natürlich war die Errichtung der japanischen Hegemonie über die
Mandschurei – und später auch über Nordchina – von dem Wunsch
bestimmt, die Rechte und Interessen Japans zu sichern. Yasaka
Takagi, ein liberaler Professor für amerikanische Geschichte, stellt
fest, daß die allgemeine Unterstützung, die das japanische Militär
im Jahre 1931 fand, der Psychologie des »manifest destiny« ähnelte,
die der Expansion Amerikas nach Florida, Texas, Kalifornien,
Cuba und Hawaii zugrunde lag.[39] Er vergleicht die Situation der
von Banditen überschwemmten und von Kriegsherren beherrschten
Mandschurei, damals Gegenstand der Auseinandersetzung zwischen
dem expansionistischen Nationalismus Chinas und dem Imperialismus Japans, mit der der Karibischen Inseln, als die Vereinigten
Staaten ihre Karibien-Politik rechtfertigten. Er fragt, warum es in
Amerika eine Monroe-Doktrin, in Asien dagegen das Prinzip der
Offenen Tür geben solle, und regt eine internationale Konferenz zur
Lösung der dringendsten Probleme dieses Gebiets an, bemerkt jedoch, daß nur wenige Amerikaner, »und sei es nur für einen Augenblick, auf den Gedanken kämen, eine internationale Konferenz die
Monroe-Doktrin definieren und die Beziehungen zu Mexiko untersuchen zu lassen«. Mit Recht bemerkt er, daß »die Friedensmaschi-
nerie der Welt in erster Linie ein Instrument der herrschenden Ras-
sen der Erde ist, derjenigen, die von der Erhaltung des Status quo
am meisten profitieren«.

Trotzdem scheint es, als seien sehr wenige Japaner bereit gewesen,
den Zwischenfall in der Mandschurei und die nachfolgenden Ereignisse aus »pragmatischen« Gründen des Eigeninteresses zu rechtfertigen. Sie betonten vielmehr den hohen moralischen Wert der
Intervention, die Vorteile, die sie den leidenden Massen bringen
würde (sobald der Terrorismus unterdrückt wäre), und die Absicht,
im unabhängigen Staat Mandschukuo (und später auch in China) ein
»irdisches Paradies« zu schaffen, das die japanische Macht gegen
kommunistische Angriffe schützen werde. Maruyama stellt fest:
»Was unsere Führungsspitze in der Kriegszeit durch ihre Moral-
predigten erreichte, war nicht nur die Täuschung des japanischen
Volkes und der Welt; mehr als alle anderen betrog sie sich selbst.«[40]
Zur Illustration zitiert er die Beobachtungen des amerikanischen

Botschafters Joseph Grew über die »Selbsttäuschung und den Mangel
an Realismus« der oberen Schichten der japanischen Gesellschaft:

Ich bezweifle, ob einer von hundert Japanern wirklich überzeugt ist, daß
Japan den Kellogg-Pakt, den Neun-Mächte-Vertrag und die Konvention
des Völkerbundes tatsächlich gebrochen hat. Nur relativ wenige denkende
Menschen sind in der Lage, den Tatsachen direkt ins Auge zu sehen. Mir
sagte ein Japaner: »Ja, wir haben alle diese Instrumente zerbrochen; wir
haben einen offenen Krieg geführt; die Argumente ›Selbstverteidigung‹
und ›Selbstbestimmung für die Mandschurei‹ sind faul; aber wir brauchen
die Mandschurei, das ist alles.« Solche Männer sind jedoch in der Minderheit. Die Mehrzahl der Japaner ist erstaunlich begabt darin, sich selbst
etwas vorzumachen ... Das soll nicht heißen, daß der Japaner unbedingt
heuchelt, wenn er eine Verpflichtung eingeht. Es heißt nur, daß er diese
Verpflichtung, wenn sie seinen persönlichen Interessen, so wie er sie versteht, zuwiderläuft, in seinem Sinn interpretiert und daß er, seiner persönlichen Einsicht und Mentalität gemäß, wahrscheinlich vollkommen ehrlich sein wird, wenn er dies tut ... Es ist weitaus schwieriger, mit Menschen solcher Mentalität zu verhandeln als mit Menschen, die zwar unver-
schämt sind, aber wissen, daß sie unrecht haben.

In dieser Hinsicht versagt die Analogie zum gegenwärtigen Verhalten Amerikas in Asien. Mehr als einer von hundert Amerikanern
hat begriffen, daß wir unsere Verpflichtung wirklich gebrochen
haben, nicht nur die von Genf, sondern, was wichtiger ist, auch die
gegenüber der Charta der Vereinten Nationen. Die allgemeine
Beobachtung aber bleibt auch unter den veränderten Umständen
von heute durchaus gültig. Es *ist* sehr schwer, mit Menschen solcher
Mentalität zu verhandeln, die Verträge aus Gründen des Eigeninteresses neu interpretieren und vollkommen ehrlich sein können
– in irgendeiner seltsamen Bedeutung des Wortes –, wenn sie dies
tun.

Neben denen, die die Intervention in der Mandschurei aus pragmatischen Gründen des Eigeninteresses rechtfertigten, von einer
neuen Monroe-Doktrin »zur Erhaltung des Friedens in Ostasien«
sprachen und von einem »irdischen Paradies« phantasierten[41],
wurden auch andere Stimmen laut, die die Politik Japans grund-
sätzlicher in Frage stellten. Als die Militärs ihre Macht ausdehnten,
wurden diese Dissidenten wegen ihres Verrats an Japan angegriffen,
verbal wie auch physisch. 1936 wurden zum Beispiel Bomben in die
Druckereien der führenden Zeitungen Tokyos geworfen, und
Hauptmann Nonaka, der den Befehl führte, veröffentlichte ein

Manifest der wahren Restaurationsarmee, das die für den Verrat am nationalen System am meisten verantwortlichen Gruppen nannte – verdiente Staatsmänner, Finanzmagnaten, Gerichtsbeamte und gewisse Kreise innerhalb der Armee. Es proklamierte:

Sie haben das Hoheitsrecht des Kaisers auf den Oberbefehl verletzt – u. a. mit dem Abkommen des Londoner Flottenvertrags und mit der Absetzung des Generalinspekteurs für militärische Ausbildung. Außerdem haben sie sich heimlich verschworen, beim März-Zwischenfall den Oberbefehl an sich zu reißen, und haben sich mit abtrünnigen Professoren an aufrührerischen Orten vereinigt. Dies sind nur einige der schlimmsten Beispiele für ihre Falschheit...[42]

Es ist schwer, sich heute in den Vereinigten Staaten eine ähnliche Entwicklung vorzustellen. Schwer, aber nicht unmöglich. Man beachte zum Beispiel den Kommentar von William H. Stringer im *Christian Science Monitor* vom 7. Februar 1968, in welchem dazu aufgerufen wird, »jenes gewaltsame, entmutigte und anarchische Denken« aufzugeben, »das die Regierung zerrüttet und die schwere Last, die Washington bereits zu tragen hat, noch verstärkt«. Der letzte Absatz erklärt, warum das »Nörgeln und Jammern des pseudo-intellektuellen Establishments« aufhören muß:

Ohne Zweifel ist diese Zeit der kritischen Entscheidungen eine Zeit, in der wir die Regierung – Präsident und Kongreß – unterstützen müssen. Jawohl, eine Zeit, sich darum zu kümmern, daß kein Schleier falscher Doktrinen und schlaffer Erziehung die konstitutionelle Ordnung zerstöre, die unserem Land Antrieb gibt und Erfolg. Eine Zeit, *uns daran zu erinnern und zu bekräftigen, daß unsere Führer die Hilfe der immer gegenwärtigen Einsicht und Weisheit von dort oben haben,* daß sie fürwahr den »Weg, den kein Adler kennt« (Hiob 28) finden und einschlagen werden. (Hervorhebung von mir.)

Man müßte die Literatur des Totalitarismus recht sorgfältig durchsuchen, um eine ähnliche Feststellung zu finden. Ein obskurer japanischer Offizier verdammt die abtrünnigen Professoren und andere Verräter, weil sie die kaiserlichen Prärogative verletzt haben; der Kommentator einer unserer bekanntesten und »verantwortlichsten« Zeitungen bezichtigt die Pseudointellektuellen falscher Doktrinen und schlaffer Erziehung, weil sie sich gegen die Erkenntnis wehren, daß unsere Führer »von dort oben« inspiriert werden. Aber es gibt natürlich einen deutlichen Unterschied zwischen den beiden Fällen:

Hauptmann Nonaka warf Bomben in Zeitungsdruckereien, während sein heutiger Widerpart von der verantwortlichen amerikanischen Presse groß herausgestellt wird.

Toynbee hat einmal bemerkt[43], daß Japans

> wirtschaftliche Interessen in der Mandschurei nicht überflüssig, sondern für seine internationale Situation lebensnotwendig (waren)... Die internationale Lage Japans – eingekreist von Nationalchina, Sowjetrußland und den rassenbewußten englischsprechenden Völkern im Pazifischen Raum – war plötzlich wieder prekär geworden.

Diese besonderen Interessen waren von den Vereinigten Staaten mehrere Male anerkannt worden. Sowohl China als auch Japan sahen im Root-Takahira-Abkommen von 1908 eine »Zustimmung Amerikas zur Position Japans in der Mandschurei«.[44] Außenminister Bryan sagte 1915: »Wie die Vereinigten Staaten offen eingeräumt haben, schafft die territoriale Nachbarschaft besondere Beziehungen zwischen Japan und diesen Gebieten« (Schantung, die südliche Mandschurei und die östliche Mongolei); und in den Lansing-Ishi-Noten von 1917 hieß es: »Territoriale Nachbarschaft bedingt besondere Beziehungen zwischen Ländern; die Regierung der Vereinigten Staaten erkennt deshalb an, daß Japan besondere Interessen in China hat, insbesondere in dem Gebiet, das sich an seine Besitzungen anschließt.«[45] Tatsächlich vertraten die Vereinigten Staaten mehrere Jahre lang den Standpunkt, die Kuomintang revoltiere gegen die legitime Regierung Chinas, und selbst nach Tschiangs Kommunisten-Massaker im Jahre 1927 zeigten sie nur wenig Sympathien für die Nationalisten. Noch 1930 sah der amerikanische Botschafter in China keinen Unterschied zwischen der Kuomintang und den rebellierenden Kriegsherren in Peking; er könne, schrieb er, »auf keinen der selbsternannten Führer, die an der Spitze seltsamer Truppenbanden durch die Lande ziehen, irgendwelche Hoffnungen setzen«.[46]

Zur gleichen Zeit bestanden die USA auf der Wahrung ihrer Sonderrechte, darunter das der Exterritorialität, das die amerikanischen Bürger vom chinesischen Gesetz entband. 1928 befanden sich mehr als 5200 amerikanische Marineinfanteristen in China, um diese Rechte zu verteidigen (die japanische Armee in der Mandschurei umfaßte zu jener Zeit etwa 10 000 Mann).[47] Die anderen imperialistischen Mächte bestanden noch beharrlicher auf ihren Rechten und

behielten während der ganzen mandschurischen Krise ihre anti-
nationalistische Haltung bei.

In späteren Jahren, als die Japaner zur Verteidigung ihrer Stellung
in China Gewalt anzuwenden begannen, hatten sie noch immer die
Unterstützung der amerikanischen Geschäftskreise (solange diese
sich durch derartige Aktionen nicht selbst gefährdet fühlten). 1928
befürworteten amerikanische Konsuln die Entsendung japanischer
Truppen; einer von ihnen berichtete, daß ihre Ankunft »ein Gefühl
der Erleichterung hervorrief... selbst bei den Chinesen, im besonderen bei denen, die zu den wohlhabenden Klassen gehörten«.[48] Die
Geschäftskreise zeigten weiterhin eine relativ pro-japanische Haltung, selbst noch nach den Aktionen der Japaner in der Mandschurei und in Shanghai von 1931–32; »allgemein herrschte die
Ansicht, daß die Japaner den Krieg aller Ausländer gegen die Chinesen führten, die die Rechte und Interessen des Auslands zu be-
schneiden suchten..., daß es für jeden nur gut wäre, wenn die organisatorischen Fähigkeiten der Japaner in China voll eingesetzt würden«.[49] Botschafter Grew notierte am 20. November 1937 in seinem Tagebuch, daß das MacMurray-Memorandum, das gerade von
einem der wichtigsten amerikanischen Sprecher für fernöstliche Angelegenheiten in Umlauf gesetzt worden war, »dazu beitragen würde, viele unserer Landsleute von der allgemein herrschenden Vorstellung zu befreien, daß Japan der große Raufbold und China
das mit Füßen getretene Opfer gewesen sei«.[50] Generell blieb die
Haltung der Amerikaner die von Botschafter Nelson Johnson aus-
gedrückte: die amerikanischen Interessen, sagte er, verlangten
weder, daß wir pro-chinesisch noch daß wir pro-japanisch sind, sondern vielmehr, »daß wir uns einzig auf die... Konsequenzen der
Entwicklung im Osten... für die zukünftigen Interessen Amerikas konzentrieren«, nämlich auf »die Tatsache, daß die große Bevölkerung Asiens einen wertvollen Absatzmarkt für unsere Indu-
strieprodukte bietet und daß wir, je mehr sich unsere Industrie aus-
dehnt, um so mehr an der Erschließung neuer Absatzmärkte für sie
interessiert sein werden«.[51] Typisch ist auch seine Erklärung der
Haltung, die wir »gegenüber diesen orientalischen Völkern, für
deren Zukunft wir Verantwortung tragen«, einnehmen sollten:
Was wir aus ihnen machen, wird »hauptsächlich das Produkt des
amerikanischen Idealismus« sein; in der Zukunft »werden wir uns

weiterhin für sie interessieren, wie sich ein Vater für die Karriere seines Sohnes interessieren muß, auch wenn dieser schon lange den Schoß der Familie verlassen hat«.[52] Johnson war in der Tat besorgt, daß der angeborene Altruismus der Amerikaner bei der Behandlung unserer asiatischen Schützlinge zu sehr dominieren werde, und gab seiner Hoffnung Ausdruck, daß die »neue Periode der internationalen Beziehungen Amerikas mehr von der erwerbstüchtigen, praktischen Seite des amerikanischen Lebens als von seiner idealistischen und altruistischen Seite charakterisiert« sein werde.

Noch 1939 sagte Botschafter Grew anläßlich einer Rede in Tokyo, die Einwände der USA gegen die Neue Ordnung gründeten darin, daß sie darauf hinauslaufe, »die Amerikaner ihrer langjährigen Rechte in China zu berauben« und »ein geschlossenes Wirtschaftssystem« einzuführen. Kritiker stellten fest, daß kein Wort über die Unabhängigkeit Chinas fiel und seinen Bemerkungen durchaus zu entnehmen war, daß, »wenn Japan seine die amerikanischen Rechte beeinträchtigenden Aktionen einstelle, die Vereinigten Staaten einer weiteren Besetzung Chinas nicht entgegentreten würden«.[53] Im Herbst 1939 weigerte sich Außenminister Hull, mit Japan über ein neues Wirtschaftsabkommen zu verhandeln oder zu einem *modus vivendi* zu kommen, »wenn Japan seine Einstellung gegenüber unseren Rechten und Interessen in China nicht grundsätzlich ändert«.[54] Hätte es diese Bedingung erfüllt, so wäre, wie es scheint, eine völlig andere Situation entstanden.

Die Weltwirtschaftskrise von 1929 markierte das endgültige Scheitern des Versuchs der japanischen Zivilisten, nach den von den Westmächten auferlegten Regeln zu leben. Gerade als die Krise einsetzte, akzeptierte das neue Kabinett Hamaguchi die Goldwährung; dies war der Versuch, die japanische Wirtschaft enger an den Westen anzuschließen, dem frühere Bemühungen um eine unilaterale sinojapanische »Ko-Prosperität« vorangegangen waren. Die unmittelbare Konsequenz war ein drastischer Rückgang des japanischen Exports. 1931 übernahmen die Vereinigten Staaten den Platz Japans als wichtigster China-Exporteur. Auch der Umfang der japanischen Exporte in die Vereinigten Staaten schrumpfte zusammen, was teils auf den Smoot-Hawley-Tarif vom Juni 1930, teils auf den drastischen Sturz der Seidenpreise zurückzuführen war.[55] Für ein industrialisiertes Land wie Japan, das fast keine eigenen Rohstoff-

vorräte hatte, war der Niedergang des Welthandels eine wahre
Katastrophe. Der japanische Diplomat Mamoru Shigemitsu beschreibt die Krise kurz und prägnant:

Japan war vollständig aus den europäischen Kolonien ausgestoßen. Auf
den Philippinen, in Indochina, Borneo, Indonesien, Malaya und Burma
waren den Japanern nicht nur alle Geschäfte, sondern selbst die Einreise
verboten. Der normale Handel wurde durch eine unnatürliche, dis-
kriminierende Behandlung behindert ... In gewisser Hinsicht war der
Ausbruch in die Mandschurei eine Reaktion auf die geschlossenen Systeme
der internationalen Wirtschaft nach dem Ersten Weltkrieg. Hinter diesem Ausbruch stand der Gedanke, daß er die einzige Möglichkeit sei, der
wirtschaftlichen Strangulierung zu entgehen.[56]

Der berüchtigte Yosuke Matsuoka bemerkte 1931: »Wir fühlen uns
angesichts der inneren und äußeren Lage beunruhigt. Wir wollen
nichts als die minimalen Voraussetzungen, die ein Lebewesen
braucht. Mit anderen Worten, wir wollen leben. Wir wollen den
Raum, der uns Luft zum Atmen läßt.«[57] Zehn Jahre später sollte
er Japan als ein Land beschreiben, das »sich in der Zwangslage befindet, Möglichkeiten für seine Selbsterhaltung und Selbstversor-
gung in Groß-Ostasien entwickeln zu müssen«. Er fragte: »Ist es die
Sache der Vereinigten Staaten, die über die westliche Hemisphäre
herrschen und sich über den Atlantik und Pazifik hinaus ausdehnen,
darüber zu entscheiden, ob diese Ideale, dieser Ehrgeiz Japans falsch
sind?«[58]

Die Wirtschaftspolitik des Westens in den dreißiger Jahren machte
eine unerträgliche Situation noch schlimmer, was bei den Konferenzen des *Institute of Pacific Relations* (IRP) immer wieder zur
Sprache kam. Der Bericht der Konferenz von Banff im August 1933
stellt fest, daß »die indische Regierung, darauf bedacht, ihre eigene
Baumwollindustrie zu fördern, praktisch einen Prohibitivzoll auf
die eingeführten Baumwollgüter legte, dessen Folgen natürlich vor
allem die japanischen Händler zu spüren bekamen, deren Absatzmärkte in Indien schnell gewachsen waren«.[59] »Japan, eine rasch
wachsende Industrie-Nation, hat einen besonderen Bedarf an
[Mineralien] ... und steht einem erheblichen Mangel an Eisen,
Stahl, Öl und einer Reihe von Industriemineralien gegenüber; dagegen ist der größere Teil der Zinn- und Gummivorräte nicht nur
des Pazifischen Raums, sondern auch der übrigen Welt durch historischen Zufall weitgehend der Kontrolle Großbritanniens und der

Niederlande unterstellt.«[60] Das traf natürlich auch für Eisen und Öl zu. 1932 überstieg der japanische Export von Baumwollwaren zum ersten Mal den Großbritanniens. Der oben erwähnte indische Importzoll betrug für japanische Baumwollwaren 75 und für englische 25 Prozent. Die Beschlüsse der Ottawa-Konferenz von 1932 blockierten praktisch den Handel Japans mit dem Commonwealth, Indien eingeschlossen. Der Bericht der IRP-Konferenz vermerkt: »Ottawa hat dem japanischen Liberalismus einen Schlag versetzt.« Die in Ottawa für das Commonwealth getroffenen Abmachungen sollten ein im wesentlichen geschlossenes, autarkes System schaffen; die damalige amerikanische Politik der Selbstgenügsamkeit zielte in die gleiche Richtung. Das einzige, was Japan übrigblieb, war der Versuch, sich bezüglich der Mandschurei ebenso zu verhalten. Der Liberalismus war gut und schön, solange Britannia oben schwamm, aber nicht mehr, als die Industrie von Lancashire zum Erliegen kam, weil sie der Konkurrenz Japans nicht gewachsen war. Die Politik der Offenen Tür war einer expandierenden kapitalistischen Wirtschaft angemessen, durfte jedoch die wirtschaftliche Genesung Amerikas nicht behindern. Deshalb mußte Japan im Oktober 1935 eine Abmachung anerkennen, die die Verschiffungen japanischer Baumwolltextilien nach den Philippinen für die Dauer von zwei Jahren einschränkte, während amerikanische Importe zollfrei blieben. Auf ähnliche Weise sollten die revidierten Handelsverträge mit Cuba von 1934 die japanische Konkurrenz in bezug auf Textilien, Kupferdraht, Glühbirnen und Zellophan ausschalten.[61] Die IRP-Konferenz von 1936 setzt den Bericht fort. In seinem Beitrag über »Handel und Handelsrivalität zwischen den Vereinigten Staaten und Japan« bemerkt William W. Lockwood, das Übergewicht Amerikas beim Handel mit den Philippinen sei »in großem Maß auf die US-Politik der Geschlossenen Tür zurückzuführen, die den amerikanischen Produkten eine Vorzugsstellung einräumt. Könnten die japanischen Geschäftsleute unter gleichen Bedingungen konkurrieren, dann würde Japans Anteil am Welthandel zweifellos rapide steigen.«[62] Damals überstiegen die amerikanischen Zölle für viele japanische Güter 100 Prozent.

Japans Wirtschaft war nicht elastisch genug, um einen derart schweren Schlag zu verwinden. Die Textilindustrie, die von der diskriminierenden Politik der großen imperialistischen Mächte am härtesten

getroffen wurde, erzeugte fast die Hälfte des Gesamtwertes der
Industrieproduktion und war mit ungefähr zwei Dritteln am japa-
nischen Export beteiligt; sie beschäftigte etwa die Hälfte der
Fabrikarbeiter. Obwohl nach asiatischen Maßstäben ein industria-
lisiertes Land, hatte Japan nur etwa ein Siebtel der Pro-Kopf-
Energiekapazität Deutschlands; von 1927 bis 1932 betrug seine
Roheisenproduktion 44 Prozent der von Luxemburg und seine
Stahlproduktion etwa 95 Prozent.[63] Es konnte sich nicht damit abfinden, daß Indien, Malaya, Indochina und die Philippinen Zollschranken zugunsten ihrer Metropolen errichteten, und war nicht in
der Lage, die Verkümmerung seines zentralen Handels mit den
USA und den starken Rückgang des Handels mit China zu überleben. Es wurde buchstäblich erdrosselt von den imperialistischen
Systemen Amerikas, Großbritanniens und anderer westlicher Länder, die ihre hehre liberale Rhetorik schnell vergaßen, als der Schuh
zu drücken begann.

Neumann faßt die Situation des Jahres 1936 mit diesen Worten
zusammen:

Als seine Bemühung, eine Import-Quote für gebleichte und gefärbte
Baumwollwaren festzusetzen, gescheitert war, griff Präsident Roosevelt
zu direkten Maßnahmen. Im Mai 1936 berief er sich auf die flexiblen
Bestimmungen des Steuergesetzes und ordnete eine durchschnittliche Er-
höhung des Einfuhrzolls von 42 Prozent für diese Kategorie von Waren
an. Zu diesem Zeitpunkt litt der Absatz der japanischen Baumwoll-
erzeugnisse bereits unter den Restriktionen, die ihnen auf mehr als der
Hälfte ihrer anderen Absatzmärkte auferlegt worden waren. Die japani-
sche Xenophobie fand weitere Nahrung, als Zollschranken für japanische
Güter [errichtet wurden], so wie früher Beschränkungen für japanische
Immigranten, und lieferte ein treffendes Bild der westlichen Einkreisung.
Wirklich sicher waren nur die Märkte, die unter der politischen Kontrolle
Japans standen – ein Grund für weitere politische Expansion... gegen
einen eisernen Ring von Zöllen.[64]

Es ist also kaum erstaunlich, daß sich Japan 1937 von neuem auf
Kosten Chinas auszudehnen begann. Vom japanischen Standpunkt
aus gesehen, entsprach die im Jahre 1937 eingesetzte Regierung
Nordchinas dem Wunsche Japans nach Unabhängigkeit Nordchinas
von Nanking und dem Interesse der Chinesen, die Kolonisierung des
Nordens durch die diktatorische Kuomintang zu verhindern.[65] Am
22. Dezember 1938 erklärte Prinz Konoye:

... Japan erwartet, daß China, in Übereinstimmung mit dem Prinzip der Gleichheit zwischen den beiden Ländern, die Freiheit von Wohnsitz und Handel für die innerhalb der Grenzen Chinas lebenden Japaner garantiert im Hinblick auf die Förderung der wirtschaftlichen Interessen beider Völker; und daß China, angesichts der historischen und wirtschaftlichen Beziehungen zwischen den beiden Nationen, Japan Gelegenheit bietet für die Erschließung der natürlichen Ressourcen Chinas, besonders in Nordchina und in der Inneren Mongolei.[66]

Es sollte keine Annexionen, keine Entschädigungen geben. Es sollte vielmehr eine neue Ordnung hergestellt werden, die China und Japan gegen den Imperialismus des Westens, gegen ungleiche Verträge und Exterritorialitätsrechte schützen würde. Ziel dieser Ordnung war nicht die Bereicherung Japans, sondern Zusammenarbeit (natürlich unter japanischen Bedingungen). Japan würde Kapital und technische Hilfe bereitstellen und sich gleichzeitig aus seiner Abhängigkeit vom Westen in bezug auf strategische Rohstoffe lösen können.

Die japanischen Führer erklärten wiederholt, daß sie keine territoriale Vergrößerung wünschten. Sie betonten – in der damals üblichen Ausdrucksweise –, daß ihre Aktionen »nicht als Bedrohung für China gedacht« waren und daß »China weiß, daß Japan keinen größeren Krieg wünscht«, obwohl Japan natürlich »alles ihm Mögliche tun wird, um seine dort ansässigen Bürger zu schützen«.[67] Man war durchaus bereit, mit den widerspenstigen chinesischen Behörden zu verhandeln, und suchte sogar die Intervention einer dritten Macht.[68] Japanische Führer wie Tojo und Matsuoka beteuerten, daß gewiß niemand Japan beschuldigen könne, rein wirtschaftliche Vorteile zu suchen. Tatsächlich gab Japan für den chinesischen Krieg weit mehr aus, als es zurückzubekommen hoffen konnte. Japan »zahlte den Preis, den die Führungsrolle in Asien verlangt«; es versuche »zu verhindern, daß Asien ein zweites Afrika wird, und China vor dem Kommunismus zu bewahren«.[69] Das letztere war eine besonders heikle Angelegenheit. »Die Japaner glaubten, daß die Vereinigte Front [Nanking-Jenan] und der sowjetisch-chinesische Nichtangriffspakt von 1937 Schritte in Richtung auf die Vernichtung Nationalchinas und die Bolschewisierung Ostasiens bedeuteten.«[70] Japan war außerdem bereit, seine Truppen abzuziehen, sobald die »illegalen Handlungen« der Kommunisten und anderer gesetzloser Elemente eingestellt würden[71], sobald die Sicherheit und

die Rechte japanischer und koreanischer Bürger in China garantiert
wären.

Diese Terminologie entstammte dem Lexikon der westlichen Diplomatie. Außenminister Kellogg z. B. hatte erklärt, die Politik der
Vereinigten Staaten sei eine »Aufforderung an China, den Verpflichtungen eines souveränen Staates hinsichtlich des Schutzes ausländischer Bürger und ihres Eigentums nachzukommen« (2. September 1925). Die am Washingtoner Vertrag beteiligten Mächte waren
»bereit, die Vorschläge der chinesischen Regierung bezüglich der
Modifikation der bestehenden Verträge in dem Maße zu berücksichtigen, wie die chinesischen Behörden sich bereit und fähig zeigten, ihre Verpflichtungen zu erfüllen und den Schutz ausländischer
Rechte und Interessen zu übernehmen, die jetzt durch die exzep-
tionellen Bestimmungen dieser Verträge garantiert werden«; und
sie erinnerten China an die »Notwendigkeit, konkrete Beweise zu
liefern für seine Bereitschaft und Fähigkeit, die Achtung vor der
Sicherheit von Leben und Eigentum ausländischer Bürger zu erzwingen sowie Unruhen und fremdenfeindliche Agitationen zu unterdrücken«, was die Vorbedingung sei für die Weiterführung der Verhandlungen über die »ungleichen Verträge« (Note vom 4. September 1925).[72] Aufgrund von Chinas »Unfähigkeit und mangelnder
Bereitschaft« »ließ keiner der Unterzeichner des Washingtoner Vertrags diesen in bezug auf die exterritorialen Rechte, die Einmischung
in die inneren Angelegenheiten Chinas, Zölle, Gerichtsentscheidun-
gen usw. in Kraft treten mit der Begründung, ihre Interessen würden durch Gesetzlosigkeit und die Schwäche der chinesischen Regierung beeinträchtigt«.[73]

1940 setzte Japan in Nanking eine Marionettenregierung ein unter
der Führung von Wang Tsching-wei, der einer der Musterschüler
von Sun Yat-sen gewesen war und in den dreißiger Jahren eine führende Rolle in der Kuomintang gespielt hatte. Ihr Versuch, die Ordnung in China wieder herzustellen, schlug jedoch fehl, da die Vereinigte Front weiterhin Widerstand leistete – nach Ansicht der Japaner nur aufgrund äußerer Unterstützung durch die imperialistischen Mächte des Westens. Japan versank in einem nicht zu gewinnenden Krieg auf dem asiatischen Festland. Die Politik »Vernichtungsschlag – großzügiger Frieden« scheiterte an der Unterstützung,
die das Ausland der »lokalen Autorität« Tschiang Kai-scheks ange-

deihen ließ, während Japans wirklicher Gegner, die Sowjetunion, seine wirtschaftliche und militärische Macht ausdehnte.[74] Wie vertraut sich das alles anhört.

Bei all ihrem Reden über Wohlwollen und Großzügigkeit ist es zweifelhaft, ob die japanischen Sprecher jemals das Maß an Einfältigkeit überschritten haben, das typisch ist für einen großen Teil der amerikanischen Gelehrten, die oft in dem rhetorischen Sumpf einer Rede zum 4. Juli zu versinken scheinen. William Thorp z. B. beschreibt die amerikanische Politik derart: »... Wir glauben nicht an Ausbeutung, Piratentum, Imperialismus oder Kriegshetze. In Wirklichkeit haben wir unseren Reichtum dazu verwandt, anderen Ländern zu helfen, und unsere militärische Stärke eingesetzt, um die Unabhängigkeit kleiner Nationen zu verteidigen«[75] (z. B. so, wie es in Anmerkung 62 geschildert wird). Man könnte viele ähnliche Äußerungen zitieren, aber das wäre zu deprimierend.

Eine Welle der Empörung rollte über die Welt, als die Brutalität des japanischen Angriffs auf China bekannte wurde. Die Reaktion der Vereinigten Staaten auf die Nachricht von der Absicht der japanischen Regierung, Nanking zu bombardieren, sah so aus: »Die Regierung vertritt die Ansicht, daß jede Bombardierung einer extensiven Zone, in der eine relativ große Bevölkerung lebt, die ihrer friedlichen Beschäftigung nachgeht, unstatthaft ist und den Prinzipien von Recht und Menschlichkeit zuwiderläuft.«[76] Heute, da wir diese Prinzipien aufgegeben haben, ist es schwer, ein Gefühl des Grauens angesichts der Ereignisse selbst sowie der Verachtung für jene, die dafür verantwortlich waren, in sich hervorzurufen. Die Beschreibung dieser Ereignisse auf die ihnen angemessene Art würde heute von einem Amerikaner das äußerste Maß an Heuchelei verlangen. Deshalb möchte ich nur sehr wenig darüber sagen.

In der Mandschurei führten die Japaner seit 1931 recht erfolgreiche Aktionen zur Aufstandsbekämpfung durch.[77] Die Berichte sind aufschlußreich. Im Jahre 1932

hatten die Rebellen, die das Volk bedrohten und die Verwirklichung des *wangtao* [der vollkommene Weg der alten Könige, oder der königliche Weg] verhinderten, plötzlich eine Stärke von 300 000 Mitgliedern erreicht, doch die sorgfältigen und mutigen Bemühungen verschiedener Unterdrückungskommandos, die von der japanischen Armee angeführt wurden, erzielten große Erfolge. So schrumpfte die Anzahl der Rebellen von 120 000 im Jahre 1933 auf 50 000 im Jahre 1934, 40 000 im Jahre

1935, 30 000 im Jahre 1936, 20 000 im Jahre 1937. Für September 1938 wird ihre Zahl auf 10 000 geschätzt.[78]

Der Erfolg war teils durch Kontingente japanischer Truppen, teils durch die nationale Armee Mandschukuos und teils durch die Polizei erzielt worden. »Weil diese Operationen so erfolgreich waren [sie halfen, die Unterstützung der Massen zu gewinnen], befinden sich die Rebellen jetzt in einer äußerst heiklen Situation, und es scheint, daß der Frieden in naher Zukunft liegt.« Die »einheimischen Banditen« und die »rebellischen Truppen der lokalen Armeen« waren während dieser Zeit von der Kommunistischen Partei Chinas absorbiert worden und operierten gegen 1938 »unter der Leitung der Kommunisten« mit dem Slogan »Widersetze dich Mandschukuo und widerstehe Japan«; ihre politischen Führungskader kamen aus China. Das Ziel der Rebellen war es, »die Befriedungsversuche der Regierung zu unterminieren«, das Vertrauen der Bevölkerung zu gewinnen und die öffentliche Meinung anzustacheln »durch den Widerstand gegen Mandschukuo und Japan und das Bekenntnis zum Kommunismus. Ihre Anstrengungen verwirren die Massen in mancherlei Weise und behindern sichtlich die Erschließung der natürlichen Ressourcen und die Verbesserung des Lebensstandards des Volkes.« Durch eine Verbindung von Befriedungs- und Propagandamaßnahmen wurde dem entgegengewirkt und, wie der Bericht fortfährt, »die nationale Wirtschaft und Kultur« gesichert.

Der Bericht betont die starke Abneigung der Behörden gegen die Anwendung gewaltsamer Methoden:

Die Anwendung militärischer Gewalt gegen die Rebellen ist das wichtigste Mittel zur Erlangung von Frieden und Ordnung, da durch sie die Anzahl der Rebellen direkt reduziert wird. Diese Methode soll jedoch nur als letzte Zuflucht dienen, denn sie ist mit unserer nationalen Philosophie unvereinbar, welche die Realisierung des königlichen Weges (*wangtao*) zum Inhalt hat. Das geeignetste Mittel, dessen sich eine gerechte Regierung bedienen kann, ist die Befreiung der Massen von den überkommenen Vorstellungen, die in einer langen Zeit ausbeuterischer Herrschaft von Militärcliquen und feudalistischen Gewohnheiten geschaffen wurden, und die Zerstörung von Illusionen, die die kommunistische Ideologie hervorgerufen hat. Weiterhin setzt ein Staatsbewußtsein bei den Massen das Verständnis für die wahre Natur einer gerechten Regierung, für die Gründe, die zur Errichtung des Staates führen, und für die augenblickliche Situation voraus. Man sollte den Rebellen die Möglichkeit geben, ihre falschen Auffassungen zu ändern und gute Bürger zu werden. Aus diesem Grund sind die Bemühungen, sie zur Kapitulation zu bewegen, von so großer Bedeutung.

Ein beständiges Problem war das »fast allgemeine Phänomen, daß die rebellischen Gruppen auf ihre ursprüngliche Operationsbasis zurückkehren, sobald die Unterdrückungsaktion beendet ist und die Truppen abgezogen sind«.[79] Um dem entgegenzuwirken, wandte man eine Reihe von Methoden an – mit beträchtlichem Erfolg. Man ließ kommunistische Gruppen einsickern und provozierte so innerhalb der Guerillaeinheiten Verstörung. Die ehemals anti-japanische Gruppe der Koreaner wurde gewonnen durch »sozio-politische und sie begleitende psychologische Veränderungen« (»revolutionäre Entwicklung« heißt das im modernen Sprachgebrauch), besonders dadurch, daß man ihnen die Möglichkeit bot, »eigenen Grund und Boden zu besitzen und sich der Aufsicht ihrer chinesischen Pachtherren zu entziehen« (Lee, S. 23). Bei den Chinesen war die Situation eine andere und weitaus schwieriger.

Durch Propaganda und Vorbild entzündeten die Guerillakräfte den Patriotismus des Volkes und überzeugten es davon, daß sie, die Guerillas, allein die wahren Verteidiger seiner Interessen seien. Wenn notwendig, terrorisierten die Guerillas die zögernden Elemente, um andere zu warnen. Ein kompliziertes Netz von anti-japanischen Organisationen, Bauerngesellschaften usw. lieferte den Guerillakräften sowohl die notwendigen Vorräte als auch die entscheidenden Informationen. Bauern, die in Gegenden lebten, welche zu entfernt lagen, um von den Behörden Mandschukuos und den Japanern verteidigt zu werden, waren gezwungen, sich den Forderungen der Guerillabewegung zu unterwerfen, auch wenn sie kein Interesse hatten, die Rebellion zu unterstützen. (Lee, S. 25)

Diesem Problem sollte durch das System der »Kollektivdörfer« begegnet werden. Gegen Ende des Jahres 1937 wurde aus den Polizei-Hauptquartieren berichtet, daß mehr als 10 000 Dörfer organisiert worden waren, in denen 5 500 000 Menschen lebten. Die Kollektivdörfer wurden, wie Lee uns wissen läßt, mit großer Brutalität eingerichtet.

Die Familien bekamen den Befehl, ihre heimischen Bauernhöfe zu verlassen, oft ohne vorher informiert worden zu sein, und selbst dann, wenn die Kollektivdörfer noch nicht fertiggestellt waren. Manche Bauern wurden unmittelbar vor der Saatzeit zum Umzug gezwungen, so daß es ihnen unmöglich war, in diesem Jahr überhaupt zu säen; andere mußten kurz vor der Erntezeit umziehen. Es hat den Anschein, als seien viele Bauernhöfe durch Truppen, die für Vernichtungsoperationen eingesetzt waren,

zerstört wurden, noch bevor man Anstalten für die Umsiedlung der
Bauern getroffen hatte. Das Militär verfolgte einzig das Ziel, die Versorgungsquellen der Guerillas und ihre Kontakte mit den Bauern zu vernichten. (S. 26 f.)

Es ist überflüssig, weitere Details zu erwähnen, weil sie jedem bekannt sein dürften, der seit 1962 die amerikanische Presse gelesen
hat.
Das Programm der Kollektivdörfer war ziemlich erfolgreich, obwohl es ständig zu verhindern galt, daß die Rebellen »die kaum ge-
schützten Kollektivdörfer angriffen ... und Nahrungsmittel und
Korn stahlen«, und obwohl die Infiltrationsgefahr groß war. Einem
Bericht von 1939 zufolge ließen viele der Dorfbewohner nicht davon ab, »mit dem Kommunismus zu sympathisieren und heimlich
den Anschluß an die Rebellen zu betreiben«; und die Kommunisten
fuhren fort, die mißliche Lage der Bauern mit Geschick auszunutzen
(Lee, S. 33 f.). Vizegouverneur Itagaki faßte das Problem so zusammen: »Wir haben keine Angst vor kommunistischer Propaganda,
aber wir sind beunruhigt, weil die Lebensumstände der Bauern genügend Material für Propaganda liefern. Wir haben keine Angst
vor der Entzündung des Feuers, wir haben vielmehr Angst vor dem
Einsickern des Öls« (S. 34).
Die Japaner unternahmen mancherlei von der Art dessen, was
heute »Methoden zur Kontrolle der Bevölkerung« genannt wird,
unter anderem die Registrierung der Bewohner, die Ausgabe von
Aufenthaltsbescheinigungen und unvorhergesehene Hausdurch-
suchungen.[80] Sie wandten auch die Methode der Belohnung und Bestrafung an, die die heutigen Befriedungstheoretiker empfehlen
(siehe Lee, S. 39 f.).[81] Die Japaner hatten begriffen, daß »es absolut unrealistisch war, von denen, die bereits in guten Verhältnis-
sen lebten, die Einführung von Reformen und Neuerungen zu erwarten«. Deshalb ersetzten sie die »lokale Gentry« durch »junge
und fähige Verwaltungsbeamte«, die dafür »geschult waren, die ört-
lichen Verwaltungsorgane zu unterstützen mit Hilfe der *Hsueh-ho-
hui*, einer von der Regierung getragenen Organisation, die die Massen für das Mandschukuo-Regime gewinnen sollte« (S. 46). Viele
Mißstände in den Dörfern wurden ausgeräumt in der Absicht, die
Dorfbewohner von ihrem Glauben abzubringen, daß die Regierung nichts anderes als eine Agentur der Ausbeutung sei. Umfas-

sende Propaganda-Anstrengungen wurden unternommen, um »Hirn und Herz« der Dorfbewohner zu gewinnen (vgl. S. 55 f.). Im Vergleich zu den amerikanischen Pazifierungsbemühungen scheinen die der Japaner – wenn man den Dokumenten Glauben schenken darf – beträchtliche Erfolge erzielt zu haben, zum Teil wohl deshalb, weil Japan sich nicht verpflichtet hatte, das Fortbestehen der alten, semi-feudalen Ordnung zu garantieren, und weniger um Eigentumsrechte besorgt war. Die Berichte deuten darauf hin, daß um 1940 die kommunistische Guerilla in der Mandschurei praktisch ausgelöscht war.

Ein Geheimbericht vom Informationsbüro der Regierung Mandschukuos vom April 1939 beschreibt die Erfolge der Befriedung in der Provinz Tunghwa mit warmen Worten:

Es muß gesagt werden, daß die wirtschaftlichen und geistigen Auswirkungen des Wiederaufbauprogramms für die Bewohner der Provinz sehr aufmunternd sind. Wir beobachten eine Zunahme der Anbaugebiete infolge der Rückgewinnung brachliegenden Bodens; eine Steigerung der Agrarproduktion dank der Verwendung besseren Saatguts; eine Steigerung des Bargeldeinkommens der Bauern aufgrund der verbesserten Absatzmöglichkeiten; erstaunliche Fortschritte bei Kaufleuten und Industriellen, die mit Regierungsdarlehen unterstützt worden sind; und die Gewinnung der Sympathie der Bevölkerung durch medizinische Behandlung und Verteilung von Medikamenten.[82]

Ein Geheimbericht vom November 1939 beschreibt die Verhältnisse in einer Provinz, wo die »revolutionäre Entwicklung« noch nicht ganz so erfolgreich und die Rebellen noch am Werk waren:

Auf grausame Weise plündern diese Rebellen Hab und Gut, verwunden und töten Menschen und Tiere. Auch führen sie in verschiedenen Dörfern systematisch Aktionen kommunistischer Indoktrination durch. Die Folge ist, daß sich viele Dorfbewohner durch die Propaganda der Rebellen verleiten lassen und für sie zu arbeiten beginnen, passiv oder politisch. All das erschwert die Aufgabe der Pazifizierungskräfte.[83]

»In einem beständigen Strom« flüchteten Bauern aus den »von den Rebellen durchsetzten Gebieten«; manche freilich fuhren fort, »mit dem Kommunismus zu sympathisieren«. Doch es wurden Pläne ausgearbeitet, um »Vertrauen zu erwecken« und die rebellischen Kräfte zu vernichten, »den leidenden Massen Erleichterung« zu bringen und die Arbeit am Aufbau der Nation zu intensivieren. Mir ist nicht bekannt, wie die japanische Öffentlichkeit auf Informationen dieser Art reagierte. Zweifellos bedauerten viele Japaner die Exzesse des Befriedungsprogramms, aber die vernünftigeren dürften nach wie vor die Lage in abgewogener und nüchterner Weise diskutiert haben, in Anbetracht der auf beiden Seiten verübten Gewaltakte. Wenn es Fürsprecher für den Abzug der Japaner aus der Mandschurei gegeben hat, so konnte man ihnen Berichte wie den gerade erwähnten vorlegen und sie vor den Grausamkeiten warnen, die mit Sicherheit folgen würden, wenn man die japanischen Truppen entfernte und der kommunistischen Guerilla freie Hand ließe. Offenbar durfte Japan, ungeachtet aller Kosten, nicht aufhören, begrenzte Mittel zur Wahrung von Recht und Ordnung anzuwenden und den verantwortlichen Elementen der mandschurischen Gesellschaft den Aufbau einer unabhängigen, vom Terror der ausländischen Mächte befreiten Nation zu ermöglichen.

Niemand haßte die für eine Befriedung notwendige Gewalt mehr als die damit beauftragten japanischen Offiziere. Vizegouverneur Itagaki beschrieb das moralische Dilemma, in dem sie sich befanden, mit bewegten Worten:

Die Einrichtung von Wehrdörfern muß erzwungen werden – unter Tränen. Wir geben [den Bauern] kleine finanzielle Beihilfen und strenge Befehle, daß sie bis zu dem und dem Tag an einen bestimmten Ort ziehen müssen, und lassen sie wissen, daß dies der letzte Befehl ist. Aber es ist nur zu schrecklich, [sehen zu müssen,] wie die Bauern die ihnen vertrauten Häuser abreißen und wie kleine, in Lumpen gehüllte, unschuldige Säuglinge lächelnd auf Karren sitzen, mit denen der Hausrat abtransportiert wird. Vor einigen Tagen brachte mich ein sechzehn- oder siebzehnjähriges Mädchen zum Weinen, als es in mein Büro in der Präfektur kam, vor mir niederkniete und mich bat, ihr Haus zu verschonen. Sie sagte: »Müssen wir wirklich unser Haus abbrechen, Herr Rat?« Sie hatte auf dem langen Weg bis in die Stadt gedacht: »Wenn ich den Herrn Rat bitte, kann vielleicht etwas geschehen.« Als ich den knochigen Rücken des Mädchens betrachtete, das von dem Bürodiener leise hinausgeführt wurde, schloß ich die Augen und sagte mir: »Du wirst in die Hölle kommen.« Die Bedrängnis der japanischen Polizeioffiziere, die im Einsatz stehen und direkte Zwangsmaßnahmen ergreifen müssen, kann man sich kaum vorstellen. Bei meinen Inspektionsreisen an der Front wurde mir immer wieder gesagt: »Ich kann diese dreckige Arbeit nicht länger ausführen. Ich will Schluß machen und nach Hause gehen.« Diese Worte, ausgestoßen, als wir unter einer Lampe saßen und *kaoliang*-Gin tranken, hörten sich an, als ob jemand Blut spuckte. Immer mußten wir einander trösten und uns wieder und wieder sagen, daß dies der letzte Berg sei, den es zu überwinden gelte. Das Programm wurde erbarmungslos, unmenschlich und ohne jedes Gefühl durchgeführt – so wie man ein Pferd antreibt. Das Ergebnis waren mehr als hundert Wehrdörfer im Bereich der Präfektur; sie waren mit Blut, Tränen und Schweiß gebaut worden.[84]

In der Mandschurei scheint das Problem der terroristischen und kommunistischen Banden gegen 1940 gelöst worden zu sein. In China selbst dauerte die Befriedung während des ganzen Kriegs im pazifischen Raum an. In einer kürzlich veröffentlichten Untersuchung gibt Chalmers Johnson einen Überblick über diese Bemühungen.[85] In Nord- wie in Zentralchina »litten die Japaner an den Angriffen der Guerillakräfte und an ihrer Unfähigkeit, einen Guerilla von einem Dorfbewohner zu unterscheiden.« Im Norden zielte die Politik auf »die physische Vernichtung allen Lebens und Eigentums in jedem Gebiet, in dem man Guerillas vermutete,... während man in Zentralchina eine Politik der Errichtung sogenannter Modell-Friedenszonen verfolgte... [sie bestand] in der Vertreibung der Kommunisten aus einigen sehr reichen landwirtschaftlichen Zonen und dann, nach dieser militärischen Phase, in der Integration dieser gesäuberten Zonen in das wirtschaftliche Satellitensystem Japans«. Die letztere Politik hatte weit mehr Erfolg, so daß es möglich wurde, die Regierung in die Hände der Chinesen zu legen. Auch hier gab es ein Programm »strategischer Dörfer«, das in einem neueren japanischen Kommentar so beschrieben wird:

... die japanische Armee erprobte ihre »Chinghsiang« (Saubere Dörfer)-Operationen in Soochow in Zentralchina und ihr »Ailutsun« (Eisenbahn-Wehrdorf)-Programm in der Provinz Shangtung in Nordchina ... Das Konzept des »Chinghsiang« besteht darin: ein Dorf oder Flecken wird zu einer Basis für die Reform der Regierung auf der untersten Ebene gemacht; indem man nun alle militärischen, politischen, wirtschaftlichen und ideologischen Anstrengungen auf ein einzelnes Dorf konzentriert, wird dieses Dorf in ein friedliches, stabilisiertes und sicheres Gebiet verwandelt; schließlich benutzt man es als Modellzone und weitet von hier aus Sicherheit und Stabilität über den ganzen »hsien« (Landstrich), die ganze Provinz und vielleicht das ganze Land aus.[86]

Doch Einmischung von außen her machte die Durchführung dieses Programms unmöglich. Die politischen Wissenschaftler Amerikas hatten, da mit weit größerer Macht zur Durchsetzung ihrer Absichten ausgestattet und mit einem viel schwächeren Gegner konfron-

tiert, nicht ganz unrecht, wenn sie sich einen besseren Erfolg ver-
sprachen.

So nahmen die Ereignisse in dem schrecklichen Jahrzehnt von 1930
bis 1940 ihren Lauf. Auf der verzweifelten Suche nach Verbündeten
schloß Japan mit Deutschland und Italien den Dreimächtepakt, zu
einem Zeitpunkt, da Deutschland unbesiegbar schien. Mit dem Auslaufen des japanisch-amerikanischen Handelsabkommens im Januar 1940 wandte sich Japan »anderen Handelskanälen« zu, nämlich Plänen für die Besetzung von Französisch-Indochina und Niederländisch-Ostindien und die Erreichung der »Unabhängigkeit«
für die Philippinen. Das Auslaufen des Vertrags war der Wendepunkt, an dem viele der Gemäßigten sich nach den Achsenmächten
auszurichten begannen.[87]

Im Juli 1940 verhängten die Vereinigten Staaten ein Embargo für
Flugzeugbenzin, das Japan aus keiner anderen Quelle erhalten
konnte[88], und im September folgte ein vollständiges Embargo für
Schrott. Unterdessen nahm die amerikanische Hilfe für China zu.
Im September wurde der Dreimächtepakt unterzeichnet, und japanische Truppen marschierten in den Norden Indochinas ein. Sie hatten zwei Ziele: die Nachschubwege Tschiang Kai-scheks zu blockieren
und Japan Zugang zum Petroleum aus Niederländisch-Ostindien
zu verschaffen. Am 2. Juli 1941 wurde die Besetzung des südlichen
Indochina beschlossen. Dieser Beschluß war der amerikanischen Regierung bekannt, da der diplomatische Code Japans entschlüsselt
worden war. Am 24. Juli informierte Präsident Roosevelt den japanischen Botschafter, daß er, wenn Japan von diesem Schritt ab-
sehe, seinen Einfluß geltend machen werde, um die Neutralisierung
Indochinas zu betreiben. Diese Botschaft erreichte das japanische
Außenministerium erst am 27. Juli. Am 26. hatte Japan öffentlich
seinen Plan verkündet, Truppen nach Süd-Indochina zu schicken,
und die Regierung der Vereinigten Staaten ordnete an, alle japanischen Vermögenswerte in Amerika einfrieren zu lassen.[89] Am
1. August gab sie ein totales Ölembargo bekannt. Damit »war Japan der Zugang zu allen lebenswichtigen Vorräten außerhalb seines
Einflußbereichs verwehrt«.[90]

Die geringe Hoffnung, die nun noch blieb, einen Krieg zu vermeiden, setzte man in die Gespräche zwischen Hull und Nomara, die
seit Februar geführt wurden. Welchen Charakter sie hatten, ist um-

stritten. Pal weist darauf hin, daß sich die amerikanische Position hinsichtlich aller wichtigeren Fragen im Laufe dieser Gespräche erheblich verhärtete. Die Vereinigten Staaten bestanden darauf, das Bündnis der Achsenmächte zum wichtigsten Verhandlungsgegenstand zu machen, was Japan hartnäckig ablehnte. Schroeder meint, das Motiv der Amerikaner sei es zum Teil gewesen, »den bevorstehenden Krieg mit Japan dem amerikanischen Volk zu verkaufen«, das sich weigern könnte, »einen Angriff auf nichtamerikanischen Boden – auf Thailand, Malaya, Singapur oder Niederländisch-Ostindien – als einen Angriff auf die Vereinigten Staaten zu werten«.[92] Das entscheidende Motiv war möglicherweise die Rechtfertigung für das bevorstehende Eingreifen Amerikas in den europäischen Krieg. Auf jeden Fall liefen die Bedingungen Amerikas im November darauf hinaus, daß Japan seinen Versuch, sich »besondere Interessen« von der Art zu sichern, wie Amerika und Großbritannien sie in ihren Herrschaftsbereichen verfolgten, sowie sein Bündnis mit den Achsenmächten vollständig hätte aufgeben und »untergeordneter Vertragspartner« innerhalb des aufstrebenden amerikanischen Weltsystems werden müssen. Japan wählte den Krieg – und zwar, wie wir heute wissen, ohne Hoffnung auf einen Sieg über die Vereinigten Staaten, aber in der Erwartung, »daß Amerika, angesichts eines deutschen Sieges in Europa und des Kriegs im Pazifischen Raum überdrüssig, einem Verhandlungsfrieden zustimmen würde, aus dem Japan als die dominierende Macht in Ostasien hervorgehen würde«.[93]

Am 7. November 1941 war Japan bereit, »das Prinzip der Nichtdiskriminierung bei Handelsbeziehungen« im Pazifischen Raum zu akzeptieren, China miteinbezogen, unter der Voraussetzung, daß dieses Prinzip »von der ganzen Welt anerkannt wird«. Diese Bedingung war natürlich unerfüllbar. Hulls letzte Forderung war, daß das Prinzip in japanisch-besetzten Gebieten anerkannt werde und daß Japan alle Streitkräfte aus China und Indochina zurückziehe. Von den Westmächten konnte man nicht erwarten, daß sie sich in ihren Herrschaftsbereichen entsprechend verhielten. Einige Tage später kam »der Tag, der in Schande fortleben wird«.

Dieser letzte Meinungsaustausch zeigt eindeutig, was jahrzehntelang das zentrale Problem gewesen war. Japan hatte darauf bestanden, daß es mit seinen Plänen für »Ko-Prosperität« und eine »neue

Ordnung« nur dem Beispiel Großbritanniens und der Vereinigten
Staaten folge; daß es sich seine eigene Monroe-Doktrin schaffe und
sein »manifest destiny« verwirkliche. Interessant ist die Reaktion
Amerikas auf diese Behauptung. Hull gab vor, schockiert zu sein.
Seiner Ansicht nach sah die Monroe-Doktrin, »so wie wir sie seit
1823 unverändert interpretieren und anwenden, nur Maßnahmen
für unsere physische Sicherheit« vor, während Japan zu Aggressionen entschlossen war.[94] Er beklagte die »geistige Beschränktheit,
die es [den japanischen Generälen] so schwer macht, einzusehen,
warum die Vereinigten Staaten einerseits ihre Führungsrolle in der
westlichen Hemisphäre durch die Monroe-Doktrin unterstreichen
und sich andererseits gegen Japans Anspruch auf eine Führungsrolle in Ostasien wenden«, und er fragte Nomura: »Warum kann
die japanische Regierung die Generäle nicht instruieren«, nämlich
so, daß sie diesen fundamentalen Unterschied besser verstehen?[95]
Auch amerikanische Gelehrte waren durch jenen Vergleich beleidigt.
In einer detaillierten Analyse kommt W. W. Willoughby zu dem
Schluß, daß man die Monroe-Doktrin mit Japans Plänen nicht vergleichen könne.[96] Die Vereinigten Staaten, so versichert er, hatten
sich niemals auf die Monroe-Doktrin berufen, um für sich »besondere kommerzielle oder sonstige wirtschaftliche Privilegien in den
anderen amerikanischen Staaten« zu beanspruchen. Vielmehr »haben sie ihre Macht bei militärischen Interventionen oder finanziellen Transaktionen zum Vorteil der Menschen in den entsprechenden Ländern oder zugunsten derjenigen eingesetzt, die Forderungen
finanzieller Natur an sie hatten«. Lobend zitiert er die Abhandlung
von G. H. Blakeslee in *Foreign Affairs*[97], der den Unterschied zwischen dem amerikanischen und dem japanischen Standpunkt so
charakterisiert:

Die Vereinigten Staaten sind ein riesiges Territorium mit einer großen
Bevölkerung gegenüber einem Dutzend karibischer Republiken, von
denen jede über ein relativ kleines Gebiet mit einer kleinen Bevölkerung
verfügt. Japan dagegen ist ein Land, das ein relativ kleines Gebiet mit
einer kleinen Bevölkerung umfaßt, gegenüber dem riesigen Territorium
Chinas mit seiner großen Bevölkerung. Ein Verhalten, das demnach für
die Vereinigten Staaten in ihrer Beziehung zu den karibischen Republiken
natürlich erscheint, ist für Japan in seiner Beziehung zu China keineswegs
natürlich.

Dieser Beitrag zur Geschichte der imperialistischen Apologie hat zumindest das Verdienst, originell zu sein. Meines Wissens hat niemand jemals zuvor behauptet, daß der Versuch einer Nation, eine andere zu beherrschen, in dem Maße richtig ist, wie das Opfer kleiner und schwächer ist als die Macht, die es unterjochen will. Doch dieses Argument wird an Scharfsinn vielleicht noch übertroffen von Blakeslees nächster Klarstellung, der des fundamentalen Irrtums in dem Vergleich, den die Japaner ziehen:

Die Vereinigten Staaten brauchen keine militärische Macht einzusetzen, um die karibischen Republiken zu veranlassen, ihre Einwilligung zur profitträchtigen Investition amerikanischen Kapitals zu geben. Die Türen werden freiwillig weit geöffnet.

Amerikas Bereitschaft, sich dem Wunsch der karibischen Inselbewohner zu beugen, fand tatsächlich eine recht anschauliche Illustration im Herbst 1933, einige Monate nach dem Erscheinen von Blakeslees Artikel, als Ramón Grau San Martín auf Kuba zur Macht kam – mit Hilfe eines Programms, das die Unterbrechung dessen war, was Sumner Welles den Versuch nannte, »auf dem kubanischen Markt ein Monopol für amerikanische Importe« zu sichern. Wie Welles bemerkte, war diese Regierung »unseren Interessen gegenüber stark voreingenommen..., unsere Handels- und Exportinteressen können unter dieser Regierung nicht wiederaufblühen«. Also weigerte sich Roosevelt, die Regierung Grau anzuerkennen, und Welles begann seine (wie er einräumte: »anomalen«) Intrigen mit Batista, dem seiner Beurteilung nach »einzigen Menschen im heutigen Kuba, der Autorität repräsentierte... Aus diesem Grund... fand sich die große Mehrheit der kommerziellen und finanziellen Interessen Kubas, die Schutz suchten, zu seiner Unterstützung zusammen« (Welles an Hull, 4. Oktober 1933). Die Regierung Grau wurde bald gestürzt, mit dem Ergebnis, daß »die vor 1930 herrschende soziale und wirtschaftliche Klassenstruktur erhalten blieb und die wichtige Rolle, die ausländische Unternehmen in der kubanischen Wirtschaft spielten, nicht entscheidend beeinträchtigt wurde«.[98]
Der Hauptfehler im Vergleich der Japaner ist jedoch, wie Blakeslee meint, daß die Unterschiedlichkeit der Ziele unterschlagen wird. Die Vereinigten Staaten

beabsichtigen, den rückständigen Ländern in der Karibischen See dabei zu
helfen, die Bedingungen für Stabilität und Wohlstand zu schaffen und zu
bewahren. Die Vereinigten Staaten möchten weder direkt noch indirekt
fremdes Territorium an sich reißen oder politische und wirtschaftliche
Kontrolle ausüben. Und wenn es ihnen jemals notwendig schien, in die
Angelegenheiten eines von Revolutionen geschüttelten Landes einzugreifen, so haben sie die notwendige Reorganisation veranlaßt und sich dann
zurückgezogen.

Eben diese Großzügigkeit der Absichten teilen die Japaner nicht.
Folglich ist ihr Verweis auf das Beispiel der Amerikaner ohne jeden
Wert. Dieser Punkt wird in einer neueren Untersuchung über die
amerikanische Außenpolitik der Nachkriegszeit, die in ihren jüngsten Schritten eine sehr kritische Bewertung erfährt, in aller
Schlichtheit klargestellt: »... das amerikanische Imperium ist durch
Zufall entstanden und hat sich durch einen Sinn für Großzügigkeit
am Leben erhalten.« »Wir haben uns für eine Art Wohlfahrtsimpe-
rialismus engagiert, haben unser Imperium mit edlen Absichten aufgebaut und nicht aus so niedrigen Motiven wie dem Streben nach
Profit und Einfluß.« »Wir haben unser Imperium nicht ausgebeu-
tet.« »... waren wir im Umgang mit unseren Schutzbefohlenen und
Verbündeten nicht großzügig, haben wir ihnen nicht große Summen Geld geschickt und sogar das Leben unserer Soldaten zu ihrem
Besten geopfert? Ja, das haben wir getan.«[99]
Angesichts dieses altbewährten Rufs der Großzügigkeit stehen die
japanischen Aggressionen als das »nie dagewesene Übel« da, das die
Atombombe voll und ganz verdient hat.

Dieser Überblick kann die Fragen natürlich nicht erschöpfen. Er
kann meiner Meinung nach aber dazu dienen, die verschiedenen politischen Möglichkeiten, die den Vereinigten Staaten 1941 und in
früheren Jahren offenstanden, im Zusammenhang aufzuzeigen. Die
vorherrschende Ansicht der Amerikaner bleibt die, daß wir auf die
einzig richtige Art und Weise reagiert haben. Im Gegensatz dazu
sind »Realisten« vom Typ Grew-Kennan der von Schroeder zum
Ausdruck gebrachten Ansicht, es sei ein Fehler, eine Politik zu verfolgen, die den »Akzent mehr darauf legt, Gerechtigkeit auszuüben
als Gutes zu tun«. Die »moralistische« Haltung Hulls, die »zu harte
und unbeugsame Politik gegenüber Japan« beruhte, Schroeder zufolge, nicht auf »unheilvollen Plänen oder kriegerischen Absichten«,

sondern auf einem ehrlichen und kompromißlosen Festhalten an moralischen Prinzipien und liberalen Doktrinen«. Die »realistische« Politik der Anpassung, die Grew bevorzugte, so versichert Schroeder, wäre nicht unmoralisch gewesen, »sie wäre nur die Anerkennung der Tatsache gewesen, daß die amerikanische Regierung damals nicht in der Lage war, ihre Prinzipien durchzusetzen, und hätte Amerika zu einem späteren und günstigeren Zeitpunkt volle Handlungsfreiheit gelassen.«[99] Schroeder bezweifelt nicht, daß wir tatsächlich »Gerechtigkeit ausübten«, er bemängelt nur, daß es falsch, weil übertrieben moralistisch war, dies zu tun. Er stellt nicht die Prinzipien in Frage, an denen die Vereinigten Staaten festhielten, sondern einzig die Beharrlichkeit, mit der wir zu einem unpassenden Moment auf diesen Prinzipien beharrten.

Im Gegensatz zu den Alternativen »Realismus« und »Moralismus«, derart definiert, scheint mir der revolutionäre Pazifismus von Muste sowohl außergewöhnlich realistisch als auch höchst moralisch zu sein. Überdies haben, selbst wenn wir die Behauptung akzeptieren sollten, daß die Vereinigten Staaten nur in legitimer Selbstverteidigung handelten, die nachfolgenden Ereignisse in Asien hinlänglich und drastisch Mustes Grundvoraussetzung bestätigt, daß »die Mittel, die jemand anwendet, sich unausweichlich in seine Zwecke einschleichen und, wenn sie schlecht sind, ihn besiegen werden«. Ob Mustes Einstellung zur damaligen Zeit wirklich die realistischste und moralischste war, mag dahingestellt bleiben; daß sie jedoch dem amerikanischen Bewußtsein so fern lag, war, wie ich meine, ohne Zweifel ein großes Unglück. Der Mangel an radikaler Kritik von der Art, wie Muste und wenige andere sie vorzubringen versuchten, war einer der Faktoren, die zu den Grausamkeiten von Hiroshima und Nagasaki beitrugen, wie auch die heutige Schwäche und Ohnmacht einer solchen radikalen Kritik sicherlich zu neuen und unvorstellbaren Schrecken führen wird.

Die Logik des Rückzugs

Internationale Angelegenheiten können komplex sein, Gegenstand unvereinbarer Interessen, von denen jedes den Anspruch auf Legitimität erhebt, und widerstreitender Prinzipien, von denen keines leicht aufgegeben werden kann. Die gegenwärtige Krise im Mittleren Osten ist dafür ein typisches und erschreckendes Beispiel. Die Einmischung Amerikas in die Angelegenheiten Vietnams bildet eine der seltenen Ausnahmen von dieser allgemeinen Regel. Die Tatsache ist ganz einfach die, daß es keinerlei legitimes Interesse oder Prinzip gibt, das den Einsatz der amerikanischen Militärmacht in Vietnam rechtfertigen könnte.

Seit 1954 stellt sich in Vietnam eine grundsätzliche Frage: Kann der Konflikt, der in Genf ungelöst blieb, durch einheimische Kräfte auf nationaler Ebene beendet oder wird er zu einer internationalen Frage erhoben und durch die Einmischung der Großmächte beigelegt werden? Als einzige Großmacht haben die Vereinigten Staaten auf dem letzteren Kurs bestanden. Wenn sie ihn weiter verfolgen, dann steht zu erwarten, daß dieses Problem entweder durch den Einsatz der amerikanischen Macht einseitig gelöst wird, auf die Weise, wie Nazi-Deutschland in Polen und die Sowjetunion in Ungarn vorgingen, oder aber in einen Konflikt zwischen den Großmächten ausartet, der unvorstellbare Folgen haben wird.

Das ist die Situation, mit der sich Howard Zinn in einer glänzenden und zwingenden Untersuchung befaßt; er fordert die Vereinigten Staaten ohne Umschweife auf, das von den anderen Großmächten im Jahre 1954 akzeptierte Prinzip anzuerkennen und endlich Vietnam den Vietnamesen zu überlassen.[1] »Der Tribut an unschuldigen Menschen, der in Vietnam Tag für Tag gefordert wird, ist so entsetzlich, daß die Einstellung unserer militärischen Handlungen – der Bombardierungen, des Abbrennens und Beschießens von Dörfern, der Such- und Vernichtungsoperationen – nicht länger erörtert oder verhandelt werden darf, sondern eine Angelegenheit dringenden und

Teile dieses Essays erschienen im September 1967 als Leitartikel in *Ramparts*. Die Erstfassung vom Juli 1967 wurde im Januar 1968 erweitert. Das Postskriptum und einige eingefügte Passagen datieren vom April 1968.

unilateralen Handelns geworden ist.« Und die einzige Handlung, die uns bleibt, um die Qualen zu mildern, um die im Hintergrund lauernde, noch größere Katastrophe zu verhindern, ist der Abzug der Streitkräfte, die die Hauptverantwortung tragen. Da diese Politik glücklicherweise die einzige ist, die wir mit Erfolg durchführen können, gibt es noch eine mögliche Alternative zur endgültigen Verwüstung Vietnams oder zum Ausbruch eines Weltkonflikts.

Der Vorschlag, die Vereinigten Staaten sollten sich zurückziehen, wird als »extremistisch« abgelehnt werden. Jenen, die sich selbst gerne als »verantwortlich« oder »realistisch« bezeichnen, muß der Rückzug politisch unmöglich und die Analyse der Situation in Vietnam, auf der dieser Vorschlag gründet, hoffnungslos naiv erscheinen.

Bezüglich der innenpolitischen Problematik sagt Zinn, daß »die sogenannten ›Realisten‹, die uns ermahnen, behutsam zu sprechen, um den Präsidenten zu überzeugen, sich gegen die Realität stellen, die doch so aussieht, daß sich der Präsident eher durch sein eigenes Interesse als durch rationale Argumente bestimmen läßt... Wenn es genug Menschen gibt, die den Rückzug fordern, dann kann er politisch möglich *werden*.« Nur ein Zusammenwirken vieler Faktoren kann den Krieg beenden; deshalb »muß jeder Bürger sein volles moralisches Gewicht, seine ganze Überzeugungskraft in die Waagschale werfen«. In Wirklichkeit ist die Regierung kein Monolith. Je mehr die politischen und militärischen Gegebenheiten in Vietnam aus dem Nebel von Heuchelei und Lüge auftauchen, desto deutlicher dürfte die Zweckmäßigkeit, ja die verzweifelte Dringlichkeit des amerikanischen Rückzugs werden – zumindest für einige. Man beachte zum Beispiel die Reaktion von Senator Young auf die Nachricht, daß die südvietnamesischen Streitkräfte nicht bereit sind, das zu tun, was auf Polizeiarbeit hinausläuft, so daß die sogenannte »Befriedung« von der amerikanischen Armee allein getragen werden muß:

Wenn es den südvietnamesischen Streitkräften Ministerpräsident Kys so sehr an Stärke, Intelligenz und Ausbildung gebricht, daß sie das Befriedungsprogramm in den Dörfern nicht richtig durchführen können..., dann ist es höchste Zeit, daß sich die Amerikaner, anstatt den Versuch fortzusetzen, ein fremdes Volk auszubilden, zu indoktrinieren und zu befrieden, auf ihre Küstenstützpunkte und vielleicht sogar aus Vietnam selbst zurückziehen.[2]

Diese Reaktion folgt der von Senator Symington nach einer unlängst absolvierten Asienreise:

Wenn den Südvietnamesen diese Befriedung nicht gelingt, so hat es keinen
Sinn, in diesem Land weiterhin Blut zu vergießen und Gelder zu ver-
schwenden, um eine Regierung zu stützen, die nicht in der Lage ist, das zu
konsolidieren und zu kontrollieren, was ihr von der eigenen Bevölkerung
und von den Nordvietnamesen streitig gemacht wird. Sollten sich die Vereinigten Staaten entschließen, bei diesem Befriedungsprogramm [was inzwischen eintrat] wie auch bei der Kriegsführung [was schon vor langer
Zeit geschehen ist] die entscheidende Rolle zu spielen, so kann nur ein
erweiterter Krieg des weißen Mannes gegen die Asiaten auf dem asiatischen Festland das Ergebnis sein.[3]

Symingtons Feststellungen sind ohne Zweifel zutreffend; doch wenn
die Vergangenheit überhaupt etwas lehren kann, dann dies, daß
man sie bald vergessen haben wird, weil die Amerikaner sich an die
neue Wirklichkeit gewöhnen werden. Es ist schließlich noch nicht
sehr lange her, seit ein renommierter Asienexperte mit guten Beziehungen zum Außenministerium in einem Überblick über die Süd-
ostasienpolitik Amerikas zu folgendem Schluß kam:

Es ist undenkbar, daß die Vereinigten Staaten direkt in das Land einziehen, die Führung des Kriegs gegen den Viet Kong übernehmen und versuchen werden, für Saigon und sein Hinterland eine Regierung aufzustellen und anzuleiten. Das wäre, ganz abgesehen von anderen Schwierigkeiten, ein Beweis für die Richtigkeit der Anklage des »Imperialismus«,
die die Kommunisten täglich gegen unsere Regierung erheben. Von gleicher Wirkung wäre für die Vereinigten Staaten jede Ausweitung des
Kriegs auf den Norden in größerem Umfang.[4]

Man beachte, daß diese Beurteilung vom Februar 1965 stammt; wie
wir uns erinnern, sollte »der Beweis für die Richtigkeit der Anklage
des ›Imperialismus‹« nicht lange auf sich warten lassen. Und heute
gibt es guten Grund für die Annahme, daß wir uns bald in einem
»erweiterten Krieg des weißen Mannes gegen die Asiaten auf dem
asiatischen Festland« wiederfinden werden.

Die Analyse der Situation, die in die Forderung nach dem Rückzug
mündet – einem nicht gelegentlichen, sondern sofortigen Rückzug –,
scheint mir nicht nur nicht naiv, sondern absolut realistisch zu sein;
die vietnamesische Tragödie hat so schreckliche Dimensionen angenommen, daß der verantwortungsvolle Bürger, ungeachtet aller Er-
folgsaussichten, keine Anstrengung scheuen darf, das politische
Klima, d. h. die Grundlage für Einsicht und Verständnis zu schaf-

fen, auf der diese Forderung an Boden gewinnen kann. Die Dringlichkeit dieser Angelegenheit kann kaum übertrieben werden. Es ist unwahrscheinlich, daß die Regierung Johnson geneigt sein wird, den Wahlen von 1968 mit einem von ihr nicht zu gewinnenden Krieg entgegenzugehen. Zu erwarten steht daher eine scharfe Eskalation, vielleicht die gewaltsame Konfrontation mit China. Hinzu kommt, daß das schnelle Anwachsen der chinesischen Atommacht und Raketenkapazität den Planern des Pentagon sicherlich eingeben wird, es müsse schon jetzt gehandelt werden, noch bevor die Chinesen in der Lage sind, eine amerikanische Armee am Rande Asiens als Geisel festzuhalten. Angesichts solcher Aussichten ist der Versuch, die nächsten Ereignisse vorauszusagen, ebenso irrational wie unsere ganze Vietnam-Politik.

Zinn gibt eine knappe, aber überzeugende Analyse des politischen und moralischen Charakters des Krieges, der internationalen Reaktion und der Rechtfertigungen, die angeboten werden für die Fortsetzung der halb konsequenten, halb wahnwitzigen Handlungsweise, die wir jetzt derart engagiert verfolgen. Seine These erscheint mir vollkommen richtig. Die Fragen sind von solch schwerwiegender Bedeutung, daß ich den Rahmen einer Kritik überschreiten und die eine oder andere Richtung aufzeigen möchte, in welcher diese Diskussion ausgedehnt und vertieft werden könnte.

Wie sieht die Situation aus, vor der die amerikanischen Politiker in der Mitte des Jahres 1967 stehen? Daß die US-Streitkräfte die »Befriedung« in eigene Regie genommen haben, ist der Beweis für das bisherige Scheitern des Versuchs, einer widerstrebenden Bevölkerung eine politische Lösung mit Gewalt aufzudrängen. Was das tatsächlich bedeutet, hat ein ungenannter amerikanischer Beamter in Saigon in die Worte gefaßt: »Seit zehn Jahren spielen wir das Seid-nett-zu-den-Asiaten-Spiel, und es war ein Reinfall. Wir können uns das nicht länger leisten.«[5] Der amerikanische Einsatzleiter der zivilen Operationen in den nördlichen Provinzen erklärt das Versagen der »Teams für revolutionäre Entwicklung« durch die »unerhörte Korruption« der vietnamesischen Behörden und das fehlende Verständnis dafür, daß es, »ehe die Bauern nicht zufriedengestellt sind, für die vermögenden Kreise der vietnamesischen Regierung keinen Platz gibt«.[6] Derselbe Artikel in der *Times* führt ein dramatisches Beispiel für die Folgen dieser Korruption an. Er berichtet über einen erfolgreichen Angriff der Guerillakräfte auf die Provinzhauptstadt Quang Tri am 6. April und fährt dann fort: »Einige Tage später konnten [die Guerillas] dank einer Reihe von Vorfällen, über die damals nicht weiter berichtet wurde, praktisch ungehindert in Hué eindringen, während die Armee und die nationale Polizei flohen« – ein bemerkenswertes Ereignis, dessen Bedeutung durch die Tatsache unterstrichen wird, daß man es zur damaligen Zeit dem amerikanischen Volk vorenthielt und auch heute noch nicht offen diskutiert.

In Saigon gibt es eindeutige Anzeichen für dieselbe Demoralisierung und Verwicklung in Guerilla-Aktivitäten. Am 13. Februar 1967 stand das Haupquartier Westmorelands im Zentrum von Saigon unter Mörserbeschuß. Dieser Angriff, so betont die *New York Times* mit beträchtlichem Understatement, »wirft die Frage auf, wieweit die Bevölkerung Saigons noch hinter der südvietnamesischen Regierung steht… Beobachter halten es für unwahrscheinlich, daß der 81-mm-Mörser und die Granaten in das Haus gebracht werden konnten, daß das Dach aufgeschnitten und die Waffe befestigt werden konnte, ohne daß in dem belebten Wohnbezirk jemand dabei entdeckt wurde. Bis zum Abschuß der Granaten… rief niemand die Polizei.«

Aktuelle Berichte bekräftigen wieder einmal, daß »bisher jedes Programm, die Treue der Landbevölkerung für die südvietnamesische Regierung zu gewinnen, nach Ansicht der meisten Beobachter gescheitert ist. Bis zum heutigen Tag stehen 80 Prozent der Bauern …unter dem Einfluß, wenn nicht unter der regelrechten Kontrolle des Viet Kong.«[7] Schon die Terminologie dieses Berichts wirft Licht auf einige der Gründe für das wiederholte Scheitern; es muß erst noch bewiesen werden, daß die Amerikaner mit ihrer Unterstellung recht haben, die vietnamesischen Bauern seien der politischen Urteilsbildung und Parteinahme unfähige Objekte, die von dieser oder jener Seite »kontrolliert« werden müssen. Der Bericht fährt fort: »Wenn die Südvietnamesen bei ihrer eigenen Bevölkerung keine Unterstützung für die Regierung finden können, dann ist es unwahrscheinlich, daß das ›riesenhafte weiße Ausländer‹ an ihrer Stelle tun können.« Doch ist es eben dieser Versuch, auf den wir uns nach der Übernahme der »Befriedung« eingelassen haben. Und wir dürfen ziemlich sicher sein, daß auch dieser jüngste Schritt wieder von glorreichen Erfolgsberichten begleitet sein wird, bis zum nächsten brutalen Erwachen.

Die Regierung in Saigon macht sich nur wenig Illusionen über ihre Legitimität und ihren Status. Saigoner Regierungsbeamte haben wiederholt erklärt, sie könnten in einer offenen politischen Arena nicht überleben, die Amerikaner müßten deshalb nicht nur die militärischen Einheiten des »Viet Kong«, sondern auch seine politische und organisatorische Struktur zerschlagen, und zwar durch Mittel wie das »Befriedungsprogramm«. Diese Ansicht wird von »einem der höchsten Generäle der Junta, der von amerikanischen Beamten als der in politischen Dingen erfahrenste Mann der Gruppe angesehen wird«, in einem Interview, das George M. Kahin in einem Memorandum für einen Kreis von Senatoren erwähnt, mit aller Deutlichkeit zum Ausdruck gebracht:

Um die Kommunisten zu besiegen, müssen wir sowohl politisch als auch militärisch gegen sie gewinnen. Politisch sind wir jedoch sehr schwach, wir haben nicht den starken politischen Rückhalt bei der Bevölkerung, den die FNL hat. Wenn wir sie also militärisch besiegen, können sie immer noch aufgrund ihrer politischen Stärke zur Macht kommen. Heute verfügen wir (dank der Unterstützung unserer Alliierten) über einen starken Militärapparat. Aber wir haben keinen politischen Apparat, der mit dem der Kommunisten im Süden konkurrieren könnte. Wir müssen jetzt damit beginnen, einen solchen politischen Apparat aufzubauen, doch das ist ein Prozeß, der eine Generation lang dauern wird. Es ist unrealistisch, von einem Waffenstillstand zu sprechen, solange wir unsere politische Stärke nicht bis zu dem Punkt entwickelt haben, wo wir mit den Kommunisten erfolgreich konkurrieren können.

Weiter sagt er, daß der Krieg unter dem Einsatz einer Million amerikanischer Soldaten auf Nordvietnam und dann wahrscheinlich auch auf China ausgedehnt werden müsse. Schließlich meint er, es sei »vielleicht notwendig, auf den Dritten Weltkrieg zuzusteuern, um sicherzustellen, daß die kommunistische Macht vollständig aus Vietnam ausgeschaltet wird«; keine unrealistische Voraussage, wenn die Vereinigten Staaten weiterhin darauf bestehen, ihren Protégés die Niederlage zu ersparen, die, wie sie wissen, unvermeidlich ist, sollte der Kampf jemals in der politischen Arena ausgetragen werden, wo sie nicht »den starken politischen Rückhalt bei der Bevölkerung haben, den die FNL hat«.

Die Buddhistenführer scheinen diese Einschätzung der Lage zu teilen. In dem erwähnten Memorandum zitiert Kahin buddhistische
Gewährsmänner, die darauf hinweisen, daß das derzeitige Saigoner
Regime, das ohne die amerikanische Unterstützung nicht lebensfähig wäre, nichts tun kann, um den Krieg zu »gewinnen«. Sie fordern die Vereinigten Staaten auf, das strenge Verbot jeder politischen Äußerung und Betätigung aufzuheben, damit eine Regierung
mit einigem Anspruch auf Legitimität gebildet werden kann, die bereit ist, mit der Nationalen Befreiungsfront über eine politische Lösung zu verhandeln. Trotz der starken Unterdrückung jeder politischen Aktivität der Buddhisten scheinen diese nach wie vor darauf
zu bauen, daß sie mit der FNL erfolgreich zusammenarbeiten könnten. Die jüngste, von der Vereinigung vietnamesischer Buddhisten
in Übersee veröffentlichte »Politische Erklärung«, die das besonders
hervorhebt (ebenso wie das bewegende Buch von Thich Nhat Hanh,
Vietnam: Lotus in a Sea of Fire), schlägt tatsächlich ein Programm
für Südvietnam vor, das sich von dem der FNL nicht merklich
unterscheidet.

Amerikanische Sachverständige haben wiederholt erklärt, daß sie
dieser Beurteilung der Saigoner Regierung und ihrer Massenbasis
zustimmen. Sowohl der gegenwärtige Staatssekretär für Fernöstliche Angelegenheiten als auch sein Vorgänger waren überzeugt, daß
eine Neutralisierung Südvietnams zu einer Machtübernahme der
Kommunisten führen würde, und es ist weithin bekannt, daß das
amerikanische Expeditionskorps ausgeschickt wurde, um eine im
Grunde politische Niederlage abzuwenden. In seiner aufschlußrei-
chen Untersuchung über den »Viet Kong« kommt Douglas Pike, ein
Beamter des Auswärtigen Amtes, aufgrund eines reichen Materials
zu dem Schluß, daß der Sieg der FNL in dem heute längst vergesse-
nen Bürgerkrieg im wesentlichen ein politischer und organisato-
rischer Sieg war, der durch die Bildung einer Massenbewegung erzielt wurde. Die FNL, so bemerkt er, ist die einzige »politische Partei mit wirklicher Massenbasis in Südvietnam«. Nur die Buddhisten
– deren politische Organisation im Frühjahr 1966 zerschlagen wurde – könnten seiner Meinung nach ernstlich hoffen, zusammen mit
der FNL eine Koalition zu bilden. General Richard Stilwell, damals
stellvertretender Kommandant auf dem südostasiatischen Schauplatz, informierte Senator Young darüber, daß wir »einen Auf-

stand« niederschlagen, und selbst General Westmoreland, der heute
versichert, niemals Anzeichen für einen Aufstand gesehen zu haben,
gab Senator Young gegenüber zu, daß die meisten der in dem
Mekong-Delta kämpfenden »Viet Kong« dort geboren und aufgewachsen sind[9] – womit er zu erkennen gibt, daß er den Sinn des
Wortes »Aufstand« nicht kennt.

Die Voraussetzungen für den Erfolg des Aufstands liegen nicht im
Dunkeln. Denis Warner, so anti-kommunistisch wie irgendein anderer Journalist, der in Südostasien gearbeitet hat, wies vor Jahren
darauf hin, daß »in hunderten von Dörfern ganz Südostasiens die
einzigen Menschen, die an der sozialen Basis für eine Verbesserung
der Lebensbedingungen des Volkes arbeiten, die Kommunisten
sind«.[10] Und zu den Propaganda-Erfolgen der Kommunisten haben die Amerikaner nach Kräften beigetragen, zum Beispiel durch
ihre terroristische Bombardierungspolitik. Amerikanische Quellen
zeigen an, daß sich 1965, im ersten Jahr der amerikanischen Bombardierung des Südens, der lokale Zustrom zum »Viet Kong« ver-
dreifachte.[11] Der Chef des Saigoner Büros von *Asahi Shimbun*
folgert: »Es steht fest, daß die Eskalation und Ausweitung des
Kriegs, auch wenn sie der Saigoner Regierung zum Vorteil gerei-
chen, nur dazu beitragen, die Opposition gegen den Krieg unter der
breiten Bevölkerung noch mehr zu verstärken«, und er fügt hinzu:
»Die hohe Zahl der Kriegsdienstverweigerer und Deserteure unter
den jungen Südvietnamesen ist ein Zeichen dafür, daß es, im großen
und ganzen, unmöglich ist, die jungen Leute für den Krieg zu gewinnen; sie neigen dazu, ihn als einen amerikanischen Krieg anzusehen.«[12] Und die Situation kann sich nur noch verschlechtern. Die
Saigoner Behörden sprechen von bisher etwa zwei Millionen Flüchtlingen, von denen die meisten, nach Angaben von Kriegsberichterstattern, Opfer amerikanischer Bombardierungen oder gewaltsamer Umsiedlung sind. Ein Bericht der *Associated Press* aus Saigon
trifft die folgende vernichtende Feststellung:

Der Generalstab der Vereinigten Staaten, der seit zwei Jahren damit beschäftigt ist, die regulären Truppen Nordvietnams zu Tode zu hetzen,
richtet sein Augenmerk jetzt immer mehr auf die dichtbevölkerten Täler
und Ebenen, in denen der Feind starken politischen Einfluß ausübt und
seine Versorgungsquellen hat. Man erhofft sich schnelle Erfolge durch die
Methode der gewaltsamen Umsiedlung in chronisch kommunistischen Gebieten, gefolgt von der Operation »verbrannte Erde«, die den feindlichen

Truppen jede Nahrung, jeden Schutz und jede materielle Unterstützung
entziehen soll. Aus Tälern des zentralen Hochlandes werden alle Lebewesen entfernt; die Menschen, die im Süden im Umkreis kommunistischer
Zonen lebten, hat man umgesiedelt. Einige amerikanische Beobachter, die
sich vor kurzem im Mekong-Delta aufhielten, sagten, daß die seit je ge-
haßte und gefürchtete vietnamesische Armee heute der Landbevölkerung
schon weniger gefährlich erscheint als die Amerikaner.[13]

Man könnte Dutzende solcher Berichte vorlegen. Jene, die für den
Rückzug eintreten, schlagen lediglich vor, diese Gefahr zu beseitigen, wozu nur wir in der Lage sind.

Es ist kaum verwunderlich, daß die Bauern einer Verfassunggeben-
den Versammlung den Rücken kehren, die für die einzige Boden-
reform, die durchgeführt wurde, nur 3 von 117 Stimmen finden
konnte; oder daß sogar die Bewohner Saigons nicht gerade begeistert sind über eine Regierung, die so unglaublich korrupt ist, daß
der Industrieminister im Kabinett Kys der wichtigste Arzneimittel-
lieferant für den »Viet Kong« zu sein scheint – nachdem er, versteht sich, eine Drittel Million Dollar Schmiergelder von amerikanischen und westdeutschen Lieferanten eingesteckt hat.[14] Auch kann
man verstehen, warum die amerikanische Regierung nach wie vor
ihre Militärmacht einsetzt, um der Bevölkerung Vietnams das
Regime der korruptesten, reaktionärsten Elemente der vietnamesischen Gesellschaft aufzuzwingen. Es gibt ganz einfach niemanden
sonst, der ihren Anweisungen folgen und dem überstarken Wunsch
der Bevölkerung nach Frieden und (ohne Zweifel) Neutralisierung
widerstehen würde. Die US-Regierung hat bei Gelegenheit angedeutet, daß sie nicht abziehen werde, wenn sie »von einer linken
oder auch nur neutralistischen Regierung« dazu aufgefordert würde, »die nach Ansicht der Vereinigten Staaten nicht die wahren Interessen des südvietnamesischen Volkes oder der Militärführer verträte«.[15] Ja, sie werde dafür Sorge tragen, daß keine derartige Regierung zustande komme und keine derartigen Meinungen öffentlich
geäußert würden. In den letzten Monaten haben Berichte aus Südvietnam bestätigt, daß Versuche der Buddhisten, eine legale politische Organisation zu errichten, wieder einmal vereitelt und die
Anführer verhaftet worden sind (Memorandum Kahins, siehe oben
und Anmerkung 8).

Jean Raffaelli, der einzige westliche Korrespondent, der in Nordvietnam geblieben ist, hat bemerkt, daß – ganz abgesehen von

jeder politischen Frage – dem Widerstand der Vietnamesen gegen
den Angriff, den die fortschrittlichste Technologie der Welt gegen
sie unternommen hat, ein Moment von menschlicher Größe an-
haftet. In *Le Monde* werden die Worte eines nordvietnamesischen
Arztes »von internationalem Ruf« zitiert:

... die Amerikaner haben alles vernichtet. Alles, was wir seit 1954 aufgebaut haben, liegt in Trümmern: Krankenhäuser, Schulen, Fabriken,
neue Wohnsiedlungen. Wir haben nichts mehr zu verlieren, ausgenommen
die Unabhängigkeit und die Freiheit. Um diese zu verteidigen, glauben
Sie mir, sind wir bereit, alles zu ertragen.

In Südvietnam war der Angriff der Amerikaner weitaus schwerer,
und es fehlen direkte Berichte von den Opfern. Statistiken vermitteln jedoch ein klares Bild von den Vorgängen. Amerikanischen
Quellen zufolge kann die FNL »jeden Monat etwa 7000 neue Mitglieder verzeichnen«.[16] Vor kurzem wurde in einem ausgedehnten
Propagandafeldzug begeistert verkündet, im März 1967 habe es
5557 »Viet-Kong«-Abtrünnige gegeben, fast doppelt so viel wie in
jedem der vorangegangenen Monate. Nur dem aufmerksamen Leser wird aufgefallen sein, daß 630 dieser »Abtrünnigen« als Soldaten und 301 als politische Kader identifiziert wurden; der Rest waren Bauern, die wahrscheinlich wegen einer freien Mahlzeit kamen.[17] Siebentausend neue Mitglieder gegen 630 Abtrünnige – diese
Zahlen zeigen lebhaft, mit welchen Mitteln der amerikanische Krieg
in Vietnam gewonnen werden muß.
Das bisher Gesagte stützt sich auf Berichte von Anfang 1967. Wenn
ich es jetzt, im Januar 1968, wieder lese, kann ich nur feststellen,
wie wenig sich die Situation geändert hat. Die brutale Bombardierung wird fortgesetzt, pausenlos; ihr Ausmaß ist in der Geschichte
der Kriegführung einmalig. Wir erfahren, daß allein bei Luftangriffen mehr als 100 Pfund Sprengstoff pro Person, 12 Tonnen
Sprengstoff auf eine Quadratmeile verbraucht wurden, fast gleichmäßig auf Nord- und Südvietnam verteilt. Viele hunderttausend
Morgen Land wurden der Entlaubung ausgesetzt, deren letztliche
Konsequenzen niemand kennt. In Südvietnam werden die Flüchtlinge zu Millionen gezählt. Warum haben sie ihre Wohnsitze verlassen? »... der Grund, warum die Menschen gezwungen sind, ihre
Dörfer und Wohnsitze zu verlassen, ist in den meisten Fällen der,
daß praktisch alle Häuser von den amerikanischen Streitkräften bis

auf die Grundmauern niedergebrannt worden sind. Dennoch versuchen die Menschen noch immer, sich an ihr verbranntes Land zu
klammern, und können nur unter Zwang umgesiedelt werden...«[18]
Wer von uns lesen kann und zum Beispiel die ausführlich berichtete Schreckensgeschichte von Ben Suc verfolgt hat, kennt die Details dieser Umsiedlungen.[19] Viele Augenzeugenberichte haben die
zynische Ausrede, daß unsere Ziele in Nordvietnam rein militärischer Natur seien, Ziele aus »Stahl und Beton«, Lügen gestraft.
Der Chefredakteur von *Asahi Shimbun* schreibt: »Ich lief herum
und sah mir die Bombentrümmer der Schulen, Krankenhäuser, Kirchen, Tempel, Marktplätze und anderer friedlicher öffentlicher Einrichtungen an.«[20] Lee Lockwood, Harrison Salisbury, David
Schoenbrun und andere haben genauen Bericht erstattet – für alle,
die wissen möchten. Man kann nicht länger leugnen, daß ein wichtiger Bestandteil der Bombardierungen die Vernichtung von Menschen ist.

An der politischen Situation hat sich nichts geändert. Man hat Wahlen durchgeführt, um das bestehende Regime zu legitimieren – zumindest in amerikanischen Augen. Um das gewünschte Ergebnis zu
gewährleisten, wurde der einzige anerkannte »Friedenskandidat«,
Au Truong Thanh, von der Wahlliste gestrichen; ähnlich verfuhr
man mit General Minh, der für die Wahlen höchst wahrscheinlich
eine Gefahr gewesen wäre (man hatte ihn zuvor des Landes verwiesen). »Kommunisten« und »Neutralisten« waren durch das Wahl-
recht ausgeschlossen. Bei den Senatswahlen wurden Kandidaten-
listen, auf denen Tri Quang-Buddhisten standen, als »pro-neutra-
listisch« ausgeschlossen, und die Wahlliste der Gewerkschaft wurde
nicht zugelassen, weil »einem Kandidaten der Legitimierungsnach-
weis fehlte«.[21] Wie zu erwarten war, »bilden die Kandidaten eine
vorwiegend aristokratische und städtische Gruppe« mit nur wenigen Dorfbewohnern darunter – »ungefähr 90 Prozent von ihnen
leben in Saigon oder in der umliegenden Provinz Gia Dinh«.[22] Die
Tricks, die bei der Entscheidung über die »Gewinner« der Senatswahlen angewandt wurden, spotten jeder Beschreibung.[23] Obwohl
sich eine Reihe amerikanischer Politologen zufrieden zeigte (in Erinnerung an Dean Rusks Charakterisierung der Provinzwahlen
vom Mai 1965 als »freie Wahlen ... nach unseren Maßstäben«),
empfahl das Sonderkomitee der Südvietnamesischen Verfassungge-

benden Versammlung, die Wahl für ungültig zu erklären; der Antrag wurde von der Vollversammlumg mit 58 gegen 43 Stimmen abgelehnt – unter polizeilicher Aufsicht; der Chef der nationalen Polizei, General Loan, und seine bewaffnete Leibwache standen ostentativ auf der Galerie. Phan Khac Suu, der konservative Großgrundbesitzer und Präsident der Versammlung, weigerte sich, das Ergebnis bekannt zu geben, mit den Worten: »Ich bin absolut nicht bereit, die Abstimmung anzuerkennen.«[24] Kurz nach den Wahlen wurde Truong Dinh Dzu, der zum Erstaunen aller von Frieden gesprochen und die zweithöchste Stimmenzahl erhalten hatte, verhaftet. Verhaftet wurde auch Au Truong Thanh, »von 79 bewaffneten Männern in Kampfausrüstung« unter Führung von General Loan.[25] Eine der gegen ihn erhobenen Anklagen lautete, er habe ein Ausreisevisum für die Vereinigten Staaten beantragt. »Es bleibt ihm überlassen, zu erklären, warum er ins Ausland gehen will«, bemerkte General Loan. Nachdem man ihn achtzehn Stunden festgehalten hatte, wurde er unter Hausarrest gestellt, der anscheinend noch immer andauert (es ist schwer, darüber Informationen zu erhalten). Am 3. November amnestierte die Saigoner Regierung 6270 Gefangene, darunter 4320 »Viet-Kong-Verdächtige, zum größeren Teil Bauern, und 1120 »politische Gefangene« – »Personen, die in der Regel ohne Verhandlung bis zu drei Jahren festgehalten worden waren«. Ein hoher Beamter sagte dazu: »Man darf ruhig behaupten, daß am Mittwoch nur ein Bruchteil aller Gefangenen freigelassen wurde.« Die Regierung verweigert jede weitere Information.

Auch ist mittlerweile klar geworden, daß die Regierung in den Monaten seit den Wahlen in eine nahezu totale Lähmung verfallen ist. Die einzige bemerkenswerte Handlung war die intensive Bemühung des Repräsentantenhauses, zu verhindern, daß achtzehn- und neunzehnjährige Südvietnamesen in den amerikanischen Krieg geschickt würden. Außenminister Tran Van Do erklärt, daß »wir nicht in der Lage sind, Südvietnam politisch zu organisieren ... also können wir die FNL als eine politische Partei nicht akzeptieren ... Durch die Integration der Befreiungsfront würde diese die Möglichkeit erhalten, in Südvietnam die politische Macht an sich zu reißen.«[26] Das Mekong-Delta, wo vierzig Prozent der Bevölkerung leben (und bis jetzt keine nordvietnamesischen Soldaten stehen), bleibt weiterhin

eine Festung des »Viet Kong«. Auf die Frage »Warum?« antwortete Präsident Thieu: »Der wichtigste Grund, aus dem der Viet
Kong im Mekong-Delta so stark ist, ist der, daß die Menschen dort
immer noch glauben, zwischen den Franzosen, die sie Kolonialisten
nannten, und den Amerikanern, die sie Imperialisten nennen, gebe
es kaum einen Unterschied.«[27] Einen anderen Grund nennt der
Kongreßabgeordnete Reid: »70 Prozent der Pachtbauern in den
Tiefebenen und im Mekong-Delta zahlen jetzt ihren Pachtzins an
abwesende Gutsherren, die ihn in Saigon verprassen«[28] – der Versuch der Kongreßabgeordneten Reid und Moss, die Regierung zur
Freigabe einer detaillierten Untersuchung des »General Accounting
Office« über Landreform-Maßnahmen in Südvietnam zu veranlassen, ist bisher ohne Erfolg geblieben.[29]
Die Feststellung Tran Van Dos wird von Hanson Baldwin bekräftigt, der berichtet, daß »die amerikanischen Beamten in Vietnam von der Aussicht auf bevorstehende Verhandlungen ... nahezu einstimmig alarmiert sind«, weil der Eintritt der FNL in eine
Koalition »der Todeskuß« wäre.[30] Diese Einstellung gegenüber
einem Verhandlungsfrieden wird zunehmend deutlicher in der
amerikanischen Diplomatie, die beständig neue, extremere Bedingungen stellt, wann immer sich eine Möglichkeit für Verhandlungen
ergibt – etwa im Februar 1967, als Ho Chi Minh und Johnson miteinander kommunizierten und letzterer als Bedingung für Verhandlungen vorschlug, wir würden aufhören, unsere Kräfte in Südvietnam zu »vermehren«, sobald Nordvietnam jede Infiltration gestoppt habe (uns stünde es natürlich frei, unsere eigenen Versor-
gungs- und »Infiltrations«-Operationen für unser eigenes, weit grö-
ßeres Expeditionskorps fortzusetzen, selbst dann noch, wenn sich
Nordvietnam vollständig zurückgezogen hätte). Gelegentlich haben
sich Sprecher der amerikanischen Regierung über die Aussichten für
Verhandlungen sehr deutlich geäußert, zum Beispiel General
Maxwell Taylor, der im August 1965 sagte:

... in Südvietnam ist die Armee der Inhaber der Macht. Die Generäle
sind total engagiert. Sie haben alle Brücken hinter sich abgebrochen. Sie
würden niemals eine Regierung dulden, die sich bei heimlichen oder offenen Verhandlungen mit Hanoi oder dem Viet Kong überraschen ließe.[31]

Es ist unwahrscheinlich, daß sich Saigon oder Washington bei Verhandlungen überraschen lassen, solange die politische Basis derjeni-

gen, die in Vietnam mit uns kollaborieren, so schwach bleibt, wie sie heute ist.

Hedrick Smith berichtet aus Washington – und bestätigt damit, was Hanson Baldwin aus Vietnam berichtet –, daß »die jüngsten Wahlen keine organisierte politische Basis für die Regierung ergaben« und daß es nach der Ansicht amerikanischer Politiker »dem Saigoner Regime an der ausreichenden Unterstützung der Bevölkerung und an Geschlossenheit mangelt, ... sich auf eine politische Kraftprobe mit der Befreiungsfront einzulassen«.[32] Die Wahlen mögen zwar die öffentliche Meinung Amerikas vorübergehend beruhigt haben, in Südvietnam aber haben sie wenig oder gar nichts bewirkt. Ein interner Bericht der US-Mission[33] in Saigon spiegelt die Betrübnis der amerikanischen Beamten über »die seltsame Fehleinschätzung der Rolle Amerikas in Vietnam«, die beim »südvietnamesischen Volke« herrsche, was zum Beispiel aus der Erklärung einer Gruppe von Bürgern mittleren Alters hervorgehe, wonach das neue Mobilmachungsgesetz »auf Anordnung der Amerikaner, deren wahres Ziel es ist, möglichst viele Vietnamesen zu töten«, zustande gekommen sei, oder auch aus der Frage eines Abgeordneten: »Warum sollen unsere jungen Männer eingezogen werden, um den US-Interessen zu dienen?«

Die Stimmung unter den Intellektuellen Saigons beschreibt ein emeritierter Professor, der »im Spektrum der Intellektuellen Saigons ziemlich weit rechts steht«[34], mit den Worten: das Problem sei, daß »im Augenblick die einzigen Intellektuellen mit Charakter, die sich engagiert haben, auf der anderen Seite stehen«. Die Beliebtheit Ho Tschi Minhs dauere an, weil er »den Abgrund zwischen Vietnam und der modernen Welt überbrückt« habe. »Jedermann kennt und liebt Ho.« Nach Ansicht des Professors besteht die einzige Hoffnung für die Vereinigten Staaten darin, die Maske fallen zu lassen und einen neuen »Gouverneur oder Statthalter für Vietnam« zu ernennen.

Im Hinblick auf die militärische Lage kam Senator Mansfield, einer der bestinformierten Senatsmitglieder, was die südostasiatischen Angelegenheiten betrifft, nach der jüngsten Berichterstattung von General Westmoreland in Washington zu dem Schluß, er finde »nur sehr wenig oder gar nichts in der Entwicklung der Kampfhandlungen, was auf eine verminderte Fähigkeit des Viet Kong, weiterzu-

kämpfen, hindeute«. Die FNL, so meinte er, bleibe »die dominierende Macht in Südvietnam«, an ihre »Festung« im Mekong-
Delta sei »kaum gerührt worden«. Die Befreiungsfront, und nicht
Hanoi, sei »der Faktor, der in Südvietnam am meisten in Betracht
gezogen werden muß«.[35]
Es gibt natürlich gewisse »befriedete« Gebiete, und in einigen sind
sogar kaum amerikanische Truppen anzutreffen, etwa im größten
Teil der Provinz Tay Ninh, in der der Cao Dai recht einflußreich
ist. Es lohnt sich jedoch, diesen Erfolg der »Befriedung« etwas näher
zu untersuchen. Wie Elizabeth Pond berichtet, scheint die Grundlage »eine gewisse Angleichung zwischen dem Cao Dai und dem
Viet Kong« zu sein.[36] Unter den Intellektuellen des Cao Dai gelten
diejenigen als Helden, die für den Neutralismus eintraten – vor
allem der ehemalige »Cao Dai-Papst« Pham Cong Tac, den Diem
ins Exil geschickt hatte. Für einige ist Major Nguyen Thanh Mung,
der sich mit seinen Cao Dai-Truppen der FNL anschloß, »der einzige, der die Tradition von Pham Cong Tac fortgesetzt hat«. Diesem Bericht zufolge beruht die Beziehung zwischen diesem Modell-
gebiet und der Regierung in Saigon auf starkem gegenseitigen
Mißtrauen.
Über die Lage in den von Amerikanern kontrollierten Gebieten
Südvietnams gibt es keinen aufschlußreicheren Kommentar als die
Aussage, die der Kongreßabgeordnete Donald Riegle im Mai 1967
aus Rutherford Poats herausgelockt hat (veröffentlicht im September).[37] Poats, in den vorangegangenen drei Jahren »der Mann
Nr. 1, der unser Wirtschaftsprogramm, den sogenannten ›anderen
Krieg‹ in Vietnam, beaufsichtigte«, war gerade zum stellvertreten-
den Leiter des Amtes für Internationale Entwicklung (AID) ernannt worden. Seiner Aussage zufolge, wie sie vom Kongreßabgeordneten Riegle übermittelt wurde, »ist das jährliche US-Pro-
gramm für Warenimporte in Vietnam tatsächlich ein politisches
Schmiergeld, das an mächtige kommerzielle Interessengruppen Südvietnams gezahlt wird, um die politische Stabilität des Landes und
das kontinuierliche Eintreten dieser Gruppen für den Krieg zu gewährleisten«. Poats stimmte Riegles Resumee zu: »Wenn wir unser
AID-Programm abbrechen sollten, . . . würde die Regierung dort
drüben wahrscheinlich zusammenbrechen und der Krieg in jeder Hinsicht beendet sein«; »wenn dieser Krieg so geführt würde, daß gewis-

se Elemente in Vietnam größere Opfer bringen müßten, wäre die politische Instabilität so ernst, daß das Land zerbrechen müßte«. Die
Situation ist derart, daß es »heute keine militärischen Aktionen der
südvietnamesischen Armee mehr gäbe ohne unsere Vorkehrungen
für kommerzielle Importe«, die verhindern, daß sich »Inflation,
Zerrüttung und Demoralisierung« einstellen. Poats bestätigte auch,
es sei »ohne Zweifel viel Wahres daran«, wenn Riegle behaupte,
ohne das »Schmiergeld« würden die kommerziellen Interessengruppen Südvietnams »ihre Anhänger auf die Straße schicken, um die
Regierung zu stürzen« (obwohl er diese Behauptung als etwas
»stark« empfand). Der Abgeordnete Riegle kommt zu dem Schluß:
»Wenn wir nicht irgendeinen Mittelweg zwischen Autarkie ... und
einer zunehmenden Abhängigkeit finden, dann werden wir niemals
aus dieser Situation herauskommen. Wir bleiben dann ewig in diesem Sumpf stecken.«
Diese Aussage könnte man mit einem Bericht des französischen Re-
gierungsvertreters Muselier aus dem Jahre 1897 vergleichen:

[Die einzigen Leute, die mit uns zusammenarbeiten, sind] ehrlose und
ungebildete Intriganten, die wir [die Franzosen] manchmal mit hohen
Ämtern ausgestattet hatten, die in ihren Händen zu Werkzeugen wurden,
mit denen sie das Land skrupellos ausplünderten ... Sie wurden verachtet
und besaßen weder die geistige Kultur noch die moralische Stärke, die es
ihnen ermöglicht hätten, ihre Aufgabe zu erkennen und zu erfüllen.[38]

Sieht man vom rhetorischen Flair ab, so könnte das heute die Aussage von Rutherford Poats sein. Was er bezeugte, wird diejenigen
nicht überraschen, die den Klagen früherer amerikanischer Beamter
in Saigon Aufmerksamkeit geschenkt haben. 1959 erklärte einer
von ihnen[39]: »Wenn einem freien Vietnam auch nur ein Minimum
an wirtschaftlicher Selbständigkeit fehlt, ist die politische Unabhängigkeit nur eine Illusion.« Der größere Teil unserer Hilfe, so
sagte er, werde »zur Unterhaltung eines extravaganten Lebensstils
verwendet«, und: »Der Viet Minh ... kann mit Recht behaupten,
daß die Vereinigten Staaten als die neuen Herren des freien Vietnam ein wirksamer Ersatz für Frankreich sind.« Poats' Aussage
zeigt nur, wie wenig sich geändert hat. Man könnte viele weitere
Illustrationen für den Charakter der Kollaborateure anführen.[40]
Die ganze Situation erinnert lebhaft an andere Episoden in der Geschichte des Kolonialismus, etwa an die Zustände auf den Philippi-

nen zur Zeit der japanischen Besetzung. Solange die amerikanische
Besetzung andauert, drohen noch größere Not und weitere Zerstörung.

Christopher Lydon, Korrespondent des *Boston Globe*, der General
Gavin unlängst auf seiner Reise nach Vietnam begleitete, beschließt
eine Reihe von Artikeln über seine Eindrücke mit einem Zitat von
Ton That Thien, dem Herausgeber des *Vietnam Guardian*, einer
Zeitung, die vom Saigoner Regime verboten wurde, als sie die
offizielle Erklärung in Frage stellte, daß Tran Van Van, ein Mitglied des Repräsentantenhauses, vom »Viet Kong« ermordet worden
sei. Thien beschreibt, was er für den einzig möglichen amerikanischen »Sieg« hält:

> Ihr könnt die andere Seite nicht militärisch besiegen, wenn Ihr nicht die
> nächsten dreißig oder vierzig Jahre darauf verwendet. Ihr könnt gewin-
> nen, wenn Ihr eine weitere Generation lang tötet. Ihr löscht einfach das
> Leben aller Vietnamesen aus – so wie Ihr die Indianer in Amerika ge-
> tötet habt –, dann wird es keinen Krieg mehr geben.

Lydon sagt dazu: »Diese Agonie, wenn nicht sogar völlige Verzweiflung, unter den meines Erachtens feinfühligsten und patrio-
tischsten Vietnamesen angesichts der Last amerikanischer Waffen
auf ihrem Land ist der stärkste Eindruck, den ich aus dieser gepeinigten Hauptstadt mitnehme.«[41] Diese Agonie teilen die aufmerk-
samsten Beobachter der vietnamesischen Tragödie, selbst jene, die
sich im Prinzip hinter die militärische Intervention Amerikas stellen. Bernard Fall zum Beispiel warnte in einem seiner letzten Artikel, es sei »Vietnam als kulturelle und historische Einheit, das von
der Auslöschung bedroht ist«, da »das Land unter den Schlägen der
größten Militärmaschinerie, die jemals auf ein Gebiet dieses Umfangs losgelassen wurde, buchstäblich abstirbt«. Man kann in Worten nicht ausdrücken, wie schrecklich es ist, daß wir das weiterhin
zulassen.

Wenn man herauszufinden versucht, was sich hinter den offiziellen
Berichten der Regierung verbirgt, so ist dies der Eindruck, den man
gewinnt. Natürlich ist es nicht der Eindruck, den die Regierung zu
vermitteln sucht, noch der, den zu erwecken ihr im großen und ganzen gelingt dank dem mächtigen Propagandaapparat, über den sie
verfügt. Man muß es der amerikanischen Presse zugute halten, daß
sie noch immer Informationen liefert, die demjenigen, der Zeit und

Mühe zu investieren bereit ist, die Chance geben, sich ein ungefähres Bild darüber zu verschaffen, was in Vietnam geschieht. Aber wir dürfen uns nicht darüber täuschen, daß dies, so wichtig es sein mag, den gegenwärtigen Zustand der amerikanischen Demokratie kaum berührt: nur eine privilegierte Minderheit ist in der Lage, die Nachforschungen anzustellen, die notwendig sind, um Tatsachen von Propaganda zu scheiden.

Angesichts dessen, was in den vergangenen drei Jahren geschah, fällt es schwer, sich noch zu erregen über solche Dinge wie die Zweideutigkeit oder Doppelzüngigkeit der amerikanischen Regierung in ihrer Einstellung zum Genfer Abkommen, oder über die zahlreichen Verletzungen des nationalen wie des internationalen Rechts, die unsere Einmischung in die inneren Angelegenheiten Vietnams begleitet haben. Trotzdem sind diese Dinge und insbesondere die Reaktion darauf, als sie zu auffällig wurden, um übersehen zu werden, für jeden, den der amerikanische Krieg in Vietnam und seine Konsequenzen für die Zukunft nicht gleichgültig lassen, sehr aufschlußreich. Es war einmal durchaus normal, die »Kommunisten« der Mißachtung des Völkerrechts und vertraglicher Verpflichtungen zu beschuldigen. Heute jedoch neigen viele Amerikaner dazu, solche Dinge als irrelevant und unrealistisch zu verspotten. Plötzlich ist die Verfassung, ist das System von Verträgen, zu denen wir uns verpflichtet haben – insbesondere die Charta der Vereinten Nationen –, »aus der Mode« gekommen, nicht länger den Komplexitäten unserer Zeit angemessen, die eine starke Exekutive erforderlich machen, welche die Freiheit hat, mit überwältigender militärischer Macht auf wirkliche oder angebliche »Notstandssituationen« und »Angriffe« zu reagieren – etwa auf den angeblichen Angriff in der Tonking-Bucht. Bei einer weltbeherrschenden Macht muß eine solche Mißachtung von Formalitäten alarmierend wirken.

Randolph Bourne warnte einst vor den Intellektuellen, die »uns erzählen, daß unser Krieg aller Kriege makellos ist und in aufregender Weise Gutes vollbringt«; wir haben guten Grund, noch beunruhigter zu sein, wenn sie uns sagen (freilich nicht so sehr durch Worte als durch die Politik, die sie propagieren), unser nationales Interesse verlange, daß wir das zarte Gewebe des Völkerrechts in Stücke reißen, Vertragsbindungen und konstitutionelle Prozeduren mißachten. Trotz der Mängel und häufigen Ungerechtigkeiten des

Völkerrechts und der zu seiner Bekräftigung geschaffenen Institutionen enthält die Schlußfolgerung des »Lawyers Commitee on American Policy in Vietnam« viel Wahrheit: »Die vietnamesische Tragödie«, heißt es da, »zeigt, daß die Prinzipien des Rechts, wenn sie derart schamlos mißachtet werden, eine Möglichkeit haben, die tiefe Weisheit, die ihrer Aufstellung zugrunde liegt, von neuem zur Geltung zu bringen. Wenn man das Völkerrecht beachtet hätte, wäre sowohl dem vietnamesischen als auch dem amerikanischen Volk das erspart geblieben, was Generalsekretär U Thant ›einen der barbarischsten Kriege der Geschichte‹ genannt hat.«⁴³

Die Mißachtung von Gesetz und Vertrag wurde drastisch illustriert durch unser Verhalten gegenüber dem Genfer Abkommen von 1954. Man hat viel darauf herumgeritten, daß wir uns, rein technisch gesehen, nicht eindeutig verpflichtet hätten, dieses Abkommen einzuhalten. Wem jedoch daran liegt, daß unser internationaler Ruf wieder ein Quentchen Reputation erhält, der sollte sich's mit der Vergangenheit nicht so leicht machen. In Genf hatte sich Bedell Smith im Namen der Vereinigten Staaten nachdrücklich dazu verpflichtet, die Französisch-Vietnamesische Abmachung über die Einstellung der Feindseligkeiten und die Paragraphen 1 bis 12 der Schlußerklärung der Konferenz einzuhalten (ausgeschlossen blieb nur Paragraph 13, der Konsultationen vorsah, »um sicherzustellen, daß das Abkommen eingehalten wird« – eine interessante Auslassung angesichts der nachfolgenden Versuche, einen Verhandlungsfrieden zu erzielen). Die Schlußerklärung stellt fest, daß »die militärische Demarkationslinie provisorisch ist und in keiner Hinsicht als politische oder territoriale Grenze interpretiert werden soll«, und fordert Wahlen unter internationaler Kontrolle als Teil einer politischen Regelung auf der Grundlage der »Prinzipien der Unabhängigkeit, Einheit und territorialen Integrität« für ganz Vietnam. Offenbar hatten die Vereinigten Staaten nicht die Absicht, ihre in Genf eingegangenen Verpflichtungen zu erfüllen, eine Tatsache, die mit erstaunlicher Offenheit zugegeben wird. So schrieb zum Beispiel Kenneth T. Young, von 1954 bis 1958 Chef der Abteilung für südostasiatische Angelegenheiten des Außenministeriums, im Jahre 1954 sei »unser Ziel ein unabhängiges Südvietnam mit einer starken, den nationalistischen Tendenzen der Bevölkerung entgegenkommenden Regierung« gewesen.[44] Es war also unser Ziel, unsere Verpflichtungen von Genf nicht einzuhalten. Dieses Ziel war Teil unseres allgemeinen Programms, »zu versuchen, Südvietnam als Teil des Blocks aller oder der meisten nichtkommunistischen Länder Asiens zu erhalten« und »die Vietnamesen bei der Schaffung von Stabilität, Sicherheit und Wohlfahrt südlich des 17. Breitengrads zu unterstützen«, um »der Aggression und Subversion des Nordens einen Riegel vorzuschieben« – all dies in Nichtachtung unserer Genfer Verpflichtungen hinsichtlich eines vereinigten Vietnam und kontrollierter Wahlen im Jahr 1956. Man konnte damals bestimmt nicht angenommen haben, daß Nordvietnam vor den geplanten Wahlen von 1956 zu »Aggression und Subversion« schreiten würde, und wie die Ereignisse zeigen sollten, geschah in jenen Jahren nichts, was auch nur im entferntesten mit diesen Begriffen bedacht werden könnte, abgesehen freilich von den Unterdrückungsmaßnahmen Diems und seiner (von uns unterstützten) Weigerung, die in dem Genfer Abkommen für 1955 vorgesehenen Konsultationen durchzuführen.

Außenminister Dulles, man erinnere sich, steckte seine Ziele noch höher, als er den französischen Botschafter noch vor der Konferenz instruierte, daß »vor allem das Delta des Roten Flusses und des Mekong als Stützpunkte erhalten werden müssen, von denen aus ein Gegenangriff uns das zurückerobern könnte, was wir am Konferenztisch an den Viet Minh verloren haben«.[45] Es wäre interessant, ist wahrscheinlich aber nicht möglich, die Wege zurückzuverfolgen, auf denen die Vereinigten Staaten und ihr Verbündeter in Saigon diesen Plan in die Tat umsetzten. Bernard Fall behauptet (ohne allerdings die Beweise dafür zu nennen), daß »seit 1956 unaufhörlich« kleine Gruppen von Saboteuren mit Fallschirmen in Nordvietnam abgesetzt oder auf anderen Wegen dort eingeschleust worden sind, obwohl »die Verlustziffer sehr hoch ist und die Erfolge, falls es überhaupt welche gibt, sehr vereinzelt sind«.[46] Nach Richard Goodwin begannen diese Versuche 1958.[47] Man erinnere sich, daß selbst der amerikanischen Propaganda zufolge in Südvietnam »keine ernsthafte Gefahr bestand – bis 1959/60, als Nordvietnam systematische Anstrengungen unternahm, mit Gewalt die Kontrolle über Südvietnam zu gewinnen«.[48] Tatsächlich behauptet die amerikanische Regierung nur, daß die Infiltration ausgebildeter

südvietnamesischer Kader 1959 einsetzte; und noch kurz bevor die
Amerikaner den Krieg in ihre Hände nahmen, Anfang 1965, stellten Berichte über gefangene und abtrünnige »Viet Kong« fest, »daß
die meisten einheimischen Guerillas aus Südvietnam nichts davon
wissen, daß Nordvietnam in diesem Krieg eine Rolle spielt, außer
der eines wertvollen Verbündeten«.[49] Eine vergleichende Studie über
den Erfolg der südvietnamesischen Kommandos in Nordvietnam
und der im Norden ausgebildeten und dann in den Süden geschickten südvietnamesischen Kader in den sechziger Jahren könnte einen
interessanten Kommentar liefern über einige seltsame Vorstellungen
vom »revolutionären Guerillakrieg«, die in der heutigen amerikanischen Propaganda auftauchen.

Übrigens ist es seltsam, daß heute nur die Vereinigten Staaten und
die »Kommunisten« darauf bestehen, daß Südvietnam eine besondere und unabhängige Einheit sei. Die Saigoner Führungskräfte betonen, in Artikel 1 der neuen Verfassung, daß »Vietnam [nicht Süd-
vietnam] eine territorial unteilbare, vereinigte und unabhängige
Republik« sei, als deren Herrscher sie sich bezeichnen; Artikel 107
der Verfassung spezifiziert, daß Artikel 1 nicht abgeändert werden
kann. Selbst wenn Ho Chi Minh seine gesamte Armee nach Südvietnam geschickt hätte, hätte er sich ihrer Ansicht nach also nicht
der »Aggression«, sondern nur des Aufstands und der Subversion
schuldig gemacht.

Es ist jedoch eine noch weitaus gefährlichere Entwicklung in Gang
als die der Verfälschungen und des Zynismus der amerikanischen
Regierung im Hinblick auf ihre internationalen Verpflichtungen,
ihre eigenen Gesetze und das Völkerrecht, nämlich die Toleranz
selbst aufgeklärter Amerikaner gegenüber der Vorstellung, wir hätten das gute Recht, in die inneren Angelegenheiten Vietnams einzugreifen, über die »legitimen« Elemente der südvietnamesischen
Gesellschaft zu befinden und die Entwicklung der sozialen und politischen Institutionen unserer Wahl in diesem unglücklichen Land zu
steuern. Es ist blamabel, aber kaum zu leugnen, daß bei uns die
Empörung über den Krieg niemals lauter als ein Flüstern gewesen
wäre, wenn unser Versuch Erfolg gehabt hätte, in Südvietnam »die
Polizei, die Sicherheitskräfte und andere Institutionen, die zu einem
modernen Polizeistaat gehören, zu stärken«.[50] Man ist nicht einmal
mehr erstaunt, den Vorschlag eines erfahrenen und relativ liberalen

Korrespondenten zu lesen, »die Vereinigten Staaten sollten für diese schwierige Aufgabe der politischen Neuorientierung ihre besten Leute [nach Vietnam] schicken«, damit das Gebiet nicht in die Hände der FNL falle.[51] Unsere Vietnamesen, so meint er, »spielen sowohl auf lokaler Ebene wie in Saigon ein Machtspiel um ihrer persönlichen Privilegien und Interessen willen« und empfinden »nur Verachtung für die Dörfler«. Deshalb müßten *wir* einen Weg finden, ihnen das Vertrauen der Landbevölkerung zu gewinnen. Man stelle sich vor, wie Saville Davis reagieren würde, wenn er einen solchen Vorschlag in der *Prawda* läse. Er wie auch seine Leser halten es jedoch für selbstverständlich, daß die Vereinigten Staaten das Recht haben, überall in der Welt eine »politische Neuorientierung« zu betreiben (ganz zu schweigen von dem Recht, militärische Gewalt anzuwenden).

Die vietnamesischen Revolutionäre mögen bei der Befreiung ihres Landes von der Herrschaft Amerikas Erfolg haben oder nicht; es ist ihnen jedenfalls schon gelungen, die Selbstgefälligkeit der Amerikaner im Hinblick auf ihre Rolle in der Welt zu erschüttern. Amerikas Macht ist so groß, daß keine äußere Gewalt uns zur Rechtfertigung zwingen kann; daher kommt dem Versuch, die Folgen der seit einer Generation andauernden Indoktrination und einer langen Zeit der Selbstvergötterung zu bekämpfen, solche Dringlichkeit zu. Wir werden die vietnamesische Tragödie nur noch verschlimmern, wenn wir die Gelegenheit jetzt nicht nutzen, uns von dem Würgegriff der Ideologien und dem traditionellen Konformismus zu befreien, die die Werte, die wir zu achten vorgeben, zum Gespött machen.

Der erste Schritt zur politischen Vernunft muß eine strenge Selbstprüfung sein, die Bloßstellung nicht nur dessen, was wir tun und was wir darstellen in der Welt von heute, sondern auch der Haltungen, die unser Bild von unserer internationalen Rolle trüben und verfälschen. Eine bemerkenswerte Darlegung dieser Haltungen ist in einem mit Recht berühmten Artikel zu finden, den Neil Sheehan auf seiner Rückreise von Vietnam geschrieben hat, wo er drei Jahre lang als Kriegskorrespondent tätig gewesen war.[52] Aufgrund direkter Beobachtungen kommt er zu dem Schluß, daß »die Vereinigten Staaten um ihrer eigenen strategischen und politischen Ziele willen... eine nicht-kommunistische Sozialstruktur Vietnams schüt-

zen, die sich selbst nicht verteidigen kann und es vielleicht auch gar
nicht verdient, verteidigt zu werden«. »Idealismus und Hingabe
sind weitgehend die Vorrechte des Gegners«; »in Vietnam repräsentieren nur die Kommunisten Revolution und sozialen Wandel«, und
»trotz ihrer Brutalitäten und Täuschungsmanöver bleiben sie die
einzigen Vietnamesen, die Millionen ihrer Landsleute dazu bewegen
können, im Interesse der Nation Opfer und Mühen auf sich zu nehmen, und die einzige Gruppe, die, um zu überleben, nicht auf ausländische Bajonette angewiesen ist«. Auf unserer Seite stehen das
Militär und die »von Kaufmanns- und Gutsbesitzerfamilien ab-
stammenden Mandarine«, die mit uns kollaborieren, wie sie einst
mit den Franzosen kollaboriert haben.[53] Er weist darauf hin, daß
die gegenwärtige Sozialstruktur Privilegien schützt und daß »viele
junge Vietnamesen bäuerlicher Herkunft sich dem Viet Kong anschließen, weil die Kommunisten... ihnen die größte Hoffnung
bieten, ein Leben auf der Sprosse der Leiter zu vermeiden, auf der
sie angefangen haben – auf der untersten«. Er beschreibt die Neubauten in Saigon, fast ausschließlich »Luxusappartements, Hotels
und Bürohäuser, die von chinesischen Geschäftsleuten oder wohlhabenden Vietnamesen mit Verwandten in oder Beziehungen zu der
Regierung finanziert wurden... und dazu bestimmt sind, an Amerikaner vermietet zu werden«, während »Saigons Arbeiter nach wie
vor in stinkenden Slums an der Peripherie der Stadt leben«. Aber
das sind noch die Glücklichen – glücklich im Vergleich zu den mehr
als eine Million Flüchtlingen, von denen die meisten ihre Wohnsitze
verlassen haben, weil sie »die amerikanischen und südvietnamesischen Bomben und Granaten nicht länger ertragen konnten«, oder
im Vergleich zu den vielen hunderttausend Toten und Verwundeten, fast alle Opfer »der außerordentlichen Feuerkraft der amerikanischen Waffen«, die zynische südvietnamesische Beamte oft gegen hilflose Dorfbewohner richten.[54] Die amerikanische Strategie,
so schreibt er, »unterhält eine Tötungsmaschine... und läßt diese
Maschine dann auf den Feind los in der Hoffnung, daß sie im Laufe
der Zeit genug getötet haben wird, um den Zusammenbruch des
Feindes durch Erschöpfung und Verzweiflung zu erzwingen«[55] –
wobei der Feind zum größten Teil die ländliche Bevölkerung Südvietnams ist.
Sheehan schließt seinen Bericht mit den Worten: »Trotz dieser

Zweifel sehe ich keine andere Möglichkeit, als diesen Krieg weiter-
zuführen« – obwohl er sich der Frage nicht entziehen kann, »ob die
Vereinigten Staaten oder irgendeine Nation das Recht haben,
einem anderen Volk aus reinem Eigennutz derartiges Leid und
solche Erniedrigung zuzufügen«. Der Grund: jeder andere Kurs
»könnte unsere ganze Position in Südostasien unterminieren«.
Viele Leute haben sich über die Inkongruenz zwischen dem Inhalt
und den Schlußfolgerungen von Sheehans Aufsatz gewundert.
Einem viel wichtigeren Punkt jedoch wurde nur sehr wenig Aufmerksamkeit geschenkt. Sheehan beginnt seinen Bericht mit der
Feststellung, bei seiner Ankunft in Vietnam habe er

an das geglaubt, was mein Land in Vietnam tat. Die Vereinigten Staaten
versuchten mit militärischer und wirtschaftlicher Hilfe und mit einigen
tausend Piloten und Armeeberatern, den nicht-kommunistischen Vietnamesen zu helfen, einen/lebensfähigen und unabhängigen Nationalstaat zu
errichten und einen kommunistischen Guerillaaufstand zu bekämpfen, der
sie einer strengen Tyrannei unterwerfen würde.

Desillusioniert ist er nur wegen der verheerenden Folgen, die dieser
Versuch für Vietnam und das vietnamesische Volk mit sich brachte.
Aber noch immer bezweifelt er nicht, daß wir das absolute Recht
hatten, militärische Gewalt anzuwenden, um über die Struktur der
südvietnamesischen Gesellschaft zu bestimmen und eine Aufstands-
bewegung zu bekämpfen, von der wir schlechthin behaupten, sie würde Vietnam »einer strengen Tyrannei unterwerfen«. Es gibt keinen
Aggressor in der Geschichte, der nicht eine ähnliche »Rechtfertigung« für seine Handlungen hätte vorbringen können – und viele
haben genau diese »Rechtfertigung« angeboten. Die Annahme, daß
wir das Recht haben, den Vietnamesen unseren Willen aufzuzwingen (natürlich nur zu ihrem eigenen Besten), ist nahezu unangefochten. Nur wenig Hoffnung bleibt deshalb für die Aussicht, die liberale Öffentlichkeit Amerikas hinsichtlich der Kernfragen von Krieg
und Frieden, Freiheit und nationaler Selbstbestimmung in irgendeiner grundsätzlichen Form anzusprechen.
Nur einige bestreiten die Annahme, daß wir ein gutes Recht haben
zu bestimmen, welches die »legitimen« Elemente der südvietnamesischen Gesellschaft sind, oder Gewalt anzuwenden, um die sozialen
und politischen Institutionen zu errichten, die wir in unserer Weisheit und Wohltätigkeit für Südvietnam ausgewählt haben – solange

dieser Versuch nicht zu kostspielig wird, um sich noch zu lohnen. Das Spektrum der »verantwortlichen« Meinung reicht von jenen, die offen verkünden, daß wir dieses Recht haben, bis zu jenen, die unsere Absichten in einer Weise formulieren, die es stillschweigend voraussetzt. Was die letzteren betrifft, so beachte man den Schlußbericht, den Verteidigungsminister McNamara vor dem Kongreß erstattet hat – eine Stimme, die wahrscheinlich so vernünftig ist wie nur irgendeine, die zur Zeit in Washington laut wird. Wir kämpfen in Vietnam, so sagt er, »um des Prinzips willen, daß politische Veränderung nicht durch von außen gesteuerte Gewalttätigkeit und militärische Macht zustande kommen darf«. Und doch ist es seiner Meinung nach völlig legitim, »von außen gesteuerte Gewalttätigkeit und militärische Macht« zur Erhaltung der politischen Stabilität anzuwenden – das heißt, wenn es die Vereinigten Staaten sind, die diese Gewalt ausüben. Ja, er geht noch weiter: Wir haben sogar das Recht, unsere Militärmacht einzusetzen, um politischen und sozialen Wandel zu betreiben. Das Befriedungsprogramm, das unter unserer militärischen Kontrolle steht »bezweckt nicht weniger als die Umstrukturierung der vietnamesischen Gesellschaft«, aber es ist, wie er meint, ein legitimes, ja lobenswertes Programm.[56] So ist das Prinzip, um dessen Erhaltung wir kämpfen, nicht das der Nichteinmischung in die Angelegenheiten anderer Länder mit militärischer Gewalt. Es ist vielmehr das Prinzip, daß die Vereinigten Staaten, und die Vereinigten Staaten allein, in die inneren Angelegenheiten einer anderen Nation eingreifen dürfen, um die politische Stabilität zu erhalten und selbst um die Gesellschaft umzustrukturieren. Minister McNamara ist sich natürlich der Tatsache bewußt, daß die Rolle Nordvietnams bei der »von außen gesteuerten Gewalttätigkeit« weitaus unbedeutender war und ist als die unsere; das von ihm geleitete Verteidigungsministerium hat dafür mehr als genug Beweise geliefert. Aber das Eingreifen Nordvietnams diente der Unterstützung eines sozialen Wandels, den wir als illegitim bezeichnen, während das unsere der Unterstützung der Stabilität (und gelegentlich auch der Umstrukturierung) dient. Kurz gesagt: wir kämpfen in Vietnam in Erfüllung unserer Funktion als internationaler Richter und Vollstrecker – und nicht weniger.

Minister McNamara formuliert unsere Absichten in ruhigem und gemäßigtem Ton, so daß eine trügerische Beruhigung davon aus-

geht. Weniger subtil sind die gleichen Voraussetzungen vor zwanzig
Jahren von einem Kongreßmitglied aus Texas formuliert worden:

Gleichgültig, über welche Angriffs- oder Verteidigungswaffen wir sonst
verfügen mögen – ohne überlegene Lufthoheit ist Amerika ein Gigant
mit gebundenen Händen, impotent und eine leichte Beute für jeden gelben
Zwerg mit einem Taschenmesser.[57]

Aufschlußreich an solchen Äußerungen ist nicht der Unterton von
Rassismus – obwohl auch er schlimm genug ist –, sondern der Gedanke, daß wir eine »leichte Beute« für diese gelben Zwerge mit
ihren Taschenmessern seien. Natürlich sind wir »leichte Beute« für
sie nur in *ihren* Ländern, in denen wir das absolute Recht haben, uns
aufzuhalten.

Warum haben wir dieses Recht? Viele Staatsmänner und Gelehrte
haben darauf eine Antwort gegeben: Es geschieht in unserem nationalen Interesse. Präsident Johnson hat sich gelegentlich sehr eindeutig darüber geäußert, zum Beispiel in einer Erklärung vom
2. November 1966:

Es gibt drei Milliarden Menschen auf der Welt, und wir haben nur 200
Millionen davon. Wir sind unterlegen – fünfzehn gegen einen. Wenn
Macht vor Recht ginge, dann würden sie die Vereinigten Staaten über-
rennen und sich nehmen, was wir haben. Wir haben, was sie brauchen.

Also »werden wir dastehen müssen und sagen: ›Macht geht nicht
vor Recht‹« – wie wir es zum Beispiel in Vietnam tun. Oder in
Guatemala, von dessen Vizepräsident Marroquín Rojas wir wissen,
daß »auf Panama stationierte amerikanische Flugzeuge an militärischen Operationen in Guatemala teilnehmen«, bei denen »in Zonen, von denen man vermutet, daß sie den Rebellen als Zuflucht-
ort dienen, oft Napalm angewandt wird«.[58]

Wenn Präsident Johnson darauf pocht, daß wir uns gegen eine
überlegene Macht verteidigen, daß *wir* in Vietnam stehen müssen,
weil *sie* sonst »die Vereinigten Staaten überrennen und sich nehmen,
was wir haben«, dann spricht er leider für einen wesentlichen, wahrscheinlich den überwiegenden Teil der amerikanischen Öffentlichkeit. Wir mögen heute Schwierigkeiten haben zu verstehen, wie man
vor dreißig Jahren ernsthaft glauben konnte, daß eine jüdisch-
bolschewistische Verschwörung die Existenz Deutschlands, des Trä-
gers der geistigen Werte der westlichen Kultur, bedrohe.[59] Anderen
mag es heute ebenso schwer fallen, dieses Bild ernstzunehmen: die

stärkste und reichste Nation der Erde, die sich hinter ihren Raketen und nuklearen Sprengkörpern verschanzt, aus Angst, daß man uns das, »was wir haben«, wegnehmen könnte, wenn wir einem kleinen Land auf der anderen Hälfte der Erdkugel erlauben, von der amerikanischen Herrschaft unbehelligt seinen eigenen Weg zu gehen. Und doch ist dieses Konterfei keine Karikatur. Mitglieder des sogenannten »peace movement« neigen dazu, Lyndon Johnson als einen unrechtmäßigen Usurpator anzusehen, der die breite Masse der amerikanischen Öffentlichkeit nicht repräsentiert. Wahrscheinlich machen sie sich selbst etwas vor. Feststellungen wie die obige dürften die bei uns vorherrschenden Ansichten recht gut widerspiegeln, und wer die imperialistische Rolle Amerikas realistisch sehen will, der täte gut daran, dies im Auge zu behalten – wie er auch im Auge behalten sollte, daß dies ein Land ist, in dem ein führender liberaler Kommentator nach all dem, was sich in den vergangenen drei Jahren ereignet hat, den amerikanischen Krieg in Vietnam noch mit folgenden Worten beschreiben kann:

[Amerika] führt jetzt einen Krieg für das Prinzip, daß militärische Macht Südvietnam nicht dazu zwingen soll, zu tun, was es nicht tun will, und daß der Mensch nicht dem Staat gehört. Dies ist die tiefste Überzeugung der westlichen Zivilisation, und sie gründet in der alten Lehre, daß das Individuum nicht dem Staat, sondern seinem Schöpfer gehört und deshalb als Person »unveräußerliche Rechte« hat, die keine Obrigkeit und keine politische Gewalt verletzen darf.[60]

Wie ich soeben sagte, sind wir nicht die erste Nation, die sich selbst in einen Kampf zur Verteidigung der »tiefsten Überzeugungen der westlichen Zivilisation« verwickelt glaubte. Wenn James Reston, bei all seinem Zugang zu Informationen, ernstlich behaupten kann, daß wir einen Krieg führen, um die unveräußerlichen Rechte des vietnamesischen Volkes gegen »militärische Macht« oder »politische Gewalt« zu verteidigen, dann wird uns klar, welch langer Weg noch vor uns liegt, bis wir darauf hoffen können, daß unser Land seine politische Vernunft wiedererlangt.

Die kolonialistische Mentalität, welche die amerikanische Vorstellung vom Krieg in Vietnam färbt, zeigt sich deutlich in der Reaktion derjenigen, die sich erst dann gegen diesen Krieg stellen, wenn sein häßlicher Charakter zu offenkundig wird, um länger verheimlicht zu werden. Vor einigen Monaten zum Beispiel traten die höchsten

Beamten der *International Voluntary Services* (IVS) zurück –
einige von ihnen hatten fast ein Jahrzehnt in den Dörfern Vietnams
gearbeitet –, »weil sie glaubten, daß unsere militärischen Aktionen
sich als nachteilig erweisen und die Mehrheit der Vietnamesen ihren
amerikanischen Rettern zu entfremden drohen«.[61] Die IVS-Gruppe
zeichnet ein düsteres Bild von den Konsequenzen unserer militärischen Intervention in Vietnam, und zwar mit Worten, die dem
Leser der amerikanischen Presse nicht unvertraut sein dürften. Ihr
Rücktritt war als Protest gegen eine Politik gedacht, die ihrer Vorhersage nach nur dazu dienen kann, einen noch größeren Teil der
Bevölkerung in die Arme der FNL zu treiben. Sie versichern, daß
unser »Engagement« in Vietnam immer nur einem Element der
vietnamesischen Gesellschaft gegolten hat, der »Gruppe der gebildeten Städter, die der Meinung ist, daß eine nicht-kommunistische,
unabhängige Regierung ihren Interessen und den Interessen ihrer
Gesinnungsfreunde in den Dörfern Südvietnams am besten dienen
würde«. Daß wir das Recht hatten, ein solches Engagement einzugehen und danach zu handeln, wird in dieser Erklärung nicht bezweifelt. Die von Senator Morton erwähnte »Tragödie, die sich in
Vietnam abspielt«, besteht darin, daß wir unfähig waren, dieses
Engagement in die Tat umsetzen, d. h. eine stabile Regierung zu
errichten, die die Interessen der Vietnamesen vertreten würde, so
wie diese Interessen von der »Gruppe der gebildeten Städter« interpretiert werden.
Niemand würde die Aufrichtigkeit und Hingabe der IVS-Leiter
oder die unbestreitbaren Verdienste ihrer Arbeit in Südvietnam in
Frage stellen. Und doch gibt es allen Grund, ihre Behauptung anzuzweifeln, daß wir das Recht haben, die südvietnamesische Gesellschaft aufzubauen und zu organisieren, wenn nötig mit Gewalt (ihr
Rücktritt erfolgte im Herbst 1967), nach den von uns gesetzten
Maßstäben. Im Grunde unterscheidet sich ihre Haltung nicht sehr
von der eines Lord Cornwallis, dessen »ständiges Übereinkommen«
in Indien 1793 die Dorfgesellschaft umstrukturierte, indem es eine
Landaristokratie nach britischem Vorbild einsetzte. Es besteht kein
Anlaß, die Ernsthaftigkeit seines Glaubens anzuzweifeln, daß diese
Zivilisationserrungenschaft Indien auf lange Sicht nur Vorteile
bringen könne. Natürlich diente die neue Junkerherrschaft nebenbei auch den britischen Interessen; der britische Generalgouverneur

William Bentinck drückte es so aus: »Wenn es der Sicherheit gegen
Volksaufruhr oder Revolution ermangelte, so möchte ich sagen, daß
das ›ständige Übereinkommen‹ ... diesen großen Vorteil hat, ...
daß es einen großen Stamm reicher Landbesitzer entstehen ließ, die
lebhaft am Fortbestand der britischen Herrschaft interessiert sind
und über die Masse des Volkes vollständige Macht haben« (1829).
Unsere Gründe für den Wunsch, Vietnam unter unsere Kontrolle zu
bringen, sind nicht die der Engländer in Indien im Jahre 1829;
unsere Bemühungen in Vietnam – wie auch auf den Philippinen und
in Lateinamerika – sind darauf ausgerichtet, die Gesellschaft so zu
organisieren (oder aufzubauen), daß die Herrschaft jener Elemente
garantiert wird, die unsere Partner werden wollen. Daß wir dies
tun, kann nicht überraschen, jedenfalls nicht den, der die Geschichte
des Imperialismus kennt. Außergewöhnlich daran ist nur, daß wir
zu einem so späten Zeitpunkt noch so wenig wissen, was wir tun;
daß wir es immer noch für möglich halten, uns selbst (freilich nur
wenigen anderen[62]) etwas vorzumachen mit Hilfe der klassischen
Rhetorik des schon längst verrotteten Imperialismus.
Bevor ich fortfahre, die amerikanischen Reaktionen auf den Vietnamkrieg zu umreißen, möchte ich nochmals einen amerikanischen
Militär zitieren; er verrät uns einiges über die Natur der Erfolge
des »Viet Kong« gegenüber der riesigen Militärmacht, mit der wir
versucht haben, ihn am Boden zu zerstören:

Der Erfolg dieser einzigartigen Kriegführung hängt von der nahezu geschlossenen Aktionseinheit der gesamten einheimischen Bevölkerung ab.
Daß diese Einheit tatsächlich besteht, ist zu offenkundig, um noch diskutiert zu werden; wie sie zustande kam und erhalten wird, ist weniger klar.
Einschüchterung hat zu diesem Ziel zweifellos recht viel beigetragen, doch
Angst als einziges Motiv reicht wohl kaum aus, um die einheitliche und
offenbar spontane Aktion mehrerer Millionen Menschen zu erklären. Ein
einziger Verräter in jeder Stadt würde ausreichen, eine solch komplexe
Organisation zu zerstören.

Diese Beurteilung entstammt einem Bericht des Kriegsministeriums
der Vereinigten Staaten von 1900, der Autor ist Generalmajor
Arthur MacArthur; er spricht natürlich von der Kampagne zur
Unterdrückung des nationalen Befreiungskriegs auf den Philippinen, der damals in vollem Gang war. Was er sagt, trifft im genauen
Sinn auch auf heute zu. Ich zitiere ihn, um die Vorstellung zu widerlegen, Vietnam sei ein einmaliger Irrtum, ein Schnitzer, nur eine

Folge der »Politik der Unachtsamkeit«, ohne Wurzeln in unserer Geschichte und ohne Bedeutung für die Zukunft.

Allerdings haben die liberalen Kritiker in bestimmter Hinsicht recht, wenn sie den Vietnamkrieg als einen »Irrtum« bezeichnen. In Vietnam haben wir die Kontrolle verloren. Die Vietnamesen weigerten sich, das Spiel so zu spielen, wie man es von ihnen erwartete, als der Krieg von den Computern der RAND-Corporation durchgespielt wurde. Sie realisierten nicht, daß sie sich hätten unterwerfen sollen, als der Druck einen bestimmten Grad erreicht hatte. So waren wir gezwungen, den Krieg über jedes vernünftige Maß hinaus zu eskalieren, bis zu einem Punkt, an dem unsere Wirtschaft und Gesellschaft die Kosten kaum mehr tragen können. In dieser Hinsicht ist der Vietnamkrieg sicher ein Irrtum. In jeder anderen Hinsicht jedoch ist er eine natürliche Folge der Politik, die Brooks Adams vor 75 Jahren in prophetischen Worten beschrieben hat, als er verkündete: »Unsere geographische Lage, unser Reichtum und unsere Energie versetzen uns auf hervorragende Weise in die Lage, in die Entwicklung Ostasiens einzugreifen und es unserem Wirtschaftssystem einzugliedern.« Die Unterdrückung der Unabhängigkeitsbewegung auf den Philippinen kurze Zeit später war nur der erste Versuch, die Politik der Eingliederung Ostasiens in unser Wirtschaftssystem in die Tat umzusetzen. Damals verteidigten wir das Christentum gegen die primitiven Moros. Heute verteidigen wir die freie Welt gegen eine internationale kommunistische Verschwörung. Abgesehen vom Umfang unserer Operationen hat sich wenig geändert.

Das Beispiel des philippinischen Kriegs zeigt wiederum die Notwendigkeit, unsere Aufmerksamkeit von den Problemen Südostasiens auf die der Vereinigten Staaten zu lenken – auf das ideologische Engagement, in dem die amerikanischen Initiativen gründen, und auf die Vorstellung Amerikas von sich selbst, welche es möglich macht, daß diese Initiativen mit solchem Gleichmut toleriert werden; insbesondere der unerschütterliche Glaube an den guten Willen und die Großzügigkeit Amerikas, der jedes Mißgeschick überlebt – vor allem bei den »pragmatischen und hartgesottenen Liberalen« – und der das politische Denken verdummen, die politische Diskussion veröden läßt. Viel erfahren wir zum Beispiel über die Ursachen der amerikanischen Vietnampolitik, wenn wir beobachten, wie sich das

amerikanische Gelehrtentum mit der Unterdrückung des philippinischen Unabhängigkeitskampfes arrangiert hat – bei der es, nebenbei bemerkt, 100 000 Tote auf seiten der Filipinos gab. So meint
Louis Halle, wir hätten »die Philippinen nicht wieder der spanischen Tyrannei ausliefern können« und sie seien »absolut nicht in
der Lage gewesen, sich selbst zu regieren oder ihre eigene Verteidigung zu übernehmen. Wenn wir uns einfach zurückgezogen hätten
und nach Hause gegangen wären, hätten wir ein Chaos hinterlassen«, für die Deutschen und die Japaner, die schon auf der Lauer
lagen. Die Vereinigten Staaten sind daher »ohne Willen für die
Philippinen verantwortlich geworden und hatten keine andere
Wahl, als selbst die Verpflichtung zur Regierung und Verteidigung
dessen zu übernehmen, was somit das erste Objekt eines amerikanischen Imperialismus in Übersee wurde«.[63]

Es braucht wohl nicht eigens hervorgehoben zu werden, daß es das
amerikanische Expeditionskorps war, von dem die Filipinos »verteidigt« werden mußten. Auch möchte ich nicht über die Art von
Gesellschaft sprechen, die wir ihnen hinterlassen haben[64], sondern
nur bemerken, daß die Huk-Guerillas aus vielleicht verständlichen
Gründen wieder einmal die Kontrolle über weite Teile der Insel
Luzón auszuüben scheinen und die Bühne aufbauen für das, was
eine blutige Neuinszenierung der vietnamesischen Tragödie werden
könnte.

Lehrreich ist auch die Reaktion amerikanischer Beobachter auf die
Spannungen, die sich in der Nachkriegszeit zwischen den Vereinigten Staaten und den Philippinen entwickelt haben. Betrachten wir
etwa die Äußerungen von David Sternberg[65], der sich fragt, »was
aus der Fülle von gutem Willen und Freundschaft der Philippinen
gegenüber Amerika geworden ist«, seitdem unserer philippinischen
Kolonie die formelle Unabhängigkeit zuerkannt worden ist. Dieser
ehemalige AID-Berater, der sich lange Zeit auf den Philippinen
aufgehalten hat, glaubt, daß es zur Zeit der amerikanischen Besat-
zung »wenige schwierige Probleme« gab, »nachdem die Narben des
Krieges verheilt waren und Amerikas gute Absichten an Glaubwürdigkeit gewonnen hatten«; die große Mehrheit der Filipinos
konnte die Verwirklichung ihrer persönlichen Hoffnungen und
Wünsche in Zusammenhang mit der wohltätigen Anwesenheit Amerikas sehen«. Heute aber »ist der amerikanische Geschäftsmann, ob-

wohl noch immer ein gütiger Prinzipal, doch auch zu einem potentiellen Konkurrenten geworden«. Die alte, beide Seiten zufrieden-
stellende »Mentor-Schüler«-Beziehung, durchflutet von den herz-
lichen Gefühlen des wohltätigen Prinzipals für seine Schützlinge,
kann unter den Bedingungen der formellen Unabhängigkeit nur
schwer wiederhergestellt werden. Natürlich liegt einige Hoffnung
zum Beispiel in der »kulturell bedingten Veranlagung zum privaten
Unternehmertum« und in der Existenz einer »kleinen, aber höchst
kompetenten Gruppe von Planern und Managern an der Spitze des
privaten Sektors der Wirtschaft«. Die Hoffnung wird nicht durch
die Tatsache getrübt, daß siebzig Jahre, nachdem die »wohltätige
Anwesenheit Amerikas« mit Gewalt durchgesetzt wurde, drei Viertel der Bevölkerung unter Bedingungen leben, die sich seit der spanischen Besetzung nicht verändert haben, unter der kontinuierlichen
Herrschaft einer politischen und wirtschaftlichen Elite, die »in das
Kolonialregime kooptiert« wurde und »eine liebevolle Achtung
für den ›American way of life‹« empfindet[66] – eine Achtung, die
man wohl in Verbindung mit den großen Privilegien sehen muß,
derer sie sich infolge der amerikanischen Eroberung erfreut.[67]
Es ist erstaunlich, wie leicht sich kluge und informierte Kommentatoren hinsichtlich der Natur der amerikanischen Politik betrügen
können. Roger Hilsman zum Beispiel erörtert in seiner kürzlich erschienenen Untersuchung über die Politik der Kennedy-Administration, *To Move a Nation,* den zu Beginn der sechziger Jahre unter-
nommenen Versuch, die Bauern in strategischen Dörfern zu konzentrieren, und behauptet dabei, »die primäre Funktion der strategischen Dörfer« sei es gewesen, den Bauern »die freie Wahl zwischen
dem Viet Kong und der Regierung zu lassen«. Wie er mit schöner
Deutlichkeit erklärt, sollte diese »freie Wahl« durch sorgfältige
Polizeiarbeit innerhalb der Dörfer gewährleistet werden (»denn es
war offenkundig, daß es keinen Sinn hatte, Befestigungsanlagen um
ein Dorf zu errichten, in dem sich noch Agenten des Viet Kong befanden«). Das Scheitern des Programms führt er auf die Tatsache
zurück, daß »man nicht wirklich versucht hatte, die Bevölkerung
vom Viet Kong zu isolieren durch die Eliminierung von Agenten
und Anhängern des Viet Kong aus den strategischen Dörfern sowie
die Kontrolle des freien Verkehrs von Menschen und Waren ... Die
Agenten und Anhänger des Viet Kong ... konnten ohne Schwierig-

keiten wieder in das Dorf eindringen und die Subversion weiterführen«. So sei es dem Programm nicht gelungen, »den Dorfbewohnern physische Sicherheit zu geben, damit sie sich frei hätten entscheiden können, die Zusammenarbeit mit dem Viet Kong abzulehnen«, welch »freie Entscheidung« ihnen offenbar so lange verwehrt
bleibt, wie es den Anhängern der FNL erlaubt ist, in ihrem Dorf zu
leben.

Zweifellos besteht ein wichtiger Unterschied zwischen dieser Art
von Selbsttäuschung und der eines Marschall Ky, der das Programm
seiner Regierung als hundertprozentig sozial-revolutionär«[68] bezeichnet, oder der des CIA-Analytikers George Carver, der uns von
»der echten sozialen Revolution, die sich jetzt in den städtischen Gebieten Südvietnams vollzieht«, zu erzählen weiß.[69] Die natürliche
Reaktion auf solche Verlautbarungen wäre ein Schmunzeln, aber
der Spaß vergeht einem, sobald man an die menschlichen Kosten
denkt.

Kehren wir zu Howard Zinns Untersuchung zurück (Anmerkung
1). Zinn spricht mit Recht von der moralischen Blindheit, die es
Amerika erlaubt, dem Todeskampf in Vietnam gegenüber unge-
rührt zu bleiben. »Wir hören zu mit der Stumpfheit eines Volkes,
auf das niemals Bomben geworfen worden sind, das immer nur
Bomben geworfen hat.« »Wir haben kein Hiroshima, keine Stadt
der Blinden und Krüppel, keine Professoren, die durch lange Ge-
fängnisaufenthalte abgehärmt sind ... man hat uns niemals gezwungen, ... unsere Taten einzugestehen, uns zu bücken, uns zu
entschuldigen, Friedfertigkeit zu versprechen. In anderen Worten,
wir waren niemals Gefangene.« So blieb der Protest gedämpft und
diffus, als »Onkel Sam, der weißbehandschuhte Finanzier der Konterrevolution, seine Handschuhe auszog, das Gewehr in die Hand
nahm und sich in den Dschungel begab« und nach und nach »ein
entsetzliches Werk der Zerstörung zustandebrachte, das, sieht man
es in seinem vollen Ausmaß, als eine der schlimmsten Handlungen
bezeichnet werden muß, die jemals von einer Nation der neueren
Zeit begangen worden sind«.

Es gibt, wie ich meine, einige Lücken in Zinns Analyse der Faktoren, die dem Rückzug dessen, was nur unsere Besatzungsarmee
genannt werden kann, im Wege stehen. Betrachten wir die Frage
nach dem Prestige. Zinn greift gern auf die Behauptung zurück, daß

unser traditionelles Prestige durch einen Rückzug verringert werde; ein ganzes Spektrum von Meinungen, von Adenauer bis zur japanischen Linken, so merkt er an, könne sich dadurch bestätigt fühlen. Aber da gibt es auch das »interne« Prestige – ein Faktor, auf den Eric Hobsbawm anspielte, als er sagte, die amerikanischen Politiker schienen oft weniger besorgt wegen roter Gebiete auf der Landkarte als wegen roter Gesichter im Pentagon.

Außerdem kann es sein, daß Zinn den Scharfsinn derjenigen, deren Argumente er aufs Korn nimmt, in gewisser Hinsicht unterschätzt. So bemerkt er beispielsweise, daß »wir jede Rebellion als Resultat irgendeines in Moskau oder Peking ausgeheckten Komplotts ansehen«, und daß die Russen denselben Fehler begehen und Aufstände »in Ungarn oder Polen ... auf den Einfluß der Bourgeoisie oder auf amerikanische Intrigen« zurückführen. Man kann natürlich seiner eigenen Propaganda ins Netz gehen, aber trotzdem fällt es schwer zu glauben, daß die russischen Führer die Ereignisse von 1956 derart falsch verstanden haben sollten; wahrscheinlicher ist, daß sie nicht bereit waren, in einem empfindlichen Puffergebiet eine Erosion ihrer Macht zu dulden, und im »Einfluß der Bourgeoisie« und in »amerikanischen Intrigen« einen erwünschten Aufhänger für ihre Propaganda fanden. So wäre es auch töricht anzunehmen, daß unser derzeitiger Außenminister sich einfach täuschte, als er 1951 das »Peking-Regime« als »eine russische Kolonialregierung, ein slawisches Mandschukuo größeren Ausmaßes« bezeichnete. Er konnte genug Informationen erhalten, die ihm die Absurdität einer solchen Beurteilung zeigten, zum Beispiel das Weißbuch des Außenministeriums über China, das nicht lange zuvor veröffentlicht worden war. Wahrscheinlicher ist, daß es – wie im Fall des ungarischen Aufstands – notwendig war, eine Reihe langfristiger politischer Maßnahmen irgendwie zu rechtfertigen: die Stärkung des westlichen Bündnisses und die Wiederbewaffnung Deutschlands, die Vergrößerung des Arsenals von Nuklearwaffen, die Unterdrückung revolutionärer Bewegungen in der Dritten Welt und die Unterwanderung oder Eindämmung der bereits stattgefundenen Revolutionen. Auch läßt man sich nur schwer davon überzeugen, daß Allen Dulles, als Chef des CIA, wirklich glaubte, Mossadegh habe »einen kommunistischen Staat errichten« wollen, oder daß Thomas Mann, als für Lateinamerika zuständiger Staatssekretär des Außenministeriums, über die Weltpolitik so erbärmlich wenig Bescheid wußte, daß er annehmen konnte, die Revolution in der Dominikanischen Republik im Jahre 1965 sei durch die Machenschaften des »chinesisch-sowjetischen Militärblocks« entzündet worden. Man muß sich eben dem zeitgemäßen Stil anpassen. Es geht heute nicht mehr hin, die Sprache von Außenminister Philander Knox zu sprechen, der 1908 Truppen nach Kuba schickte und dazu erklärte, daß »die Vereinigten Staaten nicht zuerst die kubanische Regierung konsultieren, wenn eine Krise entsteht, die kurzfristig einen Einsatz verlangt«. Und ganz allgemein ist die »internationale kommunistische Verschwörung« ein ausgezeichnetes Propagandamittel zur Rechtfertigung von Handlungen, die die amerikanische Hegemonie bekräftigen und ausdehnen und unseren Zielen ebenso dienen, wie »der Einfluß der Bourgeoisie und amerikanische Intrigen« denjenigen des russischen Imperialismus dienen. In beiden Fällen mag es im übrigen einen Tatsachenhintergrund geben, der den Erdichtungen der Propagandisten eine oberflächliche Glaubwürdigkeit verleiht.

Auch meine ich, daß Zinn bei der Analyse der von unzufriedenen Liberalen angebotenen Rechtfertigung des Kriegs nicht weit genug geht – eine Sache von großer Wichtigkeit, wenn man hofft, im eigenen Land eine politische Basis zu schaffen für ein Desengagement in Vietnam oder, allgemeiner, für eine Neuorientierung der amerikanischen Rolle in der Welt – weg von der Politik der Repression und des »Neuaufbaus« unter amerikanischen Bedingungen, die sich als »Antikommunismus« und »Wahrung der Ordnung« tarnt. Ich habe bereits eine Anzahl von Beispielen für die ideologischen Scheuklappen genannt, die man ablegen muß, bevor eine vernünftige Diskussion auch nur beginnen kann. Andere lassen sich mühelos hinzufügen.

Nehmen wir zum Beispiel den Essay von Richard Goodwin, den ich in Anmerkung 47 genannt habe. Goodwin entwickelt ein starkes Argument gegen den Krieg, kommt aber trotzdem zu dem Schluß, daß der Krieg letztlich gerechtfertigt sei, zum Teil aus Gründen des amerikanischen Eigeninteresses, zum Teil durch die Notwendigkeit, »Asien vor der Beherrschung oder Eroberung durch eine feindliche Macht zu schützen«. Was den ersten Grund betrifft, so liegt »das fundamentale, lebenswichtige Interesse der Vereinigten Staaten«, das als »einziger Maßstab« dienen muß, an dem jede politische Ent-

scheidung zu messen sei, in dem »Prinzip, daß die amerikanische
Militärmacht nicht vom Schlachtfeld vertrieben werden kann, wenn
sie sich einmal der Verteidigung einer anderen Nation verschrieben
hat« – selbst wenn sie sich, wie in diesem Fall, vor einem »Feind«
zurückziehen würde, der weitgehend aus Einheimischen besteht.[70]
Wenn wir dieses »fundamentale, lebenswichtige Interesse« auch anderen Großmächten zugestehen, dann sind die Aussichten für die
Zukunft düster. Die Sowjetunion zum Beispiel hätte dieses Argument anführen können zur Rechtfertigung ihrer militärischen Intervention in Ungarn (zwecks Unterstützung der ihrer Meinung nach
legitimen Regierung gegen die Rebellen, die von außen aufgewiegelt
wurden und faschistische Elemente in sich schlossen), oder um ihre
Raketen auf Kuba zu belassen (um dort eine amerikanische Invasion abzuwehren), in welchem Fall wir heute weder über Vietnam
noch über irgend etwas anderes diskutieren würden.

Noch interessanter ist Goodwins zweites Argument: daß wir Asien
vor der Beherrschung oder Eroberung durch eine feindliche Macht
schützen müssen. Ich möchte nicht bei der Tatsache verweilen, daß
alle angesehenen Experten darin übereinstimmen, daß die Vietnamesen stark anti-chinesisch eingestellt sind[71], so daß wir, wenn
wir wirklich an der Eindämmung der chinesischen Expansionspolitik interessiert wären, wahrscheinlich Ho Tschi Minh unterstützen
sollten, und dazu alle einheimischen Kräfte an der Grenze zu China,
ungeachtet ihrer Nationalität. Was mir am aufschlußreichsten erscheint, ist die von Goodwin angeführte Begründung unserer Verpflichtung, Asien vor äußerer Gewalt zu schützen, nämlich »die
nahezu idealistische und unerschütterliche Überzeugung, daß eine
Nation, die die Macht hat, es zu verhindern, nicht abseits stehen
sollte, wenn andere Nationen sich gegen ihren Willen einer fremden
Herrschaft unterwerfen«. Also dürfen wir »das wichtigste Ziel, das
die Vereinigten Staaten in der Welt haben – die Schaffung einer
internationalen Ordnung unabhängiger Staaten –, nicht untergraben«. Es kommt ihm nicht in den Sinn, daß wir gerade durch die
Unterdrückung eines siegreichen Aufstands dieses »wichtigste Ziel,
das die Vereinigten Staaten in der Welt haben«, untergraben und
eine Nation dazu zwingen, sich einer »fremden Herrschaft zu unterwerfen«. Auch läßt er die Tatsache außer acht, daß es uns nicht einmal gelingt, eine Marionettenregierung zu errichten, die auch nur

die Legitimität der von Deutschland und Japan eingesetzten hätte – es ist uns zum Beispiel nicht gelungen, eine nationale Persönlichkeit von der Statur eines Pétain oder eines Wang Ching-wei zu finden, um unsere Aggressionen zu tarnen. Dieser sentimentale Glaube an die amerikanische Großzügigkeit mit allem, was aus ihr folgt (»die Politik der Irrtümer«, »die Unerforschlichkeit der Geschichte«), ist ein wesentlicher Faktor, der den von Zinn propagierten realistischen und vernünftigen Vorschlägen im Weg steht.

Auch Zinns Erörterung der München-Analogie könnte durch die Berücksichtigung der von den Kennedy-Liberalen vertretenen Ansichten ein gutes Stück weitergeführt werden. Goodwin etwa ist zu gescheit, um die München-Analogie zu akzeptieren, aber er bietet eine aufschlußreiche Gegenthese an. Zunächst behauptet er, daß wir in Vietnam nicht gegen »Aggression« kämpfen, sondern gegen »innere Aggression« – eine interessante Variante, bei der es sich offensichtlich um die Aggression einer revolutionären Bewegung gegen eine mit Hilfe ausländischer Waffen an der Macht gehaltene Regierung handelt. Und er kommt zu dem Schluß, daß wir nicht vor einem »München« stehen, sondern vielmehr vor »einer anderen Episode... in einem langen, anhaltenden Konflikt«. Andere Episoden waren zum Beispiel unser »Erfolg« in Griechenland und der Türkei, die sowjetische Intervention in Kuba, die Invasion in Korea, die Bombardierung von Quemoy und Matsu, die Subversion im Kongo und in der Zentralafrikanischen Republik, die Kämpfe um Malaya, auf den Philippinen und an der indischen Grenze. Und jetzt, so fügt er hinzu, »beginnen sie in Thailand«.

Aber mit wem haben wir es zu tun in diesem »langen, anhaltenden Konflikt«? Sicher nicht mit der Sowjetunion, die kaum interessiert war an dem chinesisch-indischen Grenzstreit; auch nicht mit China, das den Bürgerkrieg in Griechenland nicht angefacht hat; noch mit Ho Tschi Minh, der bei all seinen Sünden für die Subversion im Kongo jedenfalls nicht verantwortlich ist. Auch der »internationale Kommunismus« ist keine sehr überzeugende Gefahr mehr angesichts der chinesisch-sowjetischen Spaltung, der Unabhängigkeitsbestrebungen in Osteuropa und Nordkorea, der sichtlichen Weigerung Nordvietnams, selbst in seiner gegenwärtigen Zwangslage, vor seinen mächtigen Verbündeten den Kotau zu machen. Tatsächlich gibt es keinen identifizierbaren Gegner. Wir stehen einer mysteriösen, aber gefährlichen Macht gegenüber, die weder lokalisiert noch spezifiziert werden kann, die jedoch existiert und uns bedroht. Indem er die München-Analogie zurückweist, akzeptiert der liberale Kritiker Goodwin stillschweigend die Prämisse, auf der sie beruht und die ihr eine so schöne Glaubwürdigkeit gibt. Denn wenn diese Macht existiert, dann müssen wir sie sicherlich in Vietnam aufhalten, bevor sie an den Stränden von Florida oder Cape Cod landet.

Unangenehm ist, daß es, wenn man der München-Analogie folgen möchte, nur *einen* plausiblen Kandidaten für den Part Hitlers gibt. Und wenn China oder Rußland sich Vietnams wegen in den Dritten Weltkrieg begeben, so können wir sicher sein, daß die Erinnerung an München bei ihren Kalkulationen eine wichtige Rolle spielen wird.[72] Arnold Toynbee hat das kurz und bündig ausgedrückt: »Der Präsident glaubt offenbar, daß er mit der Stimme Churchills spricht des Churchill von 1940 –, aber in den Ohren der Völker, die in der Vergangenheit unter der Vorherrschaft des Westens gelitten haben, tönt seine Stimme wie die des Kaisers oder Hitlers.«

Was könnte ironischer sein als die Forderung, die Vereinigten Staaten müßten, um den Weltfrieden zu gewährleisten, eine Strategie für die Eindämmung Chinas entwickeln? China ist umkreist von amerikanischen Raketen und Militärbasen, die eine achttausend Meilen vom Mutterland entfernte Armee unterstützen. Es ist regulären Bombenangriffen ausgesetzt von einer Insel aus, die unmittelbar vor dem Festland liegt, ganz zu schweigen von Aufklärungsflügen und Stoßtruppangriffen, all dies unter dem Schutz der Siebten Flotte, die anerkanntermaßen in Bürgerkriege eingreift. Zwei Jahre lang haben amerikanische Flugzeuge die einzige Straße bombardiert, die den Südwesten Chinas und sein Industriezentrum Kunming mit den übrigen Teilen des Landes verbindet – sie verläuft zufällig in der Nähe Hanois. Und doch kann Roger Hilsman, einer der vernünftigsten Kommentatoren für asiatische Angelegenheiten, von der »schrecklichen Gefahr« sprechen, die das kommunistische China darstellt, und zu dem Schluß kommen, daß »die Vereinigten Staaten sicherlich keinen sinnvollen Zweck verfolgen würden, wenn sie diese Aggression mit der Anerkennung des kommunistischen China oder der Zustimmung zu seiner Aufnahme in die Vereinten Nationen belohnen würden«.[73]

Es ist lehrreich, Hilsmans Beweise für die »chinesische Kriegslüstern-

heit« im Detail zu untersuchen. Das wichtigste Beispiel »chinesischer
Aggression« (abgesehen von der »Aggression« in Korea) ist die
Unterstützung der »brutalen und primitiven« Aufstände »in Burma, Thailand, Malaya, auf den Philippinen und in Französisch-
Indochina«, die die Chinesen »auf einen wirksameren, politisch
hochentwickelten Kurs« zu bringen wußten (S. 285). Zur Geschichte
der »chinesischen Kriegslüsternheit«, dieser Aggression, die wir auf
keinen Fall belohnen dürfen, gehören schließlich noch die folgenden
Beispiele: 1. die Auflösung der Handelsbeziehungen mit Japan, als
die Kishi-Regierung es nicht erlaubte, daß auf der Botschaft in
Tokyo die chinesische Flagge gehißt wird; 2. verschiedene, nicht
realisierte Drohungen gegenüber Hongkong, sowie ein Appell »an
National-China, ein Angebot zu machen«; 3. die Unterdrückung
des Aufstands in Tibet; 4. der chinesisch-indische Grenzstreit; 5.
»die Ermunterung der einheimischen Kommunisten zu direkter Anwendung militärischer Gewalt, zunächst in Laos und dann in Südvietnam« (S. 288 f.).
Es ist nicht leicht zu entscheiden, welches dieser Beispiele am meisten
über chinesische Aggression sagt; vielleicht Burma, wo es laut
U Thant im Jahre 1965 »nicht das geringste Zeichen äußerer Hilfe
für die burmesischen Kommunisten gegeben hat«, in einer Zeit, als
nationalchinesische Truppen Nordburma durchstreiften, was den
Burmesen große Verluste einbrachte. Auch wäre es interessant zu
erfahren, welche Beweise der Chef des Nachrichtendienstes des
Außenministeriums für die Einflußnahme oder sogar materielle
Unterstützung durch China im Fall Thailands, Malayas und der
Philippinen vorlegen konnte – wie auch zu erfahren, warum diese
Beweise niemals veröffentlicht wurden. Die »chinesische Aggression« in Indochina ist schließlich, im Gegensatz zu der verantwort-
lichen und rein defensiven Haltung der Westmächte, ausführlich
dokumentiert worden. In bezug auf Laos wiederholt Hilsman selbst
einen großen Teil der bekannten Geschichte des amerikanischen
Versuchs, die legitime Regierung zu stürzen, um sie durch »pro-
westliche Neutralisten« und dann durch eine Militärdiktatur von
Rechts zu ersetzen – ein Versuch, der bis in das Jahr 1962 andauerte, als Kennedy, in einem dramatischen und vernünftigen
Kurswechsel, endlich einwilligte, die neutralistischen Elemente zu
unterstützen, denen bisher nur von den kommunistischen Mächten

der Rücken gestärkt worden war. Recht aufschlußreich ist in diesem Zusammenhang Hilsmans Urteil, daß die wahre kommunistische »Gefahr« in Laos »wohl eher eine Ausdehnung der politischen Kontrolle auf der Basis der Unterstützung durch die Bauern in den Dörfern war« (S. 112) – eine Gefahr, die der durch das Genfer Abkommen von 1954 entstandenen ähnlich war, welches, wie der Viet Minh glaubte, »ihm sicherlich die Hälfte Vietnams sichern und eine ausgezeichnete Möglichkeit geben würde, die andere Hälfte durch politische Subversion zu gewinnen«, d. h. durch einen Wahlsieg (S. 103).

Hilsman hat auch Wichtiges über den chinesisch-indischen Grenzstreit zu sagen. Er bemerkt (S. 322), daß »Indien die Chinesen unklugerweise provozierte, indem es eine Vorwärts-Strategie einschlug – durch die Errichtung isolierter Außenposten *hinter* den chinesischen Außenposten, die sich in den Augen Indiens ein Gebiet angeeignet hatten, das es für sein rechtmäßiges Territorium hielt –, und (daß) Ministerpräsident Nehru im Frühherbst 1962 öffentlich bekanntgab, die indische Armee habe den Befehl erhalten, die chinesischen Aggressoren vom indischen Territorium zu vertreiben«. Der Gegenschlag der siegreichen chinesischen Armee, erklärt er, habe gezeigt, daß wir »nicht nur einem mächtigen, sondern auch einem politisch geschickten Feind« gegenüberstehen (S. 338). Leider läßt er sich nicht auf die Hintergründe des Konflikts ein, aber es existieren ausgezeichnete westliche Dokumentationen, die die allzu simple und meines Wissens von keinem einzigen westlichen Gelehrten vertretene Meinung widerlegen, daß der Grenzkonflikt allein – oder wenigstens hauptsächlich – eine Sache »chinesischer Aggression« war. Auf die tibetanische Streitfrage brauchen wir nicht einzugehen, da Tibet, was immer dort vorgefallen sein mag – und wenn wir den westlichen Gelehrten glauben dürfen, war es nicht eben das, was die amerikanische Propaganda behauptet –, von der ganzen Welt als chinesisches Gebiet angesehen wird; mit gleicher Logik könnte man die Vereinigten Staaten der Aggression in Watts oder im Mississippi-Delta anklagen, wo Berichten zufolge Tausende hungern, während man in Washington Politik spielt.

An anderer Stelle demonstriert Hilsman die chinesische Aggression auf der Basis des Prinzips *post hoc ergo propter hoc:*

Es war im November 1957, kurz nach dem sowjetischen Sputnik-Erfolg,
als Mao verkündete, daß der »Ostwind über den Westwind herrscht«, und
so die Abkehr von der »Bandung«-Politik der friedlichen Koexistenz,
zurück zu einem harten Kurs ankündigte. In Südvietnam häuften sich
langsam Fälle von Guerilla-Terror und Guerilla-Morden. (S. 418 f.)

Die gleiche Erklärung begegnet uns im Zusammenhang mit seiner
Erörterung der Schwierigkeiten, denen der »pro-westliche Neutra-
list« Phoui Sananikone, der durch amerikanische Intrigen in Laos
an die Macht kam, gegenüberstand:

Auch Phoui und seine Politik hatten das Pech, sich gerade dann einer Prüfung unterziehen zu müssen, als die kommunistische Politik von der
»friedlichen Koexistenz« im Geiste von Bandung zu dem harten Kurs
überschwenkte, den Mao Tse-tung in seiner Moskauer »Ostwind-über-
Westwind«-Rede vom November 1957 beschworen hatte. Im Laufe des
darauffolgenden Jahres traf Hanoi, diesem neuen harten Kurs folgend,
die Entscheidung, den Guerillakrieg gegen den Süden zu beginnen. (S. 119)

Der Hinweis, es sei der harte Kurs der Chinesen gewesen, der für
das Scheitern der amerikanischen Subversionspolitik in Laos verantwortlich war, ist höchst interessant. Der amerikanische Journalist Arthur Dommen, der Hilsmans wichtigste Informationsquelle
für Laos zu sein scheint, ist der Ansicht, daß die Chinesen in Laos
bis Ende 1959 überhaupt nichts unternahmen, obwohl die Vereinigten Staaten das Genfer Abkommen durch Waffenlieferungen und
den Einsatz amerikanischer Ausbildungsoffiziere in Zivilkleidung
verletzt hatten[74]; und dann bestand ihr »Eingreifen« darin, daß sie
der neutralistischen Regierung Souvanna Phoumas Unterstützung
anboten, den die Vereinigten Staaten verzweifelt zu ersetzen suchten – zunächst durch den »pro-westlichen Neutralisten« Phoui
und später durch den regelrechten Faschisten Phoumi Nosavan.
Doch das steht hier nicht zur Debatte. Für Hilsman ist die Aggressivität Rußlands und Chinas durch die Tatsache bewiesen, daß sie
dem Neutralisten Souvanna Phouma zu Hilfe kamen gegen die von
den Amerikanern inspirierten Bemühungen, seine Regierung durch
kontinuierliche und intensive Subversion zu stürzen.

Was die Behauptung betrifft, daß Hanoi sich auf der Basis des neuen
harten Kurses von Mao Tse-tung entschloß, im Süden einen
Guerillakrieg anzufangen, so versucht Hilsman in keiner Weise, diese Unterstellung, die allem widerspricht, was von den tatsächlichen
Begebenheiten bekannt ist, zu erhärten.[75]

Man erinnere sich, daß Hilsman Chef des Nachrichtendienstes des Außenministeriums und Staatssekretär für Fernöstliche Angelegenheiten war; er ist ein Kennedy-Liberaler und ein akademischer Experte für internationale Politik. Seinen Umgang mit historischen Fakten und die Argumentation, auf die er seine Folgerungen über Fragen wie die »chinesische Aggressivität« gründet, kann man nur als erschreckend bezeichnen. Und doch zählt dieses Denken, nach allen erreichbaren Informationen zu schließen, zum besten und qualifiziertesten, das im Umkreis des Machtzentrums zu finden ist. Man kann sich eines Gefühls der Beängstigung nicht erwehren, wenn man in Hilsmans Untersuchung liest, wie von der Kennedy-Administration Politik gemacht wurde.

Bei der Erörterung der chinesischen Aggressivität dürfen wir nicht aus dem Auge verlieren, daß sich China in eindeutiger Weise bereits höchst aggressiv gezeigt hat, nämlich so:

> Wir müssen einsehen, daß ein Feind eine offene Kriegshandlung begangen hat, wenn dieser Feind eine Militärmacht aufbaut, die zu unserer möglichen Vernichtung bestimmt ist, und daß die Zerstörung dieser Macht, noch bevor sie eingesetzt werden kann, eine Defensivhandlung und keine Aggression ist. Als Nation müssen wir begreifen, daß eine offene Kriegshandlung lange vor diesem ersten Schlag begangen worden ist.[76]

Man fragt sich, wie lange es noch dauern wird, bis die amerikanische Luftwaffe Defensivhandlungen gegen solche offenen Kriegshandlungen von seiten Chinas unternimmt.

Es wäre nicht richtig, dieses Thema der »Eindämmung« Chinas durch die Vereinigten Staaten abzuschließen, ohne auf einige einfache Tatsachen hinzuweisen, die nur selten ins amerikanische Bewußtsein zu dringen scheinen. Die amerikanische Reaktion auf den Versuch Chinas, seine nationale Einheit zu erkämpfen, sich selbst aus Armut und Hungersnot zu befreien und ein Jahrhundert der Erniedrigung auszulöschen, hat etwas Abstoßendes an sich. K. S. Karol[77] sagt das in sehr klaren Worten, über die man als Amerikaner nachdenken sollte:

> ... durch den Versuch, China zu erdrosseln, das schon immer von Hungersnot bedroht war, und durch seine Einschüchterung mit Bomben hat Amerika dazu beigetragen, die Chinesen zu »verhärten« und sie zu dem zu machen, was sie heute sind ... Die anti-chinesische Propaganda ... schlägt gelegentlich auf Amerika selbst zurück. Pharisäerhafte Leitartikler

wie Joseph Alsop und andere berichten regelmäßig mit verächtlichem Vergnügen über Hungersnöte in China, die glücklicherweise nur in ihrer Vorstellung existieren, aber ihre Artikel werden oft in Ländern mit proamerikanischen Regierungen gelesen, in denen tatsächlich Hungersnöte wüten. Früher oder später wird die Wahrheit herauskommen, und das wird sich dann doppelt ungünstig auf Amerika auswirken; zunächst einmal, weil es widerwärtig ist zu sehen, wie das übersättigtste Land der Welt sich daran freut, daß andere – selbst wenn sie Kommunisten sind – Hunger leiden, und zweitens, weil man feststellt, daß es nicht in China ist, sondern in ihrem eigenen Lager, in Mittel- und Südamerika etwa, wo die Menschen an Unterernährung sterben... Heute ißt ein Kwantung-Bauer viel besser als ein Bauer in Kerala in Indien – und das weiß man in Asien.[78]

Auch wenn man Chinas Probleme mit Sympathie betrachtet, mag man voll Sorge, vielleicht sogar voll Zorn auf den autoritären und repressiven Charakter des chinesischen Staates reagieren, wie man auch die Entwicklung der chinesischen Gesellschaft mit geteilten Gefühlen verfolgen kann. Nichts jedoch vermag unsere schändliche Behandlung Chinas in der Zeit nach dem Krieg zu rechtfertigen.

Trotz allem Zynismus, der in der Mitte des zwanzigsten Jahrhunderts herrscht, ist es erschreckend anzusehen, wie leicht den Amerikanern das imperialistische Vokabular über die Lippen geht, manchmal gedämpft, manchmal völlig frei. Arthur Schlesinger schreibt[79], daß »wir alle die Weisheit und Staatskunst der amerikanischen Regierung begrüßen werden«, wenn unsere Tötungsmaschine erst den Sieg in Vietnam erreicht hat. Daß ein militärischer Sieg eine Tragödie sein könnte – das ist undenkbar. Roger Hilsman sagt, »der Koreakrieg, Dien Bien Phu, die beiden Laos-Krisen und Vietnam (seien) nur das Eröffnungsfeuer zu dem, was möglicherweise ein jahrhundertelanger Kampf um Asien werden kann«.[80] Was für eine Art von Kampf das sein wird, ist klar, wenn Laos und Vietnam Vorläufer sind. Der für das Ausland verantwortliche Redakteur der Zeitschrift *Look* schreibt:

Der Ferne Osten ist jetzt unser Ferner Westen. Die westliche Grenze der amerikanischen Macht liegt heute auf der anderen Seite des Pazifik... Sie verläuft entlang der Inselkette vor dem asiatischen Festland, mit drei Stützpunkten auf dem Kontinent: Korea, Vietnam und Thailand... Wir sind eine pazifische Macht – die einzige pazifische Macht. Wir müssen dort bleiben ... Wir haben dort unsere Märkte und, mit Ausnahme Japans, keinen rivalisierenden Produzenten.[81]

Diese Gefühle sind uns vertraut. Seit langem herrscht der Glaube, dem Cordell Hull, Henry Wallace, Dean Acheson und viele andere Ausdruck gegeben haben: daß wir die wiederkehrende Stagnation oder die staatliche Reglementierung unserer Wirtschaft nur mit Hilfe immer weiter expandierender Märkte vermeiden können. Diese Worte erinnern an die typisch direkten Formulierungen von Harry Truman, der (James Warburg zufolge) 1947 verkündete: »Die ganze Welt sollte das amerikanische System annehmen«, denn: »in Amerika kann es nur dann überleben, wenn es ein Weltsystem wird«[82]; er bemerkte dazu, der »American way« und der »Friedliche Weg« seien gefährdet, wenn die Entwicklung in Richtung auf Nationalisierung nicht aufgehalten würde.

Die natürliche Ergänzung zu dieser Doktrin findet sich in dem 1967 vom *United States Naval Institute* preisgekrönten Essay von Professor Harold Rood vom Claremont College:

Die Stellung der USA im Pazifischen Raum ist nicht länger die von 1941. Die Gebiete, die zu Beginn des Kriegs direkt von Japan angegriffen wurden, die Hawaiischen Inseln und die Alēuten-Inseln, sind heute souveräne Staaten ... Doch Hawaii liegt näher bei Peking als bei Washington, und die Alēuten liegen an ihrer westlichsten Stelle näher bei China als bei Seattle, Washington. Wenn einst die Sicherheit der Vereinigten Staaten, wie es scheint, mühelos auf Alaska und Hawaii ruhen konnte, haben diese beiden Staaten jetzt das Recht, dieselbe Art von Sicherheit für sich zu beanspruchen, die jeder von ihnen einmal den kontinentalen Vereinigten Staaten gegeben hat.

Sehen wir zu, was das bedeutet. Unsere Alliierten und unsere Stützpunkte in Taiwan, Camranh Bay und Thailand haben ebenfalls das Recht, dieselbe Art von Sicherheit für sich zu beanspruchen, die jeder von ihnen jetzt Alaska und Hawaii gibt. Und so weiter, ad infinitum. Natürlich haben wir das alles schon einmal gehört. Japan brauchte einst die Mandschurei, um überleben zu können – ohne die Mandschurei war es eine »Topfpflanze« ohne Wurzeln. Und um die Mandschurei zu sichern, war es offenbar notwendig, dafür zu sorgen, daß Nordchina »freundlich« war, und dann ganz China, und dann Südostasien und so weiter, bis zum Krieg im Pazifischen Raum. Unsere Forderung nach besonderen Rechten in Asien ist, aus Gründen der Sicherheit oder des wirtschaftlichen Interesses, weitaus unbegründeter als die Japans. Japan wurde durch einen Koloß

jenseits des Ozeans klein gehalten in Reichtum und Macht, wir dagegen nicht.

Auf diese Weise könnte man Howard Zinns Überlegungen über
»München, Dominos und Eindämmung« anschaulich fortsetzen.
Was wären die Konsequenzen eines Rückzugs der amerikanischen
Truppen aus Vietnam? Wenn wir uns auf Ereignisse der Vergangenheit berufen dürfen, dann wird die Einstellung der aggressiven
militärischen Aktionen der USA zu einem Desengagement der nordvietnamesischen Einheiten führen, wie es augenscheinlich während
der Bombardierungspause im Januar 1966 geschah. Bemerkenswert
ist, daß keine Gruppe in Südvietnam die Beteiligung Nordvietnams
an einer unmittelbaren politischen Lösung befürwortet, und dieselbe
Führung Nordvietnams, die vor einem Jahrzehnt bereit war, mit
Diem zu einem *modus vivendi* zu kommen, wäre höchst wahrscheinlich auch einverstanden, mit einer Regierung, die zumindest ihre
diplomatischen Noten zur Kenntnis nimmt, über die Probleme Vietnams zu verhandeln. Was aus den einzelnen Trümmerhaufen der
südvietnamesischen Gesellschaft werden wird, kann niemand mit
Sicherheit voraussagen. Fest steht jedoch, daß es unter amerikanischer Besetzung nur eine Tragödie ohne Ende geben wird. Vor einigen Jahren sagte der Premierminister von Ceylon: »Die beste Form
von Entwicklungshilfe, die die Vereinigten Staaten an kleine Länder geben können, ist die, davon abzusehen, sich in ihre Angelegenheiten einzumischen.« Diese grimmige Feststellung ist zumindest in
bezug auf Vietnam nicht länger anfechtbar.

Postscriptum

Kurz vor seinem Tod erzählte Bernard Fall einem Interviewer
die Geschichte von einem Vietnamesen, der einem amerikanischen
General zuhörte, als dieser sich mit einem der jüngsten Siege der
Vietnam-Kampagne brüstete. »Ja, General, ich verstehe«, sagte der
Vietnamese, »aber rücken Ihre Siege nicht Saigon immer näher auf
den Leib?«[83] – Der vorangegangene Essay wurde im Januar 1968
fertiggestellt. Innerhalb einer Woche erreichten die amerikanischen

Siege Saigon. Einige Monate später erscheint die Tet-Offensive als der Wendepunkt des Krieges.

In dem letzten Jahrzehnt hat es zwei Versionen der vietnamesischen Tragödie gegeben. Die erste stammt von den Kriegsberichterstattern. Ihr Urteil lautete, daß der Widerstand der Vietnamesen so tief in der Gesellschaftsstruktur Vietnams verankert sei, daß ein amerikanischer »Sieg« nur durch die vollständige Zerstörung erzielt werden könne. Die zweite Version, die offizielle, ist zu bekannt, als daß ich sie wiederholen müßte. Immer und immer wieder haben die Ereignisse die Version der Korrespondenten bestätigt. Jetzt, unmittelbar nach der Tet-Offensive, gibt es nur noch eine Version. Abgesehen von einzelnen Nachzüglern wie Joseph Alsop und wenigen Südostasien-Experten scheinen alle begriffen zu haben, daß das Ende der vietnamesischen Tragödie nur zwei mögliche Gesichter haben kann: völlige Vernichtung oder Rückzug der amerikanischen Besatzungsarmee. Vernichtung war das Ende, das Bernard Fall in dem oben erwähnten Interview in Aussicht gestellt hatte. Er zitiert einen Gefangenen mit den Worten: »Wir werden alle sterben, aber wir werden nicht kapitulieren«, und kommt zu dem Schluß: »Vietnam wird zerstört werden.« Sprecher der FNL und Nordvietnams haben jedoch wiederholt behauptet, daß sie auf dem Schlachtfeld gewinnen können. Bisher waren ihre Einschätzungen immer realistisch. Es ist möglich, daß die Tet-Offensive – die der amerikanischen Öffentlichkeit klar machte, daß die offizielle Version über Vietnam eine Illusion oder eine Lüge ist – auch die Planer der amerikanischen Politik überzeugt hat, daß keine militärische Wahl mehr übrig bleibt, außer einer drastischen Veränderung des Charakters des Krieges und einem kräftigen Schritt in Richtung auf den Dritten Weltkrieg. Wenn es so ist, dann haben wir Aussicht auf Frieden, das heißt auf den Rückzug der amerikanischen Truppen. Rückzug kann »Verhandlungsfrieden«, kann auch »Sieg« genannt werden. Wichtig ist nicht das Wort, sondern die Substanz: die Rückgabe Vietnams an die Vietnamesen.

Es ist denkbar, doch unwahrscheinlich, daß sich der vietnamesische Widerstand mit weniger abfinden wird. Eine der Lehren, die ihm in den vergangenen zwanzig Jahren erteilt wurden, ist die, daß militärische Siege die einzigen sind, die Bestand haben. Den Großmächten kann man nicht trauen. Sie werden Zuflucht nehmen zu

Betrug und Subversion, um jede diplomatische Übereinkunft zu
unterminieren. Daß die FNL die Waffen niederlegen wird, solange
sie in der Lage ist, die Kontrolle über wesentliche Teile Südvietnams
auszuüben, oder daß sie pro forma in eine Koalition eintreten wird,
ist ebenso unwahrscheinlich, wie daß die französische Résistance vor
25 Jahren ihren Kampf aufgegeben haben würde, wenn man ihr das
Gesundheitsministerium in der Vichy-Regierung angeboten hätte.

In den letzten Tagen des Januar übernahmen etwa 50 000 bis
60 000 »Viet Kong«, unter ihnen rund 10 Prozent Nordvietnamesen[84], den größten Teil der städtischen Gebiete von Südvietnam,
wobei sie offenbar die Unterstützung einiger hunderttausend Einwohner fanden. Die amerikanische Reaktion darauf war: Zerstörung. *Associated Press* zufolge wurden »schwere Bomben, Flug-
zeugraketen, Schiffskanonen, Napalm, Tränengas und all die üblichen Grundwaffen von Feldhaubitzen bis zu Panzergeschützen in
den dichtbesiedelten Stadtgebieten eingesetzt«[85]. Robert Shaplen
berichtete aus Saigon:

Ein Dutzend verschiedener Bezirke, die vielleicht sechzig oder siebzig
Blöcke umfassen, sind vollständig niedergebrannt. Fast alle waren Wohnbezirke... Der größte Schaden wurde durch Raketenangriffe amerikanischer Helikopter und anderer Flugzeuge angerichtet... Eine moderne
Textilfabrik im Wert von zehn Millionen Dollar mit 40 000 Webstühlen
wurde durch Bomben vollständig zerstört, weil man den Verdacht hegte,
daß sie ein Versteck des Viet Kong sei.

Der Korrespondent von *Le Monde* berichtete:

In den Vororten, wo das Volk wohnt, hat die Befreiungsfront bewiesen,
daß die einzige Möglichkeit, ihren Einfluß auszuschalten, ihre systematische Vernichtung ist. Um sie zu vertreiben, mußte die Luftwaffe viele
Wohnbezirke dem Erdboden gleichmachen. Auf der Flucht vor den Bombenangriffen sind mehrere zehntausend Flüchtlinge in das Zentrum der
Stadt geströmt.[86]

Hué wurde von amerikanischen Truppen vollständig zerstört, Block
für Block, Haus um Haus. Nach Angaben amerikanischer Militärs
wurden während dieser Operation 119 amerikanische Marines,
1584 »Nordvietnamesen« und etwa 3000 Zivilisten getötet.[87] Charles Mohr berichtete, daß »in Städten wie Hué, Vinhlong, Ben Tre
und Mytho schreckliche Zerstörung angerichtet wurde, als einge-
kreiste alliierte Einheiten den Entschluß faßten, die angreifenden

Viet-Kong-Kräfte durch die Zerstörung der von ihnen bezogenen Stellungen zu vernichten«.[88]

Der amerikanische Politologe Milton Sacks hat in einem Artikel über diese Ereignisse nur dies zu melden: »Konventionell gesprochen, scheint es nun klar, daß die Kommunisten in ihrer Tet-Offensive eine militärische Niederlage erlitten haben. Sie haben das Leben von Tausenden ihrer Soldaten hingegeben, ohne eine einzige bedeutende Provinz oder Bezirksstadt zu erobern« – über die Mittel, mit denen diese »Niederlage« erzielt wurde, oder über ihre politische Bedeutung weiß dieser Südostasienexperte kein Wort zu sagen.[89] Amerikanische Beamte am Schauplatz selbst haben da schon einen weiteren Blick. Charles Mohr zitiert einen von ihnen: »Die Regierung hat die jüngsten Kämpfe gewonnen, aber man muß bedenken, mit welchen Mitteln sie gewonnen hat. Zunächst war der Viet Kong siegreich gewesen und hatte in einigen Städten mit Ausnahme des amerikanischen Militärgeländes und einer südvietnamesischen Stellung alles übernommen.« Auch Senator Mansfield sieht die Realitäten: »... es hat sich gezeigt, daß die Dörfer, Flecken und Städte von einer Infrastruktur der Nationalen Befreiungsfront durchsetzt sind, die zweifellos schon mehrere Jahre existiert, noch immer intakt ist und möglicherweise stärker ist als jemals zuvor«; es ist »noch kein Beginn einer politisch stabilen Situation« in Südvietnam abzusehen.[90]

In einer NBC-Sendung aus Saigon bemerkte Howard Tuchner, es bestehe »kein Zweifel daran, daß die militärische Lage der USA in Vietnam nie schwächer war als jetzt. Amerikanische Beamte in Saigon glauben heute zum ersten Mal, daß die Vereinigten Staaten den Krieg militärisch verlieren könnten.«[91] Über die militärische Lage gibt es nur wenig Informationen, aber wie aus einem Bericht hervorgeht, sind »mehr als tausend Flugzeuge und Helikopter zerstört oder beschädigt worden, vor allem durch 122-mm-Geschosse russischer Herkunft, mit einer Reichweite von acht oder mehr Meilen«. Einem nicht näher genannten Kongreßabgeordneten zufolge »wurde ein Drittel der amerikanischen Helikopter in Vietnam zerstört oder auf unabsehbare Zeit außer Gefecht gesetzt ... fast ebenso schwer waren die Verluste bei den Flugzeugen, insbesondere bei den Transportmaschinen«. Von der Kriegsmarine wurde berichtet, sie habe einen Helikopterträger in den nördlichen Teil Südvietnams geschickt, offenbar in der Hoffnung, daß es den FLN-Kräften nicht gelingen werde, auch noch diesen Zufluchtsort aufzuspüren.[92]

Im Mekong-Delta erlitten die größeren Städte schwere Schäden, in einigen Fällen sogar die Zerstörung, da die Amerikaner Fall für Fall entschieden, »die Stadt zu vernichten, um sie zu retten«, nach den Worten eines amerikanischen Majors, der für den Sieg bei Ben Tre verantwortlich ist.[93] Die Berichte aus den Landgebieten sind bis jetzt, im April, noch verworren. Die allgemeine Situation zeigt sich jedoch deutlich in der Tatsache, daß der IVS den größten Teil seiner Helfer aus »Sicherheitsgründen« zurückgezogen hat. Im Februar berichtete ein Freiwilliger: »Die Anzahl der Plätze, an denen wir einen Freiwilligen sicher unterbringen können, hat sich in den letzten Monaten merklich verringert«; ein anderer sagte: »Wir alle wußten, daß die Sicherheit auf dem Land immer geringer wurde.«[94] Vong A Sang, einem südvietnamesischen Senator zufolge, kontrolliert die Regierung jetzt »nur ein Drittel des Landes«, die restlichen zwei Drittel hält der »Viet Kong« besetzt.[95] Der Charakter des amerikanischen Krieges wird von einem amerikanischen Beamten treffend beschrieben: »Der Viet Kong... besetzte die Dörfer, die wir also nur zu dem Zweck befriedet hatten, daß die Verbündeten kamen und sie ausbombten. Wegen seiner Anwesenheit wurden die Dörfer zerstört.«[96] Durch denselben Bericht erfahren wir, daß in der Provinz Binh Dinh, der Musterprovinz für Befriedung, monatelang folgendes geschehen war, ohne daß darüber berichtet wurde: »Die Feindbewegungen im Dezember, die mehrere Militärs als den ›Auftakt‹ zur Offensive bezeichneten, lösten eine Welle von alliierten Luftangriffen auf die Dörfer aus. Hunderte von Wohnsitzen wurden zerstört.« Ein Artikel in *Newsweek* faßt die Situation zusammen in den Worten eines IVS-Helfers, der von Can Tho berichtete, fast alle Verluste seien durch den amerikanischen Gegenangriff verursacht worden: »Wie schwer es auch fallen mag, das zu glauben: nicht ein einziger Vietnamese, den ich in Saigon oder im Delta getroffen habe, macht den Viet Kong für die Vorgänge der letzten zwei Wochen verantwortlich.«[97] Erstaunlich, fürwahr.

Die Tet-Offensive führte zu einer bezeichnenden Veränderung der politischen Lage in den Vereinigten Staaten. Präsident Johnson hat angekündigt, daß er nicht wieder kandidieren werde. Eine Anzahl von »Friedenskandidaten« – die die fundamentalen politischen Fra-

gen erst noch diskutieren müssen – haben erhebliche Unterstützung
erhalten. Zum ersten Male scheint die amerikanische Regierung bereit zu sein, tastende Schritte in Richtung ernsthafter Verhandlungen zu unternehmen. Es ist ein vernichtendes Urteil über den Zustand der amerikanischen Demokratie, daß nur eine große militärische Niederlage diese Veränderung des politischen Klimas bewirken
konnte. Falls die Vergangenheit ein Maßstab ist, werden nur an-
haltende militärische Rückschläge in Vietnam und die Gefahr
schwerer Unruhen im eigenen Land die Regierung zu Maßnahmen
bewegen können, die möglicherweise den Frieden bringen. Zum
ersten Mal scheint sich eine wirkliche Hoffnung abzuzeichnen, daß
der Krieg enden wird, ohne daß Vietnam ausgelöscht wird. Trotzdem können diejenigen, die sich der Arbeit für den Frieden in Vietnam verschrieben haben, nur noch trauriger gestimmt werden durch
die Erkenntnis, daß es ihnen nicht gelungen ist, in unserem Land die
Einsicht zu vertiefen, daß wir kein Recht auf einen militärischen
Sieg haben. Es ist der wunderbare Heldenmut des vietnamesischen
Widerstands, der diese tastenden Schritte in Richtung auf den Frieden erzwungen hat. Wenn ich das sage, fälle ich kein politisches
Urteil über die verschiedenen Kräfte der vietnamesischen Gesellschaft, sondern stelle nur nackte und unabweisliche Tatsachen fest.
Für die sogenannte »Friedensbewegung« sind die jüngsten Ereignisse eine große Herausforderung. Sie hat sich zu lange mit billigen
Witzen über LBJ und der Konzentration auf zweitrangige Fragen
wie die Bombardierung Nordvietnams aufgehalten. Die Herausforderung, vor der sie jetzt steht, ist die Aufgabe, das Verständnis
dafür zu schaffen, daß wir kein Recht haben, irgendwelche Bedingungen für eine politische Lösung in Vietnam zu stellen; daß die
amerikanische Militärmacht aus Vietnam zurückgezogen werden
muß, aber auch aus den anderen schwelenden Vietnams in der ganzen Welt; daß die Macht, die Ressourcen und die technischen Möglichkeiten der Vereinigten Staaten für den Aufbau verwendet werden müssen anstatt zur Repression, zur »Eindämmung«, zur Zerstörung.

Das bittere Erbe

Eine Rezension

Als Beitrag zu unserem Verständnis des Vietnamkriegs scheint mir Arthur Schlesingers Buch *Das bittere Erbe* keine ausführliche Diskussion wert zu sein. Als Beitrag zu unserem Verständnis der amerikanischen Ideologie ist es von größerer Bedeutung, doch wohl mehr als Beispiel denn als Kommentar. Es ist allgemein üblich und durchaus legitim, von einer gewissen Hauptströmung des politischen Denkens zu sprechen (die zu Unrecht als »verantwortliches Denken« bezeichnet wird): sie bewegt sich innerhalb der recht engen Grenzen der herrschenden Ideologie und stellt die Konzeptionen oder Rationalisierungen jener, die die Entscheidungsprozesse unmittelbar beeinflussen, nicht in Frage. Schlesingers Position ist dabei »extrem« – sie repräsentiert den liberalen Flügel dieses »verantwortlichen Denkens«. Mit großer Klarheit gibt er der liberalen Kritik am Vietnamkrieg Ausdruck, die sich entfaltet hat, als zu Tage kam, daß die amerikanische Macht wahrscheinlich nicht fähig sein werde, den Aufstand in Vietnam zu einem »annehmbaren« Preis – für uns oder für Vietnam – zu unterdrücken. Es ist nicht nur von historischem Interesse, diese Kritik zu verstehen, die ihr zugrunde liegenden Annahmen zu identifizieren und die Einstellung gegenüber Amerikas Rolle in der internationalen Politik, die sie verrät, zu beurteilen. Es bestand immer die Möglichkeit, daß die Auseinandersetzungen in Vietnam in einen globalen Krieg oder in einen Versuch unserer früheren Verbündeten münden könnten, ein Gegengewicht zur amerikanischen Macht zu bilden. Wenn die Konsequenzen aber so sind, daß sie auf die totale Vernichtung des vietnamesischen Volkes (ohne internationale Auswirkungen) oder auf die Rückgabe Vietnams an seine eigene Bevölkerung bei gleichzeitigem Rückzug der amerikanischen Besatzungsarmee hinauslaufen, dann ist es wahrscheinlich, daß wir zu einer Politik zurückkehren werden, die in den Bereich der »verantwortlichen« Strömung von Denken und Ideologie fällt und veranschaulicht wird durch jene Art von Kritik an

Um einige Zusätze erweiterte Fassung des zuerst in *Ramparts*, Bd. 5 (April 1967) erschienenen Essays.

unserer »Verirrung« in Vietnam – wo wir die Kontrolle über die Situation verloren haben –, die Schlesingers Analyse vertritt.

Der Kernpunkt von Schlesingers Kritik an der amerikanischen Eskalation in Vietnam ist, daß sie eine rein taktische Basis habe. Ich habe an anderer Stelle in diesen Essays seine Bemerkung zitiert, daß, entgegen seinen Erwartungen, der Versuch Amerikas, durch die Ausweitung des Krieges »den Widerstand zu unterdrücken«, doch noch Erfolg haben könnte und wir dann »alle die Weisheit und Staatskunst der amerikanischen Regierung begrüßen« werden. Schlesingers Kritik an der Eskalationspolitik ist »pragmatischer« Natur, weil sie nicht nach unseren Zielen fragt, sondern nur nach der Wahrscheinlichkeit, sie zu erreichen. In dieser Hinsicht ist sie »verantwortliche Kritik«; sie unterscheidet sich von der Haltung der Johnson-Administration oder auch von der Einstellung eines »verantwortlichen« Kritikers, der einen eindeutigen imperialistischen Standpunkt vertritt, nur in ihrer Beurteilung der potentiellen Wirksamkeit gewisser Methoden, die wir bei unserem Versuch anwenden, die vietnamesische Gesellschaft in unserem wohlverstandenen Interesse und im Sinne dessen zu organisieren, was wir als die Interessen der Vietnamesen definieren. Prüft man diese liberale Kritik, so zeigt sich, wie weit entfernt vom Hauptstrom der amerikanischen Meinung, jener Meinung, die auf die Entscheidungsprozesse Einfluß nehmen könnte, ein Standpunkt ist, der im Spektrum der Weltmeinung als durchaus gemäßigt zu gelten hätte, der nämlich, daß die Vereinigten Staaten kein einseitiges Recht haben, den Ländern der Dritten Welt ihren Entwicklungsweg gewaltsam vorzuschreiben.

Als ein Beispiel für die liberale amerikanische Ideologie vermittelt Schlesingers Buch zugleich einen Einblick in einen recht bedeutenden Aspekt des vielschichtigen Problems der imperialistischen Expansion. Zweifellos hat die Ideologie ihre Wurzeln in wirklichen oder doch angeblichen Interessen; es ist jedoch nichts Neues, daß sich eine Ideologie auch verselbständigen, daß sie bei der Planung oder Durchführung der Politik einen Beitrag leisten kann, der gelegentlich mit den Interessen, aus denen sie sich entwickelt hat, sogar in Konflikt gerät. Die anti-kommunistische Paranoia Amerikas in der Nachkriegszeit bietet viele Beispiele dafür. Einerseits lieferte sie eine geeignete – und gelegentlich plausible – Rechtfertigung für den

Interventionismus, der schon seit langem und in immer größerem Ausmaß die amerikanische Politik kennzeichnet. Andererseits lieferte sie eine nahezu unabhängige Grundlage für besondere politische Entscheidungen und veranlaßte zu Handlungen, die über das hinausgehen, was die von der Außenpolitik im allgemeinen wahrgenommenen Interessen fordern. Unsere China-Politik zeugt davon. Ein anderes Beispiel ist das Verhalten der Eisenhower-Administration gegenüber Kuba im Jahre 1960 (wie es Philip Bonsal in *Foreign Affairs*, Januar 1967, beschreibt), als die Castro-Regierung verlangte, daß die amerikanischen und britischen Ölraffinerien anstelle des venezolanischen sowjetisches Öl raffinieren sollten. Die Gesellschaften, die »der Forderung der [Castro-]Regierung wahrscheinlich widerwillig nachgegeben hätten«, sahen sich durch den starken Druck Washingtons gezwungen, sich zu weigern, was zur Enteignung und zur weiteren Verschlechterung der Beziehungen zwischen Kuba und Amerika führte. Solche Vorfälle – und es gibt viele davon – sind für diejenigen von Interesse, die sich mit der Dynamik des Imperialismus in der modernen Zeit auseinandersetzen. Schlesingers Einstellung zum Vietnamkrieg kann zum Verständnis der kulturellen Faktoren dienen, die in dieses komplizierte Wechselspiel von wirklichen und angeblichen materiellen Interessen, Ideologie und Regierungsinitiativen verwickelt sind.

Schlesingers Kritik an der gegenwärtigen Vietnampolitik ist auch interessant wegen der Rolle, die der Autor in der Kennedy-Administration gespielt hat, in einer Zeit, als viele der Voraussetzungen für die gegenwärtige Tragödie in Vietnam geschaffen wurden. In dieser Hinsicht ist sie für die »Beobachter Washingtons« von einiger Bedeutung, für jene also, die herausfinden wollen, wie sich die amerikanische Außenpolitik entwickelt und wie sie von jenen gesehen wird, die an ihrer Durchführung beteiligt sind.

So ist es zum Beispiel interessant zu erfahren, wie weit Schlesinger unsere gegenwärtige mißliche Situation auf bürokratische Dummheit anstatt auf machiavellistische Intentionen zurückführt. Er stellt die Frage, »die bereits das amerikanische Gewissen heimsucht«, ob wir »tatsächlich, wie wir immerzu verkünden, diese Politik verfolgen, um das Volk zu retten, das wir systematisch vernichten«, oder ob wir dies »aus weniger erhabenen, eigennützigen Gründen tun«. Er beantwortet diese Frage nicht direkt, aber wir können schließen, daß seiner Meinung nach weit eher Dummheit und Unwissenheit als die Verfolgung unserer eigenen Interessen für das bittere Erbe verantwortlich gemacht werden müssen. Betrachtet man die Entwicklung der amerikanischen Politik von außen, so fällt es freilich nicht allzu schwer, eine rationalere Erklärung zu finden. Doch man muß Schlesingers Urteil Beachtung schenken. Schließlich war er dabei.

Es ist allerdings fraglich, wie weit Schlesingers Glaube an die amerikanische Einfalt geteilt wird. Er räumt zum Beispiel ein, daß es dem Anschein nach »eine gigantische Bemühung Amerikas, China einzukreisen und zu erdrosseln«, gibt. Jedoch, so versichert er, das ist nicht »unsere Auffassung von dem, was wir tun, noch ist es in Wirklichkeit das, was wir tun«, obwohl »es uns natürlich nicht verwundern sollte, daß eine Schar von dogmatischen Marxisten-Leninisten das außerordentliche Aufgebot von amerikanischen Truppen, Flotten und Militärstützpunkten viele tausend Meilen von den Vereinigten Staaten entfernt ... so zu interpretieren pflegt«. Man muß wohl kaum ein dogmatischer Marxist-Leninist sein, um zu dem Schluß zu kommen, daß wir an der Einkreisung Chinas interessiert sind. Das ist zum Beispiel genau die Ansicht von Charles Wolf, dem führenden Wirtschaftsexperten der RAND-Corporation, der es für unsere wichtigste außenpolitische Aufgabe hält, China »gewillt« zu machen, »mit dieser Angst zu leben«, die die amerikanische Einkreisung bedeutet (siehe das vom Senatsausschuß für den Fernen Osten und den Pazifischen Raum veranstaltete Hearing vom 27. Januar 1966). Schlesinger glaubt offenbar, seine Interpretation stimme überein mit unserem »philosophischen Erbe – empirisch, pragmatisch, ironisch, pluralistisch und auf Wettbewerb eingestellt«. Es könnte freilich sein, daß es ein zutreffenderes Adjektiv gibt: hohlköpfig.

Schlesinger weiß so gut wie jeder Leser der *New York Times* und von *I. F. Stone's Weekly*, was wir in Vietnam tun. Er betont, daß »der Krieg als Aufstand in Südvietnam begann und, als er an Kraft gewann, immer mehr Unterstützung und Steuerung aus dem Norden auf sich zog«, und daß es das Ergebnis unserer Bombardierung Nordvietnams war, »nordvietnamesische Truppen über die Grenze in den Süden zu treiben«, wenn auch in einem Ausmaß, das durch unsere eigene Invasion in den Schatten gestellt wird. Er erkennt,

daß wir, »wenn wir weiterhin den totalen militärischen Sieg anstreben, das beklagenswerte Land von Bomben zerwühlt und zerstört, von Napalm verbrannt, durch chemische Entlaubung in eine
Wüste verwandelt, als einen Ort der Ruinen und Wracks zurücklassen werden«, mit einer zerborstenen »politischen und institutionellen Struktur«. Er weiß, daß »unsere Bomber über das unglück-
liche Land ziehen und jeden Monat mehr Sprengstoff abwerfen, als
wir im Zweiten Weltkrieg monatlich über ganz Europa und Afrika
abgeworfen haben – in einem Jahr mehr, als wir im Zweiten Weltkrieg auf den gesamten pazifischen Raum abgeworfen haben«. Und
er versteht, welche Folgen dieser Angriff, der in der Geschichte der
Kriegführung ohne Beispiel ist, auf die Zivilbevölkerung hat. All
das ruft bei unserem Autor eine Regung starken Mitgefühls hervor –
für Präsident Johnson. (»Kein nachdenklicher Amerikaner kann
sich der Sympathie für Präsident Johnson entziehen, wenn dieser
über den düsteren Möglichkeiten grübelt, die vor uns liegen.«)
Nicht, als ob Schlesinger sich nicht empören könnte. Er ist richtig
erzürnt über den vom »Viet Kong« geführten »Krieg im Schatten«,
über seine »Hinterhalte und Morde und Quälereien, die eine Fährte
von abgebrannten Dörfern, zerrütteten Familien und weinenden
Frauen zurücklassen« (die »Fährte von abgebrannten Dörfern«
wird nicht näher bezeichnet, aber vielleicht ist hier die Rollenver-
teilung durcheinandergeraten); und es fehlt ihm nicht an Verachtung für jene, die den Verteidigungsminister bedrängen oder ihre
Einberufungsbefehle verbrennen. Man fragt sich, ob ihn ein ver-
gleichbarer »Gefühlsausbruch« im Italien von 1935 oder im Rußland von 1956 genauso beleidigt hätte. Doch was die amerikanischen Handlungen betrifft, so »ist es nicht nur sinnlos, sondern auch
ungerecht, nach Schuldigen zu suchen«. Johnson und Humphrey
sind einfach »sentimentale Imperialisten«, von Grund auf anständige Männer mit einem »Asien-Bild«, das »nicht entehrend« ist,
und lebhaft interessiert an der »Rettung Asiens«.
Wie zu erwarten, bleibt der Kennedy-Administration jede Kritik
erspart, außer in bezug auf ihr Unvermögen, mit den Berichten der
Presse über das, was wirklich geschah, Schritt zu halten. Gewiß,
Kennedy entsandte eine Armee von über 15 000 Mann, fast dreimal so groß wie die Legion Kondor, die Hitler in einen früheren Bürgerkrieg schickte, um »den Kommunismus zu bekämpfen«. Doch das

war nur die »Politik der Ungeschicklichkeiten«. Hinsichtlich der »Krise der Glaubwürdigkeit« kommt er zu dem Schluß, daß auch sie ein Phänomen der Zeit nach Kennedy sei – niemand würde bei der Lektüre dieses Buches auf den Gedanken kommen, daß im Dezember 1961 ein Weißbuch mit dem Titel »Eine Bedrohung des Friedens: Nordvietnams Versuche, Südvietnam zu erobern« herausgegeben wurde. Auch wird der Leser des *Bitteren Erbes* wahrscheinlich nicht erraten, daß der Autor vor nicht allzu langer Zeit das Jahr 1962 als »kein schlechtes Jahr« bezeichnet hat, in dem »die Aggression in Vietnam unter Kontrolle gebracht wurde«, oder Nordvietnam, unter offensichtlichem Beifall, als »Ursprung der Aggression« auszugeben pflegte (*Die Tausend Tage*).

Und doch hat Schlesingers Beurteilung außenpolitischer Fragen eine gewisse innere Konsistenz. Er war gegen die mißglückte Cuba-Invasion im Jahre 1961, weil er glaubte, daß die geplante Täuschung keinen Erfolg haben könnte, nicht aber, weil er solche Aktionen prinzipiell ablehnt. So verweist er auch heute voll Skepsis auf die Vorhersage Joseph Alsops, in absehbarer Zeit werde, vom amerikanischen Standpunkt aus gesehen, »der Vietnamkrieg erfolgreich sein«, aber er fügt hinzu: »wir alle hoffen inständig, daß Alsop recht haben möge«. Die liberale Ansicht à la Schlesinger unterscheidet sich von der à la Alsop in zwei wesentlichen Punkten: zunächst durch ihre Skepsis gegenüber der Absehbarkeit eines amerikanischen Siegs, und dann durch ihr Unvermögen, sich vorzustellen, daß ein guter Amerikaner unfähig sein sollte, sich über einen eindeutigen amerikanischen Sieg zu freuen, vorausgesetzt nur, daß dieser mit den bisher angewandten Mitteln erzielt werden kann (die das Land mit Sicherheit in »einen Ort der Ruinen und Wracks« verwandeln werden). Also »hoffen wir alle inständig«, die bewaffnete Macht der Vereinigten Staaten möge Erfolg haben, doch die Einsichtigeren unter uns bezweifeln, daß sich Alsops Vorhersage als richtig erweisen wird.

Obwohl Schlesinger heute betont, daß die »Aggression aus dem Norden« kaum als Erklärung für den Krieg im Süden ausreicht, brechen bei seinem Umgang mit dem Ausdruck »die Südvietnamesen« seine alten Gewohnheiten wieder durch. So sagt er etwa, unser Ziel in Vietnam sollte »die Schaffung und Stabilisierung sicherer Gebiete (sein), in denen die Südvietnamesen selbst die soziale und institutionelle Entwicklung in die Hand nehmen können«. In Wirklichkeit sind die Gebiete, in denen die Südvietnamesen die soziale und institutionelle Entwicklung selbst in die Hand genommen haben, gerade jene, die unter der Kontrolle des »Viet Kong« stehen, zum Beispiel große Teile des Mekong-Deltas vor den brutalen Kampagnen der Amerikaner und Südkoreaner in den letzten Monaten. Ausführliches Dokumentationsmaterial zur Bekräftigung dieser These hat Douglas Pike (laut Schlesinger »der sorgfältigste Kenner des Viet Kong«) in seinem jüngst erschienenen Buch *Viet Cong* vorgelegt. Das würde also bedeuten, daß wir, wenn es unser Ziel ist, die soziale und institutionelle Entwicklung den Südvietnamesen selbst in die Hand zu geben, uns einfach zurückziehen oder wenigstens Verhandlungen zwischen einheimischen südvietnamesischen Kräften erlauben sollten, unter Ausschluß fremder Mächte, von denen wir selbst natürlich die bei weitem dominierendste sind.

Aber die Südvietnamesen, die Schlesinger meint, sind jene, deren Anspruch auf Legitimität sich auf die amerikanischen Waffen stützt (darunter die »Südvietnamesen« der Militärjunta). In seinem Wortschatz ist der Ausdruck »Südvietnamesen« also eher in der Art zu verstehen, wie die japanische Terminologie vor einem Vierteljahrhundert die »legitime chinesische Regierung« verstanden hat, nämlich als die von Wang Ching-wei, der von Japan eingesetzten Marionette (siehe oben S. 154). Der einzig angemessene Kommentar über diese Konzeption von Rusk, Schlesinger und Co. findet sich in der amerikanischen Note vom 30. Dezember 1938 an Japan, in der bestritten wird, »daß irgendeine Macht einen Grund oder die Befugnis hat, in Gebieten, die nicht unter ihrer Herrschaft stehen, die Bedingungen und Voraussetzungen für eine ›neue Ordnung‹ vorzuschreiben und sich selbst in dieser Hinsicht zum Träger der Autorität und zum Agenten des Schicksals zu ernennen«.

Im gleichen Stil bietet Schlesingers »Mittelweg« der FNL Aussichten auf Teilnahme am zukünftigen politischen Leben Vietnams, »unter der Bedingung, daß sie die Waffen niederlegt, ihre Gebiete öffnet und sich an das Prinzip der freien Wahlen hält«. Da keine entsprechende Forderung nach dem Rückzug der Amerikaner, der Waffenniederlegung der Saigoner Armee und der Öffnung ihrer Gebiete gestellt wird, geht Schlesingers Mittelweg in wesentlichen Punkten nicht einmal so weit wie das Pentagon, das sich, zumindest nach außen hin, zum Rückzug verpflichtet hat, sobald »die militärischen Einheiten des Viet Kong aufgelöst worden sind«. Jeder dieser Vorschläge fordert lediglich, daß die andere Seite kapituliert, bevor wir ihr politische Rechte zuerkennen.

Ein wirklicher »Mittelweg«, der die Kapitulation keiner am Bürgerkrieg beteiligten Partei verlangt, würde auf den Abzug aller ausländischen Truppen (amerikanischer, südkoreanischer, nordvietnamesischer und anderer kleinerer Kontingente) und auf Verhandlungen zwischen den bestehenden politischen Kräften Südvietnams – das sind die Nationale Befreiungsfront und alle anderen Kräfte, die noch nicht durch die von uns unterstützten Sturmtruppen Marschall Kys überwältigt worden sind – abzielen, um eine Koalitionsregierung zu bilden. Wie man auf allen Seiten zugibt, würde dieser Mittelweg den Zusammenbruch des Saigoner Regimes bedeuten, eine Tatsache, die zusammen mit der allgemeinen Unlust der Saigoner Armee, zu kämpfen oder auch nur die Uniform anzubehalten, uns dazu veranlassen sollte, wie Schlesinger es ausdrückt, »uns um so mehr über die politische Seite des Kriegs zu wundern«.

Dieser Weg ist tatsächlich wiederholt vorgeschlagen worden: von der FNL – mag Schlesinger auch schlankweg behaupten, daß »Hanoi und der Viet Kong so lange nicht verhandeln werden, bis sie glauben, gewinnen zu können«. Es ist möglich, daß sich die wiederholten Initiativen Hanois und der FNL zu Verhandlungen und ihre Forderung nach einer Koalitionsregierung als eine Täuschung erweisen werden; ohne jeden Zweifel aber ist es eine Täuschung, die Existenz dieser Initiativen einfach zu leugnen oder den Inhalt des FNL-Programms zu ignorieren – ein Programm, das seit 1960 die Bildung »einer großen nationalen, demokratischen Koalitionsregierung« fordert, »die Vertreter aller Schichten des Volkes, aller Nationalitäten, politischen Parteien, religiösen Gemeinschaften und patriotische Persönlichkeiten einschließt« (siehe Kahin und Lewis, *U. S. in Vietnam*, Appendix 6-B).

Es ist auch eine Täuschung, wie Schlesinger einfach zu behaupten, daß »Hanoi auf den Rückzug der amerikanischen Truppen als Vorbedingung für Verhandlungen so großes Gewicht legt«, obgleich Hanoi immer wieder betont hat, daß die Forderung nach Rückzug als »eine Grundlage« für Verhandlungen gestellt werde.

Jean Lacouture erklärte im *Nouvel Observateur* vom Januar 1967,

die amerikanischen Regierungsbeamten seien die letzten Menschen
auf der Welt, denen die grundsätzlichen Punkte des FNL-Programms von 1962 unbekannt sind. Er hätte hinzufügen können,
daß Arthur Schlesinger offenbar der letzte Mensch auf der Welt ist,
dem die Verhandlungsposition Hanois und der FNL (dargelegt
z. B. von Ministerpräsident Pham Van Dong, vgl. *New York
Times*, 14. April 1965) unbekannt ist, daß nämlich die Anerkennung der berühmten »Vier Punkte« als »eine Grundlage« für eine
politische Lösung »günstige Bedingungen« für eine solche Lösung
schaffen und es »möglich« machen werde, »das erneute Zusammen-
treffen einer internationalen Konferenz nach Art der Genfer Viet-
nam-Konferenz von 1954 in Erwägung zu ziehen.«. Weder damals
noch später wurde der Rückzug der amerikanischen Truppen als
Vorbedingung für Verhandlungen gefordert.
So scheint sich Schlesingers »Mittelweg« von den Plänen der drei
Oberbefehlshaber und des Außenministeriums nur in taktischer
Hinsicht zu unterscheiden. Sie alle gehen davon aus, daß die Entsendung eines 500 000 Mann starken amerikanischen Expeditionskorps zwecks Übernahme des Krieges der Verteidigung der Interessen Südvietnams diene, die Infiltration vom Norden dagegen ein
aggressiver Angriff auf Südvietnam sei. Im Falle Schlesingers mündet diese Prämisse in den Vorschlag, die Guerillas sollten kapitulieren, dann würden wir ihnen politische Rechte zugestehen. Ähnlich
stellen der Präsident und seine Sprecher die zynische Forderung, die
Nordvietnamesen sollten ihre Aktivitäten im Süden einschränken
oder einstellen, ohne jede kompensierende Geste unsererseits in Südvietnam. Ihre groteskeste Form nimmt diese Prämisse an, wenn ein
Sprecher des Außenministeriums die Nachschuboperationen der
Nordvietnamesen während der Tet-Waffenruhe als »besonderen
Beweis dafür, daß sie es mit ihrer Erklärung über Verhandlungen
nicht ernst meinten« bezeichnet und gleichzeitig behauptet, die
Nachschub-Operationen der USA, die während der Zeit der Waf-
fenruhe durchgeführt wurden, seien etwas anderes, weil sie »keine
Menschen und Vorräte über die Grenze nach Nordvietnam brachten, sondern sich allein in Südvietnam abspielten« (*New York
Times*, 17. Februar 1967). Um auf frühere Beispiele zurückzukommen: es ist dieselbe Haltung, die es Schlesinger erlaubt (in *Die Tausend Tage*), sein Entsetzen über die Entdeckung der in Venezuela

versteckten kubanischen Waffen zu äußern, aber nichts über die ausgedehnte amerikanische Militärhilfe zu sagen, die zur Errichtung oder Unterstützung repressiver Regimes auf dem ganzen Kontinent verwendet wurde. Die zugrunde liegende Prämisse ist die, daß die Vereinigten Staaten die Befugnis haben, »in Gebieten, die nicht unter ihrer Herrschaft stehen, die Bedingungen und Voraussetzungen für eine ›neue Ordnung‹ vorzuschreiben und sich selbst in dieser Hinsicht zum Träger der Autorität und zum Agenten des Schicksals zu ernennen«.

Alle kompetenten Beobachter haben darauf hingewiesen, daß »der Krieg in Südvietnam zwischen der großen, durchtrainierten Armee einer unbeliebten Regierung und dem nicht-trainierten militärischen Flügel einer starken politischen Bewegung auf nationalistischer Basis, in der die Kommunisten die Führung übernommen haben, ausgetragen wird« (Michael Field, *The Prevailing Wind*). Aus diesem Grund haben die Saigoner Behörden niemals von ihrer (in einer Erklärung vom 1. März 1965 formulierten) Forderung abgelassen, daß Verhandlungen undenkbar sind, wenn die »Kommunisten« nicht ihre aufrichtige Gesinnung »durch vorherigen Abzug ihrer bewaffneten Einheiten *und ihrer politischen Kader* vom südvietnamesischen Territorium« zeigen (Hervorhebung von mir). Die Forderung ist zweckmäßig; wie sie selbst wiederholt zugegeben haben, sehen die Führer Saigons keine Hoffnung, sich im offenen politischen Kampf zu behaupten. Man braucht wohl nicht eigens zu belegen, daß dies – wie Schlesinger übrigens selbst betont – auch die vorherrschende amerikanische Ansicht ist.

In der Tat macht sich Schlesinger keine Illusionen über den Charakter der Marionettenregierung in Saigon. Er empfiehlt uns deshalb, »die Bildung eines bauernfreundlichen Regimes zu fördern«, »eine Regierung, die bei der Landbevölkerung begeisterte Unterstützung findet«. Er fragt sich nicht, wie das möglich ist, wenn wir das Land militärisch besetzt halten, oder warum man erwarten sollte, daß sich die Politiker der Kennedy- und Johnson-Regierung zu einer derartigen Neuorientierung ihrer Politik bequemen. Aber vielleicht wirft Schlesingers Charakterisierung der südvietnamesischen Wahlen von 1966 als jenen »tapferen Versuch, sich selbst zu regieren«, der »solch idealistische Hoffnungen in den Vereinigten Staaten auslöste«, einiges Licht auf seine Vorstellung von demokratischen Verfahren. Er hält es nicht für notwendig zu erwähnen, daß bei diesem tapferen Versuch, sich selbst zu regieren, die Kommunisten und die Neutralisten, deren Bemühungen den Kommunisten hätten zugute kommen können, durch Gesetz von der Wahl ausgeschlossen wurden; auch sagt er nichts über die (von der Presse ausführlich berichteten) Bedingungen, unter denen der Wahlkampf und die Wahl selbst stattgefunden haben. Tatsächlich erinnert seine Beurteilung dieser Wahl an die Bemerkung seines gelegentlichen Widersachers Dean Rusk, die Provinzwahlen vom Mai 1965 seien »von unserem Standpunkt aus gesehen... freie Wahlen« gewesen (25. August 1965). Nach Rusks und Schlesingers Begriff von »freien Wahlen« ist es nicht undenkbar, daß sich »freie Wahlen« mit der militärischen Besetzung durch die USA vertragen.

Schlesinger bestätigt, daß das Regime, das wir in Vietnam eingesetzt haben, das einer »neuen Klasse von neuen Mandarinen« ist, daß es »von Nepotismus, Korruption und Zynismus durchsetzt« ist, und er gibt zu, daß unsere militärischen Maßnahmen das Land ganz einfach zerstören und die hilflose Bevölkerung auslöschen. Man sollte also annehmen, daß er unseren Rückzug empfiehlt. Tatsächlich aber sagt er sehr wenig über diese Möglichkeit, und nur, um sie von der Hand zu weisen, weil sie »in ganz Asien unheilvolle Rückwirkungen hätte«, weil sie »demütigend« wäre und weil wir »moralische Verpflichtungen« gegenüber denen haben, die von uns unterstützt und ermutigt worden sind. Das Argument ist kaum überzeugend. Unsere moralischen Verpflichtungen, wie immer sie aussehen mögen, können wir dadurch erfüllen, daß wir jene (wie Schlesinger sie nennt) »Frankenstein-Ungeheuer, die wir so gern in unseren Satellitenstaaten schaffen«, samt ihren Kohorten umsiedeln – zum Beispiel nach Arizona. Die »Demütigung« des Rückzugs kann wohl kaum mit der nationalen Schande einer Politik der verbrannten Erde und des Massenmordes verglichen werden. Und es fällt schwer, sich etwas noch »Unheilvolleres« für rückständige asiatische Länder vorzustellen als die permanente militärische Präsenz von der Art, wie wir sie an den Grenzen zu China aufrecht erhalten. Schlesingers »Mittelweg« wird, wenn er Erfolg hat, den Vereinigten Staaten so viel Macht lassen wie auf den Philippinen – und das ist sicher keine verlockende Aussicht. Wenn irgend etwas unsere Nation dazu bringen wird, »ihre ältesten Ideale zu besudeln und sich selbst in den

Augen der Welt und ihrer eigenen Nachwelt zu entehren«, so ist es unsere Geneigtheit, jede Barbarei zu tolerieren, solange sie Erfolg hat, und unsere Piepser von Protest nur dann hören zu lassen, wenn uns der totale Sieg entschwindet.

Einige Betrachtungen
über die Intellektuellen und die Schulen

In glücklicheren Zeiten hätte ich es vorgezogen, mich dem Thema dieses Symposiums mehr technisch und professionell zu nähern; ich hätte gefragt, wie die Studenten am besten mit den führenden Ideen, den anregendsten und eindringlichsten Gedanken auf den Gebieten, die mich speziell interessieren, vertraut gemacht werden könnten; wie man ihnen helfen könnte, das Vergnügen der Entdeckung und tieferen Einsicht zu erfahren, und wie man ihnen die Möglichkeit geben könnte, ihren eigenen, individuellen Beitrag zur zeitgenössischen Kultur zu leisten. In diesem besonderen historischen Augenblick jedoch sind andere Dinge vordringlich.

Während ich schreibe, bringt der Rundfunk die ersten Nachrichten über die Bombardierung von Hanoi und Haiphong. Nach heutigen Maßstäben ist das an sich keine Greueltat – ganz sicherlich keine Greueltat im Vergleich etwa zu dem Angriff der Amerikaner auf die Landbevölkerung Südvietnams im Laufe des letzten Jahres. Aber die Symbolik dieser Handlung wirft ihren Schatten auf jegliche Beurteilung amerikanischer Institutionen. Als die Bombenangriffe auf Nordvietnam einsetzten, sagte Jean Lacouture ganz richtig, daß diese Handlungen und die zu ihrer Rechtfertigung verfaßten Dokumente einzig und allein zeigen, daß die amerikanische Führung das Recht zu haben glaubt, zuzuschlagen, wo und wann sie nur will. Sie zeigen in der Tat, daß diese Führung die Welt als ein amerikanisches Reservat betrachtet, das höherer amerikanischer Weisheit gemäß regiert, organisiert und, wenn nötig, durch amerikanische Macht kontrolliert werden soll. In diesem Augenblick der nationalen Schande, da die amerikanische Technologie in Südostasien Amok läuft, kann eine Diskussion über amerikanische Schulen schwer die Tatsache ignorieren, daß diese Schulen die erste Ausbildungsstätte sind – für die Truppen, die den gedämpften, endlosen Terror des Status quo in den kommenden Jahren eines projek-

Zuerst in der *Harvard Educational Review*, Bd. 36 (Herbst 1966), S. 484–491 veröffentlicht, in einer Sondernummer, die einem Symposium mit dem Thema »American intellectuals and the schools« gewidmet war. Copyright © 1966 by the President and Fellows of Harvard College.

tierten amerikanischen Jahrhunderts noch verstärken werden; für
die Techniker, welche die Mittel zur Ausdehnung der amerikanischen Macht entwickeln werden; für die Intellektuellen, die mit großer Wahrscheinlichkeit die ideologische Rechtfertigung für diese besondere Form von Barbarei liefern und die Unverantwortlichkeit
jener beklagen werden, die das alles unerträglich finden.

Vor dreißig Jahren schloß Franz Borkenau eine brillante Studie
über den Zusammenbruch der spanischen Revolution mit folgender
Erklärung: »In diesem krassen Gegensatz zu früheren Revolutionen
spiegelt sich folgender Tatbestand wider. Bis vor wenigen Jahren
war die Konterrevolution in der Regel von der Unterstützung
reaktionärer Mächte abhängig, die den Kräften der Revolution
technisch und intellektuell unterlegen waren. Mit dem Emporkom-
men des Faschismus wurde das anders. Heute ist es möglich, daß
jede Revolution auf den Widerstand der modernsten, wirksamsten
und grausamsten Maschinerie stößt, die gerade existiert. Das bedeutet, daß die Zeit vorüber ist, in der sich Revolutionen frei und
nach eigenen Gesetzen entwickeln können.«[1]

Damals hätte es großer Voraussicht bedurft, um zu sehen, daß sich
diese Prophezeiung als richtig erweisen werde, wenn man nur »Faschismus« durch »liberalen Imperialismus« ersetzt, und daß die Vereinigten Staaten eine Generation später die wirksamste und grausamste Maschinerie, die existiert, einsetzen würden, um zu verhindern, daß sich revolutionäre Bewegungen nach ihren eigenen Gesetzen entwickeln, und dafür zu sorgen, daß ihre besondere Auffassung von Zivilisation, Ordnung und Gerechtigkeit beherrschend
bleibt. Und es hätte, gegen Ende der dreißiger Jahre, schon großer
Einsicht bedurft, um zu erkennen, daß in absehbarer Zeit eine refor-
mistische amerikanische Regierung mit einer auf den »Wohlfahrtsstaat« ausgerichteten Innenpolitik alles versuchen würde, den Beweis für die Richtigkeit von Marxens düsterer Bemerkung über
diese Zivilisation, Ordnung und Gerechtigkeit zu erbringen: daß
nämlich immer dann, wenn sich die Sklaven und Handlanger dieser
Ordnung gegen ihre Herren erheben, Zivilisation und Gerechtigkeit
als eindeutige Barbarei und gesetzlose Rache zutage treten.

Es ist denkbar, daß die amerikanischen Taten in Vietnam nur ein
einmaliger Ausbruch krimineller Unzurechnungsfähigkeit sind,
ohne allgemeine oder weitreichende Bedeutung außer für die un-

glücklichen Bewohner des gepeinigten Landes. Es fällt jedoch
schwer, dieser Möglichkeit großen Glauben zu schenken. In einem
halben Dutzend lateinamerikanischer Länder gibt es Guerillabewe-
gungen, die in ihrem Ausmaß allmählich das Frühstadium des zweiten vietnamesischen Krieges erreichen, und die amerikanische Reaktion ist offenbar ähnlich. Das heißt, amerikanische Waffen werden
eingesetzt, um gegen Guerillakräfte zu kämpfen und »das Meer
auszutrocknen, in dem sie schwimmen« – wie es in Maos Terminologie heißt; und amerikanische »Berater« unterrichten und trainie-
ren die Truppen, die, wie lateinamerikanische Liberale es sehen, nur
dazu gebraucht werden, ihr eigenes Land im Interesse der herrschenden Klasse und des nordamerikanischen Kapitals zu besetzen.
Anders als in Vietnam ist es in diesen Ländern noch nicht notwendig geworden, die Tatsache der kommunistischen Infiltration in den
Mythos kommunistischer Aggression zu verwandeln, um die offene
Kontrolle der konterrevolutionären Kräfte durch die USA zu rechtfertigen; auch ist die Zeit noch nicht gekommen, das ganze Arsenal
des Terrors einzusetzen, um das Regime zu stützen, das den Interessen Amerikas am meisten entgegenkommt. Doch scheint dieser
nächste Schritt durchaus erwartet zu werden. Vor kurzem las man
im *Nouvel Observateur*, daß der Bauernführer Francisco Julião
fest an eine Intervention der USA glaube für den Fall, daß in den
nordöstlichen Provinzen Brasiliens eine Revolution ausbrechen
sollte. Andere, weniger bekannte Persönlichkeiten haben sich ähnlich geäußert. Es gibt kaum eine historische oder logische Grundlage für die Annahme, daß sie unrecht haben – das heißt, wenn
man jene Sentimentalität ausnimmt, die die Vereinigten Staaten
allein unter allen Nationen als selbstlosen (wenn nicht einfältigen)
öffentlichen Wohltäter sieht, der sich nur dem »internationalen
Goodwill-Programm« widmet, mag er auch oft bei einem Ausbruch
warmherziger Großzügigkeit stolpern. Man sollte ohne Zweifel die
Beteuerungen der Regierungssprecher ernstnehmen, es sei ein Ziel
der gegenwärtigen Gewaltanwendung, zu beweisen, daß nationale
Befreiungskriege zum Scheitern verurteilt sind; ganz entschieden
und ausdrücklich zu demonstrieren, daß jede revolutionäre Bewegung, die wir – einseitig wie in Vietnam – als illegitim bezeichnen, auf die wirksamste und grausamste Maschinerie treffen wird,
die die moderne Technologie entwickeln kann.

In gewisser Hinsicht kann die Weltmeinung noch als eine Art Bremse für den totalen Einsatz der Technologie des Terrors und der Zerstörung dienen. Bis jetzt ist in Vietnam noch kein Gebrauch von Atomwaffen gemacht worden; und während die Landbevölkerung als geeignetes militärisches Angriffsobjekt gilt, sind Stadtgebiete, in denen der Außenwelt das Hinschlachten deutlicher vor Augen treten würde, noch relativ geschützt. Auch wurde die Anwendung von Gas und chemischen Waffen nur langsam verstärkt, weil die Gewöhnung jede allmähliche Steigerung unbemerkt passieren läßt.[2] Doch letztlich kann die einzig wirksame Bremse nur ein Meinungsumschwung der gesamten amerikanischen Bevölkerung selbst sein. Für große Teile der leidenden Menschheit ist daher das geistige und moralische Niveau, das in den Vereinigten Staaten erreicht werden kann, eine Angelegenheit von Leben und Tod. Auch diese Tatsache muß jede Diskussion über zeitgenössische amerikanische Institutionen bestimmen.

Es ist einfach, sich von den schrecklichen Enthüllungen der Tagespresse treiben zu lassen und die Tatsache aus den Augen zu verlieren, daß dies nur das brutale Äußere eines tieferliegenden Verbrechens, der Bejahung einer Gesellschaftsordnung ist, die endloses Leiden, Erniedrigung und die Verleugnung elementarer Menschenrechte mit sich bringt. Es ist tragisch, daß die Vereinigten Staaten – um mit Toynbee zu sprechen – »der Führer einer weltweiten antirevolutionären Bewegung zur Verteidigung von Privilegien« geworden sind. Für die amerikanischen Intellektuellen, die Schulen und Universitäten gibt es kein wichtigeres Problem als diese unbeschreibliche Tragödie.

Niemand würde ernsthaft vorschlagen, daß die Schulen versuchen sollten, sich mit solchen Zeitereignissen wie dem Angriff der Amerikaner auf die Landbevölkerung Vietnams oder den geschichtlichen Hintergründen dieser Grausamkeiten, die von den Massenmedien in allen Einzelheiten beschrieben werden, direkt auseinanderzusetzen. Kein vernünftiger Mensch hätte erwartet, daß Frankreichs Schulen den Charakter des algerischen Krieges und seine Rechtfertigung untersuchten, daß sich die russischen Schulen ernsthaft mit dem Zusammenbruch des ungarischen Aufstands beschäftigten, daß Italiens Schulen die Invasion in Äthiopien objektiv analysierten oder daß die Schulen in England die derzeitige Unterdrückung des irischen

Nationalismus offen diskutierten. Aber vielleicht ist der Vorschlag nicht abwegig, daß die Schulen sich etwas Abstrakterem zuwenden sollten, dem Versuch etwa, den Studenten zu zeigen, wie sie sich gegen die starke Beeinflussung durch den mächtigen Propaganda-apparat der Regierung zur Wehr setzen können, gegen die natür-liche Parteilichkeit der Massenmedien und – um auf unser gegen-wärtiges Thema zurückzukommen – gegen die gleichfalls natür-liche Tendenz großer Teile der amerikanischen Intelligenz, sich nicht der Wahrheit und Gerechtigkeit, sondern der Macht und deren wirksamer Ausübung zu verschreiben.

Es ist erschreckend zu beobachten, wie relativ gleichgültig ameri-kanische Intellektuelle auf die unmittelbaren Handlungen ihrer Re-gierung und deren politische Pläne reagieren, und wie oft sie bereit – oder gar darauf erpicht – sind, bei der Durchführung dieser Politik eine Rolle zu spielen. Es ist hier nicht der Ort, das im ein-zelnen auszuführen; jedenfalls verfüge ich nicht über die rhetorische Gabe, in der einzig richtigen und angemessenen Weise von der augenblicklichen Kriegführung und der Toleranz, mit der sie hier-zulande aufgenommen wird, zu sprechen. Aber schon flüchtige Bei-spiele zeigen deutlich, worum es geht.

Nur Randgruppen amerikanischer Akademiker haben auf die Tat-sache reagiert, daß die Vereinigten Staaten, obgleich sie der einzigen Möglichkeit sinnvoller Verhandlungen im Weg stehen – Verhand-lungen zwischen den einheimischen südvietnamesischen politischen Kräften unter Ausschluß der ausländischen Invasoren aus den USA, Korea und (in ganz anderem Maßstab) Nordvietnam –, weiterhin ihr Interesse an einem »Verhandlungsfrieden« vorschützen können, ohne lauten Protest gegen diese Farce hervorzurufen. Wenn Außen-minister Rusk öffentlich einräumt, daß wir die Vorschläge Nord-vietnams vom April 1965 nicht akzeptieren können, weil sie ver-langen, daß die Regierung in Saigon durch eine große, nationale demokratische Koalition, die die bestehenden politischen Kräfte des Landes repräsentiert, ersetzt werde, dann ruft der Zynismus des von ihm vertretenen Standpunkts keine öffentliche Mißbilligung hervor. Wenn die Presse berichtet, daß die Wahlrechtskommission in Südvietnam vor der »schrecklichen Aufgabe« steht, »ehrliche Wahlen« durchzuführen und dennoch zu gewährleisten, daß die Kommunisten nicht gewinnen und daß keine Kommunisten oder

»Neutralisten, deren Handlungen den Kommunisten zugute kommen«, auf den Wahllisten stehen, dann folgen nur wenige Kommentare und Leserbriefe, keine allgemeine Empörung wird laut. Es hat wenig Sinn, noch mehr Beispiele hinzuzufügen. Man kann nur erschrecken über die Bereitwilligkeit der amerikanischen Intellektuellen, die schließlich Zugang zu den Informationen haben, diese Hinterlist und Heuchelei zu tolerieren oder sogar gutzuheißen. Statt von heftiger Mißbilligung lesen und hören wir von komisch-ernsthaften Diskussionen über die Vernünftigkeit des amerikanischen Versuchs, Nordvietnam mit Gewalt zu Verhandlungen zu bewegen, die es doch selbst gefordert hat; von dem aufrichtigen Wunsch der Amerikaner, dem südvietnamesischen Volk freie Wahlen für eine ihren Vorstellungen entsprechende Regierung zu erlauben (jetzt, da die Opposition im eigenen Land zerschlagen ist und alle kommunistischen und neutralistischen Kandidaten ausgeschlossen sind); von der »großen Komplexität« der internationalen Politik (die seltsamerweise die Herrschaft Rußlands über Osteuropa oder den Versuch Japans, Asien eine neue Ordnung zu geben, nicht zu rechtfertigen schien); von der klugen Zurückhaltung der Regierung, vermutlich darin, den Völkermord auf einen Schlag durchzuführen; und so weiter. Oder schlimmer noch: wir lesen vom »grundsätzlich vitalen Interesse der Vereinigten Staaten« zu beweisen, daß ihre Militärmacht nicht zum Rückzug gezwungen werden kann, wenn sie sich einmal, aus welchen Gründen auch immer, irgendwo engagiert hat – ein Standpunkt, der, wenn auch die zweitgrößte Macht der Welt ihn bezogen hätte, 1962 das Ende der Geschichte der westlichen Zivilisation bedeutet haben würde, und der, wenn er weiterhin vertreten wird, entweder zu einer Pax Americana oder zu einem verheerenden Weltkrieg führen muß.

Traditionsgemäß war die Rolle des Intellektuellen oder zumindest seine Vorstellung von sich selbst die eines unparteiischen Kritikers. Da er diese Rolle eingebüßt hat, müßte die Beziehung der Schulen zu den Intellektuellen eigentlich eine der Selbstverteidigung sein. Das sollte man ernsthaft bedenken. Es ist zweifellos ein lächerlicher Vorschlag, daß sich die Schulen in jedem Land objektiv mit der Zeitgeschichte befassen sollten – sie können sich, um das zu tun, gar nicht genügend vom Zwang der Ideologien befreien. Aber es ist nicht unbedingt absurd zu glauben, daß es, zumindest in westlichen

Demokratien, möglich sein sollte, die nationalen Skandale der Vergangenheit in annähernd objektiver Weise zu untersuchen. In den Vereinigten Staaten sollte es zum Beispiel möglich sein, die amerikanische Besetzung der Philippinen zu studieren, wobei die Nutzanwendung für die Gegenwart implizit bleiben könnte. Nehmen wir einmal an, die Oberschüler bekämen die besten Zeugnisse der heutigen amerikanischen Gelehrsamkeit vorgelegt, etwa George Taylors jüngste Untersuchung für den Außenpolitischen Ausschuß, »Die Philippinen und die USA«. Hier würden sie erfahren, wie das Land 50 Jahre nach der blutigen Unterdrückung der einheimischen Unabhängigkeitsbewegung auf Kosten von über hunderttausend Toten in der Zeit von 1898 bis 1900 die nominelle Unabhängigkeit und äußere Formen der Demokratie erlangt hat. Weiter würden sie erfahren, daß den Vereinigten Staaten langfristig Militärstützpunkte und unvergleichliche wirtschaftliche Vorteile zugesichert worden sind; daß für 75 Prozent der Bevölkerung der Lebensstandard seit der Besetzung durch die Spanier unverändert geblieben ist; daß 70 Prozent der Bevölkerung an Tuberkulose leiden; daß die Neuinvestitionen in jedem Nachkriegsjahr von den in die USA zurückfließenden Profiten übertroffen wurden; daß einer alten Elite, die sich heute den amerikanischen Interessen verbunden weiß, durch demokratische Formen neue Legitimität gegeben wird. Sie würden lesen, daß die »Kolonialpolitik darauf abzielte, die Macht einer Oligarchie zu konsolidieren, die ... von den Freihandelsbeziehungen profitierte und die Gewähr bot, daß sie nach Erreichung der Unabhängigkeit die Rechte und Privilegien der Amerikaner respektieren würde«; daß in wirtschaftlicher Hinsicht »der Unterschied zwischen der kleinen Oberschicht und dem Rest der Bevölkerung ... einer der extremsten in ganz Asien« ist; daß es die Konsequenz der amerikanischen Kolonialpolitik war, »daß wenig unternommen wurde, um den durchschnittlichen Lebensstandard der Filipinos zu heben, und daß das Wirtschaftssystem der Philippinen zum Vorteil der Wenigen an das der Vereinigten Staaten gekettet wurde«, und so weiter. Und dann würden sie am Schluß des Buches die Empfehlung lesen, wir sollten unser gutes Werk fortsetzen: »Trotz unserer vielen Unzulänglichkeiten zeigt dies alles, daß wir unserer Aufgabe mehr als gewachsen sind.« Es ist zumindest möglich, daß eine solche Studie einem jungen Menschen, der von Jargon und Spitzfindigkeiten noch unbeeinflußt ist, eine aufschlußreiche Lehre erteilen kann, nicht nur über das, was die amerikanische Herrschaft in der Dritten Welt wirklich bedeutet, sondern auch über die Art, in der die amerikanischen Intellektuellen diese Herrschaft interpretieren.

Überhaupt sollte die Geschichte des Imperialismus und der imperialistischen Apologetik, besonders mit den Augen derer gesehen, die am falschen Ende des Gewehrs stehen, den zentralen Teil jedes zivilisierten Lehrplans ausmachen. Aber es gibt noch andere Aspekte eines Programms der intellektuellen Selbstverteidigung, die nicht übersehen werden dürfen. In einem Zeitalter der Wissenschaft und Technologie ist es unvermeidlich, daß deren Prestige als ideologisches Werkzeug benutzt wird, und insbesondere, daß die Sozial- und Verhaltenswissenschaften auf verschiedene Weise dazu gebracht werden, zur Verteidigung der nationalen Politik oder als Maske für besondere Interessen zu dienen. Nicht nur, daß die Intellektuellen stark versucht sind, in einer Gesellschaft, die ihnen zu Ansehen und Wohlstand verhilft, eine »pragmatische Einstellung« zu vertreten, wie das heute genannt wird (in einem perversen Sinn von »Pragmatismus«, der leider nicht der historischen Rechtfertigung entbehrt, wie die Kontroverse zwischen Dewey und Bourne während des Ersten Weltkriegs zeigt – siehe Einführung S. 11 ff.), das heißt eine Einstellung, die verlangt, daß man die bestehende Verteilung der Macht, auf nationaler wie auf internationaler Ebene, und die sich daraus ergebenden politischen Realitäten »akzeptiert«, nicht kritisch analysiert oder zu ändern trachtet, und daß man nur auf »langsame Verbesserungsmaßnahmen« hinarbeitet, in kleinen, technologisch legitimierten Schritten. Das bedeutet nicht nur, daß man, wenn man diese Position vertritt (natürlich nicht ohne Rechtfertigung für den besonderen historischen Augenblick), stark versucht ist, sie mit einer allgemeinen ideologischen Rechtfertigung zu versehen. Vielmehr müssen wir auch damit rechnen, daß die politischen Eliten die Terminologie der Sozial- und Verhaltenswissenschaften anwenden werden, um ihr Tun und Lassen gegen kritische Analysen abzusichern – schließlich wird sich ein Laie nicht anmaßen, Physikern und Ingenieuren zu erzählen, wie ein Atomreaktor zu bauen sei. Und für jede beliebige Handlung wird man in den Universitäten sicherlich Experten finden, die ihre Zweckmäßigkeit und Realitätsgerechtigkeit feierlich beschwören. Das ist keine Spekulation.

Schon jetzt finden wir in den Gutachten für den Kongreß den Vorschlag eines führenden Politologen, wir sollten versuchen, für ein
Viertel der Menschheit den Massenhungertod herbeizuführen, wenn
die betreffende Regierung sich unserem Diktat nicht beugt. Und
landauf, landab wird behauptet, daß es nicht die Sache des – heute
nicht mehr gefragten – »freischwebenden« Intellektuellen sei, die
Beschlüsse der professionellen Experten, die mit dem Werkzeug der
modernen Wissenschaft ausgerüstet sind, in Frage zu stellen.

Auch diese Situation hält eine Lehre für die Schulen bereit, der sich
namentlich die Lehrer nicht verschließen sollten, sie, die in den
letzten Jahren mit autoritären Beschlüssen darüber, was in bezug
auf das Lernen, die Sprache usw. »demonstriert« worden sei, geradezu bombardiert worden sind. Die Sozial- und Verhaltenswissenschaften sollten ernsthaft studiert werden, aber nicht nur, weil
sie interessant sind, sondern so, daß dem Studenten bewußt wird,
wie wenig sie tatsächlich über die Probleme von Mensch und Gesellschaft, die wirklich zählen, zu sagen haben. Sie sollten außerdem
in Zusammenhang mit den Naturwissenschaften studiert werden,
damit der Student die Grenzen ihres rationalen Gehalts deutlich
erkennt. Vielleicht ist das eine gute Möglichkeit, die Studenten
gegen die zukünftige Propaganda zu wappnen und sie in die Lage
zu versetzen, die wahre Natur der Mittel zu erfassen, die mit
Sicherheit dazu verwendet werden, die wirkliche Bedeutung der
Innen- und Außenpolitik zu verschleiern.

Nehmen wir jedoch an, daß die Vereinigten Staaten allen augenblicklichen Anzeichen zum Trotz ihre schrecklichen Quellen der
Gewalt und der Zerstörung versiegen lassen und aufhören werden,
weiten Teilen der Welt ihre leidenschaftlich verteidigte Ideologie
und ihr bewährtes Modell gesellschaftlicher Ordnung aufzuzwingen. Nehmen wir an, daß die amerikanische Politik nicht länger von
den Prinzipien regiert wird, die Präsident Truman vor etwa 20 Jahren umrissen hat, als er in einer berühmten und wichtigen Rede darauf hinwies, daß die grundlegende Freiheit die Unternehmerfrei-
heit sei, und daß die ganze Welt das amerikanische System
adaptieren solle, weil es in Amerika nur dann überleben könne,
wenn es ein Weltsystem werde. Trotzdem bliebe wahr, daß der Be-
wußtseins- und Bildungsstand, der in den Vereinigten Staaten erreicht werden kann, für die übrige Welt von überragender Bedeu-

tung ist. Wenn wir utopisch sein wollen, können wir die Möglichkeit in Betracht ziehen, daß die amerikanischen Hilfsmittel zur Milderung des Terrors angewandt werden, der ein unvermeidliches Korrelat der Modernisierung zu sein scheint – nach der vergangenen und gegenwärtigen Geschichte zu urteilen. Wir können uns die Möglichkeit vorstellen, daß die Schulen oder die Intellektuellen den seit Jahrhunderten gestellten Fragen wirkliche Aufmerksamkeit schenken werden; daß sie sich fragen werden, ob die Gesellschaft wirklich, wie Hobbes meint, ein *bellum omnium contra omnes* sein muß; daß sie die aktuelle Bedeutung von Rousseaus Vorwurf untersuchen werden, es widerspreche dem Naturrecht, wenn »eine Handvoll Menschen im Überfluß schwimmt, während es der hungernden Mehrheit am Notwendigsten gebricht«. Sie könnten sich die moralische Frage stellen, vor der einer steht (oder sich abwendet), der seinen Reichtum und seine Privilegien genießt, ohne davon berührt zu sein, daß die Hälfte der in Nicaragua geborenen Kinder das Alter von fünf Jahren nicht erreicht, oder daß es nur wenige Kilometer entfernt unaussprechliche Armut, brutale Unterdrückung menschlicher Rechte und fast keine Hoffnung für die Zukunft gibt; und sie könnten sich die intellektuelle Frage stellen, wie diese Dinge zu ändern seien. Sie könnten sich, mit Keynes, fragen, wie lange wir noch fortfahren sollen, »einige der verachtungswürdigsten menschlichen Eigenschaften auf die Ebene der höchsten Tugenden zu heben«, indem wir »Geiz und Wucher und Argwohn... [als] unsere Götter« verehren und uns selbst vormachen, daß »fair is foul and foul is fair, for foul is useful and fair is not«. Wenn sich die amerikanischen Intellektuellen mit Fragen wie diesen befassen, dann können sie einen unschätzbaren zivilisierenden Einfluß auf die Gesellschaft und die Schulen nehmen. Wenn sie aber – was wahrscheinlicher ist – diese Fragen voller Verachtung als sentimentalen Unsinn abtun, dann werden unsere Kinder anderswo nach Aufklärung und Anleitung suchen müssen.

Die Verantwortlichkeit der Intellektuellen

Vor zwanzig Jahren veröffentlichte Dwight Macdonald in *Politics* eine Reihe von Artikeln über die Verantwortlichkeit der Völker, und im besonderen über die Verantwortlichkeit der Intellektuellen. Ich las sie als Student in den ersten Nachkriegsjahren und fand vor wenigen Monaten Gelegenheit, sie erneut zu lesen. Sie scheinen mir nichts von ihrer Überzeugungskraft verloren zu haben. Macdonald beschäftigt sich mit der Frage der Kriegsschuld. In welchem Ausmaß, fragt er, war das deutsche oder japanische Volk für die Grausamkeiten seiner Regierung verantwortlich? Und er gibt die Frage an uns zurück: In welchem Ausmaß ist das britische oder amerikanische Volk für die niederträchtigen Bombenangriffe auf die Zivilbevölkerung verantwortlich, die als eine Technik der Kriegführung von den westlichen Demokratien vervollkommnet wurde und in den Angriffen auf Hiroshima und Nagasaki gipfelte, die sicherlich zu den unbeschreiblichsten Verbrechen der Geschichte zählen? Für einen Studenten der Jahre 1945/46 – und für jeden, dessen politisches und moralisches Bewußtsein geprägt war von den Schrecken der dreißiger Jahre, dem Krieg in Äthiopien, den russischen Säuberungsaktionen, dem chinesischen »Zwischenfall«, dem spanischen Bürgerkrieg, den Grausamkeiten der Nazis, wie auch von der Reaktion des Westens auf diese Ereignisse und seiner partiellen Mitschuld daran – waren diese Fragen von besonderer Bedeutung und Dringlichkeit.

Im Hinblick auf die Verantwortlichkeit der Intellektuellen stellen sich noch andere, gleichfalls beunruhigende Fragen. Die Intellektuellen sind in der Lage, die Lügen der Regierungen zu entlarven, die Handlungen nach ihren Ursachen, Motiven und oft verborgenen Absichten zu analysieren. Zumindest in der westlichen Welt haben sie jene Macht, die sich aus der politischen Freiheit, dem Zugang zu

Dieser Essay ist die revidierte Fassung einer Rede, die in Harvard gehalten und im Juni 1966 in *Mosaic* veröffentlicht wurde. Er erschien im wesentlichen in dieser Form in der *New York Review of Books*, 23. Februar 1967. Die vorliegende Fassung ist in dem von Theodore Roszak herausgegebenen Band *The Dissenting Academy*, New York 1968, enthalten.

Informationen und der Redefreiheit herleitet. Für eine privilegierte Minderheit hält die westliche Demokratie die Muße, die Einrichtungen und die Ausbildung bereit, die es ihr erlauben, die Wahrheit zu suchen, die sich hinter dem Schleier von Verzerrung und Verdrehung, Ideologie und Klasseninteresse verbirgt, unter dem die gegenwärtigen geschichtlichen Ereignisse sich uns darstellen. Die Verantwortlichkeit der Intellektuellen reicht also weit tiefer als das, was Macdonald die »Verantwortlichkeit der Völker« nennt – wegen der einzigartigen Privilegien, die sie genießen.

Die von Macdonald gestellten Fragen sind heute so aktuell wie vor zwanzig Jahren. Wir können schwerlich umhin, uns selbst zu fragen, in welchem Ausmaß das amerikanische Volk Verantwortung trägt für den barbarischen Angriff der Vereinigten Staaten auf die weitgehend hilflose Landbevölkerung Vietnams, diese neueste Grausamkeit in der – wie die Asiaten es sehen – »Vasco da Gama-Ära« der Weltgeschichte. Jene unter uns, die schweigend und apathisch beiseite standen, als diese Katastrophe in den vergangenen zwölf Jahren langsam an Gestalt gewann – auf welcher Seite des Geschichtsbuches werden wir den uns gebührenden Platz finden? Nur die ganz Gleichgültigen können sich diesen Fragen entziehen. Ich möchte später auf sie zurückkommen, nach einigen Bemerkungen über die Verantwortlichkeit der Intellektuellen und die Frage, wie sie dieser Verantwortlichkeit in der Mitte der sechziger Jahre gerecht werden.

Die Intellektuellen haben die Verantwortung, die Wahrheit zu sagen und Lügen aufzudecken. Dies zumindest möchte man für einen Gemeinplatz halten, der keines Kommentars bedarf. Doch nichts da; für den modernen Intellektuellen ist das keineswegs ausgemacht. So schrieb Martin Heidegger 1933, mit einer Verneigung vor Hitler: »Wahrheit ist die Offenbarung dessen, was ein Volk in seinem Handeln und Wissen sicher, hell und stark macht«; nur diese Art von »Wahrheit« sei man verpflichtet auszusprechen. Amerikaner neigen da zu größerer Direktheit. Als Arthur Schlesinger im November 1965 von der *New York Times* gebeten wurde, den Widerspruch zwischen seinem veröffentlichten Bericht über die Schweinebucht-Affaire und der Darstellung, die er der Presse zur Zeit des Überfalls gegeben hatte, zu erklären, bemerkte er nur, daß er gelogen habe; und einige Tage später lobte er die *Times* dafür, daß auch sie Nachrichten über die geplante Invasion unterdrückt habe, im »nationalen Interesse«, wie dieses von einer Gruppe arroganter und verblendeter Männer definiert wurde, von denen Schlesinger in seinem neuen Buch über die Kennedy-Administration ein so schmeichelhaftes Portrait geliefert hat. Es verdient kein besonderes Interesse, wenn jemand fröhlich vor sich hin lügt wegen einer Sache, von der er weiß, daß sie faul ist; schwer wiegt jedoch, daß derartige Vorfälle in den Kreisen der Intellektuellen kaum eine Reaktion auslösen – zum Beispiel kein Befremden darüber, daß ein bedeutender Lehrstuhl einer Philosophischen Fakultät einem Historiker angeboten wird, der es für seine Pflicht hält, der Welt einzureden, daß ein von Amerika geförderter Überfall auf ein benachbartes Land nichts dergleichen sei. Und die unglaubliche Kette von Lügen, die unsere Regierung und deren Sprecher über solche Dinge wie Verhandlungen in Vietnam verbreitet haben? Die Tatsachen sind allen bekannt, die sie kennen möchten. Die Presse im In- und Ausland hat Dokumente vorgelegt, die jede Verfälschung im Moment ihres Aufkommens widerlegen können. Aber die Macht des Propagandaapparates der Regierung ist so groß, daß ein Bürger, der dem Gegenstand nicht ein ganzes Forschungsprojekt widmet, kaum hoffen darf, den Verlautbarungen der Regierung Tatsachen entgegenstellen zu können.[1]

Die Täuschung und Verzerrung, die die amerikanische Invasion in Vietnam umhüllen, sind mittlerweile so geläufig geworden, daß sie niemand mehr schockieren. Man tut also gut daran, sich zu erinnern, daß der Zynismus, der heute immer neue Ebenen erreicht, in seinen deutlich erkennbaren Vorstufen bei uns mit ruhiger Duldung aufgenommen wurde. Es ist eine nützliche Übung, die Regierungserklärungen zur Zeit der Invasion in Guatemala im Jahre 1954 mit Eisenhowers Geständnis – genauer: seiner Prahlerei – ein Jahrzehnt später zu vergleichen, als er sagte, die amerikanischen Flugzeuge seien ausgesandt worden, um »den Invasoren zu helfen«.[2] Auch wird nicht nur in Krisenzeiten Doppelzüngigkeit als durchaus angebracht empfunden. Die »New Frontiersmen« zum Beispiel haben sich kaum durch ein leidenschaftliches Interesse an historischer Genauigkeit ausgezeichnet, selbst wenn sie nicht genötigt waren, einen »Deckmantel der Propaganda« um gerade ablaufende Unternehmen zu legen. So behauptete etwa Arthur Schlesinger, daß die Bombenangriffe auf Vietnam und die massive Eskalation zu Beginn des Jahres 1965 auf einem »absolut rationalen Argument« beruhten: »... solange der Viet Kong den Krieg glaubte gewinnen zu können, war er natürlich an keinerlei Verhandlungsfrieden interessiert«[3]. Der Zeitpunkt ist wichtig. Wäre die Äußerung sechs Monate früher gefallen, dann hätte man sie auf Unwissenheit zurückführen können. Doch diese Äußerung fiel, nachdem monatelang detaillierte Nachrichten über die Initiativen der Vereinten Nationen, Nordvietnams und Sowjetrußlands auf den Titelseiten der Presse gestanden hatten, Initiativen, die der Eskalation vom Februar 1965 vorausgingen und tatsächlich noch einige Wochen nach Beginn der Bombardierungen andauerten, so daß sich Washingtoner Korrespondenten monatelanger Selbstprüfung unterzogen und verzweifelt versuchten, irgendwelche mildernden Umstände für die schreckliche Täuschung zu finden, die ans Licht gekommen war. (Chalmers Roberts zum Beispiel schrieb mit unbewußter Ironie, daß der Februar 1965 »in den Augen Washingtons wohl kaum der richtige Zeitpunkt für Verhandlungen zu sein schien, [da] Johnson ... gerade die erste Bombardierung Nordvietnams angeordnet hatte, in der Absicht, Hanoi an den Konferenztisch zu bringen, wo die beiden Seiten ihre Verhandlungstricks besser gegeneinander ausspielen könnten«.[4]) Schlesingers Erklärung, die just in diesem Augenblick kam, ist weniger ein Beispiel für Täuschung als für Verachtung – Verachtung für ein Publikum, von dem man erwarten kann, daß es ein derartiges Verhalten schweigend, wenn nicht sogar beifällig toleriert.[5]

Wenden wir uns den Ansichten eines Mannes zu, der der tatsächlichen Planung und Durchführung der Politik näher steht, Walt Rostow, der laut Schlesinger die Kennedy-Administration in ihrer Behandlung außenpolitischer Angelegenheiten um »einen umfassenden historischen Gesichtspunkt« bereichert hat.[6] Aus seiner Analyse geht hervor, daß der Guerillakrieg in Indochina im Jahre 1946 von Stalin in Gang gesetzt wurde[7], und daß der Guerillakampf gegen Südvietnam im Jahre 1958 von Hanoi initiiert wurde (*The View from the Seventh Floor*, S. 39, 152). Ähnlich stellten die kommunistischen Planungskräfte das »Verteidigungsspektrum der freien Welt« in Nordaserbeidschan auf die Probe, desgleichen in Griechenland (wo Stalin »den Guerillakampf massiv unterstützte« – ibid.,

S. 36 und 148); sie gingen dabei anhand von Plänen vor, die 1945 sorgfältig angefertigt worden waren. Und was Mitteleuropa betrifft, so war die Sowjetunion nicht »gewillt, eine Lösung zu akzeptieren, die Mitteleuropa von den gefährlichen Spannungen befreien, aber das Risiko einer, sei's auch nur langsamen Zersetzung des Kommunismus in Ostdeutschland bergen würde« (ibid., S. 156). Es ist interessant, diese Beobachtungen mit Untersuchungen zu vergleichen, die sich mit den historischen Ereignissen unmittelbar auseinandersetzen. Die Feststellung, Stalin habe 1946 den ersten vietnamesischen Krieg in die Wege geleitet, verdient nicht einmal widerlegt zu werden. Hinsichtlich Hanois angeblicher Initiative im Jahre 1958 ist die Situation nicht ganz so klar. Doch wird sogar in regierungsabhängigen Publikationen[8] zugegeben, daß Hanoi 1959 die ersten direkten Berichte über das, was Diem seinen eigenen Algerischen Krieg nannte[9], erhielt, und daß es dann erst den Plan faßte, sich selbst in diesen Kampf einzumischen. Tatsächlich machte Hanoi im Dezember 1958 einen weiteren seiner vielen Versuche – und wurde wieder von Saigon und den Vereinigten Staaten zurückgestoßen –, diplomatische und wirtschaftliche Beziehungen mit der Saigoner Regierung auf der Grundlage des Status quo herzustellen.[10] Rostow legt keine Beweise dafür vor, daß Stalin die griechische Guerilla unterstützte: tatsächlich hat es den Anschein, auch wenn die historischen Vorgänge noch längst nicht geklärt sind, daß Stalin keineswegs über die Abenteuerlust der griechischen Guerilla erfreut war, die seines Erachtens das befriedigende imperialistische Arrangement der Nachkriegszeit störte.[11]
Rostows Bemerkungen über Deutschland sind noch interessanter. Er hält es zum Beispiel nicht für notwendig, die russischen Noten vom März/April 1952 zu erwähnen, in denen die Wiedervereinigung Deutschlands aufgrund von Wahlen unter internationaler Kontrolle und der Abzug aller Truppen innerhalb eines Jahres vorgeschlagen wurden, *wenn* es eine Garantie dafür gäbe, daß dem wiedervereinigten Deutschland der Anschluß an ein westliches militärisches Bündnis nicht erlaubt sein würde.[12] Und so vergißt er auch für einen Moment seine eigene Charakterisierung der Strategie der Regierungen Truman und Eisenhower: »jede ernsthafte Verhandlung mit der Sowjetunion zu vermeiden, bis der Westen Moskau vor das *fait accompli* der deutschen Wiederbewaffnung innerhalb eines fest-

gefügten europäischen Rahmens stellen kann«[13] – natürlich unter Mißachtung des Potsdamer Abkommens.

Am interessantesten aber ist, was Rostow über den Iran sagt. Fest steht, daß die Russen versucht hatten, in Nordaserbeidschan mit Gewalt eine pro-sowjetische Regierung einzusetzen, die der Sowjetunion Zugang zum iranischen Öl garantieren würde. Das wurde 1946 durch die überlegene anglo-amerikanische Macht verhindert, so daß der stärkere Imperialismus, durch die Bildung einer prowestlichen Regierung, sich alle Rechte am iranischen Öl sichern konnte. Man erinnere sich, was sich in einer kurzen Periode zu Beginn der fünfziger Jahre abspielte, als die einzige iranische Regierung mit einer Art Massenbasis den seltsamen Einfall hatte, das persische Öl solle den Persern gehören. Interessant ist jedoch, daß Nordaserbeidschan als Teil des »Verteidigungsspektrums der freien Welt« bezeichnet wird. Mittlerweile ist es sinnlos geworden, sich noch über die Verfälschung des Ausdrucks »freie Welt« aufzuhalten. Aber durch welches Naturgesetz fällt der Iran mit seinen Ressourcen in den westlichen Herrschaftsbereich? Die leere Behauptung, daß es so sei, bringt tiefwurzelnde Vorurteile bei der Behandlung außenpolitischer Fragen zum Vorschein.

Zusätzlich zu diesem schwindenden Interesse an der Wahrheit finden wir in neueren Kommentaren eine wirkliche oder vorgetäuschte Naivität bezüglich amerikanischer Handlungen, die erschreckende Ausmaße annimmt. So charakterisierte Arthur Schlesinger vor kurzem unsere Vietnampolitik von 1954 als »Teil unseres großen internationalen Goodwill-Programms«.[14] Wenn diese Bemerkung nicht ironisch gemeint war, dann zeugt sie entweder von einem ungeheuren Zynismus oder von einer jedes Maß übersteigenden Unfähigkeit, die elementaren Phänomene der gegenwärtigen Geschichte zu begreifen. Oder Thomas Schellings Aussagen vor dem Außenpolitischen Ausschuß am 27. Januar 1966[15], in denen er die beiden großen Gefahren erörtert, die entstünden, wenn ganz Asien »kommunistisch wird«: Erstens würde das den Ausschluß »der Vereinigten Staaten und dessen, was wir die westliche Zivilisation nennen, aus einem großen Teil der Welt, der arm, farbig und uns ein potentieller Feind ist«, bedeuten. Zweitens »wird ein Land wie die Vereinigten Staaten wahrscheinlich sein Selbstvertrauen verlieren, wenn das größte Unternehmen, das es jemals in Angriff genommen hat, nämlich die Schaffung einer Grundlage für Gesittung und Wohlfahrt und demokratische Regierungsformen in der unterentwickelten Welt, als ein Fehlschlag erkannt werden müßte oder als ein Versuch, den wir nicht noch einmal wagen würden«. Es ist unvorstellbar, daß jemand, der mit der Geschichte der amerikanischen Außenpolitik auch nur im entferntesten vertraut ist, eine derartige Erklärung abgeben kann.

Es ist unvorstellbar, – das heißt, solange wir die Sache nicht von einem mehr historischen Standpunkt aus betrachten und solche Erklärungen im Zusammenhang mit dem scheinheiligen Moralismus der Vergangenheit sehen. Denken wir zum Beispiel an Woodrow Wilson, der sich anschickte, die Menschen Lateinamerikas die Kunst des guten Regierens zu lehren, und der 1902 schrieb, es sei »unsere besondere Pflicht«, den Kolonialvölkern »Ordnung und Selbstdisziplin ... [und] den Drill und die Gewohnheit von Gesetz und Gehorsam« beizubringen. Oder denken wir an jene Missionare in der Mitte des vorigen Jahrhunderts, die die scheußlichen und beschämenden Opiumkriege priesen als »den Ausfluß eines großen Plans der Vorsehung, die sich des Bösen im Menschen bedient aus Erbarmen für China, um seine Abgeschlossenheit zu durchbrechen und dieses Reich in direkteren Kontakt mit westlichen und christlichen Nationen zu bringen«. Oder denken wir, um auf die Gegenwart zu kommen, an A. A. Berle, der in seinen Kommentaren über die Intervention in der Dominikanischen Republik die Impertinenz besitzt, die Probleme der karibischen Länder dem Imperialismus anzulasten – dem *russischen* Imperialismus.[16]

Betrachten wir als ein letztes Beispiel für diesen Mangel an Skepsis die Äußerungen Henry Kissingers, mit denen er die Fernsehdebatte zwischen den Universitäten Oxford und Harvard über die amerikanische Vietnampolitik abschloß. Ziemlich betrübt stellte er fest, am meisten schmerze ihn, daß die anderen nicht nach unseren Ansichten, sondern nach unseren Motiven fragen – eine erstaunliche Äußerung von seiten eines Mannes, der die politische Analyse zu seinem Beruf gemacht hat, das heißt die Analyse von Regierungshandlungen im Hinblick auf Motive, die die offizielle Propaganda verschweigt und die von den Menschen, über deren Leben jene bestimmen, vielleicht nur verschwommen wahrgenommen werden. Niemand wäre befremdet über eine Analyse der Politik der Russen,

Franzosen oder Tansanier, die nach deren Motiven fragen und deren Handlungen im Rahmen weitreichender Interessen, die sich vielleicht hinter der offiziellen Rhetorik verbergen, interpretieren würde. Dagegen ist es ein Glaubensartikel, daß die Motive der Amerikaner rein und kein Gegenstand für eine Analyse sind (siehe Anmerkung 1). Obwohl nichts Neues in der geistigen Geschichte Amerikas – oder auch in der gesamten Geschichte der imperialistischen Apologetik –, wirkt diese Einfalt um so abstoßender, je mehr die Macht, der sie dient, die Weltpolitik bestimmt und je mehr sie dadurch in der Lage ist, ihre ungehemmte Bösartigkeit auszuspielen, die die Massenmedien uns Tag für Tag vor Augen führen. Wir sind wohl nicht die erste Macht in der Geschichte, die materielle Interessen, große technologische Fähigkeiten und eine ausgesprochene Gleichgültigkeit gegenüber dem Leiden und der Not der uns Unterlegenen miteinander verbindet. Doch müßte die lange Tradition von Naivität und Selbstgerechtigkeit, die unsere Geistesgeschichte entstellt, der Dritten Welt eine Warnung sein – falls es einer solchen Warnung bedarf –, wie die Beteuerungen unserer Ehrlichkeit und wohltätigen Absichten zu verstehen sind.

Die Grundannahmen der »New Frontiersmen« sollten von allen, die das politische Engagement der amerikanischen Gelehrten begrüßen, sorgfältig geprüft werden. Ich habe schon auf Arthur Schlesingers Einwände gegen die Invasion in der Schweinebucht hingewiesen, aber der Hinweis war ungenau. Gewiß, er hielt es für eine »schreckliche Idee«, aber »nicht, weil der Gedanke an die Förderung eines Versuchs von Exil-Cubanern, das Castro-Regime zu stürzen, als solcher untragbar schien«. Eine derartige Reaktion wäre die reinste Sentimentalität und eines hartgesottenen Realisten unwürdig. Das Problem lag vielmehr darin, daß es unwahrscheinlich schien, mit dieser Täuschung einen Erfolg zu erzielen. Das Unternehmen war, wie er glaubte, falsch ausgedacht, ansonsten aber einwandfrei.[17] Im gleichen Stil zitiert Schlesinger beifällig Kennedys »realistische« Einschätzung der durch die Ermordung Trujillos entstandenen Situation: »Es gibt drei Möglichkeiten in absteigender Rangordnung: ein leidlich demokratisches Regime, eine Fortführung des Trujillo-Regimes oder ein Castro-Regime. Wir sollten die erste anstreben, aber wir können tatsächlich nicht auf die zweite verzichten, bis wir sicher sind, daß wir die dritte vermeiden kön-

nen.«[18] Der Grund, warum die dritte Möglichkeit so untragbar ist,
wird einige Seiten später erklärt: »Ein Erfolg der Kommunisten in
Lateinamerika würde der Macht und dem Einfluß der Vereinigten
Staaten einen weit schwereren Schlag versetzen.« Natürlich können
wir niemals ganz sicher sein, die dritte Möglichkeit zu vermeiden;
also werden wir uns in der Praxis immer für die zweite entscheiden,
wie wir es jetzt zum Beispiel in Brasilien und Argentinien tun.[19]
Oder betrachten wir Walt Rostows Ansichten über die amerikanische Asienpolitik.[20] Die Grundlage, auf der wir diese Politik aufbauen müssen, ist die, daß »wir vom kommunistischen China offen
bedroht werden und uns bedroht fühlen«. Zu beweisen, daß wir
bedroht werden, ist natürlich überflüssig, dieser Punkt verdient
keine Aufmerksamkeit; es genügt, daß wir uns bedroht *fühlen*.
Unsere Politik muß auf unserem nationalen Erbe und unseren
nationalen Interessen gründen. Unser nationales Erbe wird mit den
folgenden Worten umrissen: »Das ganze neunzehnte Jahrhundert
hindurch konnten sich die Amerikaner guten Gewissens der Ver-
breitung ihrer Prinzipien und ihrer Macht auf diesem Kontinent
widmen«, indem sie sich des »elastischen Konzepts der Monroe-
Doktrin« bedienten und, natürlich, »die amerikanischen Interessen
auf Alaska und die mittelpazifischen Inseln« ausdehnten. »Sowohl
unser Beharren auf der bedingungslosen Kapitulation als auch die
Idee der Nachkriegsbesatzung... waren der Ausdruck der amerikanischen Sicherheitsinteressen in Europa und Asien.« Soviel zu
unserem Erbe. Was unsere Interessen angeht, so liegen die Dinge
nicht weniger klar. Maßgebend ist unser »großes Interesse daran,
daß die Gesellschaften in Übersee solche Elemente in ihren jeweiligen Kulturen entwickeln und fördern, die die Würde des Individuums gegenüber dem Staat hochhalten und schützen«. Gleichzeitig
müssen wir der »ideologischen Bedrohung« entgegenwirken, vor
allem »der Möglichkeit, daß die chinesischen Kommunisten den Asiaten durch die Fortschritte in China demonstrieren, daß kommunistische Methoden besser und schneller sind als demokratische Methoden«. Kein Wort über jene Menschen in asiatischen Kulturen, für
die unsere »Auffassung von der angemessenen Beziehung zwischen
Individuum und Staat« vielleicht nicht den einzig wichtigen Wert
darstellt – Menschen, die zum Beispiel daran interessiert sein könnten, die »Würde des Individuums« zu schützen vor der Konzen-

tration in- oder ausländischen Kapitals oder vor semi-feudalen
Strukturen (etwa einer Diktatur à la Trujillo), die von amerikanischen Waffen errichtet oder an der Macht gehalten werden. Und all
das wird schmackhaft gemacht mit Anspielungen auf »unser reli-
giöses und ethisches Wertsystem« und auf unsere »schwierigen und
vielschichtigen Begriffe«, die dem asiatischen Verstand »so sehr viel
schwerer eingehen« als das marxistische Dogma und »manche Asiaten so verwirren« wegen »ihres völligen Mangels an Dogmatis-
mus«.
Intellektuelle Beiträge wie diese sprechen für die Notwendigkeit
einer Korrektur an de Gaulles Bemerkung in seinen Memoiren über
den amerikanischen »Willen zur Macht, der sich in Idealismus
hüllt«. Heute ist dieser Wille zur Macht nicht mehr so sehr in Idealismus gehüllt als vielmehr in Einfältigkeit getaucht. Und die amerikanischen Intellektuellen haben zu diesem traurigen Bild ihr gutes
Teil beigetragen.
Doch kehren wir zurück zum Vietnamkrieg und zu der Reaktion,
die er bei den Intellektuellen Amerikas hervorgerufen hat. Ein auf-
fallendes Merkmal der jüngsten Diskussion über die Südostasien-
Politik ist der Unterschied, den man zwischen »verantwortlicher
Kritik« einerseits und »sentimentaler« oder »emotionaler« oder
»hysterischer« Kritik andererseits zu machen pflegt. Aus einer ge-
naueren Untersuchung der Begriffe, die diese Unterscheidung mar-
kieren, läßt sich viel lernen. Die »hysterischen Kritiker« sind offenbar an ihrer unvernünftigen Weigerung zu erkennen, ein grund-
sätzliches politisches Axiom zu akzeptieren, daß nämlich die Vereinigten Staaten das Recht haben, ihre Macht und Kontrollgewalt
unbegrenzt auszuweiten, soweit das möglich ist. Verantwortliche
Kritik stellt dieses Axiom nicht in Frage, sondern argumentiert
höchstens, daß wir zu dieser bestimmten Zeit und an jenem besonderen Ort wahrscheinlich »keinen Erfolg damit haben«.
Eine Unterscheidung dieser Art scheint zum Beispiel Irving Kristol
im Sinn zu haben bei seiner Analyse des Protestes gegen die Vietnampolitik im *Encounter* vom August 1965. Er stellt die verantwortlichen Kritiker wie Walter Lippman, die *New York Times* und
Senator Fulbright der »teach-in-Bewegung« gegenüber. »Im Gegensatz zu den Protestierern an den Universitäten«, erklärt er, »gibt
sich Mr. Lippmann nicht mit vermessenen Vermutungen darüber

ab, ›was das vietnamesische Volk wirklich will‹ – das kümmert ihn
offensichtlich recht wenig – oder mit legalistischen Exegesen darüber,
ob und in welchem Ausmaß es sich in Südvietnam um ›Aggression‹
oder ›Revolution‹ handle. Er vertritt den Standpunkt der Realpolitik; und offenbar zieht er sogar die Möglichkeit eines *nuklearen
Krieges* gegen China in einer extremen Situation in Betracht.« Das
ist empfehlenswert und sticht laut Kristol vorteilhaft ab von dem
Gerede der »unvernünftigen, ideologischen Typen« der »teach-in-
Bewegung«, die nicht selten von solchen Absurditäten wie »simpler,
tugendhafter ›Anti-Imperialismus‹« motiviert sind, »lange Reden
über die ›Machtstruktur‹« halten und sich manchmal sogar so weit
herablassen, »Artikel und Berichte der ausländischen Presse über die
Anwesenheit der Amerikaner in Vietnam« zu lesen. Hinzu kommt,
daß diese miesen Typen oft Psychologen, Mathematiker, Chemiker
oder Philosophen sind (wie übrigens auch in der Sowjetunion gemeinhin Physiker, Literaten und andere, die keinen Zugang zur
Macht haben, den lautesten Protest von sich geben), nicht aber Leute
mit Kontakten zu Washington, die selbstverständlich wissen, daß
sie in Washington, »wenn sie eine neue, gute Idee zu Vietnam hätten, sofortiges und aufmerksames Gehör fänden«.
Mich interessiert hier nicht, ob Kristols Charakterisierung von Protest und Opposition zutrifft, sondern eher die darin zum Ausdruck
kommenden Prämissen im Hinblick auf Fragen wie diese: Ist die
Reinheit der amerikanischen Motive über jede Diskussion erhaben
oder für eine Diskussion irrelevant? Sollten Entscheidungen den
»Experten« mit guten Beziehungen zu Washington überlassen bleiben – das heißt: selbst wenn wir einmal annehmen, daß sie über
die notwendigen Kenntnisse und Prinzipien verfügen, um die
»beste« Entscheidung zu treffen, werden sie das allemal tun? Und
eine logisch vorgängige Frage: ist der »Experte« überhaupt zustän-
dig – das heißt: gibt es einen Fundus an Theorien und Informationen, außerhalb des öffentlichen Bereichs, die für die Analyse der
Außenpolitik relevant sind oder die Richtigkeit gegenwärtiger
Handlungen nachweisen, und zwar in einer Form, die von Psychologen, Mathematikern, Chemikern und Philosophen nicht verstanden werden kann? Kristol behandelt diese Fragen zwar nicht direkt,
aber seine ganze Einstellung legt Antworten nahe, Antworten, die
ausnahmslos falsch sind. Die amerikanische Aggressivität, mag sie

sich auch noch so gut hinter frommer Rhetorik verstecken, ist eine beherrschende Macht in der Weltpolitik und muß auf ihre Ursachen und Motive hin analysiert werden. Es gibt weder einen Fundus von Theorien noch einen nennenswerten Vorrat an relevanten Informationen, die das Verständnis des Laien übersteigen und die Politik gegen kritische Analysen immunisieren würden. Soweit »Expertenwissen« auf die Weltpolitik angewandt wird, ist es sicherlich angebracht – für jeden integren Menschen absolut notwendig –, nach seiner Qualität und den Zielen, denen es dient, zu fragen. Diese Tatsachen scheinen zu selbstverständlich zu sein, um einer ausführlichen Diskussion zu bedürfen.

Kristols wunderlichem Glauben an die Empfänglichkeit der Regierung für neue Gedanken über Vietnam hilft McGeorge Bundy in einem neueren Artikel ab.[21] »Auf der Hauptbühne«, stellt Bundy richtig fest, »dreht sich die Diskussion über Vietnam nur noch um die Taktik, nicht mehr um grundsätzliche Dinge«, obwohl es, wie er hinzufügt, »wilde Leute auf den Rängen gibt«. Im Mittelpunkt der Bühne stehen natürlich der Präsident (der bei seiner jüngsten Asienreise unser Interesse »am Fortschritt der Völker des pazifischen Raums« »in maßgeblicher Form bestätigt« hat) und seine Berater, welche »die verständnisvolle Unterstützung all jener verdienen, die sich Mäßigung wünschen«. Diesen Männern ist es zu verdanken, daß »die Bombenangriffe auf den Norden das bestkalkulierte und maßvollste Unternehmen der modernen Kriegführung sind« – was die Einwohner, oder ehemaligen Einwohner, von Nam Dinh, Phu Ly und Vinh sicher zu schätzen wissen. Denselben Männern ist zu verdanken, worüber Malcolm Browne schon im Mai 1965 berichtet hat: »Im Süden sind riesige Gebiete des Landes zur ›freien Zone‹ für Bombardierungen erklärt worden, in denen alles, was sich bewegt, ein legitimes Angriffsziel ist. Mehrere zehntausend Tonnen Bomben, Raketen, Napalm und Sprenggranaten werden Woche für Woche über diesen weiten Landstrichen abgeworfen. Schon allein nach dem Wahrscheinlichkeitsgesetz muß das Blutvergießen, das diese Angriffe verursachen, groß sein.«

Zum Glück für die Entwicklungsländer, so versichert uns Bundy, »findet die amerikanische Demokratie keinen andauernden Geschmack am Imperialismus«, und »insgesamt gesehen ist der Schatz an Erfahrung, Verständnis, Sympathie und einfachem Wissen, der sich bei uns angesammelt hat, der eindrucksvollste in der ganzen Welt«. Es ist wohl wahr, daß »vier Fünftel aller Auslandsinvestitionen in der Welt heute von Amerikanern getätigt werden« und daß »die beste Planung, die beste Politik ... nur in dem Maße etwas taugt, als sie sich nachweisbar dem amerikanischen Interesse fügt« – wie es auch wahr ist (wir lesen es in derselben Ausgabe von *Foreign Affairs*), daß die Pläne für eine bewaffnete Aktion gegen Kuba wenige Wochen nach Mikojans Besuch in Havanna entstanden sind, der »in eine bis dahin fast ausschließlich amerikanische Einflußsphäre eindrang«. Leider werden Tatsachen wie diese von unaufgeklärten asiatischen Intellektuellen oft als »Geschmack am Imperialismus« verstanden. So haben zum Beispiel einige Inder ihre »große Erbitterung« darüber ausgedrückt, daß »wir alles nur mögliche getan haben, um ausländisches Kapital für Kunstdüngerfabriken zu bekommen, aber da die amerikanischen und die anderen westlichen Unternehmen wissen, wie sehr wir auf sie angewiesen sind, stellten sie harte Bedingungen, die wir einfach nicht erfüllen können«[22], während »Washington ... hartnäckig darauf besteht, daß Abschlüsse auf dem privaten Sektor mit privaten Unternehmen getätigt werden«.[23] Diese Reaktion zeigt natürlich wieder einmal, daß der asiatische Verstand unfähig ist, die »schwierigen und vielschichtigen Begriffe« des westlichen Denkens zu verstehen.

Vielleicht lohnt es, sich die »neuen, guten Ideen zu Vietnam« etwas näher anzusehen, die heutzutage in Washington »sofortiges und aufmerksames Gehör finden«. Das Publikationsbüro der US-Regierung bietet unerschöpfliche Möglichkeiten, das moralische und intellektuelle Niveau dieser Expertenvorschläge kennenzulernen. In seinen Veröffentlichungen kann man beispielsweise nachlesen, was Professor David N. Rowe, Direktor der *Graduate Studies in International Relations* an der Yale-Universität, vor dem Außenpolitischen Ausschuß erklärt hat (siehe Anmerkung 15). Professor Rowe schlägt vor (S. 266), die Vereinigten Staaten sollten allen überschüssigen Weizen von Kanada und Australien aufkaufen, damit es in China zu einem Massensterben komme. Dies sind seine Worte: »Wohlgemerkt, ich verstehe das nicht als eine Waffe gegen das chinesische Volk. Das wird es zwar sein, aber nur nebenbei. Die Waffe wird eine Waffe gegen die Regierung sein, weil eine unbeliebte Regierung die innere Stabilität dieses Landes angesichts einer allgemeinen Hungersnot nicht wird aufrechterhalten können.« Professor Rowe weiß nichts von dem überempfindlichen Moralismus, der einen dazu veranlassen könnte, diesen Vorschlag etwa mit der deutschen Ostpolitik unter Hitler zu vergleichen.[24] Auch fürchtet er nicht die Auswirkungen einer solchen Politik auf andere asiatische Nationen, zum Beispiel auf Japan. Er versichert uns, kraft seiner »sehr langen Erfahrung mit japanischen Problemen«, daß »die Japaner vor allem ein Volk sind, das Macht und Entschlossenheit respektiert«. Folglich »werden sie nicht übermäßig beunruhigt sein über eine amerikanische Vietnam-Politik, die von einer Position der Stärke ausgeht und eine Lösung zu finden sucht, die darauf beruht, daß wir eine lokale Bevölkerung, der wir uns entgegenstellen, unsere Macht fühlen lassen«. Beunruhigen würde die Japaner vielmehr »eine Politik der Unentschlossenheit, eine Politik, die sich weigert, den Problemen [in China und Vietnam] ins Auge zu sehen und unserer Verantwortung dort in positiver Weise gerecht zu werden«, auf die eben erwähnte Art. Die Überzeugung, wir seien »nicht gewillt, die Macht zu gebrauchen, von der sie wissen, daß wir sie haben«, könnte »das japanische Volk sehr stark beunruhigen und seine freundschaftlichen Beziehungen zu uns trüben«. Tatsächlich würde der volle Einsatz der amerikanischen Macht gerade auf die Japaner sehr überzeugend wirken, da ihnen ja eine Demonstration »der ungeheuren Schlagkraft der Vereinigten Staaten« zuteil geworden ist, als sie »unsere Macht unmittelbar zu spüren bekamen«. Dies ist gewiß ein Musterbeispiel für den gesunden »Standpunkt der Realpolitik«, den Irving Kristol so sehr bewundert.

Aber, so könnte man fragen, warum sollen wir auf solch indirekte Mittel wie den Massenhungertod zurückgreifen? Warum nicht auf Bomben? Zweifellos steckt dieser Wink in den Erklärungen, die Reverend R. J. de Jaegher vom *Institute of Far Eastern Studies,* Seton Hall University, vor dem gleichen Ausschuß abgab. Er sagte, daß die Nordvietnamesen wie alle Menschen, die unter dem Kommunismus gelebt haben, »überglücklich wären, mit Bomben beworfen zu werden, um nur befreit zu werden« (S. 345). Natürlich muß es auch einige geben, die die Kommunisten unterstützen. Doch fallen sie kaum ins Gewicht, wie Honorable Walter Robertson, Staatssekretär für Fernöstliche Angelegenheiten von 1953 bis 1959, in seinen Aussagen vor dem gleichen Ausschuß erklärt. Er versichert

uns, daß »hinter dem Peking-Regime... etwas weniger als drei
Prozent der Bevölkerung stehen« (S. 402).

Man beachte aber, wie glücklich sich die chinesischen Kommunisten-
führer schätzen dürfen im Vergleich zu den Führern des »Viet
Kong«, hinter denen, laut Arthur Goldberg, nur etwa »die Hälfte
von einem Prozent der Bevölkerung Südvietnams« steht, das heißt
etwa die Hälfte der Anzahl an neuen Rekruten aus dem Süden, die
der »Viet Kong« 1965 gewonnen hat – falls wir den Statistiken des
Pentagon Glauben schenken dürfen.[25]

Angesichts solcher Experten täten die Wissenschaftler und Philosophen, von denen Kristol spricht, sicher gut daran, weiterhin ihre
Kreise in den Sand zu zeichnen.

Nachdem Kristol zu dem Ergebnis gekommen ist, daß die Protest-
bewegung politisch keine Bedeutung hat, wendet er sich der Frage
zu, was ihre Motive sind – allgemeiner, was die Studenten und
Assistenten veranlaßt haben mag, »links zu gehen«, wie er es sieht,
inmitten des allgemeinen Wohlstands und unter dem liberalen Regime eines Wohlfahrtsstaats. Das, so erklärt er, »ist ein Rätsel, für
das bisher noch kein Soziologe eine Lösung gefunden hat«. Da diese
jungen Leute wohlversorgt sind, gute Aussichten haben usw., kann
ihr Protest nur irrational sein. Er muß von Langeweile, zu großer
Sicherheit oder irgend etwas Ähnlichem herrühren.

Wie wäre es mit anderen Möglichkeiten? Könnte es nicht zum Beispiel sein, daß die Studenten und Assistenten als ehrliche Menschen
versuchen, die Wahrheit lieber selbst herauszufinden, als die Verantwortung den »Experten« oder der Regierung zu überlassen?
Und könnte es nicht sein, daß sie auf das, was sie herausfinden, mit
Empörung reagieren? Diese Möglichkeiten verwirft Kristol nicht
einmal: Sie sind schlechthin undenkbar, keiner Erwägung wert. Genauer, diese Möglichkeiten sind unaussprechbar; die Kategorien, in
denen sie hier formuliert sind (Ehrlichkeit, Empörung), existieren
für den nüchternen Sozialwissenschaftler einfach nicht.

Mit dieser impliziten Herabsetzung traditioneller geistiger Werte
vertritt Kristol eine Haltung, die in akademischen Kreisen recht
weit verbreitet ist. Ich will nicht bezweifeln, daß diese Haltung zum
Teil das Ergebnis des verzweifelten Versuchs der Sozial- und Verhaltenswissenschaften ist, sich die äußerlichen Merkmale jener Wissenschaften anzueignen, die einen signifikanten rationalen Inhalt

haben. Es gibt jedoch auch andere Gründe dafür. Jeder kann ein moralisches Individuum sein, das sich um menschliche Rechte und Probleme sorgt; aber nur ein Universitätsprofessor, ein geschulter Experte, kann technische Probleme mit Hilfe »raffinierter« Methoden lösen. Folglich sind nur Probleme der letzteren Art wichtig oder real. Verantwortliche, unideologische Experten werden bei taktischen Fragen Ratschläge geben; unverantwortliche »ideologische Typen« werden über Prinzipien »daherreden« und sich abmühen mit moralischen Fragen und Menschenrechten oder mit den traditionellen Problemen von Mensch und Gesellschaft, zu denen die »Sozial- und Verhaltenswissenschaften« nichts anderes als Trivialitäten beisteuern können. Offensichtlich verhalten sich diese emotionalen, ideologischen Typen irrational, da sie, wohlversorgt und im Vorhof der Macht, keinen rationalen Grund haben, sich um solche Dinge zu kümmern.

Zuweilen erreicht diese pseudowissenschaftliche Einstellung nahezu pathologische Formen. Nehmen wir zum Beispiel das Phänomen Herman Kahn. Kahn ist sowohl der Amoral beschuldigt als auch für seinen Mut gelobt worden. Leute, die es besser wissen sollten, haben sein Buch *Der Thermonukleare Krieg* »ohne Einschränkung ... eines der großen Werke unserer Zeit« genannt (Stuart Hughes). Die Wahrheit ist, daß es bestimmt eines der nichtigsten Werke unserer Zeit ist; das zeigt sich, wenn man es an den rationalen Maßstäben irgendeiner der bestehenden Disziplinen mißt, wenn man einige seiner »gut belegten Schlußfolgerungen« bis zu den »objektiven Untersuchungen«, von denen sie sich herleiten, zurückverfolgt und den Gang der Argumentation, wo er zu entdecken ist, nachvollzieht. Kahn präsentiert keine Theorien, keine Erklärungen, keine empirischen Annahmen, die an ihren Konsequenzen gemessen werden könnten, wie es die Wissenschaften tun, die er zu imitieren versucht. Er schlägt lediglich eine Terminologie vor und errichtet eine Fassade von Rationalität. Wann immer spezielle politische Schlußfolgerungen gezogen werden, gründen sie sich allein auf Behauptungen *ex cathedra*, für die eine Begründung noch nicht einmal angedeutet wird (z. B. »Die Grenze für den Zivilschutz sollte wahrscheinlich irgendwo unterhalb von 5 Milliarden Dollar jährlich gezogen werden«, um die Russen nicht zu provozieren – warum nicht bei 50 Milliarden oder bei fünf Dollar?). Hinzu kommt, daß sich

Kahn dieser Hohlheit durchaus bewußt ist; in seinen helleren Augenblicken behauptet er nur, es gebe »keinen Grund für die Annahme, daß relativ ausgeklügelte Modelle eher irreführend seien als die einfacheren Modelle und Analogien, die man häufig zur Urteilsbildung heranzieht«. Für jene, deren Humor zum Makabren neigt, ist es einfach, das Spiel »strategisches Denken« à la Kahn mitzumachen und zu beweisen, was immer sie wünschen. Nur ein Beispiel: Eine von Kahns Grundannahmen lautet: »Eine totaler Überraschungsangriff, bei dem alle verfügbaren Kräfte auf jeweils gleichwertige Ziele gerichtet sind, wäre so widersinnig, daß, wenn nicht bei den sowjetischen Entscheidungsinstanzen ein unglaublicher Mangel an Klarsicht oder akuter Schwachsinn eintritt, ein solcher Angriff höchst unwahrscheinlich ist.« Eine simple Argumentation beweist das Gegenteil. These 1: Amerikanische Entscheidungsinstanzen denken in den von Herman Kahn umrissenen Linien. These 2: Kahn denkt, es wäre für jedermann besser, rot zu sein als tot. These 3: Wenn die Amerikaner einen totalen Vernichtungsschlag erwidern würden, wäre jedermann tot. Schlußfolgerung: Die Amerikaner werden einen totalen Vernichtungsschlag nicht erwidern, er wäre daher unverzüglich in Gang zu setzen. Man kann diese Argumentation natürlich noch einen Schritt weiter treiben. Tatsache: Die Russen haben keinen totalen Vernichtungsangriff durchgeführt. Folglich sind sie unvernünftig. Wenn sie aber unvernünftig sind, dann ist »strategisches Denken« sinnlos. Daher . . .

Das ist natürlich alles Unsinn, ein Unsinn jedoch, der sich von demjenigen Kahns darin unterscheidet, daß die Argumentation von etwas größerer Komplexität ist als alles, was man in seinem Werk entdecken kann. Bemerkenswert ist nur, daß ernsthafte Leute diesen Absurditäten tatsächlich Gehör schenken, zweifellos aufgrund ihrer Fassade von hartgesottener Nüchternheit und Pseudowissenschaftlichkeit.

Erstaunlich und deprimierend ist die Tatsache, daß die »Bewegung gegen den Krieg« nur allzu oft ein Opfer ähnlicher Verirrungen wird. So zum Beispiel anläßlich einer internationalen Konferenz über die Alternativ-Perspektiven für Vietnam im Herbst 1965. Zuvor hatte man ein Exposé an die potentiellen Teilnehmer abgeschickt, das die Voraussetzungen dieser Konferenz fixierte. Es bestand der Plan, Arbeitsgruppen zu bilden, in denen drei »Richtungen der intellektuellen Tradition« vertreten sein sollten: 1. Südost-asien-Spezialisten; 2. »Gesellschaftstheorie, mit besonderer Berück-sichtigung der Theorie des internationalen Systems, der sozialen Veränderung und Entwicklung, des Konflikts und der Konflikt-lösung sowie der Revolution« 3. »die Analyse des politischen Lebens in bezug auf grundlegende menschliche Werte, die in verschiedenen theologischen, philosophischen und humanistischen Traditionen wurzeln«. Die zweite Richtung intellektueller Tradition sollte »all-gemeine Vorschläge« unterbreiten, »die aus der Gesellschaftstheorie abgeleitet und an historischen, vergleichenden und experimentellen Daten getestet sind«; die dritte Richtung sollte »den Rahmen lie-fern, innerhalb dessen grundsätzliche Fragen nach Werten gestellt und die moralischen Implikationen gesellschaftlichen Handelns ana-lysiert werden können«. Man hatte die Hoffnung, »durch Annähe-rung an die Fragen [der Vietnampolitik] vom ethischen Gesichts-punkt aller großen Religionen und philosophischen Systeme aus Lö-sungen zu finden, die den grundlegenden menschlichen Werten bes-ser entsprechen, als die gegenwärtige amerikanische Vietnampolitik es tut«.

Kurz, die Experten für Werte (d. h. die Vertreter der großen Reli-gionen und philosophischen Systeme) werden das grundlegende Verständnis für den ethischen Gesichtspunkt liefern, und die Exper-ten für Gesellschaftstheorie werden allgemeine, empirisch validierte Vorschläge und »allgemeine Konfliktmodelle« anbieten. Aus die-sem Zusammenspiel werden sich neue politische Möglichkeiten er-geben, wahrscheinlich unter Anwendung von Regeln der wissen-schaftlichen Methode. Der einzige Punkt, der noch zu diskutieren wäre, ist meiner Meinung nach der, ob es lächerlicher ist, Experten der Gesellschaftstheorie wegen allgemeiner, gut belegter Vorschläge zu bemühen, oder Spezialisten für die großen Religionen und philo-sophischen Systeme um Einsichten in die grundlegenden mensch-lichen Werte zu bitten.

Es gäbe noch viel zu diesem Thema zu sagen; ich möchte jedoch nur noch hervorheben, daß der Kult, der mit den Experten getrieben wird, ganz offensichtlich sowohl profitabel ist (für jene, die ihn pro-pagieren) als auch betrügerisch. Natürlich muß man von den Sozial- und Verhaltenswissenschaften so viel wie möglich lernen; natürlich sollten diese Gebiete so gewissenhaft wie möglich erforscht werden.

Aber es wäre sehr bedenklich und höchst gefährlich, wenn sie nicht aufgrund ihrer Verdienste und ihrer tatsächlichen, nicht vorgeblichen Leistungen akzeptiert und beurteilt würden. Sollte es wirklich einen Vorrat an genau geprüften und bestätigten Theorien geben, die für die Behandlung außenpolitischer Probleme oder die Lösung innerer oder internationaler Konflikte geeignet sind, dann ist ihre Existenz ein gut behütetes Geheimnis geblieben. Wenn im Fall von Vietnam diejenigen, die sich selbst für Experten halten, Zugang zu Prinzipien und Informationen haben, die das Vorgehen der amerikanischen Regierung in diesem unglücklichen Land rechtfertigen könnten, dann ist es ihnen ganz besonders schlecht gelungen, diese Tatsache bekannt zu machen. Für jeden, der sich in den Sozial- und Verhaltenswissenschaften (oder den »politischen Wissenschaften«) auch nur ein wenig auskennt, ist die Behauptung, gewisse Erwägungen und Prinzipien seien zu diffizil, als daß der Außenstehende sie verstehen könnte, schlichtweg eine Absurdität und jeglichen Kommentars unwürdig.

Wenn wir von der Verantwortlichkeit der Intellektuellen handeln, müssen wir uns vor allem mit ihrer Rolle bei der Entstehung und Analyse von Ideologien auseinandersetzen. In der Tat erinnert Kristols Unterscheidung zwischen den unvernünftigen ideologischen Typen und den verantwortlichen Experten in ihrer Terminologie sogleich an Daniel Bells interessanten und einflußreichen Essay über das »Ende der Ideologie«[26], dessen Bedeutung nicht weniger in dem liegt, was ungesagt bleibt, als in seinem tatsächlichen Inhalt. Bell erörtert zunächst den marxistischen Begriff der Ideologie als einer Verschleierung von Klasseninteressen und zitiert dazu vor allem die bekannte Bemerkung von Marx, daß die Bourgeoisie darauf baut, die *besonderen* Bedingungen ihrer Emanzipation seien zugleich die *allgemeinen* Bedingungen, unter denen allein die moderne Gesellschaft gerettet und der Klassenkampf vermieden werden könne. Dann behauptet er, das Zeitalter der Ideologien sei zu Ende, an die Stelle der Ideologie sei, zumindest im Westen, die generelle Übereinkunft getreten, daß jede Streitfrage gemäß ihren eigenen Voraussetzungen beigelegt werden müsse, und zwar im Rahmen eines Wohlfahrtsstaates, in dem – aller Voraussicht nach – Experten bei der Handhabung der öffentlichen Angelegenheiten eine entscheidende Rolle spielen werden. Immerhin bestimmt Bell recht genau die

Bedeutung von »Ideologie«, in welcher »die Ideologien erloschen« sind. Er versteht unter Ideologie lediglich »die Verwandlung von Ideen in gesellschaftliche Hebel«, »ein System von Glaubenssätzen, getränkt mit Leidenschaft,... [das] die gesamte Lebensweise zu verändern trachtet«. Die entscheidenden Worte sind »verändern« und »Verwandlung in gesellschaftliche Hebel«. Im Westen, betont Bell, haben die Intellektuellen das Interesse daran verloren, Ideen zum Zweck der radikalen Veränderung der Gesellschaft in soziale Hebel zu verwandeln. Nun, da wir die pluralistische Gesellschaft des Wohlfahrtsstaats erreicht haben, sehen sie keine Notwendigkeit mehr, die Gesellschaft radikal zu verändern; wir mögen zwar hier und da an unserer Lebensweise etwas auszusetzen haben, doch wäre es verfehlt, sie in irgendeiner wichtigen Hinsicht ändern zu wollen. Dieser Konsensus der Intellektuellen bedeutet den Tod der Ideologie.

Bells Essay zeigt ein paar auffallende Lücken. Erstens sagt er nicht, in welchem Ausmaß dieser Konsensus der Intellektuellen ihren eigenen Interessen dient. Er führt seine Beobachtung, daß die Intellektuellen im großen und ganzen das Interesse daran verloren haben, »die gesamte Lebensweise zu verändern«, nicht auf die Tatsache zurück, daß sie bei der Ausrichtung des Wohlfahrtsstaates eine immer wichtigere Rolle spielen; er bringt ihre allgemeine Zufriedenheit mit dem Wohlfahrtsstaat nicht mit dem Umstand in Zusammenhang, daß, wie er an anderer Stelle bemerkt, »Amerika eine Gesellschaft im Überfluß geworden ist, die den ehemals Radikalen Platz... und Prestige... gewährt«. Zweitens hat er kein ernsthaftes Argument dafür anzubieten, daß die Intellektuellen in irgendeinem Sinne im »Recht« oder »objektiv gerechtfertigt« wären, wenn sie zu dem Konsensus gelangen, auf den er anspielt, nämlich zu der Verwerfung des Gedankens an eine notwendige Veränderung der Gesellschaft. Allerdings scheint Bell, obwohl er mit der leeren Rhetorik der »Neuen Linken« recht unsanft ins Gericht geht, einen fast utopischen Glauben daran zu hegen, daß die technischen Experten mit den wenigen noch anstehenden Problemen leicht zu Rande kommen werden; zum Beispiel damit, daß Arbeit als Ware gilt, oder mit dem Problem der »Entfremdung«.

Mir hingegen scheint es ausgemacht, daß wir uns noch immer mit den klassischen Problemen herumzuschlagen haben; man könnte sogar plausible Gründe dafür anführen, daß sie an Schärfe und Ausmaß zugenommen haben. So ist zumal das klassische Paradoxon von der Armut inmitten des Überflusses heute zu einem ständig wachsenden Problem im internationalen Maßstab geworden. Während man sich innerhalb der nationalen Grenzen zumindest im Prinzip eine Lösung vorstellen kann, scheint es unmöglich zu sein, vernünftige Vorstellungen darüber zu entwickeln, wie die internationale Gesellschaft zu ändern sei, damit sie mit dem ungeheuren und womöglich noch wachsenden menschlichen Elend fertig werden kann – im Rahmen des intellektuellen Konsensus, den Bell beschreibt.

Also wäre es angebracht, den Konsensus von Bells Intellektuellen etwas anders zu sehen, als er es tut. Wenn wir uns der Terminologie im ersten Teil seines Essays bedienen, so können wir sagen, daß der Techniker des Wohlfahrtsstaates die Rechtfertigung für seinen besonderen und hervorragenden sozialen Status aus seiner »Wissenschaft« herleitet, besonders aus dem Anspruch, daß die Sozialwissenschaft die nötige Technik liefern könne, um soziale Probleme auf nationaler oder internationaler Ebene hinzubiegen. Er geht freilich noch einen Schritt weiter, indem er auf vertraute Art dem, was in Wirklichkeit Klasseninteresse ist, universelle Gültigkeit beimißt: er behauptet, daß die besonderen Bedingungen, auf die sich sein Anspruch auf Macht und Autorität gründet, in der Tat die allgemeinen Bedingungen seien, durch die allein die moderne Gesellschaft gerettet werden könne; daß soziales Flickwerk im Rahmen des Wohlfahrtsstaates das Engagement für die »totalen Ideologien« der Vergangenheit ersetzen müssen, für Ideologien also, die eine Veränderung der Gesellschaft intendieren. Nachdem er seine Machtposition bezogen hat, nachdem er Sicherheit und Wohlstand erreicht hat, braucht er keine Ideologien mehr, die auf radikale Veränderung aus sind. Der gelehrte Experte ersetzt den »unabhängigen Intellektuellen«, der »fühlte, daß die falschen Werte hochgehalten werden, und sich deshalb gegen die Gesellschaft stellte«, und der jetzt seine politische Rolle ausgespielt hat (jetzt, d. h. in einer Zeit, in der die wahren Werte hochgehalten werden).

Möglicherweise stimmt es, daß die technischen Experten, die die »postindustrielle Gesellschaft« lenken werden (oder zu lenken hoffen), in der Lage sein werden, die klassischen Probleme zu bewältigen, ohne daß dazu eine radikale Veränderung der Gesellschaft notwendig ist. Ebenso mag es wahr sein, daß die Bourgeoisie recht tat, die besonderen Bedingungen für ihre Emanzipation als die allgemeinen Bedingungen anzusehen, durch die allein die moderne Gesellschaft gerettet werden könne. In beiden Fällen aber ist eine Begründung vonnöten, und wo sie ausbleibt, ist Skepsis am Platz.

Im Rahmen des gleichen allgemeinen Utopismus stellt Bell dann, auf recht merkwürdige Weise, den gelehrten Experten des Wohlfahrtsstaates und den Ideologen der Dritten Welt einander gegenüber. Er weist ganz richtig darauf hin, daß es dabei nicht um die Frage nach dem Kommunismus geht, da der Inhalt dieser Lehre »schon längst bei Freund und Feind in Vergessenheit geraten« sei. Vielmehr, so sagt er, »steht hier eine ältere Frage an: ob junge Gesellschaften sich entwickeln können, indem sie demokratische Institutionen einführen und dem Volk erlauben, nach eigenem Willen zu wählen – und Opfer zu bringen –, oder ob die neuen Eliten, ungestüm in ihrer Macht, totalitäre Mittel anwenden werden, um ihre Länder zu verändern«. Das ist eine interessante Frage; merkwürdig ist nur, sie als »eine ältere Frage« bezeichnet zu sehen. Gewiß kann Bell nicht meinen, daß der Westen den demokratischen Weg gewählt habe – daß etwa in England während der Industriellen Revolution die Bauern sich freiwillig dazu entschlossen hätten, das Land zu verlassen, die Heimindustrie aufzugeben und ein Industrieproletariat zu werden, sich freiwillig dafür entschieden hätten, im Rahmen der bestehenden demokratischen Institutionen, all die Opfer zu bringen, die in der klassischen Literatur über die Industriegesellschaft des 19. Jahrhunderts so drastisch beschrieben sind. Man mag darüber streiten, ob autoritäre Kontrolle notwendig ist, damit in der unterentwickelten Welt Kapital akkumuliert werden kann, doch das westliche Entwicklungsmodell ist nicht gerade so geartet, daß wir mit Stolz darauf verweisen könnten. Es ist wohl nicht weiter verwunderlich, daß ein Mann wie Walt Rostow auf den »humaneren Prozeß [der Industrialisierung], den westliche Wertvorstellungen nahelegen würden«, hinweist.[27] Wer sich aber ernsthaft mit den Problemen, denen rückständige Länder gegenüberstehen, und mit der Rolle, die die fortgeschrittenen Industriegesellschaften bei der Entwicklung und Modernisierung spielen könnten, auseinandersetzt, muß bei der Interpretation der Bedeutung der westlichen Erfahrung etwas vorsichtiger sein.

Kehren wir zu der recht naheliegenden Frage zurück, ob »junge Gesellschaften sich durch die Einführung demokratischer Institutionen
entwickeln können« oder nur durch totalitäre Mittel. Es ist, so
meine ich, ein Gebot der Aufrichtigkeit, zu erkennen, daß diese
Frage eher an die amerikanischen Intellektuellen zu richten wäre als
an die Ideologen der Dritten Welt. Die rückständigen Länder stehen
vor unglaublichen, vielleicht unüberwindlichen Problemen und nur
sehr beschränkten Möglichkeiten; die Vereinigten Staaten dagegen
haben einen weiten Spielraum von Möglichkeiten und überdies die
nötigen ökonomischen und technologischen Mittel, offensichtlich
aber nicht die nötigen geistigen und moralischen Mittel, um zumindest einigen dieser Probleme zu begegnen. Es ist leicht für einen
amerikanischen Intellektuellen, Predigten zu halten über die Vor-
züge der inneren und äußeren Freiheit, aber wenn er sich wirklich
Sorgen macht – etwa über den chinesischen Totalitarismus oder
über die Lasten, die der chinesischen Landbevölkerung durch die
forcierte Industrialisierung auferlegt wurden –, dann sollte er eine
Aufgabe übernehmen, die unendlich viel wichtiger und anspruchs-
voller ist – die Aufgabe, in den Vereinigten Staaten das geistige und
moralische Klima sowie die sozialen und ökonomischen Bedingungen zu schaffen, die unser Land in die Lage setzen würden, an der
Modernisierung und Entwicklung so mitzuwirken, wie es seinem
materiellen Reichtum und seinen technischen Möglichkeiten entspricht. Großzügige Kapitalhilfen an Kuba und China könnten
vielleicht der autoritären Herrschaft und dem Zwang nicht abhel-
fen, die frühe Stadien der Kapitalakkumulation zu begleiten pfle-
gen, aber sie sind weit eher dazu geeignet, eine solche Wirkung zu
erzielen, als Lektionen über demokratische Werte. Es ist möglich,
daß auch ohne die »kapitalistische Einkreisung« in ihren verschiedenen Erscheinungsformen die wahrhaft demokratischen Elemente in
revolutionären Bewegungen – zum Beispiel Räte oder Kollektive –
durch eine »Elite« von Bürokraten und technischer Intelligentsia
unterwandert würden; aber es ist so gut wie sicher, daß die Tatsache der kapitalistischen Einkreisung, vor der heute alle revolutionären Bewegungen stehen, dieses Ergebnis unausweichlich macht.
Die Lehre für diejenigen, die bestrebt sind, die demokratischen,
spontanen, vom Volk getragenen Elemente in den sich entwickelnden Gesellschaften zu stärken, liegt auf der Hand. Vorträge über

das Zweiparteiensystem oder selbst über die wirklich wesentlichen demokratischen Werte, die in westlichen Gesellschaften partiell realisiert worden sind, sind von monströser Irrelevanz angesichts der Anstrengung, die nötig wäre, um das kulturelle Niveau in den westlichen Gesellschaften so weit zu heben, daß es als »gesellschaftlicher Hebel« dienen kann für die ökonomische Entwicklung wie auch für die Herausbildung wirklich demokratischer Institutionen in der Dritten Welt – und in unserer eigenen nicht minder.

Es spricht einiges für die Schlußfolgerung, daß es in der Tat so etwas wie einen Konsensus unter den Intellektuellen gibt, die bereits zu Macht und Wohlstand gekommen sind, oder die glauben, daß sie beides erreichen können, wenn sie »die Gesellschaft nehmen« wie sie ist und die Werte fördern, die in dieser Gesellschaft »hochgehalten werden«. Es trifft auch zu, daß dieser Konsensus am deutlichsten zutage tritt bei den verantwortlichen akademischen Experten, die die unabhängigen Intellektuellen der Vergangenheit allmählich ersetzen. Auf den Universitäten entwickeln diese akademischen Experten eine »wertfreie Technologie« zur Lösung der in der gegenwärtigen Gesellschaft anstehenden technischen Probleme[28], indem sie diesen Problemen gegenüber eine »verantwortliche Haltung« einnehmen in dem oben erwähnten Sinn. Dieser Konsensus unter den verantwortlichen akademischen Experten ist die einheimische Entsprechung zu dem, was für die internationale Arena von jenen vorgeschlagen wird, die jede Machtentfaltung Amerikas in Asien rechtfertigen, wie hoch auch immer die menschlichen Kosten sein mögen, weil es nötig sei, die »chinesische Expansion« einzudämmen (eine »Expansion«, die zur Zeit rein hypothetisch ist).[29] Aus der Sondersprache des Außenministeriums übersetzt bedeutet das: weil es darauf ankomme, die nationalistischen Revolutionen in Asien rückgängig zu machen oder zumindest ihre Ausbreitung zu verhindern. Die Analogie wird deutlich, wenn wir darauf achten, wie diese Empfehlung formuliert wird. Mit gewohnter Klarheit hat Churchill 1943 in Teheran gegenüber seinem damaligen Kollegen Joseph Stalin den allgemeinen Standpunkt dargelegt:

... die Regierung der Welt muß zufriedengestellten Nationen anvertraut werden, die für sich nichts weiter wünschen, als was sie bereits haben. Läge die Weltregierung in den Händen hungriger Nationen, dann bestünde immer Gefahr. Aber niemand von uns hätte einen Grund, noch

mehr anzustreben. Der Frieden kann nur aufrechterhalten werden von
Völkern, die ihr eigenes Leben leben und keine Ambitionen haben. Un-
sere Macht hat uns über die anderen gestellt. Wir werden den reichen
Leuten gleichen, die in Frieden ihre Heimstätten bewohnen.[30]

Für eine Übersetzung von Churchills biblischer Rhetorik in den
Jargon der heutigen Sozialwissenschaft halte man sich an die Aus-
sagen von Charles Wolf, dem Wirtschaftsexperten der RAND-
Corporation, vor dem oben erwähnten Kongreßausschuß:

Ich bezweifle, daß Chinas Furcht vor einer Einkreisung in der ferneren
Zukunft abgebaut, gemildert, gelöst werden kann. Aber ich hoffe, daß
unsere Handlungen in Südostasien dazu beitragen werden, im chinesischen
Staatskörper den Sinn für Realität und die Bereitschaft zu wecken, mit
dieser Furcht zu leben, anstatt ihr durch die Unterstützung von Be-
freiungsbewegungen nachzugeben, die bekanntlich von weit mehr abhängen als die Unterstützung von außen her ... Die taktische Frage für die
amerikanische Außenpolitik lautet nicht, ob diese Furcht beseitigt oder
wesentlich gemildert werden kann, sondern ob China einem System von
Reizen, von Bestrafungen und Belohnungen, von Antrieben gegenüber-
gestellt werden kann, das seine Bereitschaft weckt, mit dieser Furcht zu
leben.[31]

Thomas Schelling geht auf diese Frage näher ein: »Den Chinesen
wird die ständig wachsende Erfahrung zuteil, daß die Vereinigten
Staaten, obwohl sie an der Einkreisung Chinas interessiert sein
mögen, ebenso wie an der Verteidigung der umliegenden Gebiete,
trotzdem bereit sind, sich friedlich zu verhalten, wenn die Chinesen dasselbe tun.«[32]
Kurz, wir sind bereit, friedlich in unseren – freilich recht ausgedehnten – Heimstätten zu leben. Natürlich stoßen wir uns an
dem würdelosen Lärm, der aus dem Dienstbotenflügel dringt. Sollte
etwa eine revolutionäre Bauernbewegung den Versuch machen, sich
von der Fremdherrschaft zu befreien oder die von ausländischen
Mächten gestützten semi-feudalen Strukturen zu zerstören, oder sollten sich die Chinesen unvernünftigerweise weigern, auf das Dressurschema, das wir uns für sie ausgedacht haben, gehörig zu reagieren, sollten sie sich dagegen wehren, von den wohltätigen und fried-
liebenden »reichen Leuten«, die die Gebiete an ihren Grenzen kraft
eines Naturrechts kontrollieren, eingekreist zu werden, dann müßten wir solcher Kriegslüsternheit natürlich mit der angemessenen
Gewalt begegnen.

Aus dieser Mentalität erklärt sich die Offenheit, mit der die Regierung der Vereinigten Staaten und ihre akademischen Apologeten die amerikanische Weigerung verteidigen, in Vietnam einer politischen Lösung auf lokaler Basis zuzustimmen, einer Lösung, die auf der tatsächlichen Verteilung der politischen Kräfte beruht. Sogar Regierungsexperten geben offen zu, daß die Nationale Befreiungsfront die einzige »politische Partei mit wirklicher Massenbasis in Südvietnam« ist[33]; daß die FNL »bewußte und massive Anstrengungen gemacht hat, die politische Teilnahme, mochte sie auch manipuliert sein, auf lokaler Basis zu erweitern, um das Volk in eine eigenständige, von ihm selbst getragene Revolution einzubeziehen« (S. 374); und daß diese Anstrengungen derart erfolgreich waren, daß keine politische Gruppe, »vielleicht mit Ausnahme der Buddhisten, sich groß und mächtig genug fühlte, das Risiko einer Koalition einzugehen, da sie befürchten mußten, daß der Wal den Karpfen fressen würde« (S. 362). Darüber hinaus räumen sie ein, daß die FNL bis zum Einsatz der überwältigenden amerikanischen Militärgewalt darauf bestanden hatte, daß der Kampf »in der politischen Arena ausgetragen werden solle, und daß die Anwendung massiver militärischer Macht illegitim sei ... Das Bewußtsein und die Loyalitäten der vietnamesischen Bauern sollten das Schlachtfeld, Ideen sollten die Waffen sein« (S. 91 f.; vgl. auch S. 93, 99–108, 155 f.); und daß sich dementsprechend bis zur Mitte des Jahres 1964 die Hilfe aus Hanoi »weitgehend auf zwei Gebiete beschränkte – ideologische Schulung und Führungskräfte« (S. 321). Erbeutete FNL-Dokumente stellen der »militärischen Überlegenheit« des Feindes ihre eigene »politische Überlegenheit« gegenüber (S. 106) und bestätigen somit genau die Analyse amerikanischer Armeesprecher, die unser Problem darin sehen, »mit beträchtlicher militärischer, aber nur geringer politischer Macht einen Gegner einzudämmen, der über enorme politische, aber nur bescheidene militärische Macht verfügt«.[34]

So war auch das erstaunlichste Ergebnis sowohl der Honolulu-Konferenz im Februar wie der Manila-Konferenz im Oktober, daß hohe Beamte der Saigoner Regierung offen bekannten, »sie könnten eine ›friedliche Beilegung‹, die die *politische* Struktur des Viet Kong bestehen ließe, nicht überleben, selbst wenn die Guerillaeinheiten des Viet Kong aufgelöst würden«, und sie seien »nicht in der

Lage, mit den Kommunisten Vietnams *politisch* zu konkurrieren«.[35]
Daher, so fährt Mohr fort, verlangen die Vietnamesen ein »Befriedungsprogramm«, das sich »die Zerstörung der geheimen politischen
Strukturen des Viet Kong und die Schaffung eines eisernen Systems
politischer Kontrolle der Regierung über die Bevölkerung« zum
Ziel setzt. Derselbe Korrespondent zitiert aus Manila am 23. Oktober einen hohen südvietnamesischen Beamten mit diesen Worten:
»Offen gesagt, wir sind jetzt nicht stark genug, um mit den Kommunisten auf einer ausschließlich politischen Basis zu konkurrieren. Sie
sind organisiert und diszipliniert. Die nichtkommunistischen Nationalisten sind das nicht – wir haben keine großen, gut organisierten
politischen Parteien, und noch herrscht bei uns keine Einigkeit. Wir
können den Viet Kong nicht weiter bestehen lassen.« Beamte in
Washington erfassen diese Situation sehr wohl. So erklärte Außenminister Rusk: »Wenn der Viet Kong als gleichberechtigter Partner
an den Konferenztisch zugelassen wird, hat er in gewisser Hinsicht
sein Ziel erreicht, das zu vereiteln Südvietnam und die Vereinigten
Staaten sich verbürgt haben« (28. Januar 1966). Und Max Frankel
berichtete aus Washington: »Ein Kompromiß findet hier keine Ge-
genliebe, weil die Regierung seit langem erkannt hat, daß die nichtkommunistischen Kräfte Südvietnams in einer Saigoner Koalition
mit den Kommunisten nicht lange überleben können. Aus diesem
Grund – und nicht wegen einer übertrieben strengen Protokollauf-
fassung – hat sich Washington hartnäckig geweigert, mit dem Viet
Kong zu verhandeln oder ihn als unabhängige politische Kraft anzuerkennen.«
Kurz, wir werden den Vertretern des »Viet Kong« – großmütig –
erlauben, den Verhandlungen beizuwohnen, jedoch nur unter der
Bedingung, daß sie sich als Agenten einer fremden Macht ausgeben
und somit das Recht verlieren, sich an einer Koalitionsregierung zu
beteiligen, ein Recht, das sie schon seit einem halben Dutzend Jahren für sich fordern. Wir wissen sehr wohl, daß sich unsere gewählten
Delegierten in einer repräsentativen Koalition ohne die Hilfe der
amerikanischen Waffen nicht einen Tag halten könnten. Also müssen wir die amerikanische Militärmacht verstärken und uns ernsthaften Verhandlungen widersetzen bis zu dem Tag, an dem eine
Satellitenregierung in der Lage sein wird, über ihre eigene Bevölkerung sowohl militärische als auch politische Kontrolle auszuüben –

ein Tag, der vielleicht niemals kommen wird, da wir uns, wie William Bundy einmal gesagt hat, niemals auf die Sicherheit eines Südostasien, »in dem die westliche Präsenz vollständig aufgegeben wäre«, verlassen könnten. Sollten wir also genötigt sein, »in Richtung auf Lösungen zu verhandeln, die auf eine Neutralisierung hinauslaufen«, so käme das einer Kapitulation vor den Kommunisten gleich.[37] Diesen Überlegungen zufolge muß Südvietnam für immer ein amerikanischer Militärstützpunkt bleiben.

All das ergibt natürlich nur so lange einen Sinn, wie wir das grundlegende politische Axiom akzeptieren, daß die Vereinigten Staaten – mit ihrer traditionellen Sorge um die Rechte der Schwachen und Unterdrückten und mit ihrem einzigartigen Scharfblick für den richtigen Entwicklungsweg der rückständigen Länder – den Mut und die Beharrlichkeit aufbringen müssen, ihren Willen mit Gewalt durchzusetzen, bis zu dem Zeitpunkt, da andere Nationen bereit sind, diese Wahrheiten zu akzeptieren – oder einfach die Hoffnung aufgegeben haben.

Wenn der Intellektuelle die Verantwortung hat, auf der Wahrheit zu bestehen, so ist es auch seine Pflicht, Ereignisse in ihrem historischen Zusammenhang zu sehen. Beifall gebührt daher dem Außenminister, wenn er die Bedeutung historischer Analogien, zum Beispiel der München-Analogie, hervorhebt. Wie München gezeigt hat, wird eine mächtige und aggressive Nation mit einem fanatischen Glauben an ihre offenbare Bestimmung jeden Sieg, jede Ausweitung ihrer Macht und Autorität als ein Vorspiel zum nächsten Schritt betrachten. Diesen Sachverhalt hat Adlai Stevenson klar zum Ausdruck gebracht, als er von »der sehr alten Gewohnheit expansiver Mächte« sprach, »an immer mehr Türen zu klopfen, in dem Glauben, daß sie sich öffnen werden, bis schließlich an der letzten Tür der Widerstand unvermeidlich ist und ein großer Krieg ausbricht«. Hierin liegt die Gefahr einer Beschwichtigungspolitik, wie die Chinesen den Russen unermüdlich erklären, die, wie sie behaupten, für unseren Hitler in Vietnam den Chamberlain spielen. Natürlich ist die Aggressivität des liberalen Imperialismus nicht die von Nazi-Deutschland, obwohl diese Unterscheidung einem vietnamesischen Bauern, der im Begriff steht, vergast oder eingeäschert zu werden, recht akademisch vorkommen mag. Wir wollen Asien nicht besetzen; wir möchten nur, um zu Mr. Wolf zurückzukehren, »den asia-

tischen Ländern helfen, als relativ ›offene‹ und stabile Gesellschaften zur ökonomischen Modernisierung fortzuschreiten, als Gesellschaften, zu denen wir sowohl als Nation wie als einzelne Bürger
freien und bequemen Zugang haben«.[38] Diese Formulierung ist angemessen. Die jüngste Geschichte zeigt, daß es für uns unwichtig ist,
welche Regierungsform ein Land hat, solange es nur eine »offene
Gesellschaft« bleibt, in unserer speziellen Auslegung dieses Begriffs
– eine Gesellschaft nämlich, die der wirtschaftlichen Erschließung
und politischen Kontrolle durch die Vereinigten Staaten offensteht.
Wenn es nötig sein sollte, in Vietnam zum Genocid zu schreiten, um
dieses Ziel zu erreichen, dann ist das der Preis, den wir für die Verteidigung der Freiheit und der Menschenrechte zahlen müssen.
Es ist sicherlich überflüssig, des näheren zu erörtern, auf welche Weise wir anderen Ländern helfen, sich zu offenen Gesellschaften zu
entwickeln, »zu denen wir freien und bequemen Zugang haben«.
Ein sehr anschauliches Beispiel dafür wurde bei dem unlängst veranstalteten Kongreß-Hearing, aus dem ich schon wiederholt zitiert
habe, in den Aussagen von William Holst und Robert Meagher vorgestellt, die den Ständigen Indien-Ausschuß des *Business Council
for International Understanding* vertraten.[39] Mr. Meagher erklärte:
»Wäre es möglich, dann würde Indien wahrscheinlich lieber Techniker und technische Kenntnisse importieren als das Kapital ausländischer Unternehmen. Da das jedoch nicht möglich ist, akzeptiert
Indien das ausländische Kapital als notwendiges Übel.« Gewiß, »die
Frage der privaten Kapitalinvestitionen in Indien ... wäre nichts
weiter als ein theoretisches Problem«, wären nicht die Grundlagen
für solche Investitionen durch ausländische Hilfe bereitet worden
und würde nicht jene »Notwendigkeit eine veränderte Haltung Indiens gegenüber ausländischem Privatkapital verlangen«. Heute
aber »macht Indiens Einstellung zu ausländischen Privatinvestitionen eine grundlegende Veränderung durch. Sie entwickelt sich
von einer Haltung der Ablehnung und Ambivalenz in Richtung auf
die Einsicht in ihre Notwendigkeit. Je deutlicher die Notwendigkeit zutage tritt, um so mehr wird sich die Ambivalenz vermutlich
in eine entgegenkommendere Haltung verwandeln.« Mr. Holst fügte ein »vielleicht typisches Beispiel« hinzu, nämlich »den Plan, der
vorsah, daß die indische Regierung als Teilhaber eines amerikanischen Privatkonsortiums die Produktion von Kunstdünger um eine

Million Tonnen im Jahr erhöhen solle, was gerade das Doppelte der gegenwärtigen Kapazität ganz Indiens ist. Daß dieser ehrgeizige Plan unglücklicherweise verworfen wurde, mag größtenteils auf das Unvermögen der Regierung wie auch der Wirtschaft zurückzuführen sein, eine durchführbare und gegenseitig annehmbare Lösung im Rahmen der gut propagierten zehn Wirtschaftsanreize zu finden.« Die Schwierigkeit entstand hier im Zusammenhang mit dem Prozentsatz der Eigenanteile. Gewiß, »Kunstdünger wird in Indien dringend gebraucht«. Ebenfalls gewiß: Das Konsortium »beharrte auf der Notwendigkeit der Mehrheitsanteile, um eine wirksame Kontrolle ausüben zu können«. Aber »die indische Regierung erklärte öffentlich, daß sie auf den Mehrheitsanteilen bestehe«, und »das mußte, in einer derart komplizierten Angelegenheit, wie ein Eigentor erscheinen«.

Glücklicherweise nimmt diese Geschichte ein gutes Ende. Die zitierten Aussagen stammen vom Februar 1966, und innerhalb weniger Wochen ging der indischen Regierung ein Licht auf, wie wir aus einer Reihe von Artikeln in der *New York Times* erfahren. Die Kritik, die sich innerhalb Indiens dagegen erhob, daß »die amerikanische Regierung und die Weltbank sich das Recht anmaßen, den Rahmen festzulegen, in dem unsere Wirtschaft zu funktionieren habe« (24. April), wurde zum Schweigen gebracht, und die indische Regierung akzeptierte die Bedingungen für die Fortsetzung der Wirtschaftshilfe, daß nämlich »Indien günstigere Voraussetzungen für ausländische Privatinvestitionen in Kunstdüngerfabriken schafft« und daß die amerikanischen Kapitalanleger »weitreichende Aufsichtsrechte eingeräumt bekommen« (14. Mai). Eine Depesche aus Delhi vom 28. April faßt diese Entwicklung zusammen:

Es zeichnet sich ein Wandel ab. Die Regierung hat den ausländischen Anlegern von Privatkapital in der Kunstdüngerindustrie günstige Bedingungen eingeräumt; sie erwägt den Abbau der Regierungsaufsicht über einige weitere Industriezweige und ist bereit, die Importpolitik zu liberalisieren, wenn sie genügend Hilfe aus dem Ausland erhält... Viel von dem, was jetzt vorgeht, ist das Ergebnis des ständigen Drucks der Vereinigten Staaten und der Internationalen Bank für Wiederaufbau und Entwicklung, die im Laufe des vergangenen Jahres eine wesentliche Befreiung der indischen Wirtschaft von staatlichen Eingriffen und einen weit größeren Raum für Privatinvestitionen gefordert hatten. Besonders der von den Vereinigten Staaten ausgeübte Druck hatte hier Erfolg, weil sie bei weitem

den größten Teil der Devisen brachten, die notwendig sind, um Indiens
Entwicklung zu finanzieren und die Räder der Industrie in Gang zu halten. Ob man das nun »Beschränkungen« oder »Bedingungen« oder wie
immer nennen mag – Indien hat heute kaum eine andere Wahl, als die
Bedingungen, die die USA über die Weltbank an ihre Hilfeleistungen
knüpfen, weitgehend zu akzeptieren. Denn Indien kann sich nirgendwo
anders hinwenden.

In der Überschrift des Artikels wird diese Entwicklung Indiens
»Schritt vom Sozialismus zum Pragmatismus« genannt.

Und selbst das reichte noch nicht aus. So konnte man einige Monate
später im *Christian Science Monitor* vom 5. Dezember lesen, daß
amerikanische Unternehmer darauf bestehen, daß »alle Aus-
rüstungsgüter und Maschinen importiert werden, auch wenn Indien
erwiesenermaßen die Kapazität hat, den Anforderungen gerecht zu
werden. Sie bestehen auf der Einfuhr von flüssigem Ammoniak,
einem wichtigen Rohstoff, anstatt das einheimische Naphta zu verwenden, das in reichlicher Menge vorhanden ist. Sie üben eine restriktive Kontrolle aus über Preisbestimmung, Verteilung, Gewinn-
ausschüttung und Geschäftsführung.« Die Reaktion Indiens erwähnte ich bereits (siehe S. 252).

Auf diese Art helfen wir Indien, sich zu einer offenen Gesellschaft
zu entwickeln, einer Gesellschaft, die laut Walt Rostow das richtige
Verständnis hat für »den Kern der amerikanischen Ideologie«, nämlich »die Unverletzlichkeit des Individuums in der Beziehung zum
Staat«. Und auf diese Weise widersetzen wir uns auch der einfältigen Ansicht jener Asiaten, die, um weiter mit Rostow zu sprechen,
»ganz oder zur Hälfte glauben, daß der Westen durch die unvermeidliche Wirkungsweise des kapitalistischen Wirtschaftssystems
gezwungen wurde, sich seinen imperialistischen Besitz anzueignen
und an ihm festzuhalten«.[40]

In Wirklichkeit spielt sich in Indien heute einer der größten Skandale der Nachkriegszeit ab, da die Vereinigten Staaten, zynisch aus
Indiens gegenwärtiger Notlage Kapital schlagend, ihre wirtschaftliche Macht einsetzen, um Indiens »Schritt vom Sozialismus zum
Pragmatismus« zu erzwingen.

Bei der Verfolgung unserer Absicht, anderen Ländern bei ihrer Entwicklung zu offenen Gesellschaften zu helfen, ohne dabei an territoriale Vergrößerung zu denken, gehen wir übrigens keine neuen
Wege. Hans Morgenthau hat unsere traditionelle China-Politik

ganz richtig als eine Politik beschrieben, die das begünstigt, »was man Freiheit des Wettbewerbs im Hinblick auf die Ausbeutung Chinas nennen könnte«.[41] In der Tat hatten nur wenige imperialistische Mächte offene territoriale Ambitionen. So verkündete das britische Parlament im Jahre 1784, daß »die Verfolgung von Plänen für Eroberungen und die Ausweitung des Herrschaftsbereiches in Indien Vorhaben sind, die den Wünschen, der Ehre und der Politik unserer Nation widersprechen«. Kurze Zeit später war die Eroberung Indiens in vollem Gang. Ein Jahrhundert später tat Großbritannien seine Absichten in Ägypten unter dem Slogan »Intervention, Reform, Rückzug« kund. Überflüssig zu erwähnen, welcher Teil dieses Versprechens im Laufe des folgenden halben Jahrhunderts erfüllt wurde. 1936, unmittelbar vor Beginn der Feindseligkeiten in Nordchina, erklärten die Japaner ihre »Grundprinzipien der nationalen Politik«. Zu ihnen zählte die Anwendung maßvoller und friedlicher Mittel zur Erweiterung ihrer Macht, zur Förderung der sozialen und wirtschaftlichen Entwicklung, zur Abwehr der kommunistischen Bedrohung, zur Änderung der aggressiven Politik der Großmächte und zur Sicherung der Position Japans als der stabilisierenden Macht in Ostasien. Selbst 1937 hatte die japanische Regierung »keine territorialen Absichten in China«. Kurz, wir folgen einem ausgetretenen Pfad.

Wir sollten uns nebenbei daran erinnern, daß die Vereinigten Staaten offenbar noch 1939 durchaus bereit waren, einen Handelsvertrag mit Japan abzuschließen und einen *modus vivendi* auszuhandeln, wenn Japan »seine Einstellung gegenüber unseren Rechten und Interessen in China ändern« würde, wie es Außenminister Hull formulierte. Die Bombardierung von Chungking und der Überfall auf Nanking waren natürlich unerfreulich, aber was wirklich zählte, waren allein unsere Rechte und Interessen in China, wie es die verantwortlichen und unhysterischen Männer jener Zeit ganz deutlich sahen. Daß Japan die Offene Tür zugeworfen hatte, führte unvermeidlich zum Krieg im Pazifischen Raum, wie auch das kommunistische China durch das Zuwerfen der Offenen Tür möglicherweise den nächsten – und zweifellos letzten – Krieg im Pazifischen Raum heraufbeschwören könnte.

Recht häufig vermitteln die Erklärungen aufrichtiger und eifriger Experten überraschende Einblicke in die geistigen Hintergründe der

allerjüngsten Barbarei. Betrachten wir zum Beispiel, wie Richard
Lindhold 1959 seine Enttäuschung über das Scheitern der ökonomischen Entwicklung im »freien Vietnam« ausdrückte:

... die Verwendung amerikanischer Wirtschaftshilfe wird dadurch bestimmt, wie die Vietnamesen ihr Einkommen und ihre Ersparnisse verwenden. Die Tatsache, daß ein großer Teil des mit amerikanischer Hilfe
finanzierten Imports entweder aus Konsumgütern oder aus Rohstoffen
besteht, die zur Deckung des Konsumbedarfs verwandt werden, ist ein
Anzeichen dafür, daß das vietnamesische Volk diese Güter verlangt, denn
es hat seinen Wunsch dadurch zu erkennen gegeben, daß es seine Piaster
dafür ausgab.[42]

Kurz, das vietnamesische *Volk* wünscht sich eher Buicks und Klima-
anlagen als Zuckerraffinerien oder Straßenbaumaschinen, was sein
Verhalten auf dem freien Markt erkennen läßt. Und wie sehr wir
auch seine freie Wahl bedauern mögen, wir müssen die Leute ihren
eigenen Weg gehen lassen. Natürlich sind da auch noch diese zwei-
beinigen Lasttiere, über die man auf dem Land stolpert, aber wie
jeder fortgeschrittene Student der politischen Wissenschaften erklären kann, gehören sie nicht zur verantwortlichen und fortschrittlichen Elite und haben daher nur eine oberflächliche biologische
Ähnlichkeit mit der menschlichen Rasse.

In nicht unbeträchtlichem Maß stehen Ansichten wie diese hinter der
Schlächterei in Vietnam, und wir täten gut daran, ihnen offen entgegenzutreten; sonst werden wir es erleben, daß unsere Regierung
uns einer »Endlösung« in Vietnam – und in den vielen Vietnams,
die unvermeidlich kommen werden – entgegenführt.

Kehren wir zum Schluß zu Macdonald und zur Verantwortlichkeit
der Intellektuellen zurück. Macdonald erwähnt ein Interview mit
dem Zahlmeister eines deutschen Vernichtungslagers, der in Tränen
ausbrach, als er erfuhr, daß ihn die Russen hängen lassen würden.
»Warum nur? Was habe ich getan?« fragte er. Macdonald folgert:
»Nur wer bereit ist, sich persönlich der Autorität zu widersetzen,
wenn sie zu stark mit seinem eigenen Moralkodex in Konflikt gerät,
nur der hat das Recht, den Zahlmeister des Vernichtungslagers zu
verurteilen.« Die Frage: »Was habe ich getan?« sollten wir in der
Tat an uns selber richten, die wir jeden Tag von den jüngsten Grausamkeiten in Vietnam lesen – die wir die Täuschungen ersinnen,
aussprechen oder tolerieren, die dazu dienen werden, die nächste
Verteidigung der Freiheit zu rechtfertigen.

Über den Widerstand

Einige Wochen nach den Demonstrationen in Washington versuche ich noch immer, die Eindrücke einer Woche, deren Bedeutung ich nur schwer zu fassen und auszudrücken vermag, zu ordnen. Vielleicht können meine persönlichen Überlegungen anderen nützlich sein, die meine instinktive Abneigung gegen Aktionismus teilen, sich jedoch auf eine ungewollte, aber fast unvermeidliche Krise zusteuern sehen. Für viele der Teilnehmer symbolisierten die Demonstrationen in Washington den Übergang »from dissent to resistance«, vom Andersdenken zum Widerstand. Ich werde auf diese Losung und ihre Bedeutung zurückkommen, möchte jedoch schon zu Beginn klarstellen, daß ich sie nicht nur im Hinblick auf die Stimmung der Demonstrationen für zutreffend halte, sondern auch, wenn richtig interpretiert, als dem gegenwärtigen Stadium des Protests gegen den Krieg angemessen erachte. Diesem Protest wohnt eine unwiderstehliche Dynamik inne. Man kann damit beginnen, daß man über den Krieg Artikel schreibt und Vorträge hält, daß man auf verschiedene Weise dazu beiträgt, eine Atmosphäre der Beunruhigung und Empörung zu schaffen. Einige wenige, die Mut haben, werden zu direkten Aktionen übergehen, indem sie sich weigern, sich neben die »guten Deutschen« zu stellen, die wir alle verachten gelernt haben. Manche werden zu diesem Schritt gezwungen sein, wenn man sie zum Militärdienst einberuft. Die oppositionellen Senatoren, Schrift-

---

Dieser Essay erschien zuerst in der *New York Review of Books* (7. Dezember 1967) und wird hier leicht verändert wiedergegeben. Die erwähnten Demonstrationen fanden vor dem Justizministerium und dem Pentagon am Wochenende des 19./21. Oktober 1967 statt. Die Rückgabe der Einberufungsbefehle an das Justizministerium war eines der Ereignisse, die zu der Verhaftung von Dr. Benjamin Spock, Rev. William Sloane Coffin, Mitchell Goodman und Michael Ferber und zu ihrer Verurteilung zu zwei Jahren Gefängnis wegen »Verschwörung« führten. Für Einzelheiten siehe Noam Chomsky, Paul Lauter und Florence Howe, »Reflections on a Political Trial«, *New York Review of Books*, 22. August 1968, S. 23–30. Die Demonstration vor dem Pentagon, an der, Schätzungen zufolge, einige hunderttausend Menschen teilnahmen, war eine eindrucksvolle und unvergeßliche Manifestation des Widerstands gegen den Krieg. Geist und Charakter der Demonstration hat Norman Mailer in *The Armies of the Night* (New York 1968) mit wunderbarer Genauigkeit und Eindringlichkeit festgehalten.

steller und Professoren werden zusehen, wie junge Männer sich weigern, bei den bewaffneten Streitkräften zu dienen, in einem Krieg, den sie verabscheuen. Was weiter? Können jene, die gegen den Krieg schreiben und sprechen, sich auf den Umstand zurückziehen, daß sie die Kriegsdienstverweigerung nicht gefordert und unterstützt, sondern nur geholfen haben, ein Meinungsklima zu schaffen, in dem jeder anständige Mensch sich weigern würde, an einem miserablen Krieg teilzunehmen? Ein sehr schwaches Argument. Auch ist es nicht gerade leicht, von einer Position der Sicherheit aus zuzusehen, wie andere gezwungen sind, einen verzweifelten und schmerzlichen Schritt zu tun. Tatsache ist, daß die meisten der tausend Einberufungsbefehle und andere Dokumente, die am 20. Oktober an das Justizministerium zurückgegeben wurden, von Männern stammten, die den Militärdienst umgehen könnten, die aber darauf bestanden, das Los derjenigen zu teilen, die weniger privilegiert sind. Auf solche Art erweitert sich der Kreis des Widerstandes. Ganz unabhängig davon kann man sich der Erkenntnis nicht entziehen, daß man in dem Maß, wie man seinen Protest beschränkt, in dem Maß, wie man Aktionen ablehnt, die einem offenstehen, die Mitschuld an den Handlungen der Regierung akzeptiert. Einige werden aus dieser Erkenntnis heraus handeln, werden mit aller Strenge eine moralische Frage aufwerfen, der sich kein Mensch mit einem Gewissen entziehen kann.

Am Montag, dem 16. Oktober, hörte ich im Boston Common, wie Howard Zinn erklärte, warum er sich schäme, ein Amerikaner zu sein. Ich beobachtete, wie mehrere hundert junge Leute, unter ihnen einige meiner Studenten, die grausame Entscheidung trafen, vor die kein junger Mensch gestellt werden dürfte: ihre Beziehung zum *Selective Service System* (System der selektiven Einberufung) abzubrechen. Die Woche ging, am darauffolgenden Montag, mit einer ruhigen Diskussion in Cambridge zu Ende, in der ich Schätzungen eines akademischen Beraters des Verteidigungsministeriums über die Anzahl von nuklearen Megatonnen hörte, die nötig sein würden, um Nordvietnam »auszulöschen« (»Einige werden das schockierend finden, aber...«; »Kein Zivilbeamter in der Regierung hat meines Wissens diesen Vorschlag gemacht...«; »Wir wollen keine emotionalen Begriffe wie ›Zerstörung‹ gebrauchen...«, usw.), und hier hörte ich auch einen führenden Experten für Sowjetrußland be-

haupten, daß sich die Männer im Kreml sehr genau darüber unterrichten, ob ein nationaler Befreiungskrieg Erfolg haben könne –
wenn ja, dann werden sie ihn unterstützen, wo auch immer in der
Welt. (Versucht man einem dieser Experten klarzumachen, daß dieser Annahme zufolge die Männer im Kreml, falls sie vernünftig
sind, in diesem Augenblick sicherlich Dutzende solcher Kriege unterstützen, da sie auf diese Weise mit geringen Kosten das amerikanische Militär und unsere Gesellschaft zugrunde richten können, so
wird man beschieden, man verstünde die russische Seele nicht).

Das Wochenende der Demonstrationen für den Frieden hinterließ
lebhafte und intensive Eindrücke, über deren Implikationen ich mir
aber nicht im klaren bin. Am stärksten ist natürlich die Erinnerung
an den Vorgang selbst, an Zehntausende junger Menschen, die um
das herumstanden, was sie für die scheußlichste aller Institutionen
auf dieser Erde halten – worin ich ihnen zustimme –, und forderten, daß sie aufhören solle, Elend und Vernichtung herbeizuführen.
Zehntausende *junger* Menschen. Das ist es, was ich so schwer begreifen kann. Es ist traurig aber wahr, daß es in einem überwältigenden Maß die jungen Leute sind, die entsetzt aufschreien angesichts
dessen, was sich vor unser aller Augen abspielt, die jungen Leute, die
geschlagen werden, wenn sie für ihre Sache einstehen, die jungen
Leute, die sich entscheiden müssen, ob sie Gefängnis und Aus-
weisung auf sich nehmen oder in einem abscheulichen Krieg kämpfen wollen. Sie müssen diese Entscheidung allein treffen, oder fast
allein. Wir sollten uns fragen, warum das so ist.

Warum fühlt sich zum Beispiel Senator Mansfield »beschämt über
den Eindruck, den sie von diesem Land erwecken«, und warum
schämt er sich nicht des Eindrucks, den die Institution hinterläßt,
vor der diese jungen Menschen standen, eine Institution, die von
einem gesunden und freundlichen und unerhört vernünftigen Mann
geleitet wird, der dem Kongreß gelassen mitteilen kann, daß die
Ausgaben für den Krieg in Vietnam die Gesamtsumme überschritten hat, die wir in Deutschland und Italien während des Zweiten
Weltkriegs ausgegeben haben? Warum ist es möglich, daß Senator
Mansfield in tönenden Worten von jenen sprechen kann, die unserem Engagement für »eine Regierung der Gesetze« den Rücken kehren – womit er eine kleine Gruppe von Demonstranten meint,
nicht jene rund neunzig verantwortlichen Männer des Senats, die

in voller Kenntnis zusehen, wie der Staat, dem sie dienen, die aus-
drücklichen Bestimmungen der Charta der Vereinten Nationen, also
das höchste Gesetz des Landes, flagrant verletzt? Er weiß sehr wohl,
daß es vor unserer Invasion in Vietnam keinen bewaffneten Angriff, gegen was auch immer, gab. Es war schließlich Senator Mansfield, der uns darüber informierte, daß man, »als Anfang 1965 die
klare Verschärfung unserer militärischen Anstrengungen begann,
geschätzt hat, daß sich nur etwa 400 nordvietnamesische Soldaten
unter den feindlichen Kräften im Süden befanden, die damals eine
Gesamtzahl von 140 000 erreichten«; und es ist der Mansfield-
Bericht, aus dem wir erfahren, daß sich zu jener Zeit bereits 34 000
amerikanische Soldaten in Vietnam aufhielten, unter Verletzung
unseres »feierlichen Versprechens« von Genf im Jahre 1954.
Darauf möchte ich näher eingehen. Nach den ersten »Internationalen Protesttagen« im Oktober 1965 kritisierte Senator Mansfield
die »Haltung absoluter Unverantwortlichkeit«, die die Demonstranten zeigten. Damals und auch später wußte er nichts zu sagen
über die »Haltung absoluter Unverantwortlichkeit«, die Senator
Mansfield und andere zeigten, indem sie ruhig zusahen und
Mittel bewilligten, als Städte und Dörfer Nordvietnams zerstört
wurden, als Millionen von Flüchtlingen im Süden durch die amerikanischen Bombenangriffe von ihren Wohnsitzen vertrieben wurden. Er weiß nichts zu sagen über das moralische Niveau oder die
Achtung vor dem Gesetz bei denjenigen, die diese Tragödie geschehen ließen.
Ich spreche deshalb von Senator Mansfield, weil er keiner der prah-
lerischen Superpatrioten ist, die Amerika gern als Weltherrscher
sehen möchten, sondern vielmehr ein amerikanischer Intellektueller
im besten Sinn, ein gelehrter und vernünftiger Mann – ein Mann
von der Art, die der Schrecken unserer Zeit ist. Vielleicht ist das nur
eine persönliche Reaktion, aber wenn ich mich umsehe, was in unserem Land vorgeht, dann finde ich am erschreckendsten nicht einen
Curtis LeMay mit seinem launigen Vorschlag, unsere Feinde zurück
in die Steinzeit zu bombardieren, sondern die besonnenen Abhand-
lungen politischer Wissenschaftler darüber, wieviel Gewalt denn
notwendig sein würde, um unsere Ziele zu erreichen, oder welche
Regierungsform für uns denn annehmbar wäre in Vietnam. Was
ich erschreckend finde, ist die Distanziertheit und der Gleichmut, mit

denen wir eine unbeschreibliche Tragödie betrachten und erörtern. Wir alle wissen, daß wir vor moralischer Empörung platzen würden, wenn Rußland oder China dessen schuldig wären, was wir in Vietnam getan haben.

Ich glaube, es gab bei der Planung der Demonstrationen in Washington einen ernsten Fehler. Man hatte damit gerechnet, daß nach dem Marsch auf das Pentagon verschiedene Ansprachen gehalten würden, und daß jene, die zu passivem Widerstand entschlossen waren, sich dann von der Menge absondern und wenige hundert Meter weiter über einen offenen Platz zum Pentagon gehen würden. Ich hatte mich gegen eine Beteiligung am passiven Widerstand entschieden und wußte nicht, was im einzelnen geplant war. Wie jedermann wissen dürfte, ist es sehr schwer, in solchen Dingen zwischen Rationalisierung und Rationalität zu unterscheiden. Ich glaubte jedoch, die ersten größeren Aktionen des passiven Widerstands müßten genauer definiert und eindeutiger in ihrer Parteinahme für diejenigen sein, die den Kriegsdienst in Vietnam verweigern, auf die also die wirkliche Last des Andersdenkens fällt. Obwohl ich den Standpunkt derjenigen akzeptierte, die ihren Haß gegen den Krieg noch nachdrücklicher zu äußern wünschten, war ich nicht davon überzeugt, daß der passive Widerstand gegen das Pentagon sinnvoll oder wirksam sein könnte.

In jedem Fall verlief alles ganz anders, als man erwartet hatte. Einige tausend Menschen versammelten sich, um die Ansprachen zu hören, aber die Mehrzahl der Demonstranten ging direkt zum Pentagon; einige, weil sie sich zu direkten Aktionen verpflichtet fühlten, viele aber, weil sie einfach mitgerissen wurden. Von der Rednerbühne aus, auf der ich stand, konnte man schwer erkennen, was sich am Pentagon abspielte. Alles, was wir sahen, war die wogende Menge. Durch Nachrichten aus zweiter Hand erfuhr ich, daß die Demonstranten die erste Reihe der Truppen überrannt, eingekreist und sich auf den Stufen des Pentagons niedergelassen hatten. Bald stellte sich heraus, wie verkehrt es war, daß die Organisatoren der Demonstration und die Gruppe von Menschen meist mittleren Alters, die sich um sie herum versammelt hatten, bei der Rednertribüne geblieben waren, während die Demonstranten selbst, von denen die meisten recht jung waren, sich beim Pentagon aufhielten. (Ich erinnere mich, Robert Lowell, Dwight Macdonald, Monsignore Rice,

Sidney Lens, Benjamin Spock und seine Frau, Dagmar Wilson und Donald Kalish in der Nähe der Tribüne gesehen zu haben.) Dave Dellinger machte den Vorschlag, wir sollten versuchen, an das Pentagon heranzukommen. Wir fanden eine Stelle, die noch nicht von Demonstranten blockiert war, und gingen weiter vor zu den Ketten der Soldaten, die einige Meter vom Gebäude entfernt standen. Dellinger schlug vor, daß diejenigen, die bei der Versammlung noch nicht gesprochen hatten, doch jetzt, mittels eines kleinen tragbaren Lautsprechers, direkt zu den Soldaten sprechen sollten. Von diesem Augenblick an sind meine Erinnerungen ziemlich fragmentarisch. Monsignore Rice sprach, ich nach ihm. Als ich sprach, rückte die Kette der Soldaten vor, bewegte sich auf mich zu – ein ziemlich seltsames Gefühl. Ich erinnere mich nicht mehr an das, was ich sagte; der Sinn war vermutlich der, daß wir hier seien, weil wir nicht wollten, daß die Soldaten töteten und getötet würden – aber ich erinnere mich an das Gefühl, daß die Art, wie ich es ausdrückte, mir lächerlich und irrelevant erschien.

Die sich nähernde Reihe von Soldaten hatte die kleine Gruppe, die mit Dellinger gekommen war, zum Teil auseinandergetrieben. Jene von uns, die hinter der Reihe der Soldaten zurückgeblieben waren, schlossen sich wieder zu einer Gruppe zusammen; dann begann Dr. Spock zu sprechen. Ganz plötzlich tauchte von irgendwo eine weitere Reihe von Soldaten auf, dieses Mal in enger Formation, mit Gewehren in den Händen; sie bewegte sich langsam vorwärts. Wir setzten uns auf den Boden. Wie ich schon sagte, hatte ich nicht die Absicht, an irgendeiner Form des passiven Widerstands teilzunehmen – bis zu diesem Augenblick. Als sich dieser groteske Organismus langsam näherte – um so grotesker, als es sich bei seinen Zellen unverkennbar um menschliche Wesen handelte –, wurde mir klar, daß man diesem Ding nicht erlauben dürfte, uns unser Tun und Lassen zu diktieren. Dann wurde ich von einem Beamten verhaftet, angeblich, weil ich die Soldaten behindert hatte. Ich muß dazu sagen, daß die Soldaten, soweit ich sehen konnte (und das war nicht sehr weit), ziemlich unglücklich über diese ganze Angelegenheit zu sein schienen und so höflich waren, wie man nur sein kann, wenn man den Befehl hat (ich nehme an, das war der Befehl), passive und ruhige Menschen, die fortzugehen sich weigern, wegzustoßen und zu prügeln. Die Polizisten verhielten sich, wie vorauszusehen war, ganz anders. Sie erinnerten mich an jene, die ich einige Jahre zuvor in einem Gefängnis in Jackson, Mississippi, beobachtet hatte, wie sie lachten, als uns ein alter Mann seinen selbstverfertigten blutigen Verband um sein Bein zeigte und zu beschreiben versuchte, wie die Polizei ihn geprügelt hatte. In Washington waren diejenigen, die aus den Händen der Beamten das meiste abbekamen, Mädchen und Jungen, ganz besonders Jungen mit langen Haaren. Nichts schien den Sadismus der Beamten mehr anzustacheln als der Anblick eines Jungen mit langen Haaren. Und doch – obwohl ich Zeuge einiger Gewalthandlungen der Beamten war – schien mir ihr Verhalten zumeist zwischen Gleichgültigkeit und verächtlichem Abscheu angesiedelt zu sein. Uns zum Beispiel hielt man eine oder zwei Stunden in einem Polizeiwagen fest, bei geschlossenen Türen und mit nur wenigen Luftlöchern für die Ventilation – man kann nicht vorsichtig genug sein mit derart wilden Verbrechertypen.

Im Schlafsaal des Gefängnisses und nach meiner Entlassung hörte ich viele Geschichten, deren Echtheit ich nicht bezweifle, über den Mut der jungen Leute, von denen viele richtig eingeschüchtert wurden durch den Terror, der spät in der Nacht einsetzte, als die Kameramänner des Fernsehens und die meisten Journalisten schon gegangen waren. Stunde um Stunde saßen sie ruhig da, die ganze kalte Nacht hindurch; viele wurden gestoßen und geprügelt und hinter die Reihen der Polizisten geschleppt. Ich hörte auch betrübliche Geschichten über Demonstranten, die die Soldaten provoziert hatten – gewöhnlich waren es solche, die nicht in den ersten Reihen standen. Das ließ sich mit nichts rechtfertigen. Soldaten sind, ohne es zu wissen, Werkzeuge des Terrors, und man beschimpft und attackiert nicht einen Knüppel, wenn er dazu verwendet wird, jemanden zu Tode zu prügeln. Auch sie sind Menschen, die Gefühle haben, an die man vielleicht appellieren kann. Es gibt tatsächlich Beweise dafür, daß ein Soldat, vielleicht waren es auch drei oder vier, den Gehorsam verweigerten und arretiert wurden. Die Soldaten sind schließlich fast in der gleichen Lage wie die Kriegsdienstverweigerer. Wenn sie den Befehlen gehorchen, werden sie durch das, was sie tun, brutalisiert; wenn sie den Gehorsam verweigern, hat das schwere persönliche Konsequenzen für sie. Sie verdienen es, bemitleidet, nicht aber mißbraucht zu werden. Doch sollten wir in dieser Angelegenheit den Sinn für Proportionen bewahren. Alles, was ich gesehen oder gehört habe, spricht dafür, daß die Demonstranten bei der Auslösung von Gewalttätigkeiten nur eine kleine Rolle spielten.

Das Argument, daß Widerstand gegen den Krieg unbedingt gewaltlos bleiben muß, scheint mir zwingend zu sein. Als Taktik ist Gewalttätigkeit absurd. Niemand kann in dieser Beziehung mit der Regierung konkurrieren, und die Zuflucht zur Gewalt, die mit Sicherheit fehlschlagen wird, kann nichts bewirken als jene zu erschrecken und abzustoßen, die erreicht werden könnten, die Ideologen und Administratoren gewaltsamer Repression aber noch mehr zu ermutigen. Und hegt man nicht die Hoffnung, daß jene, die am gewaltlosen Widerstand teilnehmen, dadurch bessere, vorbildlichere Menschen werden? Jeder müßte davon beeindruckt sein, wie sehr die Bürgerrechtsbewegung diejenigen, die in ihr herangereift sind, geprägt, ihren Charakter und ihr Leben verändert hat. Was immer sie sonst erreicht haben mag – dieser Beitrag der Bürgerrechtsbewegung zur amerikanischen Gesellschaft ist jedenfalls unschätzbar. Vielleicht kann das Programm eines entschiedenen gewaltlosen Widerstandes unter den besonderen Umständen, in denen wir heute leben, das gleiche bei vielen anderen bewirken. Es ist nicht ausgeschlossen, daß unser Land dadurch vor einer schrecklichen Zukunft bewahrt bleibt, vor einer weiteren Generation von Menschen, die sich für clever halten, wenn sie die Bombardierung Nordvietnams als eine Frage der Taktik und Kostenwirksamkeit diskutieren, oder die sich hinter unseren Versuch stellen, Südvietnam zu erobern, ungeachtet der menschlichen Kosten, die sie genau kennen, und dabei platt versichern, daß »unser wichtigstes Motiv Eigeninteresse ist – das Eigeninteresse unseres Landes in dieser schrumpfenden Welt« (Bürgerkomitee für Frieden und Freiheit, *New York Times*, 26. Oktober 1967).

Zurück zu den Demonstrationen; ich war, das muß ich gestehen, erleichtert, Menschen, die ich seit Jahren schätzte, in dem Schlafsaal des Gefängnisses wiederzusehen – Norman Mailer, Jim Peck, Dave Dellinger und etliche andere. Ich glaube, es war eine Beruhigung für viele der jungen Leute, die sich ebenfalls dort befanden, sehen zu können, daß sie nicht völlig getrennt waren von einer Welt, die sie kannten, und von Menschen, die sie bewunderten. Es war bewegend zu sehen, daß hilflose junge Menschen, die sehr viel zu verlieren hatten, bereit waren, für ihre Überzeugung ins Gefängnis zu gehen – junge Lehrer von staatlichen Universitäten, College-Schüler, die eine blendende Zukunft hätten, wenn sie bereit wären, sich gleichschalten zu lassen, und viele andere, die ich nicht identifizieren konnte. Was wird als nächstes geschehen? Offenbar stellt sich jeder diese Frage. Die Losung »Vom Andersdenken zum Widerstand« ist, wie ich meine, sinnvoll, aber ich hoffe, sie wird nicht so interpretiert werden, daß das Andersdenken nun eingestellt werden soll. Andersdenken und Widerstand sind nicht Alternativen, sondern Aktivitäten, die einander ergänzen sollten. Es gibt keinen Grund, warum jene, die es ablehnen, Steuern zu zahlen, die sich weigern, Kriegsdienst zu leisten, oder an anderen Formen des Widerstands teilnehmen, nicht auch zu Kirchengemeinden oder Stadträten sprechen oder sich an der Wahlpolitik beteiligen sollten, um Friedenskandidaten und Volksentscheidungen gegen den Krieg zu unterstützen. Nach meiner Erfahrung haben sich jene, die sich dem Widerstand verschrieben haben, stets auch am stärksten für solche Überzeugungskampagnen eingesetzt. Doch lassen wir das Thema des Widerstands für einen Augenblick außer acht; ich glaube, daß die Zeit des »geduldigen Erklärens« noch keineswegs vorbei ist. Seit die Särge heimkommen und die Steuern erhöht werden, sind viele Leute, die zuvor der Propaganda der Regierung geglaubt haben, in zunehmendem Maße bereit zu dem Versuch, für sich selbst zu denken. Die Gründe für diesen Sinneswandel mögen bedauerlich sein; die Chancen für eine Aufklärungsarbeit sind gleichwohl sehr günstig.

Außerdem bietet der jüngste Richtungswechsel in der Regierungspropaganda gute Möglichkeiten für eine kritische Analyse des Kriegs. Die Verteidigung des amerikanischen Krieges in Vietnam enthält neuerdings einen Ton schriller Verzweiflung. Man hört jetzt weniger darüber, daß wir den Südvietnamesen »Frieden und Freiheit bringen«, als über unser »nationales Interesse«. Außenminister Rusk grübelt über die Gefahren, die uns von einer Milliarde Chinesen drohen; der Vizepräsident macht uns klar, daß wir den »militanten asiatischen Kommunismus« mit seinem »Hauptquartier in Peking« bekämpfen und daß ein Sieg des »Viet Kong« eine direkte Bedrohung für die Vereinigten Staaten wäre; Eugene Rostow behauptet, daß es »nicht gut ist, Modellstädte aufzubauen, wenn sie innerhalb von zwanzig Jahren wieder bombardiert werden«, etc.

Dieser Richtungswechsel der Propaganda macht es der kritischen
Analyse um vieles leichter, das Problem Vietnam in seinem Kern
zu treffen, der in Washington und Boston, nicht in Saigon und
Hanoi liegt. Im Grunde hat die bemühte Aufmerksamkeit, die die
Opposition gegen den Krieg den politischen und sozialen Problemen
Vietnams schenkt, fast etwas Lächerliches an sich. Jene, die vor einer
Generation gegen die Eroberung der Mandschurei durch Japan
opponierten, legten den Akzent nicht auf die politischen, sozialen
und wirtschaftlichen Probleme der Mandschurei, sondern auf die
Japans. Sie beteiligten sich nicht an sinnlosen Diskussionen über das
genaue Ausmaß der Unterstützung für den Marionettenherrscher,
sondern fragten nach den Ursachen des japanischen Imperialismus.
Heute haben es die Kriegsgegner viel leichter, auf die Ursachen der
Aggression aufmerksam zu machen: auf unser eigenes Land,
seine Ideologie und seine Institutionen. Wir können fragen, welchem »Interesse« gedient ist mit den 100 000 Toten und 100 Milliarden Dollar, die für den Versuch, ein kleines Land auf der anderen Hälfte der Erdkugel zu unterdrücken, geopfert worden sind.
Wir können hinweisen auf die Absurdität der Vorstellung, daß wir
»China eindämmen«, wenn wir unabhängige und im Volk verwur-
zelte Kräfte an seiner Grenze vernichten, und auf den Zynismus der
Behauptung, wir seien in Vietnam, »weil Frieden und Freiheit für
den Amerikaner untrennbar sind« und weil eine »Unterdrückung
der Freiheit« nicht »unbehelligt geschehen« darf (so wiederum das
Bürgerkomitee). Wir können fragen, warum jene, die diese Behauptung aufstellen, nicht den Vorschlag machen, ein amerikanisches
Expeditionsheer nach Taiwan, nach Rhodesien, nach Griechenland
oder nach Mississippi zu schicken, anstatt nur nach Vietnam, wo, wie
sie uns glauben machen wollen, der Hauptaggressor Mao Tse-tung
den Weg Hitlers beschreitet, aber auf seine hinterlistige Art, indem
er ohne Truppen Aggressionen verübt und die Eroberung der Welt
ankündigt durch die Erklärung seines Sprachrohrs Lin Piao, daß
einheimische nationale Befreiungskriege von China nicht viel mehr
erwarten können als Beifall. Wir können fragen, warum Minister
McNamara solche Erklärungen als eine neue Version von Hitlers
Mein Kampf bezeichnet – oder warum jene, die zugeben, daß »ein
kommunistisches Regime in Vietnam wahrscheinlich ... anti-chinesisch wäre« (Ithiel de Sola Pool, *Asian Survey*, August 1967), trotz-

dem Erklärungen unterzeichnen, die beteuern, daß wir in Vietnam den expansionistischen Aggressoren aus Peking gegenüberstehen. Wir können fragen, welche Faktoren der amerikanischen Ideologie es intelligenten und gut informierten Menschen so leicht machen zu sagen, daß wir »für Südvietnam nichts anderes wollen, als daß es frei sei, damit es seine Zukunft selber gestalten kann« (Bürgerkomitee), obwohl sie sehr genau wissen, daß das von uns eingesetzte Regime all jene ausgeschlossen hat, die sich am Kampf gegen den französischen Kolonialismus beteiligten, »und das mit Recht« (Außenminister Rusk 1963); daß wir seitdem versucht haben, einen »Volksaufstand« (General Stillwell) zu unterdrücken, der von der einzigen »politischen Partei mit wirklicher Massenbasis in Südvietnam« (Douglas Pike) angeführt wird; daß wir über der Zerschlagung der buddhistischen Opposition wachten; daß wir den Bauern die »freie Wahl« zwischen der Saigoner Regierung und der Nationalen Befreiungsfront ließen, indem wir sie in strategischen Dörfern zusammengepfercht haben, aus denen die Kader und Anhänger der FNL durch die Polizei entfernt wurden (Roger Hilsman); und so weiter. Eine vertraute Geschichte. Und wir können hervorheben, was jedem, der auch nur einen Funken politischer Intelligenz besitzt, ins Auge springen muß: daß das gegenwärtige Weltproblem nicht die »Eindämmung Chinas«, sondern die Eindämmung der Vereinigten Staaten ist.

Wichtiger noch, wir können die wirklich entscheidende Frage stellen. Angenommen, es läge im »nationalen Interesse« der Vereinigten Staaten, ein kleines Land in einen Trümmerhaufen zu verwandeln, weil es sich weigert, unserem Willen nachzugeben: Wäre es dann legitim und richtig von uns, in diesem »nationalen Interesse« zu handeln? Die Rusks und die Humphreys und das Bürgerkomitee sagen ja. Nichts könnte uns deutlicher vor Augen führen, daß wir den Weg einschlagen, den die faschistischen Aggressoren vor einer Generation gegangen sind.

Wir leben hier natürlich unter politischen Bedingungen, die sich deutlich von denen der deutschen oder japanischen Bürger damals unterscheiden. Hier braucht es keinen Heldenmut zum Protest. Uns stehen viele Wege offen, die Lektion heimzutragen, daß es nicht ein Gesetz für die Vereinigten Staaten und ein anderes für den Rest der Menschheit gibt, daß niemand uns zum Richter und Henker Viet-

nams oder irgendeines anderen Landes ernannt hat. Viele Wege der
politischen Aufklärung, in und außerhalb der Universität, sind in
den letzten zwei Jahren erprobt worden. Kein Zweifel, diese Bemühungen sollten fortgesetzt und ausgedehnt werden, so weit es
unser Engagement nur zuläßt.

Einige scheinen zu glauben, der Widerstand werde die Friedensbewegung »anschwärzen« und es ihr erschweren, potentielle Anhänger durch normalere Kanäle zu erreichen. Ich stimme diesem Einwand nicht zu, aber ich glaube, man sollte ihn nicht so einfach abtun. Die Kriegsgegner, die Vietnam vor der Vernichtung zu retten
hoffen, müssen die Fragen, die sie aufwerfen, und die Mittel, die sie
anwenden, so aussuchen, daß sie einen möglichst großen Teil der
Massen für ihre Ziele gewinnen können. Nun besteht gewiß kein
Mangel an eindeutigen Fragen und angemessenen Mitteln; warum
also sollte man sich um zwielichtiger Fragen willen zu fragwürdigen
Aktionen hinreißen lassen? Mir scheint die (bisher) gut organisierte
Kriegsdienstverweigerung eine Aktion zu sein, die nicht nur sehr
entschieden und mutig ist, sondern auch breite Unterstützung erhalten und politisch wirksam werden könnte. Vielleicht gelingt es ihr
auch, die Frage der passiven Mitschuld am Krieg, die bisher nur zu
leichtfertig beiseite geschoben wurde, in den Brennpunkt zu rücken.
Wer sich diesem Problem stellt, vermag sich vielleicht sogar von dem
ideologischen Druck des amerikanischen Alltags freizumachen, der
den Verstand abtötet, und sich ernsthaft Gedanken zu machen über
Amerikas Rolle in der Welt und die Ursachen dieses kriminellen
Verhaltens in der amerikanischen Geschichte.

Überdies glaube ich, daß jener Einwand gegen den Widerstand
falsch formuliert ist. Die »Friedensbewegung« existiert nur in der
Phantasie der paranoiden Rechten. Wer gegen einige der angewandten Mittel und verfolgten Absichten etwas einzuwenden hat, kann
den Krieg auf andere Weise bekämpfen. Man wird ihn darum aus
einer Bewegung, die nicht existiert, nicht ausschließen; er hat es
allein sich selbst zuzuschreiben, wenn er von den anderen Mitteln
des Protests, die zur Verfügung stehen, keinen Gebrauch macht.

Ich habe die wichtigste Frage, über die ich leider am wenigsten zu
sagen weiß, bis zum Schluß aufgehoben. Es ist die Frage nach den
Formen, die der Widerstand annehmen sollte. Wir alle sind mehr
oder weniger stark am Krieg beteiligt, sei's auch nur dadurch, daß

wir Steuern zahlen und es zulassen, daß unsere Gesellschaft so reibungslos funktioniert. Jeder hat selbst den Punkt zu bestimmen, an dem er sich weigert, noch länger mitzumachen. Wenn er diesen Punkt erreicht hat, wird er in den Widerstand hineingezogen werden. Ich glaube, daß die bereits erwähnten Gründe für den Widerstand zwingend sind: sie enthalten ein unumstößliches moralisches Element, das keine Diskussion erlaubt. Die Frage stellt sich in ihrer striktesten Form dem jungen Mann, der seiner Einberufung entgegensieht, und in etwas komplexerer Form dem, der sich entscheiden muß, ob er an einem System der selektiven Einberufung partizipieren soll, das die Last vielleicht statt ihm einem anderen auferlegen wird, der weniger Glück und Privilegien hat. Mir ist es unverständlich, wie sich jemand weigern kann, in irgendeiner Form für diese jungen Männer einzutreten. Es gibt genug Möglichkeiten, dies zu tun: Rechtshilfe und finanzielle Unterstützung; die Teilnahme an Solidaritätsdemonstrationen; Wehrdienstberatung; die Gründung von Organisationen für Kriegsdienstverweigerer oder von Widerstandsgruppen auf Gemeinschaftsbasis; die Unterstützung derer, die das Land verlassen wollen; der kürzlich von Geistlichen angekündigte Entschluß, das Los jener zu teilen, die ins Gefängnis geschickt werden. Über diese Seite des Widerstandsprogramms habe ich nichts zu sagen, was nicht jedem klar sein dürfte, der bereit ist, die ganze Frage zu durchdenken.

Als politische Taktik verstanden, verlangt der Widerstand sorgfältige Überlegungen, und ich möchte nicht so tun, als hätte ich klare Vorstellungen darüber. Vieles hängt davon ab, wie sich die Ereignisse in den kommenden Monaten entwickeln. Westmorelands Zermürbungskrieg könnte ohne vorhersehbares Ende weitergehen, aber die politische Situation hierzulande macht das unwahrscheinlich. Wenn sich die Republikaner nicht dazu entschließen, die Wahl noch einmal zu verlieren, dann könnten sie eine erfolgreiche Strategie anwenden: Sie könnten behaupten, daß sie den Krieg beenden werden, ohne sich über die Mittel näher zu äußern. Unter diesen Umständen würde sich Johnson die gegenwärtige militärische Sackgasse kaum länger leisten können. Dann gäbe es mehrere Möglichkeiten. Die erste wäre der amerikanische Rückzug, in welche Worte man ihn auch kleiden würde. Er ließe sich tarnen als ein Rückzug auf »Enklaven«, aus denen die Truppen dann abgezogen werden könn-

ten. Das wäre durch eine internationale Konferenz zu arrangieren
oder durch die Bildung einer Regierung in Saigon, die unter den
streitenden Südvietnamesen Frieden schaffen und uns dann den Abzug nahelegen würde. Dieser Weg wäre politisch durchaus möglich;
die Werbefirma, die Ausdrücke wie »revolutionäre Entwicklung«
erfunden hat, wird auch den Rückzug als »Sieg« verkaufen können.
Ich weiß freilich nicht, ob es in der Exekutive jemand gibt, der den
Mut und die Phantasie hat, diesen Kurs zu verfolgen. Eine Reihe
von Politikern schlagen ihn im Prinzip vor, unter ihnen, wenn ich
sie richtig verstehe, auch solche Kritiker des Vietnamkrieges wie Walter Lippman und Hans Morgenthau. Einen detaillierten und recht
vernünftigen Plan für die Durchführung des Rückzugs in Zusammenhang mit neuen, korrekteren Wahlen in Südvietnam hat
Philippe Devillers in *Le Monde hebdomadaire* vom 26. Oktober
1967 vorgetragen. Varianten sind leicht denkbar. Entscheidend ist
nur der Entschluß, das Genfer Prinzip zu akzeptieren, daß die Probleme Vietnams von den Vietnamesen gelöst werden sollen.
Eine zweite Möglichkeit wäre die totale Vernichtung. Niemand
zweifelt daran, daß wir technisch dazu imstande sind, und nur die
Sentimentalen bezweifeln, daß wir auch moralisch dazu imstande
sind. Bernard Fall sagte dieses Ende in einem Interview kurz vor
seinem Tod voraus: »Die Amerikaner können zerstören, aber sie
können nicht befrieden. Sie mögen den Krieg gewinnen, aber es
wird der Sieg auf einem Friedhof sein. Vietnam wird ausgelöscht
werden.«
Eine dritte Möglichkeit wäre die Invasion in Nordvietnam. Das
würde uns, anstatt mit einem, mit zwei nicht zu gewinnenden
Guerillakriegen belasten; aber wenn es im richtigen Augenblick ge-
schähe, könnte es als Mittel dienen, die Bürgerschaft unter das Ster-
nenbanner zu treiben.
Eine vierte Möglichkeit wäre ein Angriff auf China. Wir könnten
dann Vietnam verlassen und uns einem Krieg gegen die industrielle
Kapazität Chinas zuwenden, der sich gewinnen ließe. Mit einem
solchen Schritt dürften auch die Wahlen zu gewinnen sein. Zweifellos besticht dieser Plan auch jene schwachsinnige Rationalität, die
»strategisches Denken« genannt wird. Denn wenn wir die Absicht
haben, Besatzungstruppen oder sogar starke militärische Stützpunkte auf dem asiatischen Festland zu behalten, dann täten wir

gut daran, dafür zu sorgen, daß die Chinesen nicht über die Mittel verfügen, sie zu bedrohen. Natürlich besteht die Gefahr eines nuklearen Vernichtungskrieges, aber es ist kaum anzunehmen, daß das jene beunruhigen sollte, die John MacDermott die »Krisenmanager« nennt, jene Männer, die 1962 bereit waren, eine hohe Wahrscheinlichkeit eines Atomkriegs zu riskieren, um dem Prinzip Nachdruck zu verleihen, daß wir – und wir allein – das Recht haben, an den Grenzen eines potentiellen Feindes Raketen zu stationieren.

Es gibt viele, die »Verhandlungen« als eine realistische Alternative betrachten, doch sehe ich in diesem Vorschlag weder Logik noch Sinn. Wenn wir unsere Bombenangriffe auf Nordvietnam einstellen, könnten wir durchaus in Verhandlungen mit Hanoi eintreten, aber es bliebe dann nur sehr wenig zu diskutieren. Was Südvietnam betrifft, ist der einzige Verhandlungsgegenstand der Abzug der fremden Truppen; andere Probleme können nur gemeinsam von den vietnamesischen Gruppen gelöst werden, die den amerikanischen Angriff überlebt haben. Der Ruf nach »Verhandlungen« scheint mir nicht nur leer zu sein, sondern auch eine Falle für jene, die gegen den Krieg opponieren. Wenn wir den Rückzug unserer Truppen ablehnen, dann werden die Verhandlungen zum Erliegen kommen, die Kämpfe andauern, die amerikanischen Soldaten angegriffen und getötet werden, und die Militärs haben ein überzeugendes Argument für die Eskalation – um das Leben von Amerikanern zu retten. Kurz, es wäre eine Lösung à la Symington: Wir bieten ihnen Frieden unter unseren Bedingungen, und wenn sie ablehnen – Sieg auf dem Friedhof.

Von den realistischen Möglichkeiten scheint mir einzig der (sei's auch getarnte) Rückzug akzeptabel zu sein, und der Widerstand, als eine Taktik des Protests, muß darauf abzielen, die Wahrscheinlichkeit, daß man sich für diese Möglichkeit entscheidet, zu erhöhen. Aber die Zeit, die dafür zur Verfügung steht, ist vermutlich kurz bemessen. Der Widerstand als Taktik zur Beendigung des Krieges hat demnach eine klare Logik. Es gibt keinen Grund für die Annahme, daß sich jene, die die wichtigen politischen Entscheidungen treffen, in fundamentalen Fragen von der Vernunft leiten lassen, insbesondere bei der Frage, ob wir als einzige von allen Nationen der Welt die Autorität und Kompetenz haben, über die sozialen und politischen Institutionen Vietnams zu bestimmen. Außerdem besteht nur wenig Hoffnung, daß die Wahlen auf die wichtigen Entscheidungen Einfluß nehmen werden. Wie bereits angedeutet, kann das Problem schon vor den nächsten Wahlen gelöst sein. Sollte das nicht der Fall sein, so ist kaum anzunehmen, daß es an den Wahlurnen eine ernsthafte Alternative geben wird. Und wenn es wie durch ein Wunder eine solche Alternative geben sollte – wie ernst können wir die Wahlversprechen eines »Friedenskandidaten« nehmen, nach der Erfahrung von 1964? Angesichts der großen Gefahr einer Eskalation und ihres grausigen Charakters ist es unter diesen Umständen angebracht, nach Möglichkeiten zu suchen, die Kosten der amerikanischen Aggression im eigenen Land zu erhöhen, so weit zu erhöhen, daß jene, die diese Kosten kalkulieren müssen, sie nicht mehr übersehen können. Man müßte sich also überlegen, auf welche Weise sich eine ernsthafte Gefahr heraufbeschwören ließe. Viele Möglichkeiten kommen einem da in den Sinn: ein Generalstreik, Universitätsstreiks, Versuche, die Produktion von Kriegsmaterial zu behindern, und so weiter.

Ich persönlich hielte zerstörerische Handlungen dieser Art für gerechtfertigt, wenn die Möglichkeit bestünde, dadurch eine unmittelbar bevorstehende Katastrophe zu verhindern. Ich bezweifle jedoch, daß sie eine solche Wirkung haben. Im Augenblick kann ich mir eine breite Basis für Aktionen dieser Art nicht vorstellen, zumindest nicht bei der weißen Bevölkerung außerhalb der Universitäten. Ihre gewaltsame Unterdrückung wäre deshalb ein Kinderspiel. Außerdem vermute ich, daß diese Aktionen im wesentlichen Studenten und Assistenten der geisteswissenschaftlichen und theologischen Fakultäten und nur vereinzelt einige Naturwissenschaftler einbeziehen würden. Die Fachschulen, die Ingenieure, die Spezialisten für die Technologie der Manipulation und Kontrolle (vor allem Sozialwissenschaftler) blieben wahrscheinlich relativ unberührt davon. Gefahr bestünde auf lange Sicht also nur für die humanistische und wissenschaftliche Kultur Amerikas, und ich bezweifle, daß sich die Leute in den Entscheidungsinstanzen darüber grämen würden. Rusk und Rostow samt ihren Komplizen in der akademischen Welt scheinen sich der ernsten Drohung nicht bewußt zu sein, die ihre Politik für diese Bereiche bereits darstellt. Ich glaube nicht, daß sie das Ausmaß und die Bedeutung der Verschwendung schöpferischer Energien und die zunehmende Unzufriedenheit junger Leute kennen, die sich ekeln vor der Gewalt und dem Betrug, die sie in der Ausübung der amerikanischen Macht entdeckt haben. Eine weitere Zerrüttung auf diesen Gebieten könnte jenen Herren also als ein geringfügiger Schaden erscheinen.

Widerstand ist zum Teil moralische Verantwortung, zum Teil eine Taktik, auf die Regierungspolitik einzuwirken. Besonders im Hinblick auf die Unterstützung der Kriegsdienstverweigerer halte ich ihn für eine moralische Verantwortung, vor der man sich nicht drücken kann. Als Taktik dagegen erscheint er mir, so wie die Dinge im Augenblick liegen, von zweifelhafter Wirksamkeit zu sein. Ich sage das mit Zurückhaltung und nicht geringer Unsicherheit.

Was immer in Vietnam geschehen mag, es muß sich zwangsläufig auf unser eigenes Land auswirken. Es ist ein Axiom, daß keine Armee jemals einen Krieg verliert; ihre tapferen Soldaten und allwissenden Generäle sind den Dolchstößen verräterischer Zivilisten ausgesetzt. Ein amerikanischer Rückzug dürfte also die schlimmsten Züge der amerikanischen Kultur ans Licht bringen und vielleicht zu einer gefährlichen inneren Repression führen. Andererseits könnte ein amerikanischer »Sieg« unheilvolle Konsequenzen haben, sowohl im Inland wie im Ausland. Er könnte einer bereits viel zu mächtigen Exekutive noch zusätzliches Prestige verleihen. Dazu kommt ein Problem, das A. J. Muste hervorgehoben hat: »...nach dem Krieg liegt das Problem beim Sieger. Er glaubt, gerade bewiesen zu haben, daß sich Krieg und Gewalt lohnen. Wer wird nun ihn belehren?« Für die mächtigste und aggressivste Nation der Welt besteht hier eine wirkliche Gefahr. Nur wenn wir uns von dem naiven Glauben freimachen können, wir seien irgendwie anders und reiner – ein Glaube, den die Briten, die Franzosen, die Japaner zur Zeit ihres imperialistischen Ruhms hegten –, werden wir fähig sein, uns mit der Wahrheit dieser Beobachtung ehrlich auseinanderzusetzen. Und man kann nur hoffen, daß das geschieht, bevor zu viele Unschuldige, auf allen Seiten, leiden und sterben müssen.

Schließlich sind da einige Prinzipien, die, wie ich meine, besonders betont werden müssen, wenn wir eine wirksame Opposition gegen diesen und jeden zukünftigen Krieg zu bilden versuchen. Ich glaube, wir dürfen nicht gedankenlos andere zum passiven Widerstand auffordern, und wir dürfen keine Situationen herbeiführen, in denen sich junge Menschen gezwungen fühlen – vielleicht im Widerspruch zu ihren wahren Überzeugungen –, passiven Widerstand zu leisten. Widerstand muß aus freiem Entschluß geleistet werden. Schließlich hoffe ich – weit stärker, als ich es zu sagen vermag –, daß er Freundschaften begründet und gegenseitiges Vertrauen schafft, die jene bestärken und ermutigen werden, die Leiden entgegensehen.

Nachtrag zu »Über den Widerstand«

Nachdem »Über den Widerstand« in der *New York Review of Books* veröffentlicht worden war, erhielt ich eine Anzahl sehr interessanter Briefe, die sich mit einigen in diesem Essay gestellten Fragen auseinandersetzten. Zwei von ihnen erschienen mit einem Begleitkommentar von mir in der Ausgabe vom 1. Februar 1968. Der erste Brief, von einem College-Professor, den ich hier kurz Mr. Y nennen möchte, erwähnte »einen undramatischen, doch ständigen Meinungswechsel« unter Angehörigen der Mittelklasse, zumeist konservativen oder apolitischen Menschen, die »zu dem Schluß kamen, daß der Krieg seine Kosten einfach nicht wert ist«. Mr. Y meint, diese Leute könnten davon überzeugt werden, nicht daß der Krieg schlecht, sondern daß er ein »verdammter Unsinn« ist, und er deutet an, daß »geduldige Anstrengungen, jene Millionen auf unsere Seite zu ziehen, die den Krieg eher in pragmatischen als in moralischen Kategorien sehen, viel wichtiger sein können« als die verschiedenen Formen des Widerstands, die zwar von einem »reinen Gewissen« zeugen mögen, aber »nicht wirklich helfen, den Krieg zu beenden«. Den zweiten Brief schrieb ein ehemaliges Mitglied von »The Resistance«, das jetzt untergetaucht ist und schlicht mit »William X« unterzeichnete. Seiner Einschätzung nach »wird der Krieg enden, wenn es die amerikanische Mittelklasse wünscht«, und »was den Wunsch der Mittelklasse, daß der Krieg ein Ende finde, auslösen wird, ist die *Verbindung* von vietnamesischem Widerstand und hohen Kosten für die Mittelklasse an Geld und Mühen, um mit Steuern, Inflation, Zersetzung und Obstruktion im eigenen Land fertigzuwerden«. Weiter heißt es, »daß die wirksamsten Antikriegs-Aktivitäten jene sind, die die größte Zersetzung auslösen, die meisten Kosten verursachen, die Autorität der Regierung daheim und in ihrer Kriegspolitik am stärksten unterminieren« – Rebellionen in den Ghettos (»jene Gruppen der weißen Mittelschicht, die gegen den Krieg sind, müssen für den Schutz der Aktivisten sorgen«), Demonstrationen wie die vor dem Pentagon, vor den Wehrdienstämtern in New York und Oakland und andere, die die Autorität der Regierung in Frage stellen und ihre »Kosten erhöhen« werden.

Er lehnt daher den individuellen Akt der »Konfrontation« ab und nennt die »Alternativvorstellungen – Militär, Gefängnis oder Exil« in meinem Artikel »zu eng, beschränkt durch Mangel an Erfahrung und Mangel an Einsicht in das, was getan werden muß«. »Wir müssen unsere Arbeit verrichten, oder einfach unser Leben leben, und haben nicht die Absicht, ihren Job einfacher oder unser Leben erbärmlicher zu machen.« Sein Vorschlag: »... jene die Zeche zahlen zu lassen, die den Ton angegeben haben. Das wissen die Schwarzen, die immerzu singen und tanzen.«

Meine eigenen Bemerkungen zu diesen Briefen waren nicht als »Antwort« gedacht, sondern nur als eine dritte, etwas andere Reaktion auf dieselben Fragen. Ich habe nachträglich einige Abschnitte hinzugefügt.

Mr. Y und William X sind beide der Ansicht, daß die Haltung der Mittelklasse den Ausgang des amerikanischen Krieges in Vietnam entscheidend beeinflussen wird, und daß diese Haltung nicht von moralischen, sondern von »pragmatischen« Erwägungen bestimmt sein wird, von Kostenerwägungen. Doch kommen sie zu diametral entgegengesetzten Folgerungen hinsichtlich der geeigneten Taktik: Mr. Y lehnt alle Formen des Widerstands ab und meint, daß man versuchen müsse, das amerikanische Volk davon zu überzeugen, »daß der Krieg ein verdammter Unsinn ist«. Mr. X folgert, »daß die wirksamsten Antikriegs-Aktivitäten jene sind, die die größte Zersetzung auslösen«. Obwohl ich die Situation aus einer ganz ähnlichen Perspektive sehe, komme ich zu anderen Schlüssen. Das ist nicht weiter erstaunlich. Niemand kann die Wirksamkeit verschiedener Taktiken genau beurteilen. Auch bietet keiner der uns offenstehenden Handlungswege große Hoffnung, zu vermeiden, daß die vietnamesische Tragödie noch schrecklichere Ausmaße annimmt. Wir diskutieren leider Taktiken von begrenzter Wirksamkeit und mit teils unvorhersehbaren Folgen.

Ich vermute, daß Mr. Y und Mr. X die politische Bedeutung der Mittelklassen-Meinung überschätzen. Selbst wenn 65 Prozent oder 99 Prozent der amerikanischen Bevölkerung überzeugt wären, »daß der Krieg ein verdammter Unsinn« ist, bliebe das Problem, diese Überzeugung in politisch wirksame Handlungen umzusetzen. Es ist zweifelhaft, ob unser politisches System diese Möglichkeit überhaupt ernsthaft bietet. Jene, die glauben, daß ein amerikanischer »Sieg« in Vietnam eine politische und moralische Tragödie wäre, stehen daher vor einem doppelten taktischen Problem: erstens, wie läßt sich die »pragmatische Mittelklassen-Meinung gegen den Krieg mobilisieren, und zweitens, wie kann man einer solchen Opposition, wenn sie existiert, einen politisch wirksamen Ausdruck geben. Ich bin nicht sicher, ob die beiden Briefschreiber diese Dinge völlig realistisch einschätzen.

Beginnen wir mit dem Dissent, dem Andersdenken. Es wäre überflüssig zu versuchen, jemanden davon zu überzeugen, daß er höhere Steuern zahlen muß, daß der Sohn seines Nachbarn gefallen ist und daß ihm das nicht gefällt. Vielmehr glaube ich, daß das Andersdenken sich auf politische und moralische Fragen richten sollte. Die amerikanische Regierung verfügt zweifellos über die nötigen Mittel, den Krieg durch eine totale Zerstörung zu beenden, und Mr. Y übersieht, daß jene, die den Krieg für einen »verdammten Unsinn« halten, gegen diese Art, ihn zu beenden, vielleicht durchaus nichts einzuwenden hätten. Nehmen wir zum Beispiel an, die Militärs kämen zu dem Schluß, daß die Anwendung von taktischen Atomwaffen das billigste Mittel sei, die politische und administrative Struktur der FNL im Mekong-Delta zu zerschlagen (begleitet von der unausbleiblichen feierlichen Erklärung des »Freedom House«, diese Anwendung begrenzter Mittel sei lobenswert, denn sie beweise, daß sich Gewalttätigkeit nicht lohnt). Die Absicht des Andersdenkens ist es, die öffentliche Meinung zu mobilisieren gegen die Ausübung amerikanischer Macht in Vietnam zur Erzwingung einer politischen Lösung – in dem ungeheuren Ausmaß, das sie jetzt angenommen hat, in dem noch barbarischeren Ausmaß, das sie morgen annehmen wird, ja in jedem Ausmaß überhaupt –, wie hoch die Kosten immer sein mögen. Das ist das Kernproblem, dem sich das Andersdenken stellen muß, im Hinblick nicht nur auf Vietnam, sondern auf alle anderen Länder, in denen die amerikanische Macht direkt eingesetzt wird, oder in denen amerikanische Waffen und militärische Beratung die einheimische Repression unterstützen. Im Gegensatz zu Mr. Y also bin ich der Ansicht, daß die Andersdenkenden darauf abzielen *sollten*, die amerikanische Bevölkerung davon zu überzeugen, daß der Krieg schlecht ist, und zu erklären, warum diese oder irgendeine vergleichbare Anwendung von Gewalt falsch ist.

Betrachten wir als nächstes die Annahme, daß die Opposition gegen den Krieg wachsen wird, wenn sich seine Kosten merklich erhöhen. Daraus folgt, daß wir versuchen sollten, diese Kosten zu erhöhen. Gut organisierter Widerstand kann dazu beitragen, die Kosten der amerikanischen Aggression zu erhöhen, und daher mithelfen, das Verhalten der »pragmatischen Mittelklasse« zu beeinflussen, von der Mr. Y spricht, wie er auch dazu dienen kann, die Entscheidungen jener zu lenken, die diese Kosten kalkulieren müssen, wenn sie den Kurs der amerikanischen Außenpolitik festlegen. Mr. Y hat bestimmt unrecht mit seiner Annahme, daß diejenigen, die Widerstand leisten, dies tun, um ihre moralische Reinheit zu bewahren. Der Brief von Mr. X bezeugt hinlänglich, daß Widerstand als *politischer* Akt geleistet werden kann und, dessen bin ich mir sicher, in der Regel auch so geleistet wird. Man könnte behaupten, daß er falsche Wege eingeschlagen habe, nicht aber, daß er apolitisch sei. Natürlich muß er solche Taktiken wählen, die die Wahrscheinlichkeit erhöhen, daß die sich entwickelnde Opposition zivilisierte Formen annimmt – im Falle von Vietnam also Rückzug statt Vernichtung –, und er muß sich mit jener Art von Andersdenken verbinden, die das allgemeine Niveau des politischen und moralischen Bewußtseins zu heben versucht. Das scheinen mir die Schlußfolgerungen zu sein, die man aus der von Mr. Y vorgelegten Analyse ziehen muß.

Ich habe den Eindruck, daß die Kriegsdienstverweigerung diese Bedingungen erfüllt. Das Prinzip ist klar und unzweideutig. Die Weigerung eines Individuums, die kriminellen Handlungen seiner Regierung auszuführen, schafft auf die wirksamste Art die Voraussetzung für den Versuch, die verbrecherische Natur dieser Handlungen zu enthüllen. Außerdem ist dieser Widerstand »kostspielig«, sowohl für die Regierung als auch für die »pragmatische Mittelklasse«. Werden wir konkreter. Die meisten Kriegsdienstverweigerer finden sich im Augenblick unter den Studenten der besten Universitäten. So unterzeichneten im letzten Monat 320 Law-School-Studenten und mehrere hundert Studenten von Yale »We Won't Go«-Erklärungen. Die Regierung wird sich bald entscheiden müssen, ob sie graduierte Studenten einziehen soll. Wenn der Widerstand weiter wächst, wird die Entscheidung kostspielig sein, ganz gleich, wie sie ausfallen wird. Es ist aus offensichtlichen Gründen politisch unklug, bei Studenten generell eine Ausnahme zu machen. Andererseits wird der Versuch, Studenten einzuberufen, wenn sich der Widerstand weiter entwickelt, die Regierung nötigen, entweder eine offene Übertretung des Gesetzes zu tolerieren oder aber ernsthafte Strafmaßnahmen gegen die Kinder unserer sozialen und wirtschaftlichen Elite zu ergreifen. Einer der Kostenpunkte des Kriegs ist die Verachtung für die Regierung, ihre Gewalttätigkeit und Verlogenheit, die von vielen jungen Leuten empfunden werden. Die Bestrafung des Widerstandes wird diese Abneigung noch vertiefen und sie vielleicht in neue Kanäle leiten. Wenn sich die ältere Generation zur Unterstützung der Kriegsdienstverweigerer entschließt, werden die Kosten weiter ansteigen. Sehen wir über Vietnam hinaus, so dürften die Kosten noch höher sein, nicht allein wegen der unvorhersehbaren Folgen einer wirklich umfassenden Repression gegen diejenigen, von denen man erwartet, daß sie in den kommenden Jahren die Gesellschaft lenken, sondern auch wegen der »Gefahr«, die darin liegt, daß ein Bürger zu fragen wagt, ob er mechanisch gehorchen solle, daß er sich über den Bereich sinnvoller politischer Handlungen Gedanken macht.

Es gibt mehrere Wege, auf denen man hoffen kann, auf die von der Regierung zu treffenden Entscheidungen einzuwirken. Einer davon ist der Versuch, die Alternative zu beeinflussen, welche die beiden großen politischen Parteien anbieten werden, und am Wahltag seine Entscheidung zu treffen. Ein ganz anderer Weg wäre der Versuch, die objektiven Bedingungen zu verändern, die jeder gewählte Amtsträger in Erwägung ziehen muß, wenn er sich für eine Handlungsweise entscheidet. Ich möchte nicht auf die allgemeine Frage nach der Legitimität dieser beiden Möglichkeiten eingehen, sondern zwei Dinge hervorheben. Erstens werden jene, die sich dem ersten Weg verschrieben haben, eine politische Aktion der letzteren Art – zum Beispiel Kriegsdienstverweigerung – natürlich als Gefahr ansehen, deren Kosten sie zu verringern suchen müssen. Zweitens bietet das parlamentarische System im Augenblick, wenn wir realistisch sind, fast keine Möglichkeit sinnvoller Handlungen in bezug auf Probleme wie Vietnam. Man kann sich dessen natürlich nicht ganz sicher sein. Dennoch müssen wir mit der überwältigenden Wahrscheinlichkeit rechnen, daß wir im November zwischen zwei kaum voneinander zu unterscheidenden politischen Richtungen zu wählen haben werden. Die Kandidatur von Senator McCarthy mag als pädagogischer Versuch von einiger Bedeutung sein (als politischer Versuch kann sie wohl kaum gewertet werden), *wenn* McCarthy heikle Fragen aufwerfen und die engen Grenzen dessen durchbrechen sollte, was man heute in diesem Land als politische Diskussion ansieht; bisher hat er das noch nicht getan. Es ist eine erstaunliche Tatsache, daß in unserer Demokratie nicht eine einzige öffentliche Persönlichkeit, keine Sparte der Massenmedien die Position verteidigt, die, wie aus einer kürzlich vom Gallup-Institut veranstalteten internationalen Meinungsumfrage hervorgeht, von der überwiegenden Mehrheit im größten Teil der »freien Welt« vertreten wird – daß die Vereinigten Staaten sich aus Vietnam zurückziehen sollen. Die entscheidenden Fragen werden von den Massenmedien nicht diskutiert und in der politischen Arena nicht gestellt. Das sind die Realitäten, denen wir uns stellen müssen, wenn wir eine geeignete Methode politischer Aktion bestimmen wollen.

Kurz, die Kriegsdienstverweigerer können sich des inegalitären Charakters der amerikanischen Gesellschaft als eines Mittels bedienen, die Kosten der amerikanischen Aggressionen zu erhöhen; dadurch bedrohen sie Werte, die für jene, die in den Entscheidungsinstanzen sitzen, von großer Bedeutung sind. (Wer den Glauben an diese Werte teilt, muß sich also fragen, inwieweit sie für unsere Opfer von Vorteil sind, und welchen Preis unsere Opfer zahlen müssen, damit diese Werte von keiner Gefahr bedroht werden.) Es ist nicht leicht zu beurteilen, wie schwer diese Kosten ins Gewicht fallen werden, aber ich glaube, daß Mr. Y unrecht hat, wenn er behauptet, die dem Widerstand zugrunde liegende Absicht könne nur die sein, die Reinheit des eigenen Gewissens zu bewahren.

Natürlich kann der Widerstand auch das Gegenteil bewirken; er kann die »pragmatische Opposition« dazu bringen, einen harten und brutalen Sieg zu fordern. Ich halte diese Gefahr jedoch für gering. Es gibt keinen Grund, warum eine entschiedene, mutige und höchst moralische Handlung ein solches Ergebnis zeitigen sollte. Vielmehr halte ich es für möglich, andere zu der Einsicht zu bewegen, daß sie sich mitschuldig machen – indem sie arbeiten, ihre Kriegssteuern zahlen, den Frieden im eigenen Land bewahren und es den Kriegsplanern dadurch möglich machen, ungehindert zu operieren. Auch ist es wichtig, sich daran zu erinnern, daß jede politische Handlung eine potentielle Gefahr dieser Art mit sich bringt. Es ist zum Beispiel nicht ausgeschlossen, daß Präsident Johnson auf einen drohenden Stimmenverlust mit einer scharfen Eskalation reagieren würde, mit der (wahrscheinlich ganz richtigen) Begründung, daß ihm das wenigstens zu kurzfristiger Unterstützung verhelfen werde. Ich sehe nicht, warum sich diese Konsequenz eher aus dem gewaltlosen Widerstand ergeben sollte als aus der Wahlpolitik. Ganz im Gegenteil.

Obwohl ich Mr. X darin zustimme, daß Widerstand eine wirksame politische Handlung sein kann, meine ich doch, daß er bei seiner Analyse drei Irrtümern unterliegt. Erstens glaube ich, daß er die Wirkung falsch berechnet, die zersetzende Aktionen auf die Mittelklasse haben werden, die er zur Opposition bewegen möchte. Zweitens glaube ich, daß er den Begriff der »Kosten« in einem zu engen Sinn versteht. Und drittens bin ich der Ansicht, daß er die Macht unterschätzt, die in den Händen der Regierung liegt. Was den ersten Punkt betrifft, so läßt er die große Wahrscheinlichkeit außer acht, daß zersetzende Handlungen die Tendenz verstärken werden, den Krieg durch reinen Terror zu gewinnen, vielleicht verbunden mit gewalttätigen Repressionen im eigenen Land. Was die Kosten anbelangt, so berücksichtigt er nur »Anstrengungen und Geld«. Diese Kosten dürften jedoch unbedeutend sein gegenüber den zersetzenden Handlungen, die von der weißen Mittelschicht, Studenten wie Erwachsenen, begangen werden können. Die Millionen Dollar, die die Regierung am 21. Oktober ausgegeben hat, sind für sie eine unerhebliche Summe – die wesentlich höheren Summen aber, die die »Friedensbewegung« für die Durchführung der Demonstration ausgegeben hat, sind durchaus nicht unerheblich. Wenn also Kosten dieser Art das Kriterium sind, dann müßte die Demonstration als bedenklicher Rückschlag angesehen werden. Ich halte dafür, daß die Kosten, die der Widerstand von Studenten und Mittelschicht erhöhen kann, in erster Linie die abstrakteren sind, von denen ich oben gesprochen habe. Sie können nicht in Dollars oder Cents kalkuliert werden, sind darum aber nicht weniger real.

Was die Macht der Regierung betrifft, so glaube ich, daß sie ausreicht, um mit Leichtigkeit jede zersetzende Handlung zu kontrollieren, die sich heute vorhersehen läßt. Wie Hans Morgenthau vor kurzem bemerkte, hat in dem Gleichgewicht der Kräfte zwischen

der Regierung und den Massen eine qualitative Veränderung stattgefunden, und diese Disparität kann nur noch größer werden. Ein
Bericht des *Institute of Defense Analysis* vom letzten Juni schlägt
eine ganze Menge erfreulicher neuer Ideen für die »Kontrolle der
Massen« vor (Juckpulver, »klebrige Klümpchen, die die Demonstranten aneinander festkleben lassen«, chemische Mittel, »maschi-
nell verteilte klebrige Fäden, Bänder oder Stoffe, die die Bewegung
der Menge verlangsamen, da sie die Leute mit sich selbst oder mit
anderen verstricken«, Schaum-Erzeuger, die »durch Kontaktverlust
psychologische Angst hervorrufen«, Beruhigungspfeile, usw. – AP-
Bericht vom 11. November 1967); Vorschläge, die uns einen interessanten Einblick in das vermitteln, was uns bevorsteht, und uns die
von den Universitäten betriebenen Forschungen von ihrer besten
Seite zeigen. Ich meine, daß das Gerede von Gewaltakten eine
Phantasterei ist.

Über Ghetto-Rebellionen habe ich noch nichts gesagt. Sie mögen den
Krieg auf die eine oder andere Art beeinflussen, sind aber keine
Handlungen, die in der Absicht unternommen werden, den Rückzug
aus Vietnam zu betreiben, und müssen meiner Meinung nach in
einem völlig anderen Zusammenhang gesehen werden.

Obwohl der Zusammenhang ein anderer ist, besteht doch die Hoffnung, daß der Widerstand gegen den Vietnamkrieg und die tieferen
imperialistischen Kräfte, deren Manifestation er ist, den Kampf
gegen die Unterdrückung im eigenen Land unterstützen kann. Ein
Druckmittel gegen die Regierung, den Krieg zu beenden, ist zweifellos die Angst, daß die Truppen gebraucht werden könnten, um amerikanische Städte zu besetzen und den Status quo im eigenen Land
zu erzwingen. Die geistige Einstellung auf einen »begrenzten
Krieg«, welche die gerade erwähnte IDA-Untersuchung auszeichnet,
verrät sich noch deutlicher in einem Artikel von Homer Bigart in
der *New York Times* vom 22. März 1968, der die Überschrift trägt:
»Armee hilft Polizei, sich für Demonstrationen fit zu machen«. Ich
zitiere einige Passagen, um einen Eindruck davon zu vermitteln:

Auf einem Pinienhügel versammelten sich gestern etwa sechzig Beamte
der kommunalen und staatlichen Polizei und Offiziere der Nationalgarde, um bei Testversuchen mit »nicht-tödlichen Mitteln« zuzuschauen,
welche in diesem Sommer vielleicht angewendet werden, um aufrüh-
rerische Gruppen in den Städten unseres Landes auseinanderzutreiben ...

Robins sang, man servierte Kaffee und Kuchen, und die Band der Truppe spielte »The Stars and Stripes Forever«, als die sechste Klasse des »Orientierungskurses für passiven Widerstand« aus einem Armeebus stieg, um an einem zwanzigstündigen Lehrgang über die Anatomie eines Aufruhrs teilzunehmen ... [in der] Armeeschule für Aufruhrbekämpfung, einer Institution, die vor wenigen Monaten schnell eingerichtet wurde, um die bei den Demonstrationen in Detroit und Newark gewonnenen Erfahrungen weiterzuvermitteln.

Der Bericht fährt fort mit einer Beschreibung der neuen, »noch gefährlicheren« Arten von Tränengas, die jetzt zur Verfügung stehen, und der Möglichkeiten, Granaten und Helikopter zur Kontrolle der »Störer« einzusetzen. Ein danebenstehendes Bild zeigt einen »simulierten Kampf zwischen militanten Bürgerrechtsdemonstranten und der Nationalgarde«. Die Demonstranten tragen ein Transparent mit der Aufschrift »Wir werden siegen«, und die schwerbewaffneten Soldaten, mit Gasmasken und aufgepflanzten Bajonetten, zeigen, wie dieser Satz widerlegt werden kann. Der Bericht fährt fort:

Der Zusammenstoß wird vor der Hollywood-artigen Attrappe einer Ortschaft namens »Aufruhrstadt« gespielt ... »Baby«, ein militanter Unruhestifter, ... hält eine Rede an die Menge, er klagt die Polizei der Brutalität an. Die Menge schwenkt Transparente gegen den Krieg. Auf einem steht »Wir werden siegen«. Ziegel und Steine ... werden auf den »Bürgermeister« geworfen, als er versucht, die Menge zu beruhigen.
Aber da kommt die Nationalgarde. Mit Tränengas, Bajonetten, einem bewaffneten Mannschaftswagen und den klassischen Methoden der Aufruhrbekämpfung gewinnen die Truppen die Oberhand. »Baby« wird festgenommen und in dem Panzerwagen fortgeschafft, als Gefangener.

Wahrscheinlich stößt das Publikum einen Seufzer der Erleichterung aus, schlürft seinen Kaffee und knabbert an den Plätzchen zu den Klängen von »Stars and Stripes Forever«, wenn der Auftritt zu Ende ist, sicher in seinem Wissen, daß jene, die gegen Krieg, Armut und Rassismus protestieren, nicht gewinnen können – all das ist ohne Zweifel eine verläßliche Vorschau auf das, was die Zukunft für uns bereithalten mag.
Ich teile die Kritik von Mr. X an der Taktik, die Konfrontation zu eskalieren, die einmal von der lose organisierten Gruppe »The Resistance« vorgeschlagen wurde. Konfrontationen werden sich früh genug einstellen. Im Augenblick ist die wichtigste Aufgabe die, eine möglichst breite Basis für den Widerstand zu schaffen – eine Proliferation lokaler Gruppen zur Unterstützung des Widerstands,

die sich in einem nationalen Netz zusammenfinden, unter Beteiligung weißer wie schwarzer Kriegsgegner, unter der Anteilnahme
der mittelständischen Erwachsenen innerhalb wie außerhalb der
Universitäten, mit erheblicher finanzieller Beihilfe, mit persön-
lichem Engagement aller Menschen, die glauben, daß der Widerstand politisch wirksam werden kann, die wissen, daß sie die moralische Verantwortung tragen, jene konkret zu unterstützen, die den
Kriegsdienst in Vietnam verweigern, und die politischen Kosten
der Repression erhöhen wollen, indem sie sich auf die Seite der jungen Männer stellen, die notgedrungen am meisten zu leiden haben.
Denken wir noch etwas weiter: es könnte sein, daß die wichtigsten
Schritte in Richtung auf eine Reform der amerikanischen Gesellschaft die Versuche der mutigen und kaum genannten Individuen
sein werden, die sich der Gründung von Kommunen widmen; oft
nehmen sie die Einberufung und ihre Nachteile als Ansatzpunkt,
in Gemeinschaften einzudringen, welche die Massenbasis für die
amerikanische Repression darstellen, und versuchen, sowohl das Bewußtsein als auch die Organisationsstruktur für den Widerstand zu
schaffen bei denen, die die schwerste Last tragen, im Augenblick
aber passive Opfer einer unbestrittenen Zwangsideologie sind. Die
nationale Organisation RESIST versucht, den Rahmen für eine
Reihe solcher Aktivitäten zu schaffen; als Grundlage dient ihr der
Aufruf, der illegitimen Autorität Widerstand zu leisten (der zum
größeren Teil als Anzeige in der *New York Review of Books* vom
12. Oktober 1967 erschienen ist). Bei allen notwendigen Einschränkungen scheint mir das Engagement für diese Bemühungen die
wirksamste Form politischer Aktion gegen diesen und alle zukünftigen Kriege zu sein, eine Aktion, an der sich heute jeder interessierte
Bürger beteiligen kann.

Diejenigen von uns, die nicht direkten Angriffen ausgesetzt sind und
in der Wahl ihrer Handlungsweise relativ große Freiheit genießen,
tragen Verantwortung für die Opfer der amerikanischen Macht,
der wir uns mit beharrlichem Ernst widersetzen müssen. Wenn wir
irgendeine Taktik des Protests oder des Widerstandes in Erwägung
ziehen, müssen wir uns fragen, welche Konsequenzen sie möglicherweise für die Bevölkerung von Vietnam oder Guatemala oder
Harlem haben wird und welchen Einfluß das auf die Bildung einer
Bewegung gegen Krieg und Unterdrückung nehmen könnte, einer

Bewegung, die dazu beitragen soll, eine Gesellschaft zu schaffen, in der man ohne Angst und ohne Scham leben kann. Wir müssen nach Möglichkeiten suchen, eine große Zahl unserer Mitbürger dahin zu bringen, daß sie sich für diese Aufgabe engagieren, und wir müssen nach Wegen suchen, dieses Engagement in wirksame Aktionen umzusetzen. Dieses Ziel mag in so weiter Ferne zu liegen scheinen, daß es wie eine Phantasie anmutet; für jene aber, die es ernst nehmen, ist das die einzige Strategie, die in Betracht kommt. Die Überzeugung anderer kann durch Taten wie durch Worte geschehen; sie kann die Errichtung von Institutionen und Organisationen verlangen, sei's auch nur im sozialen Mikrokosmos, die die Konkurrenzsucht und einseitige Verfolgung von Eigeninteressen besiegen, jene Elemente unserer Gesellschaft, die beweisen, daß der soziale Kontrollmechanismus ebensogut funktioniert wie der Mechanismus eines totalitären Staates. Doch das Ziel muß es sein, Alternativen zur herrschenden Ideologie und zu den bestehenden Institutionen zu erfinden und zu entwickeln, die aus intellektuellen und moralischen Gründen zwingender sind und Massen von Amerikanern begeistern können, weil sie spüren, daß diese Alternativen ihre menschlichen Bedürfnisse erfüllen – darunter auch das menschliche Bedürfnis, Mitleid zu zeigen und jene zu ermutigen und zu unterstützen, die sich selbst von Elend und Erniedrigung zu befreien versuchen, von dem Zustand, den unsere Gesellschaft schaffen half und nun zu verewigen trachtet.

Es wäre eine verbrecherische Torheit, nicht zu handeln, wenn sich die Gelegenheit bietet, sich diesen Zielen zu nähern, oder so zu handeln, daß wir uns noch weiter von ihnen entfernen als heute. Es ist nicht einfach, einen Weg zwischen diesen beiden Gefahren zu steuern. Zweifellos lag der Fehler in der jüngsten Vergangenheit immer auf seiten der Vorsicht und Zurückhaltung, der Angst und moralischen Blindheit. Jetzt, da die Spannungen zunehmen, darf man jedoch nicht vergessen, daß der entgegengesetzte Fehler nicht weniger gefährlich ist. Es dürfte nicht schwer sein, eine Taktik zu verfolgen, die dazu beiträgt, die latenten Kräfte eines potentiellen amerikanischen Faschismus zu konsolidieren. Um nur ein drastisches Beispiel zu nennen: verbale wie physische Angriffe auf die Polizei, wie sehr auch immer provoziert, können nur diese Folge haben. Solche Taktiken mögen »radikal« erscheinen, ja sogar gerechtfertigt durch das hohe Maß an Brutalität und Infamie, das sie zu bekämpfen suchen – sie sind es nicht.

Es hat in der Tat keinen Sinn, Taktiken und Aktionen als »radikal«, »liberal«, »konservativ« oder »reaktionär« zu bezeichnen, wie viele es jetzt tun. Eine Aktion an sich hat überhaupt keine politische Dimension. Sie mag erfolgreich sein oder nicht bei der Verfolgung eines Zieles, doch nur dieses kann in politischen Begriffen definiert werden. Man sollte sich vergegenwärtigen, daß dieselbe Taktik, die ein Mensch mit hohem Bewußtsein und starkem Engagement für radikale soziale Veränderungen vorschlägt, ebensogut von einem geschickten Polizeispitzel nahegelegt werden kann, der darauf abzielt, eine solche Bewegung zu zerschlagen und die Unterstützung der Bevölkerung für die Kräfte der Repression zu gewinnen. Erinnern wir uns an den Reichstagsbrand – ein Tag, der nicht so weit zurückliegt, wie man wünschen möchte. Oder denken wir an die Tat eines siebzehnjährigen jüdischen Flüchtlings aus Polen vor genau dreißig Jahren – Herschel Grünspan, der im November 1938 einen deutschen Beamten in Paris ermordete. Es fällt schwer, diese verzweifelte Tat zu verdammen, die in ganz Deutschland Pogrome auslöste und dem terroristischen Nazi-Regime half, sich noch tiefer festzusetzen; aber die Opfer des Nazi-Terrors würden Herschel Grünspan keinen Dank wissen. Wir dürfen nicht die Opfer der amerikanischen Macht sich selbst überlassen oder Spiele treiben mit ihrem Schicksal. Wir dürfen nicht zulassen, daß die gleiche Repression auf weitere hilflose Opfer ausgeübt, daß die gleiche blinde Wut an ihnen ausgelassen wird. Handlungen, die an sich völlig gerechtfertigt scheinen, wenn man sie in einem engen Rahmen betrachtet, können sich als sehr falsch erweisen, wenn man sie im Licht ihrer möglichen Konsequenzen sieht. Und wenn es nicht gelingt, an jene heranzukommen, die erreicht werden könnten, wenn es nicht gelingt, mit Strenge und Entschlossenheit zu handeln, wo dies auf konstruktive Art möglich wäre, so ist das nicht weniger gedankenlos und unverzeihlich. Das sind sehr allgemeine Bemerkungen, und sie sind gewiß keine große Hilfe, wenn wir vor der konkreten Frage stehen, was wir jetzt, in diesem Augenblick, tun können. Und doch glaube ich, daß Richtlinien wie diese den Rahmen für solche Entscheidungen stellen müssen.

Eine letzte Bemerkung. Der Vietnamkrieg ist das obszönste Beispiel für ein erschreckendes Phänomen der heutigen Zeit – den Versuch unseres Landes, seine besondere Vorstellung von Ordnung und Stabilität einem großen Teil der Welt aufzuzwingen. An objektiven Maßstäben gemessen, sind die Vereinigten Staaten zur aggressivsten Macht der Welt geworden, zur größten Gefahr für Frieden, nationale Selbstbestimmung und internationale Zusammenarbeit. Gleichzeitig genießen wir ein hohes Maß an Freiheit in unserem eigenen Land. Wir dürfen sprechen, schreiben, organisieren. Wer Widerstand leistet, mag hart bestraft werden, wird jedoch weder in ein Arbeitslager noch in die Gaskammer geschickt. Unter solchen Umständen ist Widerstand selbst für jene möglich, die von Natur aus nicht zum Heldentum geschaffen sind, und er ist, wie ich glaube, für jene eine Verpflichtung, die den Versuch, eine amerikanische Hegemonie zu errichten, verabscheuen und seine Konsequenzen fürchten. Der Widerstand kann derzeit das gewaltige Reservoir an Kräften, das die Ausübung der amerikanischen Macht zum Zweck globaler Repression ermöglicht, nicht maßgeblich verringern; noch kann er im Augenblick Forschung, Produktion und Versorgung, auf denen die Ausübung dieser Macht beruht, wesentlich behindern. Aber er kann entscheidend dazu beitragen, die Kosten dieses Versuchs zu erhöhen und jene Gleichgültigkeit und Passivität zu beseitigen, die ihm Erfolg garantieren. Deshalb hat unser Widerstand eine potentielle Bedeutung weit über Vietnam hinaus. Er kann dazu beitragen, daß anderen kleinen Ländern das Schicksal Vietnams erspart wird, ja daß die Welt vor einer unbeschreiblichen Katastrophe bewahrt bleibt.

Epilog

Als vor mehr als einem Jahrhundert die großen Bauernrevolutionen in China wüteten, schrieb Karl Marx in der *New York Daily Tribune* (14. Juni 1853) über den

Einfluß, den die chinesische Revolution aller Wahrscheinlichkeit nach auf die zivilisierte Welt ausüben wird ... Scheinbar ist es eine sehr seltsame und sehr paradoxe Behauptung, daß die nächste Erhebung der Völker Europas und ihr nächster Schritt im Kampf für republikanische Freiheiten und ein wohlfeileres Regierungssystem wahrscheinlich in großem Maße davon abhängen wird, was sich jetzt im Reich des Himmels – dem direkten Gegenpol Europas – abspielt, mehr als von jeder anderen, zur Zeit bestehenden politischen Ursache ... Die Frage ist jetzt, nachdem England die Revolution über China gebracht hat, wie diese Revolution mit der Zeit auf England und – über England – auf Europa zurückwirken wird.

Er sprach von dem »merkwürdigen Schauspiel, wenn China Unruhe in die westliche Welt brächte, während die Westmächte auf englischen, französischen und amerikanischen Kriegsschiffen ›Ruhe und Ordnung‹ nach Schanghai, Nanking und den Mündungen des Großen Kanals befördern« (Marx/Engels, *Werke*, Bd. 9, S. 95 ff.). Wie auch in anderer Beziehung, irrte sich Marx hinsichtlich des Zeitplans, den er aufstellte; auch die Verteilung der Rollen sieht heute etwas anders aus. Außerdem glaubte Marx an die Möglichkeit, daß eine erfolgreiche Revolution in China eine Wirtschaftskrise im Westen verursachen könne, da sie den Handel mit China gefährde, dessen Bedeutung er – wie bis vor kurzem noch fast jeder, der über dieses Thema schrieb – zu übertreiben neigte. Dennoch ist es angebracht, sich heute für das merkwürdige Schauspiel der Unruhe zu interessieren, die in der westlichen Welt entstanden ist, als sich zeigte, daß der Versuch, Ruhe und Ordnung in die asiatischen Länder – den direkten Gegenpol des Westens – zu befördern, die Macht des westlichen Imperialismus übersteigt. Zum Teil rührt die Unruhe von einem Umschwung her und ist insofern ein Tribut an einen Anflug von Anstand in der westlichen Zivilisation, so schwer es auch fallen mag, diese Worte angesichts der Barbarei des Vietnamkriegs auszusprechen. Die Unruhe, die sich über die westliche Welt ausbreitet, ist nicht allein und nicht einmal in erster Linie eine Reaktion auf

die Frustrationen, die die Westmächte in Asien erlebten; es kann vielmehr kein Zweifel daran bestehen, daß die massiven Umschwünge
in Asien und der heroische Widerstand der Vietnamesen gegen die
amerikanische Macht als Katalysator gedient haben, indem sie Kräfte
freisetzten, die sonst vielleicht latent geblieben wären. Für sich genommen, ist diese Unruhe weder gut noch schlecht, gibt sie weder zu
Hoffnung noch zu Verzweiflung Anlaß. Es bleibt abzuwarten, ob
sie sich in eine Kraft verwandeln läßt, die die amerikanische Gesellschaft wiederbeleben wird, oder ob sie in tödlicher Repression
endet oder einfach abflaut, ohne viel Wirkung gehabt zu haben.

Jedem rationalen Menschen sollte es klar sein, daß die Überlebens-
chancen, ganz zu schweigen von einer humanen Existenz, recht gering sind, wenn die amerikanische Macht weiterhin derart aus-
schweifend ausgeübt oder auch nur so freizügig zur Schau gestellt
wird wie in den letzten Jahren. Die Fähigkeit eines Nationalstaates,
gewalttätig zu sein und Zwang auszuüben, und die Bedrohung, die
er für das Überleben seiner Bürger darstellt, sind so extrem, daß
andere Probleme im Vergleich dazu verschwindend erscheinen.
Ohne ihre sozialen Wurzeln zu kennen, kann man dieser Gewalt
nicht begegnen, sie nicht überwinden. Kurz vor dem Zweiten Weltkrieg befand sich Amerika mit neun Millionen Arbeitslosen auf dem
Höhepunkt einer Wirtschaftskrise. Nur schwer läßt sich die folgende Beurteilung der Sozial- und Wirtschaftspolitik der dreißiger
Jahre widerlegen: »Der ›New Deal‹ konnte das Problem der Depression nicht lösen, er vermochte den Verarmten nicht zu helfen,
er brachte keine Neuverteilung des Einkommens zustande, es gelang ihm nicht, die soziale Gleichheit zu fördern, eher begünstigte
er noch Rassendiskriminierung und Rassentrennung. Er war ganz
allgemein nicht in der Lage, die Wirtschaft für die soziale Wohlfahrt verantwortlicher zu machen oder die überlegene politische
Macht der Wirtschaft zu erschüttern« (Barton J. Bernstein, »The
New Deal: The Conservative Achievements of Liberal Reform«, in
B. J. Bernstein, Hrsg., *Towards a New Past*, New York 1968). Seit
der Mobilmachung im Zweiten Weltkrieg haben wir mehr als eine
Billion Dollar für »Verteidigung« ausgegeben. Es ist wohl kaum
notwendig, sich auf die »neue Wirtschaftswissenschaft« zu berufen,
um zu zeigen, daß solche Ausgaben die Arbeitslosigkeit verringern
und den Wirtschaftsprozeß in Gang halten können, wie man auch

kaum politisches Verständnis braucht, um zu begreifen, warum die Regierung die ihr für Forschung und Entwicklung zur Verfügung stehenden Mittel für Raketen und Spionageschiffe ausgibt anstatt für ein Massentransportsystem, das den Interessen der Ölgesellschaften und der Kraftfahrzeugindustrie entgegenstünde, für Nervengas und bemannte Raumschifflaboratorien anstatt für die Kultivierung des Meeresgrunds (während reiche Bauern und die Landwirtschaft Subventionen erhalten, wenn sie ihre landwirtschaftliche Produktion reduzieren). Es liegt auf der Hand, daß, solange das Wirtschafts- und Industriesystem nicht unter demokratischer Kontrolle des Volkes stehen, die politische Demokratie ein Schwindel bleiben und die Macht des Staates weiterhin unmenschlichen Zwecken dienen wird. Es sagt sich leicht, daß wir neuer Denkweisen und sozialer Experimente bedürfen, um uns von der Lähmung und den Ängsten zu befreien, die unsere Vorstellungkraft einengen und die nationalen Energien auf Zerstörung und Verschwendung lenken, daß es notwendig ist, durch die Teilnahme an den Entscheidungsprozessen und ihre Kontrolle durch das Volk soziales und politisches Bewußtsein zu wecken. Es sagt sich leicht, aber es ist so. Heute eröffnen sich Chancen für Veränderungen, die wahrscheinlich nicht wiederkommen werden. Zum Teil sind sie auf die ungewöhnliche und paradoxe Berührung von Extremen zurückzuführen, auf die Marx anspielte. Die Frage, wie sich die Revolutionen in Asien mit der Zeit auf Amerika und über Amerika auf Europa auswirken werden, ist sehr real. Sie verlangt nicht nach Spekulation, sondern nach Engagement, Denken und Handeln.

Anmerkungen

Einführung

1 Arthur M. Schlesinger Jr., *Das bittere Erbe: Vietnam und die amerikanische Demokratie*, Deutsch von W. und Chr. Helbich, München 1967.
2 »Twilight of Idols« in: *The World of Randolph Bourne*, Hrsg. Lillian Schlissel, New York 1965, S. 198 f.
3 ebd., S. 202.
4 *Boston Globe* vom 13. März 1968.
5 Samuel P. Huntington, »Why the Viet Cong attacked our cities«, *Boston Globe* vom 17. Februar 1968. Für einige Zitate siehe S. 43. Professor Huntington hat seitdem in *Foreign Affairs*, Bd. 46, Nr. 4, Juli 1968, diese Gedanken weiter ausgeführt (»The Bases of Accomodation«, S. 642–656). Er erklärt, daß der »Viet Kong« eine »mächtige Kraft« ist, »die von ihrer Wählerschaft nicht getrennt werden kann, solange diese Wählerschaft weiter besteht«. Also müssen wir dafür sorgen, daß die Wählerschaft – die Landbevölkerung – zu existieren aufhört. Männer wie Himmler oder Streicher hätten eine naheliegende Lösung vorgeschlagen. Dieser liberale Sozialwissenschaftler hat einen anderen Vorschlag: Man muß die Bauern mit Gewalt in die Städte treiben (»Urbanisierung«), die »massiven Regierungsprogramme« bis nach dem Krieg aufschieben, die »notwendig sein werden, um die Umgezogenen wieder in den Landgebieten anzusiedeln, die Städte wieder aufzubauen und die Arbeitsmöglichkeiten in den Städten zu fördern«. Diese Politik soll »die Antwort auf ›Befreiungskriege‹« sein, eine Antwort, über die wir in Vietnam »geistesabwesend gestolpert« sind. Professor Huntington bestreitet die Ansicht von Sir Robert Thompson, daß der von Bauern getragene Aufstand »der direkten Ausübung memechanischer und konventioneller Macht« immun gegenüberstehe. Er meint: »Angesichts der jüngsten Ereignisse muß diese Behauptung sorgfältig untersucht werden. Denn wenn die ›direkte Ausübung mechanischer und konventioneller Macht‹ in einem solch großen Ausmaß stattfindet, daß daraus eine massive Wanderung vom Land in die Stadt resultiert, dann sind die fundamentalen Voraussetzungen, die Maos Doktrin vom revolutionären Krieg zugrunde liegen, nicht länger gegeben. Die von Mao inspirierte Revolution auf dem Land wird untergraben von der urbanen Revolution, die Amerika fördert.« Diese Erklärung eines führenden Sozialwissenschaftlers über die »fundamentalen Voraussetzungen« der amerikanischen Doktrin vom konterrevolutionären Krieg kann von großer Hilfe sein.
6 »The Making of a Dove«, *The Progressive*, 1968, veröffentlicht vom Vietnam Information Project, 100 Maryland Ave. N. E., Washington D. C. 20002. Dieses Projekt ist von einer Gruppe von heimgekehrten

IVS-Helfern in Angriff genommen worden. Sie will versuchen, mit Informationen über das Geschehen in den Dörfern Vietnams die Aufmerksamkeit der amerikanischen Bevölkerung zu erregen. Tatsächlich
sind sie die einzigen Amerikaner, die wichtige Informationen aus erster
Hand über diese Vorgänge haben. Sie sollten mit den politischen Wis-
senschaftlern konfrontiert werden, die Vietnam besucht haben und zu
glauben scheinen, daß Interviews mit Sträflingen oder gefangengenom-
menen Abtrünnigen ein klares Bild von dem Verhalten der ländlichen
Bevölkerung vermitteln. Dabei muß gesagt werden, daß sich die IVS-
Helfer als Gruppe mehr oder weniger für die amerikanischen Bemühungen engagierten. Selbst nachdem sie ihre Arbeit aus Protest gegen
das, was sie gesehen, aufgegeben hatten, bezweifelten sie nicht das Recht
Amerikas, die vietnamesische Gesellschaft in der Form wiederaufzu-
bauen, die uns angemessen erscheint. Siehe S. 195.

7 »Truck versus Dam«, *Christian Science Monitor* vom 5. September
1967. Dem Leser, der hier Ironie zu entdecken glaubt, kann ich nur die
Lektüre des ganzen Artikels empfehlen.

8 Amando Doronila, »Hanoi Food Output Held Target of U.S. Bom-
bers«, AP, *Christian Science Monitor* vom 8. September 1967.

9 Siehe das Memorandum von Gabriel Kolko für das Russell-Tribunal,
in *Liberation*, Bd. 12 (Mai/Juni 1967), S. 13. Eisenhower hielt diese
verachtungswürdige Tat für »einen Schmutzfleck auf der militärischen
Weste« des deutschen Kommandeurs und warnte ihn, daß er und seine
Truppen als »Übertreter des Kriegsrechts« angesehen würden, »die gewisse Konsequenzen ihrer Handlungen werden tragen müssen«.

10 C. Wright Mills, *The Sociological Imagination*, New York 1959, S. 194.

11 Alle Zitate stammen von Rudolf Rocker, »Anarchism and Anarchosyndicalism«, in *Anarchism*, Hrsg. Paul Eltzbacher, London 1960, S.
225-268. Gleichfalls charakteristisch für die Denkweise der »neuen
Linken« ist Kropotkins Ansicht über das bolschewistische Rußland, die
Rocker zitiert: »Rußland hat uns gezeigt, auf welche Weise der Sozialismus nicht verwirklicht werden kann ... Die Idee der Arbeiterräte zur
Kontrolle des politischen und wirtschaftlichen Lebens des Landes ist an
sich von überragendem Gewicht ..., aber solange das Land von der
Diktatur einer Partei beherrscht wird, verlieren die Arbeiter- und
Bauernräte natürlich ihre Bedeutung. Sie sind reduziert auf die passive
Rolle, die die Vertreter der Stände in der Zeit der absoluten Monarchie
zu spielen pflegten.« Rocker selbst weist darauf hin, daß »die Diktatur
des Proletariats den Weg nicht für eine sozialistische Gesellschaft bahnte,
sondern für die primitivste Art eines bürokratischen Staatskapitalismus
und einen Umschwung zum politischen Absolutismus, der vor langer
Zeit in den meisten Ländern durch bürgerliche Revolutionen abgeschafft
worden war«.

12 Vortrag in Princeton, N.J., am 10. August 1953. Zitiert nach John H.
Bunzel, *Anti-Politics in America*, New York 1967, S. 166.

Objektivität und liberales Gelehrtentum

1 »Politics and the Morality of Scholarship«, in: Max Black, Hrsg., *The Morality of Scholarship*, Ithaca, N.Y., 1967, S. 59-88.

2 »The War and Its Effects – II«, *Congressional Record*, 13. Dezember 1967.

3 *Congressional Record*, 27. Juli 1967.

4 William A. Nighswonger, *Rural Pacification in Vietnam,* New York 1967.

5 Ithiel de Sola Pool, »The Necessity for Social Scientists Doing Research for Governments«, *Background,* Bd. 10 (August 1966), S. 111.

6 Max Ways schreibt in *Fortune,* daß »McNamara, seine Systemanalytiker und deren Computer nicht nur zur praktischen Effektivität der amerikanischen Handlungen beitragen, sondern auch *das moralische Niveau der Politik heben* durch eine bewußtere und selektivere Aufmerksamkeit gegenüber der Definition ihrer Ziele« (Hervorhebung von mir). Zitiert von Andrew Kopkind, »The Future-Planners«, *New Republic,* 25. Februar 1967, S. 23. Kommentar überflüssig.

7 Daniel Bell, »Notes on the Post-Industrial Society: Part I«, *The Public Interest,* Nr. 6, 1967, S. 24-35.

8 Einige der Gefahren nennt Richard Goodwin in einer Besprechung von Thomas Schellings *Arms and Influence* im *New Yorker* vom 17. Februar 1968, S. 127-134. Er bemerkt, daß »der stärkste Einwand gegen diese Art strategischer Theorie nicht ihrer begrenzten Brauchbarkeit gilt, sondern der Gefahr, daß sie uns glauben läßt, wir begriffen die Ereignisse und hätten Einfluß über ihren Ablauf, was nicht der Fall ist«. Und ein noch stärkerer Einwand ist meines Erachtens der, daß die vorgebliche Objektivität der »strategischen Theorie« als Rechtfertigung dienen kann für den Versuch, den Ablauf der Ereignisse zu beeinflussen.

9 Seymour M. Lipset, *Political Man,* Garden City, N.Y., 1960, S. 406.

10 »Status Politics and New Anxieties«, in: *The End of Ideology,* New York 1960, S. 119.

11 »The Necessity and Difficulty of Planning the Future Society«. Rede vom 3. Oktober 1967 vor dem American Institute of Planners Conference in Washington. Von diesem Zitat ausgehend, kommentiert Senator Fulbright (op. cit.), daß »Armut, die für ein armes Land eine Tragödie ist, in unserer Überflußgesellschaft noch weit mehr als eine Tragödie bedeutet; weil nicht nötig, ist sie zugleich höchst unmoralisch«. Auch vergleicht er »die 904 Milliarden Dollar, die wir seit dem Zweiten Weltkrieg für militärische Zwecke aufgewandt haben«, mit »den 96 Milliarden Dollar, die wir aus unserem nationalen Budget für Erziehung, Gesundheit, sozialen Wohnungsbau und die Gemeindeförderung ausgegeben haben«. In seinem Buch *Challenge to Affluence* (New York 1963) kommt Myrdal zu diesem Schluß: »Die Gesellschaft insgesamt

bietet heute größere Chancengleichheit als jemals zuvor. Aber die un-
terste Schicht spürt wenig oder nichts davon« (S. 38). Er bezweifelt, daß
»Amerika noch immer die freie und offene Gesellschaft mit ihrem ge-
pflegten Image und ihren fest verankerten Idealen« sei; »je weniger
Arbeit der Art, die von den Bewohnern der Elendsviertel in den Städten und Dörfern getan werden kann, erforderlich ist, um so mehr werden diese Menschen in die Isolierung getrieben, der Arbeitslosigkeit und
regelrechten Ausbeutung ausgeliefert. Ein häßlicher Geruch steigt auf
vom Kellergeschoß des prächtigen amerikanischen Herrenhauses«
(S. 49).

12 Adam Ulan, *The Unfinished Revolution,* New York 1964, S. 97.

13 1965 machten 20 von 420 000 Gesellschaften nach Steuerabzug Gewinne
von 38 %, und die Gewinne aus ausländischen Investitionen waren
mehr als dreimal so hoch wie 15 Jahre früher. Der Umsatz von General
Motors war höher als das Bruttosozialprodukt jedes anderen Landes
nach den ersten neun. Die zehn größten Gesellschaften meldeten Gewinne, die denen der 490 nachfolgenden Gesellschaften entsprachen.
Tausend Gesellschaften verschwanden durch Fusion.

14 »America in the Technetronic Age«, *Encounter,* Bd. 10 (Januar 1968),
S. 16-26.

15 »Marxian Socialism in the United States«, in: Donald D. Egbert und
S. Persons, Hrsg., *Socialism and American Life,* Princeton 1952, Bd. 1,
S. 329.

16 Op. cit., S. 5. Weniger typisch und realistischer ist sein Glaube, daß
diese Probleme auch »die Gutachten der Sozialwissenschaftler zu widerlegen scheinen«. Für eine allgemeine Erörterung dieser »Großzügigkeit«
siehe zum Beispiel David Horowitz, *Hemispheres North and South,*
Baltimore 1966, und in vielen Spezialuntersuchungen. Im großen und
ganzen teilen die amerikanischen Staatsbeamten diesen Glauben an unsere Großzügigkeit nicht. So bekannte z. B. der für lateinamerikanische Angelegenheiten zuständige Staatssekretär: »Das Außenministerium ist nicht geneigt, den Ländern, die an unserem privaten Kapital
nicht interessiert sind, große Darlehen aus öffentlichen Mitteln zu gewähren« (*State Department Bulletin,* Nr. 22, 1950, zitiert bei Frederick
Clairmonte, *Economic Liberalism and Underdevelopment,* Bombay
und London 1960, S. 248). Eugene Black erklärte vor dem Kongreß für
die Asiatische Entwicklungs-Bank: »Wenn die Bank Darlehen gibt,
liegen internationale Gebote vor, und ich bin sicher, daß wir mit unseren Fähigkeiten und unserer Erfindungskraft unseren Anteil am Geschäft haben werden. Sicherlich sollten wir mehr bekommen als die
geringe Summe, die wir beitragen.« David Bell bezeugte: »Die Bank
wird eine wichtige Rolle bei der Entwicklung anderer Richtlinien für
unser Entwicklungshilfeprogramm spielen: sie wird die Rolle des privaten Sektors stärken ... indem sie besondere Projekte ausfindig macht,
die Privatkapital anziehen könnten; indem sie dabei hilft, Entwick-

lungspläne zu entwerfen und eine Politik anzuregen, die die Privatinitiative ermutigt; und indem sie Privatkapital in dieses Gebiet lenkt«.
Von der »Großzügigkeit, die unsere Politik charakterisiert«, ist hier
nicht die Rede. Ebenso aufschlußreich ist die Geschichte von Programmen wie dem der
Allianz für den Fortschritt. Dieses Programm ist laut Senator Gore »in
großem Maß zu einer Subvention für amerikanische Geschäfte und amerikanische Exporteure geworden« *(Congressional Record,* 22. Juli 1966)
– eine recht zutreffende Einschätzung, wie es scheint. So beruht das
AID-Kredit-Programm für Lateinamerika, nach den Worten des früheren Funktionärs der Allianz für den Fortschritt, William Rogers *(The
Twilight Struggle,* New York 1967, S. 205), auf zwei Grundsätzen:
»eine Zahlungsbilanz, die die Fähigkeit der Nation, in erhöhtem Maße
amerikanische Güter und Dienstleistungen einzuführen, nachwies, und
die Übernahme öffentlicher Richtlinien und Programme, die eine Gewähr boten gegen Kapitalflucht und gegen den Mißbrauch inländischer
Ressourcen durch einen unwirtschaftlichen Staatshaushalt, geringere
örtliche Sparmaßnahmen oder Inflation«. In einem Kommentar dazu
sagt Robert Smith: »Die letztere Bedingung schloß erhöhte Steuereinnahmen, die Reduzierung des Haushaltsdefizits, die Abschaffung von
›verzerrenden Subventionen für staatliche Unternehmen‹ und die Einführung von ›staatlichen Anreizen für Investitionen und Wachstum im
privaten Sektor‹ ein« *(New Politics,* Bd. 6 [Frühjahr 1966], S. 49-57.
Einige Bemerkungen über die andere Seite unseres Entwicklungshilfeprogramms, die Militärhilfe, findet man in den Artikeln von James
Petras in dieser und der vorangegangenen Ausgabe.)

17 »To Intervene or Not to Intervene«, *Foreign Affairs,* Bd. 45 (April
1967), S. 425-436.
18 *New York Times,* 20. Dezember 1967. Die *Times* bezieht sich auf die
»Auszüge«, die sich aber inhaltlich vom vollständigen Dokument nicht
unterscheiden. Es ist seitdem von vielen anderen Gelehrten unterzeichnet worden.
19 Siehe die Rezensionen von Coral Bell und B.R. O'G. Anderson im
China Quarterly, Nr. 28 (Oktober-Dezember 1966), S. 140-143. Es
sollte erwähnt werden, daß die Opposition gegen den sozialen Wandel
und die Unterstützung der konterrevolutionären Gewalt, die zu seiner
Unterdrückung dient, seit langer Zeit schon Merkmale der amerikanischen Kulturgeschichte sind. So besteht, dem amerikanischen Historiker
Louis Hartz zufolge, »kein Zweifel, daß das Auftauchen selbst eines
milden Sozialismus im Jahre 1848, der eines Ledru Rollin und der
Nationalwerkstätten, ausreichte, um in Amerika allgemeine Bestürzung
hervorzurufen. Es gab in Amerika keinen Protest gegen die Unterdrückung des Juniaufstandes der Pariser Arbeiter oder gegen die Unterdrückung der Kommunarden im Jahre 1871. Hier herrschte Gewalt,
und keine geringe, aber sie diente, wie es ein Leitartikler [im *New York*

Journal of Commerce] ausdrückte, der Wahrung von Ordnung und Gesetz. (*The Nature of Revolution*, Zeugenaussage vor dem Außenpolitischen Senatsausschuß am 26. Februar 1968 [Government Printing Office, Washington 1968]).

20 »The Public and the Polity«, in: Ithiel de Sola Pool, Hrsg., *Contemporary Political Science: Toward Empirical Theory*, New York 1967, S. 26.

21 Clairmonte, op. cit., S. 325.

22 Neue Beweise dafür legte George M. Kahin vor, in einem Memorandum vom 13. April 1967 im *Congressional Record*. Er zitiert die Schätzung des Marine Corps, wonach in dieser Provinz 18 von 549 Dörfern »gesichert« wurden.

23 So Albert Shaw, Herausgeber der *American Review of Reviews*, im Jahre 1893 über die Unfähigkeit Amerikas, Kolonien zu erobern. Zitiert in: Ernest R. May, *Imperial Democracy*, New York 1961, S. 23.

24 Zitiert von Robert Guillain in *Le Monde*, 25. Mai 1966; in englischer Übersetzung unter dem Titel *Vietnam, the Dirty War*, London 1966.

25 Laut Jonathan Randal (*New York Times*, 11. Juni 1967) »hatte nur ein Offizier im Rang über einem Oberstleutnant nicht während des Indochinakrieges in der französischen Armee gegen den Viet Minh gekämpft«.

26 Douglas Pike, *Viet Cong*, Cambridge 1966, S. 361-362 (deutsche Übersetzung: *Vietkong*, Wien 1968).

27 *Vietnam: A Dragon Embattled*, New York 1967, Bd. 2, S. 952. Siehe auch Anm. 29.

28 *World Communism*, 1939; Neuaufl. Ann Arbor 1962, S. 24.

28a Die Sitzungsberichte wurden unter dem Titel *No More Vietnams?* veröffentlicht, hrsg. von R. Pfeffer, New York 1968.

29 Buttinger, op. cit., Bd. 2. S. 856. »Durch Gemeindewahlen hätte der Viet Minh die Kontrolle über den größten Teil der ländlichen Gemeinden gewonnen. Nicht nur, daß der Viet Minh populär war und weite Gebiete unter seiner effektiven politischen Kontrolle standen – er allein verfügte über Leute mit den notwendigen organisatorischen Fähigkeiten, die von dem Regime gebotenen Möglichkeiten für demokratische Willensäußerung auszuschöpfen.« Buttinger fügt hinzu, daß »die FNL wirklich der wiedergeborene Viet Minh war«, und spricht von der »Ähnlichkeit, ja geradezu Identität von Viet Minh und FNL«.

30 Roger Hilsman, »Internal War: The New Communist Tactic«, in: F.M. Osanka, Hrsg., *Modern Guerilla Warfare*, New York 1962, S. 460.

31 Alastair Buchanan, Direktor des *Institute for Strategic Studies* in London, beschreibt die Südkoreaner als eine »Organisation asiatischer ›black and tans‹« (»Questions about Vietnam«, *Encounter*, Bd. 30 [Januar 1968], S. 3-12).

Über die Gründe für den bemerkenswerten Erfolg bei der Befriedung der Provinz Binh Dinh siehe Bernard Fall, *Last Reflections on a War*, Garden City, N.Y., 1967, S. 159. Die Provinz gehörte zu den Gebieten, »in denen Operationen kombinierter amerikanisch-koreanischer Einheiten die Opposition buchstäblich erdrosselt haben« durch »ausgedehnte Such- und Vernichtungsaktionen« und kontinuierliche »straffe militärische Kontrolle« – so schien es zumindest, bis Ende 1967 und schließlich im Februar 1968 das Faß explodierte. Ein Bericht über die Provinz Binh Dinh, das »Musterbeispiel« für Befriedung, in der *New York Times* vom 20. Februar erzählt von den Vorgängen. »Die Feindbewegungen im Dezember, die mehrere Militärs als den Auftakt zur Offensive bezeichneten, lösten eine Welle von alliierten Luftangriffen auf die Dörfer aus. Hunderte von Wohnsiedlungen wurden zerstört« – die Standardreaktion der Amerikaner. Ein amerikanischer Beamter berichtet: »Was tat der Viet Kong? Er besetzte die Dörfer, die wir also nur zu dem Zweck befriedet hatten, damit die Verbündeten kamen und sie ausbombten. Wegen seiner Anwesenheit wurden die Dörfer zerstört.« Zweifellos erklären unsere Spezialisten der psychologischen Kriegführung jetzt den Vietnamesen, die offenbar Schwierigkeiten haben, diese Subtilitäten zu verstehen, daß die Vernichtung der Dörfer die Schuld des »Viet Kong« sei. Auf jeden Fall, so fährt der Bericht fort, »ist nun das gesamte für die Provinz aufgestellte Programm für 1968 auf die lange Bank geschoben«, »das Programm ist um 14 bis 18 Monate zurückgeworfen worden« – das heißt zurück in die Zeit, als die Auffüllung der Provinz mit amerikanischen und koreanischen Truppen begann. »Alles ist umsonst gewesen«, wie ein verdrossener amerikanischer Beamter klagte.

32 *United States Policy and the Third World*, Boston 1967, Kapitel 3.

33 Morton H. Halperin, *Contemporary Military Strategy*, Boston 1967, S. 141 f. Ich bin Herbert P. Bix zu Dank verpflichtet, weil er mich auf diesen Beitrag zur Sozialwissenschaft aufmerksam gemacht hat.

34 Wolf, op. cit., S. 69.

35 Es hat wenig Sinn, Wolfs Auffassung der internationalen Politik oder seine empirischen Untersuchungen ausführlich zu erörtern. Wenige Beispiele genügen: Er behauptet schlankweg, daß Nordvietnams Bereitschaft, »das Regime [im Süden] zu zerschlagen«, teilweise bedingt war »durch die merkbaren wirtschaftlichen und sozialen Verbesserungen, die das Diem-Regime von 1955 bis 1960 erzielt hatte – drastische Verbesserungen im Vergleich zu der wirtschaftlichen Stagnation in Nordvietnam« (für Fakten anstelle von Phantasien bezüglich der relativen Entwicklung siehe Buttinger, op. cit. Bd. 2, S. 928, 966 f.); er behauptet weiter, daß Indiens »relativ erfolgreiches Wachstum« einer der Gründe für »Chinas Aggressionen im Oktober 1962« war. Siehe auch Anm. 36. Was die Zuverlässigkeit von Wolfs empirischen Untersuchungen betrifft, so braucht man nur zu erwähnen, daß sich sein signifikantestes Resultat, die Korrelation zwischen höherem Bruttosozialprodukt und höherem

Grad politischer Demokratie in Lateinamerika, prinzipiell aus der (auf
Daten von 1950 bis 1960 beruhenden) Schlußfolgerung ergibt, daß Brasilien und Argentinien (zusammen mit Mexiko und Chile) eine hohe
Stufe der politischen Demokratie erreicht haben (cf. S. 124). Den allgemeinen Bewußtseinsstand dieses Gelehrten illustriert zum Beispiel seine
feierliche Reverenz für einen Gewährsmann, der ihm erklärt hatte, daß
es zur Bestimmung des »militärischen Gesamtwertes« einer Reihe von
Alternativen nicht ausreiche, die einzelnen Werte zu summieren; man
müsse auch die möglichen Reaktionen nach der Wahrscheinlichkeit ihres
Auftretens bewerten.

36 »In allen Fällen jedoch sollte die erste Überlegung die sein, ob die vorgeschlagene Maßnahme Aufwand und Schwierigkeiten der Aktionen
der Aufständischen möglicherweise erhöht und zur Zerschlagung ihrer
Organisationen beiträgt, und nicht die, ob man durch sie die Loyalität
und Unterstützung der Bevölkerung gewinnen oder eine produktivere,
effektivere und gerechtere Ausnutzung der Ressourcen ermöglichen
kann« (Wolf, op. cit., S. 69). Wir müssen begreifen, daß »konterrevolutionäre Programme auch bei einer ländlichen Bevölkerung, die der
Regierung eher passiv oder sogar feindlich als loyal gegenübersteht, erfolgreich durchgeführt werden können«. Als Beweis dafür verkündet
Wolf seine Überzeugung, daß »das Wachstum des Viet Kong und des
Pathet Lao wahrscheinlich trotz der Opposition einer großen Mehrheit
des vietnamesischen und laotischen Volkes zustande kam« (ibid., S. 48).
Was sie können, können wir auch.

Im Gegensatz dazu berichtete Robert Scigliano (der zu dem Berater-
Team für Vietnam der Michigan State University gehört), daß »aufgrund von Schätzungen amerikanischer Beamter in Saigon gegen Ende
des Jahres 1962 ungefähr die Hälfte aller Südvietnamesen die FNL
unterstützten« (*South Vietnam: Nation Under Stress*, Boston 1963,
S. 145). Arthur Dommen berichtet (*Conflict in Laos: The Politics of
Neutralisation*, New York 1964), daß »der Pathet Lao keine Propaganda nötig hatte, um die Landbevölkerung gegen die Stadtbevölke-
rung aufzuwiegeln« (S. 107). Dafür sorgte die Amerikanische Mission,
einmal durch verschwenderische Hilfeleistungen (wovon ein halbes Prozent für die Landwirtschaft ausgegeben wurde, die die Lebensgrundlage
von 96 Prozent der Gesamtbevölkerung ausmacht), die zu unerhörter
Korruption führten, zu einer wachsenden Zahl luxuriöser Villen und
riesiger Autos Seite an Seite mit quälender Armut, und andererseits
durch ihre unaufhörliche Subversion mittels Unterstützung des »pro-
westlichen Neutralisten« Phoui Sananikone und später des Militärdik-
tators Phoumi Nosavan. Die wirkliche »Drohung« des Pathet Lao bestand nach Roger Hilsman in der »Ausdehnung der politischen Kontrolle durch den Versuch, die Unterstützung der Landbevölkerung zu
finden« (*To Move a Nation*, Garden City, N.Y., 1967, S. 112). Der
Mangel an Unterstützung für den Pathet Lao zeigte sich deutlich bei

den Wahlen von 1958, als neun ihrer dreizehn Kandidaten gewannen und Souphanouvong, die führende Gestalt des Pathet Lao, mehr Stimmen erhielt als irgendein anderer Kandidat des Landes. Es war dieser Wahlsieg, der die amerikanischen Subversionsversuche bedingte. Laut Dommen »ließen die Vereinigten Staaten wieder einmal dem feudalsten Element der Gesellschaft ihre Unterstützung zukommen«.

Charles Wolf sieht in alledem den Beweis dafür, daß sowohl Konterrevolution wie auch Revolution ohne Rücksicht auf die Loyalität und Beteiligung der Bevölkerung Erfolg haben können.

37 Zitiert bei Clairmonte, op. cit., S. 92. Die Vorfahren, von denen Merivale spricht, sind jene, die die indische Textilindustrie durch Embargos und Importsteuern vernichteten, was dringend notwendig gewesen war. »Wäre das nicht passiert, dann hätten die Spinnereien von Paisley und Manchester ihre Produktion einstellen müssen und wohl kaum wieder in Gang gebracht werden können, nicht einmal durch die Dampfkraft. Sie blieben erhalten durch das Opfer der indischen Fabrikanten.« (Horace Wilson, 1826, zitiert bei Clairmonte, S. 87) Das ist das klassische Beispiel für die Schaffung von Unterentwicklung durch den Imperialismus. Eine detaillierte Untersuchung über diesen Prozeß gibt André Gunder Frank, *Capitalism and Underdevelopment in Latin America,* New York, Monthly Review Press 1967.

38 Siehe Robert E. Osgood, *Ideals and Self-Interest in America's Foreign Relations,* Chicago 1953, S. 72 f.

39 »Some Reflections on U.S. Policy in Southeast Asia«, in: William Henderson, Hrsg., *Southeast Asia: Problems of United States Policy,* Cambridge 1963, S. 249-263. Diese Sammlung von Aufsätzen wurde mit Unterstützung der Asia Society veröffentlicht, wegen »der wissenschaftlichen Qualität der Aufsätze und ihres erhellenden Beitrags zur Geschichte der amerikanischen Politik in diesem Gebiet«.

40 *Thailand and the United States,* Washington 1965.

41 Die Bank von Amerika setzte am 4. Juli 1951 eine ganzseitige Anzeige in die *Bangkok Post,* in der sie das Königreich Thailand mit diesen Worten grüßte: »Sowohl in Thailand als auch in Amerika geht die Demokratie Hand in Hand mit der nationalen Souveränität. Heute stehen beide Nationen im Vordergrund der internationalen Bemühungen zur Förderung und Verteidigung der demokratischen Lebensform.«

42 Aus einem Artikel über »U.S.-Thai links« im *Christian Science Monitor* vom 14. Oktober 1967.

43 Nur wenige Abschnitte vorher erfahren wir, daß in der Nachkriegszeit »die Amerikaner die Streitkräfte Thailands schnell von 50 000 auf 100 000 Mann erhöhten ... Mit großer Eile verstärkten die Vereinigten Staaten die Polizeikräfte, was zur Unterdrückung der Regierungsgegner beitrug. Das Programm für technische Hilfe wurde weitgehend auf militärische Ziele umgestellt. Der Einfluß dieser Politik auf die Vorgänge im Land stärkte die Macht und das Prestige der militärischen

Führung, die im Jahre 1947 die Herrschaft an sich gerissen hatte. Die Entwicklung in Richtung auf eine Art konstitutioneller Regierung wurde aufgehalten, und die demokratischen Institutionen, kurz nach dem Krieg von zivilen Führungskräften eingerichtet, wurden abgeschafft. Politische Parteien wurden unterdrückt. Die Presse wurde zensiert. Die Macht konzentrierte sich zusehends in den Händen einiger weniger Militärführer.« All das machte jedoch noch keine »Einmischung in die inneren Angelegenheiten anderer Nationen« aus, und steht nicht »im Gegensatz zur amerikanischen Tradition«.

44 *Western Interests in the Pacific Realm,* New York 1967.

45 Welche Bedeutung hat dann die Tatsache, daß die überwiegende Mehrheit der Bevölkerung Okinawas, eingeschlossen die 80 Prozent, deren wirtschaftliche Existenz durch diese Entwicklung gefährdet oder vernichtet werden könnte, die Rückkehr der Insel zu Japan wünscht, wie es die *Asahi*-Abstimmung zeigt? (Siehe *Japan Quarterly,* Bd. 15 [Jan.-März 1968], S. 42-52). Bezüglich der »strategischen Pfänder« ermahnt uns Adam, nicht zu sentimental zu werden: »Ein strategisches Pfand gründet auf der Annahme der überragenden Bedeutung der nationalen Verteidigung und der Erhaltung der internationalen Ordnung gegenüber den kulturellen und politischen Freiheiten der einheimischen Bevölkerung.«

46 H. D. Malaviya, zitiert von Clairmonte (op. cit., S. 114), der wichtiges Beweismaterial zur Bekräftigung der folgenden Beurteilung der Konsequenzen der westlichen Vorherrschaft anführt: »Die systematische Vernichtung der indischen Manufakturen; die Bildung der Zemindari [Landaristokratie] und ihre parasitären Auswüchse; die Veränderung der Agrarstruktur; die finanziellen Verluste aufgrund der Abgaben; der schnelle Übergang von einer Naturalwirtschaft zu einer vom internationalen Preismechanismus beherrschten Wirtschaft – das waren einige der sozialen und institutionellen Kräfte, die die Apokalypse von Tod und Hunger für Millionen von Menschen bringen sollten – mit wenigen oder gar keinen kompensierenden Vorteilen für den Bauer« (S. 107). Siehe auch Anm. 37.

47 Zitiert in Paul Avrich, *The Russian Anarchists,* Princeton 1967, S. 93 f. Eine neuere Formulierung dieser Ansicht gibt Anton Pannekoek, ein holländischer Wissenschaftler und Apologet des libertären Kommunismus, in seiner Arbeit *Workers Councils,* Melbourne 1950, S. 36 f.:

Es ist nicht das erste Mal, daß eine herrschende Klasse ihre Herrschaft als die Folge eines angeborenen Unterschieds zwischen zwei Arten von Menschen zu erklären und damit zu verewigen sucht: die eine Art ist von Natur aus dazu bestimmt, zu herrschen, die andere, beherrscht zu werden. Die Landaristokratie der vergangenen Jahrhunderte verteidigte ihre privilegierte Stellung, indem sie sich rühmte, von einer vornehmeren Rasse von Eroberern abzustammen, die die niedere Rasse des gemeinen Volks unterworfen habe. Große Kapitalisten erklären ihre Vorrangstellung mit der Behauptung, daß sie Verstand haben und andere nicht. Auf die gleiche Weise nehmen heute vor allem die Intellektuellen, die sich als die rechtmäßigen Herrscher von morgen betrachten, geistige Überlegenheit für sich in Anspruch. Sie bilden die schnell wachsende Klasse der in in den Universitäten ausgebildeten Beamten und Freiberuflichen, die sich auf die geistige Arbeit, das Studium von Büchern und Wissenschaften spezialisiert haben, und halten sich für die am meisten mit Intellekt bedachten Menschen. Daher sind sie dazu bestimmt, die Leiter der Produktion zu sein, während die minderbegabten Massen die manuelle Arbeit leisten sollen, für die kein Verstand gebraucht wird. Sie sind keine Verteidiger des Kapitalismus – nicht Kapital, sondern Intellekt soll die Arbeit regieren. Und das um so mehr, als die Gesellschaft heute derartig kompliziert ist und auf so abstrakten und schwierigen Wissenschaften basiert, daß nur die Scharfsinnigsten in der Lage sind, diese Gesellschaft in den Griff zu bekommen, zu verstehen und zu lenken. Sollten die Arbeitermassen aus Mangel an Einsicht die Notwendigkeit der überlegenen intellektuellen Führung nicht anerkennen, sollten sie dummerweise versuchen, die Führung in eigene Hände zu nehmen, so wären Chaos und Untergang die unvermeidlichen Konseqenzen.

48 Siehe Anm. 7. Albert Parry hat darauf hingewiesen, daß es einige wichtige Ähnlichkeiten in dem Auftauchen einer wissenschaftlichen Elite in der Sowjetunion und in den USA bezüglich ihrer immer größer werdenden Rolle in den Entscheidungsprozessen gibt; Bells These dient ihm als Bekräftigung. Siehe *New York Times* vom 27. März 1966, über die Midwest Slavic Conference.

49 Brief an Herzen und Ogareff, 1866, zitiert bei Daniel Guérin, *Jeunesse du socialisme libertaire,* Paris 1959, S. 119.

50 Rosa Luxemburg, *Die russische Revolution,* Frankfurt 1963, S. 74.

51 R. Luxemburg, zitiert bei Guérin, op. cit., S. 106 f.

52 »Organisationsfragen der russischen Sozialdemokratie«, in R. Luxemburg, op. cit., S. 39.

53 Eine sehr aufschlußreiche Untersuchung dieses Themas mit dem Akzent auf innenpolitischen Fragen gibt Michael Paul Rogin, *The Intellectuals and Mc Carthy: The Radical Specter,* Cambridge 1967.

54 *The Spanish Republic and the Civil War: 1931-1939,* Princeton 1965.

55 Respektive Präsident der Republik, Ministerpräsident vom Mai bis zum Aufstand Francos, und Mitglied des konservativen Flügels der Volksfront, von Azaña auserwählt, nach dem Aufstand eine Kompromißregierung zu bilden.

56 Interessant ist, daß Douglas Pikes ausgesprochen feindseliger Bericht über die Nationale Befreiungsfront, den ich bereits erwähnte, das Moment der Popularität und der Freiwilligkeit bei ihren bemerkenswerten organisatorischen Erfolgen betont. Was er beschreibt – ob richtig oder nicht, läßt sich nicht sagen –, ist eine Struktur untereinander zusammenhängender Selbsthilfe-Organisationen, die lose koordiniert sind, sich eher durch Überzeugung als durch Gewalt entwickelt haben und in mancher Hinsicht so geartet sind, daß anarchistische Theoretiker ihre Freude daran gehabt hätten. Jene, die so ungeniert vom »autoritären

Viet Kong« sprechen, haben vielleicht recht, haben aber nur wenig Beweismaterial zur Bekräftigung ihrer Behauptung vorgelegt. Natürlich muß man wissen, daß Pike den Faktor der freiwilligen Massenbeteiligung an Selbsthilfe-Organisationen als das gefährlichste und heimtückischste Merkmal der Organisationsstruktur der FNL ansieht.

Hierher gehört auch die Geschichte der Kollektivierung in China, die sich, im Vergleich zur Sowjetunion, weit mehr auf Überzeugung und gegenseitige Hilfe verläßt als auf Gewalt und Terror und viel erfolgreicher gewesen zu sein scheint. Siehe Thomas P. Bernstein, »Leadership and Mass Mobilisation in the Soviet and Chinese Collectivization Campaigns of 1929-30 and 1955-56: A Comparison«, *China Quarterly*, Nr. 31 (Juli-September 1967), S. 1-47.

Das Ausmaß der chinesischen Revolution ist so groß, und die Berichte sind so fragmentarisch, daß es zweifellos tollkühn wäre, den Versuch einer generellen Beurteilung zu unternehmen. Und doch bestätigen alle Berichte, die ich studieren konnte, daß, insofern in den verschiedenen Phasen der Landreform, der gegenseitigen Hilfe, Kollektivierung und Gründung von Kommunen wirkliche Erfolge erzielt wurden, sie größtenteils auf das vielschichtige Zusammenwirken von kommunistischen Parteikadern und sich allmählich herausbildenden Bauernassoziationen zurückzuführen waren – eine Beziehung, die vom leninistischen Organisationsmodell stark abzuweichen scheint. Das wird besonders deutlich in der hervorragenden Untersuchung von William Hinton, *Fanshen* (New York, Monthly Review Press 1966), die meines Wissens als Analyse eines Momentes eines tiefgreifenden revolutionären Wandels beispiellos ist. Was mir in diesem Bericht über die frühen Phasen der Revolution in einem chinesischen Dorf ganz besonders eindrucksvoll erscheint, ist das Ausmaß, in dem sich die Parteikader der Kontrolle durch die Bevölkerung unterwarfen, aber auch, und noch bezeichnender, die Art und Weise, wie die Ausübung von Kontrolle über bestimmte Stadien des revolutionären Prozesses ein Faktor in der Entwicklung von Bewußtsein und Einsicht derjenigen war, die sich an der Revolution beteiligten, nicht nur vom politischen und sozialen Standpunkt aus betrachtet, sondern auch im Hinblick auf die dadurch entstandenen menschlichen Beziehungen. Interessant in diesem Zusammenhang ist das starke populistische Element in der frühen Phase des chinesischen Marxismus. Für einige sehr aufschlußreiche Beobachtungen über dieses Thema siehe Maurice Meisner, *Li Ta-chao and the Origins of Chinese Marxism*, Cambridge 1967.

Ich möchte nicht behaupten, daß sich die anarchistische Revolution in Spanien – mit ihrem Hintergrund von mehr als dreißig Jahren Schulung und Auseinandersetzung – in Asien wiederholt, sondern vielmehr, daß das spontane und freiwillige Element in Massenbewegungen wahrscheinlich vollständig mißverstanden wurde aufgrund der instinktiven Antipathie der Intellektuellen gegenüber solchen Phänomenen und, in jüngster Zeit, weil man sie beharrlich im Rahmen des Mythos vom Kalten Krieg zu interpretieren versucht.

57 »The Spanish Background«, *New Left Review*, Nr. 40 (November-Dezember 1966), S. 85-90.

58 José Peirats, *La C. N. T. en la revolución española*, Toulouse 1951 bis 1952, 3 Bde. Jackson weist nur beiläufig auf diese Arbeit hin. Peirats hat inzwischen eine allgemeine Geschichte dieser Periode veröffentlicht: *Los anarquistas en la crisis política española* (Buenos Aires 1964), eine ausgezeichnete Studie, die unbedingt übersetzt werden sollte.

59 Eine Ausnahme in der nahezu allgemeinen Unfähigkeit zur Auseinandersetzung mit der anarchistischen Revolution macht Hugh Thomas mit seiner Arbeit »Anarchist Agrarian Collectives in the Spanish Civil War« in: M. Gilbert, Hrsg., *A Century of Conflict, 1850-1950: Essays for A. J. P. Taylor*, New York 1967, S. 245-263 (siehe auch Anm. 106). Viele brauchbare Informationen enthält auch die meines Erachtens beste allgemeine Geschichte des Bürgerkriegs: *La Révolution et la guerre d'Espagne* von Pierre Broué und Emile Témime (Paris 1961; deutsche Übersetzung: *Revolution und Krieg in Spanien*, Suhrkamp 1968). Ein knapper und informativer Bericht ist enthalten in Daniel Guérin, *L'Anarchisme* (Paris 1965; deutsche Übersetzung: *Anarchismus*, edition suhrkamp 240, 1967). In seiner umfangreichen Arbeit *The Spanish Civil War* (New York 1961; deutsche Übersetzung: *Der spanische Bürgerkrieg*, Berlin 1962) nimmt Hugh Thomas kaum Bezug auf die Revolution des Volkes, und einige der wichtigsten Ereignisse erwähnt er überhaupt nicht (siehe z. B. Anm. 97).

60 *Collectivisation: L'œuvre constructive de la Révolution espagnole*, 2. Aufl. Toulouse 1965. Die erste Auflage wurde in Barcelona veröffentlicht (Editions CNT-FAI, 1937). Es gibt eine ausgezeichnete Zusammenfassung von Karl Korsch, »Collectivization in Spain« in: *Living Marxism*, Bd. 4 (April 1939), S. 179-182. In derselben Ausgabe (S. 170 f.) ist die liberale und kommunistische Reaktion auf den Bürgerkrieg in Spanien kurz und bündig, und meiner Ansicht nach richtig, zusammengefaßt: »Hinter ihrem leeren Gerede über die Wunder der bolschewistischen Disziplin, die Freundlichkeit Caballeros und die Leidenschaften der Pasionaria verbargen die ›modernen Liberalen‹ nur ihren wahren Wunsch nach Zerstörung aller revolutionären Möglichkeiten im Bürgerkrieg und ihre Vorbereitung auf einen möglichen Krieg um die spanische Frage im Interesse ihrer verschiedenen Vaterländer ... Was im spanischen Bürgerkrieg wirklich revolutionär war, resultierte aus den direkten Aktionen der Arbeiter und der verarmten Bauern und war weder einer bestimmten Form von Arbeiterorganisation noch einer besonders intelligenten Führung zu verdanken.« Ich glaube, die Dokumente bestätigen diese Analyse, und ich glaube ebenfalls, daß gerade diese Tatsache der Grund für den Widerwillen der Historiker gegen die revolutionäre Phase des Bürgerkriegs und deren Geringschätzung ist.

61   Ein anschaulicher Augenzeugenbericht über diese Periode ist die Arbeit von Franz Borkenau, *The Spanish Cockpit*, 1938, Neuaufl. Ann Arbor 1963.

62   Die Zahlen stammen von Guérin, *L'Anarchisme*, op. cit., S. 154.

63   Ein brauchbarer Bericht über diesen Zeitabschnitt ist Felix Morrows *Revolution and Counter-Revolution in Spain* (1938, Neuaufl. London 1963).

64   Zitiert von Camillo Berneri in seinem »Lettre ouverte à la camarade Frederica [sic] Montseny«, *Guerre de classes en Espagne* (Paris 1946), eine Sammlung von Eintragungen aus seinem Tagebuch *Guerra di Classe*. Berneri war der hervorragendste anarchistische Intellektuelle in Spanien. Er widersetzte sich der Politik einer Regierungsbeteiligung und befürwortete eine andere, typischer anarchistische Strategie, auf die ich später zurückkommen werde. Seine persönliche Meinung über die Regierungsbeteiligung formulierte in kurzen Worten ein katalonischer Arbeiter mit Bezug auf die Republik von 1931: »Es ist immer derselbe Gauner im neuen Gewand.« Die Ereignisse sollten die Richtigkeit dieser Aussage beweisen.

      Berneri war einer der führenden Sprecher der italienischen Anarchisten, der Italien nach Mussolinis Machtergreifung verließ und am 19. Juli 1936 nach Barcelona kam. Er organisierte die ersten italienischen Einheiten für den antifaschistischen Krieg (vgl. Rudolf Rocker, *The Tragedy of Spain*, New York, Freie Arbeiter Stimme 1937, S. 44). Er wurde zusammen mit seinem Genossen Barbieri während der Maiunruhen von 1937 ermordet (in der Nacht nach seiner Verhaftung am 5. Mai durch die von den Kommunisten kontrollierte Polizei). Thomas vermutet in *The Spanish Civil War* (S. 428), daß »die Mörder italienische Kommunisten gewesen sein können«, und nicht die Polizei. In Thomas' Buch, das sich weitgehend mit der militärischen Geschichte auseinandersetzt, wird zwar die Ermordung Berneris erwähnt, aber kein weiterer Hinweis auf seine Ideen oder seine Rolle gegeben. In Jacksons Darstellung erscheint Berneris Name überhaupt nicht.

65   Burnett Bolloten, *The Grand Camouflage: The Communist Conspiracy in the Spanish Civil War*, New York 1961, S. 86. Dieses Buch eines UP-Korrespondenten, der zur Zeit des Bürgerkriegs in Spanien war, enthält eine große Menge wichtigen dokumentarischen Materials über die hier gestellten Fragen. Die Haltung der reichen Bauern dieses Gebiets, von denen die meisten ehemalige Anhänger der Rechts-Organisationen waren, ist von Julio Mateu, dem Generalsekretär der Bauernföderation, gut beschrieben worden: »Die Sympathie für uns [die Kommunistische Partei] in den ländlichen Gebieten um Valencia sieht so aus, daß Hunderte und Tausende von Bauern in unsere Partei eintreten würden, wenn wir es ihnen gestatteten. Diese Bauern . . . lieben unsere Partei wie eine heilige Sache . . .: ›Die Kommunistische Partei ist unsere Partei.‹ Kameraden, welche Gefühle geben diese Bauern zu erkennen, wenn sie

diesen Satz aussprechen!« (zitiert von Bolloten, op. cit., S. 82). Über die
Hintergründe, die zum Schreiben dieses äußerst wichtigen Buches führten, gibt es einige interessante Vermutungen in: H. R. Southworth, *Le
mythe de la croisade de Franco*, Paris 1964.

An der Mauer des kommunistischen Hauptquartiers in Valencia waren
zwei Plakate angebracht: »Respektiere das Eigentum des kleinen Bauern« und »Respektiere das Eigentum des kleinen Industriellen« (Borkenau, *The Spanish Cockpit*, S. 117). In Wirklichkeit suchte auch der
reiche Bauer Schutz bei den Kommunisten, der laut Borkenau den
extrem rechten Flügel der republikanischen Kräfte bildete. Zu Beginn
des Jahres 1937 war die Kommunistische Partei »weitgehend ...
die Partei des Militär- und Regierungspersonals, an zweiter Stelle die Partei
der kleinen Bourgeoisie und gewisser wohlhabender Bauernschichten, an
dritter Stelle die Partei der Angestellten und erst an vierter Stelle die
Partei der Industriearbeiter« (S. 192). Die Partei zog auch viele Polizei-
und Armee-Offiziere an. Zum Beispiel waren der Polizeichef Madrids
und der Chef des Sicherheitsdienstes Parteimitglieder. Kurz, die Partei,
die vor der Revolution noch unbedeutend gewesen war, »eröffnete den
städtischen und ländlichen Mittelschichten einen breiten Zugang zum
Leben und zur Selbstbestätigung«, da sie sie gegen die revolutionären
Kräfte verteidigte (Bolloten, op. cit., S. 86). In *The Spanish Labyrinth*
(1943, Neuauflage Cambridge 1960, S. 325) beschreibt Gerald Brenan
die Situation mit folgenden Worten:

Unfähig, die Arbeiterklasse für sich zu gewinnen, die ihren Gewerkschaften
treu blieb, war die Kommunistische Partei der Zufluchtsort für alle diejenigen
geworden, die durch die Ausschreitungen der Revolution zu Schaden gekommen waren oder in Furcht darüber waren, wohin sie sie führen würde. Wohlhabende katholische Orangenpflanzer in Valencia, Bauern in Katalonien,
kleine Ladenbesitzer und Geschäftsleute, Armee-Offiziere und Regierungsbeamte trugen sich als Mitglieder ein ... So war [in Katalonien] eine seltsame
und völlig neue Situation eingetreten: auf der einen Seite stand das große ge-
schlossene Proletariat Barcelonas mit seiner langjährigen revolutionären Tradition, und auf der anderen Seite standen die Angestellten und die *petite
bourgeoisie* der Stadt, gegen das Proletariat organisiert und bewaffnet durch
die Kommunistische Partei.

In Wirklichkeit war die von Brenan beschriebene Situation nicht so seltsam, wie er meint. Sie ergab sich vielmehr ganz natürlich aus dem bolschewistischen Elitedenken: die »Rote Bürokratie« soll als konterrevolutionäre Kraft handeln, ausgenommen dann, wenn ihre gegenwärtigen
oder zukünftigen Repräsentanten versuchen, die Macht im Namen der
Massen, die sie zu vertreten vorgeben, an sich zu reißen.

66 Bolloten, op. cit., S. 189. Die Legalisierung bereits in Angriff genom-
mener und vollendeter revolutionärer Aktionen erinnert an das Verhalten der »revolutionären Vorhut« in der Sowjetunion im Jahre 1918.
Vgl. Arthur Rosenberg, *A History of Bolshevism* (1932, englische Aus-

gabe New York 1965, Kap. 6). Rosenberg beschreibt, wie die Enteignungen, »als ein Ergebnis spontaner Aktionen von seiten der Arbeiter
gegen den Willen der Bolschewisten«, Monate später nur zögernd von
Lenin legalisiert und dann unter die zentrale Kontrolle der Partei
gestellt wurden. Über die Beziehung der Bolschewisten zu den Anarchisten im postrevolutionären Rußland, vom pro-anarchistischen Standpunkt aus betrachtet, siehe Guérin, *L'Anarchisme*, S. 96-125. Siehe auch
Avrich, op. cit., Teil II, S. 123–254.

67 Bolloten, op. cit., S. 191.

68 Ibid., S. 194.

69 Für einige Einzelheiten siehe Vernon Richards, *Lessons of the Spanish
Revolution*, London 1953, S. 83-88.

70 Ein bewegender Augenzeugenbericht ist George Orwells *Hommage to
Catalonia* (1938, Neuaufl. New York 1952 und Boston 1955; deutsche
Übersetzung: *Mein Katalonien*, Frankfurt 1966). Orwells brillantem
Buch wurde bei seinem ersten Erscheinen nur wenig Aufmerksamkeit
geschenkt, was ohne Zweifel daran lag, daß das von ihm gezeichnete
Bild in scharfem Gegensatz zu dem herkömmlichen liberalen Dogma
stand. Die Aufmerksamkeit, die diesem Buch seit seiner Neuauflage von
1952 als einem Dokument des Kalten Krieges zuteil wurde, hätte seinem
Autor vermutlich wenig Freude bereitet.

71 Zitiert bei Rocker, *The Tragedy of Spain*, S. 28.

72 Für einen kurzen Überblick siehe ibid. Für Hitler war es ein großes
Ärgernis, daß diese Interessen weitgehend den Schutz Francos genossen.

73 Ibid., S. 35.

74 Op. cit., S. 324 f.

75 Borkenau, *The Spanish Cockpit*, S. 289-292. Die grundsätzliche Genauigkeit von Borkenaus Bericht läßt mich annehmen, daß Hobsbawm (op.
cit.) im Irrtum ist, wenn er glaubt, die kommunistische Politik sei »ohne
Zweifel die einzige gewesen, die den Bürgerkrieg gewinnen konnte«. In
Wirklichkeit mußte die Politik der Kommunisten scheitern, weil sie auf
der Annahme gründete, daß sich die westlichen Demokratien dem
Kampf gegen den Faschismus anschließen würden, wenn Spanien nur
als eine Art westliche Kolonie erhalten werden könnte. Sobald die kommunistische Führung die Sinnlosigkeit ihrer Hoffnung erkannt hatte,
ließ sie von dem Kampf ab, der in ihren Augen nicht einem Sieg im
Bürgerkrieg, sondern nur den Interessen der sowjetischen Außenpolitik
dienen sollte. Ich stimme auch nicht mit Hobsbawms (oben zitierter)
Analyse der anarchistischen Revolution überein, und zwar aus Gründen, auf denen diese ganze Erörterung beruht.

76 Op. cit., S. 143 f.

77 Zitiert bei Rosenberg, op. cit., S. 168 f.

78 Bolloten, op. cit., S. 84.

79 Ibid., S. 85. Wie schon erwähnt, zählten zu den »kleinen Bauern« auch
die wohlhabenden Orangen-Bauern etc. (siehe Anm. 65).

80 Brenan, op. cit., S. 321.
81 Brief Companys' an Prieto vom Jahre 1939. Obwohl Companys, als Katalonier mit separatistischen Neigungen, naturgemäß dazu tendierte, die katalonischen Errungenschaften zu verteidigen, sympathisierte er keinesfalls mit der Kollektivierung, trotz seiner kooperativen Haltung zu der Zeit, als die Anarchisten, in deren Händen die wirkliche Macht lag, ihm erlaubten, die nominelle Autorität beizubehalten. Ich kenne keinen Versuch, die Richtigkeit seiner Beurteilung anzuzweifeln. Morrow (op. cit., S. 77) zitiert den katalonischen Ministerpräsidenten, den Unternehmer Juan Tarradellas, der die Verwaltung der kollektivierten Kriegsindustrie gegen eine kommunistische (PSUC-)Attacke verteidigte, die er als eine »höchst despotische Lüge« bezeichnete. Es gibt viele andere nicht-anarchistische Berichte aus erster Hand über die Leistungen der kollektivierten Industrie, die Companys' Urteil stützen. Der Schweizer Sozialist Andres Oltmares z. B. sagte (vgl. Rocker, *The Tragedy of Spain*, S. 24), daß die katalonischen Arbeitersyndikate nach der Revolution »in sieben Wochen so viel erreicht hatten wie Frankreich nach dem Ausbruch des Zweiten Weltkrieges in vierzehn Monaten«. Und er fährt fort:

Inmitten des Bürgerkriegs haben die Anarchisten sich als politische Organisatoren ersten Ranges erwiesen. Sie weckten in jedermann das notwendige Verantwortungsgefühl und wußten durch eloquente Appelle den Opfergeist im Interesse der allgemeinen Wohlfahrt des Volkes wachzuhalten.

Als Sozialdemokrat spreche ich hier mit innerer Freude und aufrichtiger Bewunderung über meine Erlebnisse in Katalonien. Hier vollzog sich die antikapitalistische Transformation, ohne daß man Zuflucht zu einer Diktatur nehmen mußte. Die Mitglieder der Syndikate sind ihre eigenen Herren und führen Produktion wie Distribution der Arbeitsprodukte unter eigener Aufsicht durch, beraten von technischen Experten, denen sie Vertrauen schenken. Die Begeisterung der Arbeiter ist so groß, daß sie jeden persönlichen Vorteil ausschlagen und nur am Wohlergehen aller interessiert sind.

Selbst Borkenau gibt (etwas widerwillig) zu, daß die Industrie recht gut funktionierte, soweit er es überblicken konnte. Dieses Thema verdient sorgfältig untersucht zu werden.
82 Zitiert bei Richards, op. cit., S. 46 f.
83 Ibid. Richards glaubt, die Weigerung der Zentralregierung, der aragonischen Front Unterstützung zu gewähren, sei teilweise auf die generelle Politik der Konterrevolution zurückzuführen. »Diese Front, an der viele Mitglieder der CNT-FAI standen, war in den Augen der Anarchisten von großer strategischer Bedeutung, da ihre Hauptaufgabe die Verbindung Kataloniens mit dem Baskenland und Asturien war, d. h. die Verbindung eines Industriegebiets [Katalonien] mit einer wichtigen Rohstoffquelle.« Auch hier wäre es interessant, eine detaillierte Untersuchung vorzunehmen.
Es scheint also festzustehen, daß die Kommunisten der aragonischen

Front Waffen vorenthielten, und es kann kaum in Frage gestellt werden, daß die Gründe dafür politischer Natur waren. Siehe zum Beispiel
D. T. Cattell, *Communism and the Spanish Civil War* (1955, Neuauflage New York 1965), S. 110. Cattell, der im allgemeinen übereifrig
versucht, das Verhalten der Zentralregierung zu rechtfertigen, kommt
zu dem Schluß, daß in diesem Fall die politische Motivation der Hilfe-
verweigerung kaum angezweifelt werden kann, Brenan teilt diese Ansicht; er behauptet, daß die Kommunisten »der aragonischen Front
keine Waffen lieferten, um die Anarchisten zu ärgern«. Die Kommunisten selbst verschanzten sich hinter einer höchst grotesken Verleum-
dung, um den Waffenmangel an der aragonischen Front zu erklären:
der *Daily Worker* z. B. führte den Waffenmangel auf die Tatsache
zurück, daß »der trotzkistische General Kopp riesige Waffen- und
Munitionsvorräte über das Niemandsland zu den Faschisten geschafft
habe« (zitiert von Morrow, op. cit., S. 145). Wie Morrow betont, war
George Kopp besonders schlecht gewählt als Zielscheibe für solche Anschuldigungen. Seine Rolle ist gut bekannt, z. B. dank Orwell, der unter
Kopps Kommando stand (siehe Orwell, op. cit., S. 209 f.). Orwell war
auch in der Lage, viele andere Absurditäten, die in der liberalen Presse
über die aragonische Front verbreitet wurden, aufgrund seiner persönlichen Erlebnisse zu widerlegen, so zum Beispiel die Äußerung von
Ralph Bates in *New Republic*, daß die Truppen der POUM »mit den
Faschisten im Niemandsland Fußball spielten«. Zu jener Zeit, berichtet
Orwell, »hatten die POUM-Truppen schwere Verluste zu verzeichnen,
und eine Reihe meiner persönlichen Freunde wurden getötet oder verwundet«.

84 Zitiert in *Living Marxism*, S. 172.
85 Bolloten (op. cit., S. 49) sagt über die Kollektivierung der Milchwirtschaft in Barcelona: »Die Anarchosyndikalisten schafften über vierzig
Pasteurisierungsanlagen als unhygienisch ab, ließen die gesamte Milch
in den verbleibenden neun Betrieben pasteurisieren und verdrängten
die Händler durch die Errichtung eigener Molkereien. Viele der Klein-
händler schlossen sich den Kollektiven an, andere hingegen weigerten
sich: ›Sie verlangten einen weit höheren Lohn als den, der den Arbeitern
gezahlt wurde, ... mit der Behauptung, daß sie mit dem Geld, das man
ihnen gab, nicht auskämen‹ [*Tierra y Libertad* vom 21. August 1937:
das Blatt der FAI, der anarchistischen Aktivisten].« Seine Information
bezieht er hauptsächlich aus anarchistischen Quellen, die er weit ausgie-
biger benutzt hat als jeder andere Historiker, Peirats ausgenommen. Er
unterzieht jedoch diese Quellen, die – wie alle anderen – kritisch behandelt werden müssen, keiner solchen Prüfung.
86 Morrow, op. cit., S. 136.
87 Borkenau, *The Spanish Cockpit*, S. 182.
88 Ibid., S. 183.
89 Ibid., S. 184. Laut Borkenau »ist es fragwürdig, ob Comorera für diese

Knappheit persönlich verantwortlich war. Es ist möglich, daß sie ohnehin eingetreten wäre, als die Ernte aufgebraucht war«. Diese Spekulation mag stimmen oder nicht. Wie Borkenau können wir nur Vermutungen darüber anstellen, ob die Dorf- und Arbeiterkomitees Barcelona weiterhin hätten versorgen können, mit oder ohne Zentralverwaltung; aber es gab nun einmal die Politik des »abstrakten Liberalismus«, die mit dem generellen, von den Kommunisten dirigierten Versuch übereinstimmte, die revolutionären Organisationen und die während der revolutionären Periode entstandenen Strukturen zu zerstören.

90 Orwell, op. cit., S. 109-111 (deutsche Ausgabe S. 125 f.). Orwells Beschreibung Barcelonas im Dezember, zur Zeit seines ersten Besuchs, verdient ausführlich zitiert zu werden (S. 4 f.; dt. Ausgabe S. 25 f.):

Zum ersten Male war ich in einer Stadt, in der die arbeitende Klasse im Sattel saß. Die Arbeiter hatten sich praktisch jedes größeren Gebäudes bemächtigt und es mit roten Fahnen oder der rot und schwarzen Fahne der Anarchisten behängt. Auf jede Wand hatte man Hammer und Sichel oder die Anfangsbuchstaben der Revolutionsparteien gekritzelt. Fast jede Kirche hatte man ausgeräumt und ihre Bilder verbrannt. Hier und dort zerstörten Arbeitstrupps systematisch die Kirchen. Jeder Laden und jedes Café trugen eine Inschrift, daß sie kollektiviert worden seien. Man hatte sogar die Schuhputzer kollektiviert und ihre Kästen rot und schwarz gestrichen. Kellner und Ladenaufseher schauten jedem aufrecht ins Gesicht und behandelten ihn als ebenbürtig. Unterwürfige, ja auch förmliche Redewendungen waren vorübergehend verschwunden. Niemand sagte ›Señor‹ oder ›Don‹ oder gar ›Usted‹. Man sprach einander mit ›Kamerad‹ und ›du‹ an und sagte ›Salud‹ statt ›Buenos días‹. Trinkgelder waren schon seit Primo de Riveras Zeiten verboten. Eines meiner allerersten Erlebnisse war eine Strafpredigt, die mir ein Hotelmanager hielt, als ich versuchte, dem Liftboy ein Trinkgeld zu geben. Private Autos gab es nicht mehr, sie waren alle requiriert worden. Sämtliche Straßenbahnen, Taxis und die meisten anderen Transportmittel hatte man rot und schwarz angestrichen. Überall leuchteten revolutionäre Plakate in hellem Rot und Blau von den Wänden, so daß die vereinzelt übriggebliebenen Reklamen daneben wie Lehmkleckse aussahen. Auf der Rambla, der breiten Hauptstraße der Stadt, in der große Menschenmengen ständig auf und ab strömten, röhrten tagsüber und bis spät in die Nacht Lautsprecher revolutionäre Lieder. Das Seltsamste von allem aber war das Aussehen der Menge. Nach dem äußeren Bild zu urteilen, hatten die wohlhabenden Klassen in dieser Stadt praktisch aufgehört zu existieren. Außer wenigen Frauen und Ausländern gab es überhaupt keine ›gutangezogenen‹ Leute. Praktisch trug jeder grobe Arbeiterkleidung, blaue Overalls oder irgendein der Miliziuniform ähnliches Kleidungsstück. All das war seltsam und rührend. Es gab vieles, was ich nicht verstand. In gewisser Hinsicht gefiel es mir sogar nicht. Aber ich erkannte sofort die Situation, für die zu kämpfen sich lohnte. Außerdem glaubte ich, daß wirklich alles so sei, wie es aussah, daß dies wirklich ein Arbeiterstaat wäre und daß die ganze Bourgeoisie entweder geflohen, getötet worden oder freiwillig auf die Seite der Arbeiter übergetreten sei. Ich erkannte nicht, daß sich viele wohlhabende Bürger einfach still verhielten und vorübergehend als Proletarier verkleideten . . .

... und auf den glücklichen Tag warteten, da die Kommunisten die alte
Gesellschaftsordnung wieder einführen und die Teilnahme des Volkes
am Krieg verhindern würden.
Im Dezember 1936 jedoch wurde die Situation noch wie folgt geschildert (S. 6, dt. Ausgabe S. 26):

> Doch soweit man urteilen konnte, waren die Leute zufrieden und hoffnungsvoll. Es gab keine Arbeitslosigkeit, und die Lebenskosten waren immer noch
> äußerst niedrig. Auffallend mittellose Leute sah man nur selten und Bettler
> außer den Zigeunern nie. Vor allen Dingen aber glaubte man an die Revolution und die Zukunft. Man hatte das Gefühl, plötzlich in einer Ära der Gleichheit und Freiheit aufgetaucht zu sein. Menschliche Wesen versuchten, sich wie
> menschliche Wesen zu benehmen und nicht wie ein Rädchen in der kapitalistischen Maschine. In den Friseurläden hingen Anschläge der Anarchisten (die
> Friseure waren meistens Anarchisten), in denen ernsthaft erklärt wurde, die
> Friseure seien nun keine Sklaven mehr. Farbige Plakate in den Straßen forderten die Prostituierten auf, sich von der Prostitution abzuwenden. Die Art,
> in der die idealistischen Spanier die abgedroschenen Phrasen der Revolution
> wörtlich nahmen, hatte für jeden Angehörigen der abgebrühten, höhnischen
> Welt der englisch sprechenden Völker etwas Rührendes. Man verkaufte damals
> in den Straßen für wenige Céntimos recht naive revolutionäre Balladen über
> die proletarische Brüderschaft oder die Bosheit Mussolinis. Ich habe öfters
> gesehen, wie ein des Lesens fast unkundiger Milizsoldat eine dieser Balladen
> kaufte, mit viel Mühe die Worte buchstabierte und sie dann, wenn er dahintergekommen war, zu der passenden Melodie sang.

Rufen wir uns die Daten in Erinnerung. Orwell kam Ende Dezember
1936 in Barcelona an. Comoreras Dekret über die Auflösung der Versorgungs- und Brotkomitees der Arbeiter fällt auf den 7. Januar. Borkenau kehrte Mitte Januar, Orwell im April nach Barcelona zurück.

91 Siehe Bolloten, op. cit., S. 74; er führt eine Äußerung des Anarchisten
Juan Peiró vom September 1936 an. Wie andere Anarchisten und
Links-Sozialisten verurteilte Peiró mit scharfen Worten die Gewaltanwendung bei der Durchsetzung der Kollektivierung. Er vertrat damit
die Position der meisten Anarchisten wie auch vieler Links-Sozialisten,
z. B. Ricardo Zabalza, Generalsekretär der Landarbeiterföderation,
der am 8. Januar 1937 sagte: »Ich ziehe ein kleines, begeistertes Kollektiv aus einer Gruppe aktiver und ehrlicher Arbeiter einem großen
Kollektiv vor, das durch Gewalt zustande kam und sich aus Bauern
zusammensetzt, die ohne Begeisterung mitmachen und so lange Sabotage
treiben, bis es zusammenbricht. Freiwillige Kollektivierung mag als der
längere Weg erscheinen, aber das Beispiel der kleinen, gutbewirtschafteten Kollektive wird die Aufmerksamkeit der gesamten Bauernschaft auf
sich lenken, die äußerst realistisch und praktisch denkt, während die gewaltsame Kollektivierung schließlich die ganze sozialisierte Landwirtschaft in Mißkredit bringen muß« (zitiert bei Bolloten, op. cit., S. 59 f.).
Es scheint jedoch sicher zu sein, daß die Richtlinien der anarchistischen
und linkssozialistischen Sprecher in der Praxis oft verletzt wurden.

92 Borkenau, *The Spanish Cockpit*, S. 219 f. Über diesen Offizier sagt Jackson nur, daß er ein »abhängiger Berufsoffizier« war. Nach dem Fall von Málaga wurde Oberstleutnant Villalba wegen Verrats vor Gericht gestellt. Der Anklage zufolge war er vom Hauptquartier geflohen und hatte seine Truppen im Stich gelassen. Broué und Témime bemerken dazu, es sei schwierig festzustellen, ob die Anschuldigung zu Recht bestand.

93 Jesús Hernández und Juan Comorera, *Spain Organises for Victory: The Policy of the Communist Party of Spain Explained* (London, Communist Party of Great Britain, ohne Datum), zitiert von Richards, op. cit., S. 99 f. Der Vorwurf lautete nicht, daß der Telefondienst eingeschränkt wurde, sondern nur, daß die revolutionären Arbeiter »die Gespräche zwischen den Politikern genau kontrollieren« konnten. Richards meint dazu: »Es ist natürlich etwas ganz anderes, wenn das ›indiskrete Ohr‹ das der Ogpu ist.«

94 Broué und Témime, op. cit., S. 266.

95 Jackson, op. cit., S. 370. Thomas meint, Sesé sei vielleicht nur durch Zufall getötet worden (*The Spanish Civil War*, S. 428).

96 Der anarchistische Bürgermeister der Grenzstadt Puigcerdá war im April ermordet worden, nachdem die Carabineros Negríns die Grenzposten besetzt hatten. Am selben Tag wurde ein prominentes UGT-Mitglied, Roldán Cortada, in Barcelona umgebracht, vermutlich von Aktivisten der CNT. Diese Vermutung wird von Peirats (*Los Anarquistas*, siehe Anm. 58) bestritten, der einige Argumente dafür anführt, daß der Mord eine Provokation von seiten der Stalinisten gewesen sein könnte. Zur Vergeltung wurde wieder ein CNT-Mann getötet. Orwell, dessen Augenzeugenbericht über die Mai-Unruhen unvergeßlich bleibt, weist auf folgendes hin: »Man kann die Einstellung der ausländischen kapitalistischen Presse zum kommunistisch-anarchistischen Bruderkampf daran ermessen, daß über die Ermordung Roldáns groß berichtet wurde, während der andere Mord sorgfältig verschwiegen wurde« (op. cit., S. 119). Ganz ähnlich kann man Jacksons Einstellung zu diesem Kampf daran ermessen, daß er den Mord an Sesé als kritischen Vorfall bezeichnet, während der Mord an Berneri unerwähnt bleibt (cf. Anmerkungen 64 und 95). Orwell bemerkt an anderer Stelle: »Besonders in der englischen Presse müßte man lange suchen, ehe man zu irgendeiner Zeit des Krieges einen zustimmenden Hinweis auf die spanischen Anarchisten fände. Sie wurden systematisch angeschwärzt, und es ist fast unmöglich, wie ich aus meiner eigenen Erfahrung weiß, daß man jemand findet, der etwas zu ihrer Verteidigung druckt« (S. 159; dt. Ausgabe S. 171 f.). Seitdem hat sich wenig geändert.

97 Orwell (op. cit., S. 153 f.; dt. Ausgabe S. 166): »Ein britischer Kreuzer und zwei britische Zerstörer hatten sich vor den Hafen gelegt, und ohne Zweifel waren andere Kriegsschiffe nicht weit entfernt. Die englischen Zeitungen meldeten, diese Schiffe seien nach Barcelona gekom-

men, um ›britische Interessen zu schützen‹. In Wirklichkeit aber unternahmen sie nichts für diesen Zweck, das heißt, sie landeten keine Soldaten und nahmen keine Flüchtlinge auf. Es ist nicht sicher, aber mindestens sehr gut möglich, daß die britische Regierung, die keinen Finger gerührt hatte, um die spanische Regierung vor Franco zu retten, sehr schnell eingegriffen haben würde, um sie vor ihrer eigenen Arbeiterklasse zu retten.« Diese Annahme mag die Führer des linken Flügels dazu bewegt haben, die Arbeiter daran zu hindern, kurzerhand die Kontrolle über die ganze Stadt zu übernehmen, was für sie im Anfangsstadium der Mai-Unruhen offensichtlich sehr einfach gewesen wäre. Hugh Thomas (*The Spanish Civil War*, S. 428) meint, es habe »keinen Grund« gegeben für Orwells »Besorgnis« in dieser Angelegenheit. Angesichts des britischen Verhaltens gegenüber Spanien habe ich den Eindruck, daß Thomas in dieser Hinsicht im Vergleich zu Orwell ganz einfach unrealistisch ist.

98 Orwell, op. cit., S. 143 f.

99 *Controversy*, August 1937, zitiert bei Morrow, S. 173. Die Voraussage war ungenau, jedoch nicht unvernünftig. Wenn die Westmächte und die Sowjetunion gewollt hätten, dann wäre, wie es scheint, ein Kompromiß möglich gewesen, und man hätte Spanien die entsetzlichen Konsequenzen, die der Sieg Francos mit sich brachte, ersparen können. Siehe Brenan, op. cit., S. 331. Er schreibt die Unfähigkeit Großbritanniens, einen Waffenstillstand und eine mögliche Aussöhnung herbeizuführen, der Tatsache zu, daß Chamberlain »an einem Sieg Italiens oder Deutschlands nichts Beunruhigendes fand«. Es wäre lohnend, die Haltung Winston Churchills ein wenig näher zu durchleuchten. Er bemerkte im April 1937, daß ein Sieg Francos die britischen Interessen nicht beeinträchtigen würde. Die Gefahr liege vielmehr in dem »Erfolg der Trotzkisten und Anarchisten« (Broué und Témime, op. cit., S. 172). Von einigem Interesse ist in diesem Zusammenhang ein kürzlich entdeckter, unveröffentlichter Essay Churchills vom März 1939 – sechs Monate nach München –, in dem er sagt, daß England »einen echten Hitler des Friedens und der Toleranz begrüßen und unterstützen würde« (*New York Times*, 12. Dezember 1965).

100 Bei Hugh Thomas, *The Spanish Civil War*, fand ich nichts hierüber. Ich beziehe mich hier weitgehend auf Broué und Témime, op. cit., S. 279 f.

101 Op. cit., S. 405. Eine Fußnote weist hin auf die »Milde« der Regierung gegenüber den Verhafteten. Jackson sagt nichts über die Anschuldigungen gegen Ascaso und andere oder über die Art, wie die alte Ordnung in Aragonien wiederhergestellt wurde.

Um diese Ereignisse richtig zu bewerten, sollte man beachten, welches Interesse Negrín den zivilen Freiheiten auf der zweiten antifaschistischen Front entgegenbrachte. In einem Interview nach dem Krieg erklärte er John Whitaker (*We Cannot Escape History*, New York 1943,

S. 116-118), warum seine Regierung derart unfähig war, mit der Fünften Kolonne fertig zu werden, selbst dann, wenn faschistische Agenten bekannt waren. Negrín erklärte, »wir konnten einen Mann nicht auf bloßen Verdacht hin verhaften, wir durften mit den Regeln der Beweisführung nicht brechen. Man kann es nicht riskieren, einen Unschuldigen zu verhaften, nur weil man persönlich von seiner Schuld überzeugt ist. Man führt einen Krieg, das ist wahr, aber man lebt auch mit seinem Gewissen.« Offensichtlich stellten sich diese Skrupel nicht ein, wenn es um die Rechte der anarchistischen und sozialistischen Arbeiter und nicht um die faschistischen Agenten ging.

102 Cf. Broué und Témime, S. 262. Ironischerweise gehörten zu den Regierungskräften auch anarchistische Truppen, die einzigen, die in Barcelona einmarschierten.

103 Bolloten, op. cit., S. 55, Anm. 1, bringt ausführliche Quellenangaben.

104 Broué und Témime zitieren die Sozialisten Alardo Prats, Fenner Brockway und Carlo Rosselli. Borkenau andererseits mutmaßt, daß der Terror bei der Kollektivierung eine große Rolle spielte. Er bringt jedoch nur wenige Belege, die sein Gefühl bekräftigen, obwohl in den anarchistischen Quellen einiges Material zu finden ist. Siehe Anmerkung 91.

Einige allgemeine Bemerkungen über die Kollektivierung von Rosselli und Brockway zitiert Rudolf Rocker in seinem Essay »Anarchism and Anarchosyndicalism«, Anm. 1, in: Paul Eltzbacher, Hrsg., *Anarchism*, London 1960, S. 266:

Rosselli: In Katalonien war es möglich, in der Zeit von drei Monaten eine neue soziale Ordnung auf den Trümmern des alten Systems aufzubauen. Das ist hauptsächlich den Anarchisten zu verdanken, die einen erstaunlichen Sinn für Proportionen, realistisches Denken und organisatorische Fähigkeiten entwickelt haben ... Alle revolutionären Kräfte Kataloniens haben sich in einem Programm syndikalistisch-sozialistischen Charakters zusammengefunden ... Der Anarchosyndikalismus, bisher so verachtet, hat sich zu einer starken konstruktiven Kraft entwickelt. Ich bin kein Anarchist, aber ich halte es für meine Pflicht, hier meine Meinung über die Anarchisten Kataloniens kundzutun, die viel zu oft als ein destruktives, wenn nicht sogar kriminelles Element hingestellt worden sind.

Brockway: Ich war von der Stärke der CNT beeindruckt. Man mußte mir nicht erst sagen, daß sie die größte und lebendigste von allen Organisationen der Arbeiterklasse Spaniens war. Das zeigte sich auf allen Gebieten. Die großen Industrien befanden sich eindeutig in den Händen der CNT – Eisenbahnen, Straßentransport, Schiffahrt, Maschinenbau, Textilindustrie, Elektrizität, Bauwesen und Landwirtschaft ... Ich war äußerst beeindruckt von der konstruktiven revolutionären Leistung, die die CNT vollbringt. Ihre Erfolge mit der Arbeiterkontrolle über die Industrie begeistern ... Es gibt noch immer einige Engländer und Amerikaner, die die spanischen Anarchisten für unmöglich, undiszipliniert und zügellos halten. Das Gegenteil ist wahr. Die Anarchisten Spaniens erfüllen mittels der CNT eine der konstruktivsten Aufgaben, die sich eine Arbeiterklasse jemals gestellt hat. An der Front kämpfen sie gegen den Faschismus. Hinter der Front errichten sie tatsächlich den neuen Arbeiterstaat. Sie wissen, daß der Krieg gegen den Faschismus und die Durchführung der sozialen Revolution nicht voneinander zu trennen sind. Jene, die sie gesehen und verstanden haben, was sie tun, müssen sie verehren und ihnen dankbar sein ... Das ist sicherlich das Größte, was Arbeiter in irgendeinem Teil der Welt je geleistet haben.

105 Zitiert von Richards, op. cit., S. 76-81.

106 Siehe Hugh Thomas, »Anarchist Agrarian Collectives in the Spanish Civil War« (Anm. 59). Er führt Zahlen an, die den Aufschwung der landwirtschaftlichen Produktion in Aragonien und Kastilien anzeigen, wo die Kollektivierung extensiv war, sowie ihren Rückgang in Katalonien und der Levante, wo bäuerlicher Privatbesitz das dominierende Element war.

Thomas hat meines Wissens als einziger professioneller Historiker den Versuch unternommen, die Daten über die landwirtschaftliche Kollektivierung systematisch zu erfassen. Er kommt zu dem Schluß, daß die Kollektive wahrscheinlich »ein beträchtlicher sozialer Erfolg« waren und die starke Unterstützung der Bevölkerung gefunden haben müssen. Hinsichtlich ihrer wirtschaftlichen Lebensfähigkeit äußert er jedoch einige Zweifel. Seine Vermutung, daß »der kommunistische Druck auf die Kollektive ihnen die zum Überleben notwendige Kraft gegeben haben mag«, scheint ebenso ungerechtfertigt wie die, daß »allein die Tatsache des Krieges ... für einen Teil des Erfolges der Kollektive verantwortlich gewesen sein mag«. Im Gegenteil lassen ihr Erfolg und spontanes Entstehen überall im republikanischen Spanien vermuten, daß sie die Antwort auf ein tief empfundenes Bedürfnis des Volkes waren. Sowohl der Krieg wie auch der kommunistische Druck scheinen starke Störungsfaktoren gewesen zu sein – und letztlich natürlich auch destruktive Faktoren.

Andere zweifelhafte Schlußfolgerungen besagen, daß »die anarchistischen Kollektive hinsichtlich der Neuverteilung des Reichtums kaum eine Verbesserung gegenüber dem Kapitalismus bedeuteten«, da »kein gangbarer Weg gefunden wurde, den Verbrauch in reicheren Kollektiven einzuschränken, um so den ärmeren zu helfen«, und daß es keine Möglichkeiten gab, eine langfristige Planung zu entwickeln. Dagegen betont Bolloten (op. cit., S. 176-179): »Um die Mängel der Kollektivierung zu beheben und den unterschiedlichen Lebensstandard der Arbeiter in florierenden und in verarmten Betrieben auszugleichen, befürworteten die Anarchosyndikalisten, obwohl sie der Verstaatlichung höchst feindlich gegenüberstanden, die Zentralisierung oder, wie sie es nannten, die Sozialisierung ganzer Produktionszweige unter der Kontrolle der Gewerkschaften.« Er nennt eine Reihe von Beispielen für partielle Sozialisierung, die einigermaßen erfolgreich waren, und bezeichnet als wichtigstes Hindernis für noch größere Erfolge die Insistenz der Kommunistischen Partei und der Führung der UGT

– offensichtlich aber nicht aller einfachen Mitglieder der UGT – auf Verstaatlichung und Regierungskontrolle. Richards (op. cit., S. 82) stellt fest, daß »im Juni 1937 ... in Valencia ein nationales Plenum der regionalen Bauernföderationen zusammentrat, um die Gründung einer Nationalen Bauernföderation zur Koordinierung und Ausdehnung der kollektivistischen Bewegung zu diskutieren und eine gerechte Verteilung der landwirtschaftlichen Produkte nicht nur innerhalb der Kollektive, sondern im ganzen Land sicherzustellen. Im Oktober 1937 fand wiederum in Kastilien ein Zusammenschluß der hunderttausend Mitglieder der regionalen Bauernföderationen und der dreizehntausend Mitglieder der Organisation für Lebensmittelverteilung statt, der einen logischen Schritt in Richtung auf eine verbesserte Koordinierung darstellte und beim Nationalen Kongreß der Kollektive im November 1937 in Valencia für ganz Spanien gebilligt wurde.« Es wurden noch andere Pläne für die regionale und nationale Koordinierung in Erwägung gezogen – siehe dazu D. A. de Santillan, *After the Revolution*, New York 1937.

Thomas glaubt, die Kollektive hätten sich nicht länger als »wenige Jahre, bis die größte Not überwunden war«, halten können. Ich finde nichts in seinen Daten, was diese Feststellung stützen würde. Die Erfahrung in Palästina hat gezeigt, daß Kollektive über eine lange Zeit hin sowohl ein sozialer wie auch ein wirtschaftlicher Erfolg sein können. Der Erfolg der Kollektivierung in Spanien unter den Bedingungen des Krieges scheint erstaunlich. Natürlich kann man nicht sicher sein, ob diese Erfolge hätten gesichert und ausgeweitet werden können, wenn es den gemeinsamen Angriff von Faschisten, Kommunisten und Liberalen nicht gegeben hätte, aber ich vermag keine objektive Grundlage für die nahezu allgemeine Skepsis zu finden. Auch hier scheint mir nur wieder ein irrationales Vorurteil vorzuliegen.

107 Das Folgende ist eine kurze Beschreibung des anarchistischen Autors Gaston Leval (*Né Franco, Né Stalin, le collettivitá anarchiche spagnole nella lotta contro Franco e la reazione staliniana*, Mailand 1952, S. 303 f.; Auszüge in: *Collectivités anarchistes en Espagne révolutionnaire, Noir et Rouge*, o. O., o. J.):

In der Mitte des Monats Juni setzten in Aragonien die Angriffe in großem Ausmaß und mit bisher unbekannten Methoden ein. Die Zeit der Ernte nahte. Mit Gewehren in den Händen hielten von Kommunisten befehligte Zollpolizisten auf den Fernstraßen mit Lebensmittel beladene Lastkraftwagen an und leiteten sie zu ihren Lagerhallen um. Ein wenig später drangen dieselben Wachen in die Kollektive ein und konfiszierten große Mengen Weizen mit der Vollmacht des Generalstabs im Hauptquartier von Barbastro ... Später begannen offene Attacken unter dem Kommando Lísters, mit Truppen, die im August von der Front bei Belchite, 50 Kilometer entfernt, abgezogen worden waren ... Das Endergebnis war die totale Zerstörung von 30 Prozent der Kollektive. In Alcolea wurde der Stadtrat, der die Kollektive leitete, verhaftet; Leute, die in Altersheimen lebten..., wurden auf die Straße gesetzt. In Mas de las Matas, in Monzon, in Barbastro – überall gab es Verhaftungen, überall wurde geplündert. Die Läden der Kooperativen wurden ausgeraubt, ihre Getreidevorräte gestohlen, die Einrichtung zerstört. Der Gouverneur von Aragonien, der nach der Auflösung des Rates von Aragón – gleichsam dem Signal für den bewaffneten Angriff auf die Kollektive – von der Zentralregierung eingesetzt worden war, protestierte. Man sagte ihm, er solle sich zum Teufel scheren.

Am 22. Oktober, beim Nationalen Bauernkongreß, legte die Delegation des Regionalkomitees von Aragonien einen Bericht vor, dessen Zusammenfassung wie folgt lautet:

»Mehr als 600 Verwalter von Kollektiven sind verhaftet worden. Die Regierung hat Management-Komitees ernannt, die die Warenlager übernahmen und deren Vorräte aufs Geratewohl verteilten. Land, Zugtiere und Werkzeuge wurden einzelnen Familien oder den Faschisten gegeben, an denen die Revolution vorübergegangen war. Die Ernte wurde auf die gleiche Weise verteilt. Die in den Kollektiven gezüchteten Tiere erlitten das gleiche Los. Eine große Zahl kollektivierter Schweinefarmen, Ställe und Molkereien wurde zerstört. In gewissen Kommunen, z. B. in Bordon und Calaceite, konfiszierte man sogar die Saat, so daß die Bauern nicht mehr in der Lage waren, das Land zu bewirtschaften.«

Die Schätzung, daß 30 Prozent der Kollektive zerstört wurden, stimmt überein mit den Angaben von Peirats (*Los Anarquistas en la crisis política española*, S. 390). Er weist darauf hin, daß an dem Kongreß der Kollektive Aragoniens im September 1937 (»abgehalten im Schatten der Bajonette der 11. Division« Lísters) nur 200 Delegierte teilnahmen, verglichen mit den 500 Delegierten des Kongresses im vorangegangenen Februar. Peirats bemerkt, daß eine Armeedivision katalanischer Separatisten und eine weitere Division der PSUC während dieser Operation Teile Aragoniens besetzten, wohingegen drei Divisionen der Anarchisten an der Front blieben, auf Befehl der CNT-FAI-Führung. Man vergleiche damit Jacksons Erklärung für die Besetzung von Aragonien: »Man wußte, daß die Bauern den *Consejo* haßten; *die Anarchisten waren während der Kämpfe in Barcelona von der Front desertiert;* und schon die bloße Existenz des *Consejo* war eine ständige Herausforderung für die Autorität der Zentralregierung.« (Hervorhebung von mir.)

108 Über Bollotens Arbeit hat Jackson folgendes zu sagen: »Das ganze Kapitel hindurch habe ich mich immer wieder auf diese sorgfältig dokumentierte Untersuchung über die Kommunistische Partei in den Jahren 1936-1937 bezogen. Sie ist unvergleichlich in ihrer umfassenden Auswertung der Kriegspresse, von der Bolloten, selbst ein UPI-Korrespondent in Spanien, eine große Sammlung anlegte« (S. 363, Anmerkung).

109 Siehe Anmerkung 64. Eine Reihe von Zitaten aus Berneris Schriften findet man bei Broué und Témime. Auch Morrow legt mehrere Passagen aus Berneris Tagebuch *Guerra di Classe* vor. Eine Sammlung seiner Schriften wäre ein sehr nützlicher Beitrag zu unserem Verständ-

nis des spanischen Bürgerkriegs und der Probleme des revolutionären Krieges im allgemeinen.

110 Cattell, op. cit., S. 208. Siehe auch die oben zitierten Äußerungen von Borkenau, Brenan und Bolloten. Weder Cattell noch Borkenau berücksichtigen jedoch das Nachlassen des Kampfgeistes als einen wichtigen Faktor.

111 Op. cit., S. 195, Anm. 7.

112 In dieser Hinsicht dachte Trotzki ähnlich. Siehe sein Buch *Lesson of Spain*, London 1937.

113 Zitiert bei Richards, op. cit., S. 23.

114 H. E. Kaminski, *Ceux de Barcelone*, Paris 1937, S. 181. Dieses Buch, ein skeptischer, doch wohlwollender Augenzeugenbericht, enthält sehr interessante Beobachtungen über das anarchistische Spanien.

115 15. Mai 1937. Zitiert bei Richards, op. cit., S. 106.

116 Zitiert bei Broué und Témime, op. cit., S. 258, Anm. 34. Die Eroberung von Saragossa war das niemals verwirklichte Ziel der anarchistischen Miliz in Aragonien.

117 Ibid., S. 175.

118 Ibid., S. 193.

119 Diese Tatsache war den ausländischen Journalisten nicht entgangen. Morrow (op. cit., S. 68) zitiert James Minifie aus der *New York Herald Tribune* vom 28. April 1937: »Eine zuverlässige Polizei wird heimlich aber sicher aufgebaut. Die Regierung in Valencia fand ein ideales Instrument für diesen Zweck in den Carabineros. Es sind ehemalige Zollbeamte und Wachen, die schon immer im guten Ruf der Loyalität standen. Aus sicheren Quellen hat man erfahren, daß vierzigtausend von ihnen für diese Streitkraft rekrutiert wurden und zwanzigtausend bereits bewaffnet und ausgerüstet sind ... Die Anarchisten haben längst bemerkt und sich darüber beklagt, daß diese Einheiten zu einer Zeit verstärkt wurden, in der, wie wir alle wissen, der Verkehr über die Land- und Meeresgrenzen gering genug ist. Sie wissen, daß man die Carabineros gegen sie selbst einsetzen wird.« Man bedenke, was diese Soldaten, wie auch Lísters Division oder die von Orwell beschriebenen *asaltos*, z. B. an der aragonischen Front hätten ausrichten können. Man bedenke weiter, welche Wirkung es auf die Milizsoldaten, denen die Zentralregierung die Waffen verweigerte, gehabt haben muß, daß diese gut bewaffneten und gut ausgebildeten Truppen die Errungenschaften ihrer Revolution zunichte machten.

120 Zitiert bei Rocker, *The Tragedy of Spain*, S. 37.

121 Siehe Bolloten, op. cit., S. 192, Anm. 12.

122 Zitiert bei Rocker, *The Tragedy of Spain*, S. 37.

123 Liston M. Oak, »Balance Sheet of the Spanish Revolution«, *Socialist Review*, Bd. 6 (September 1937), S. 7-9, 26. Ein schlagendes Beispiel für die von der Propaganda der dreißiger Jahre bewirkte Verfälschung ist die seltsame Story des einflußreichen Films *The Spanish Earth*, der

1937 von Joris Ivens gedreht und mit einem (später geschriebenen) Text von Hemingway unterlegt wurde – ein Projekt, das offenbar Dos Passos angeregt hatte. Eine sehr aufschlußreiche Beurteilung dieses Films und der Einstellung von Hemingway und Dos Passos zum spanischen Bürgerkrieg geben W. B. Watson und Barton Whaley, »The Spanish Earth of Dos Passos and Hemingway«, 1967, unveröffentlicht. Der Film handelt über das kollektivierte Dorf Fuentidueña in Valencia (übrigens ein von der UGT kollektiviertes Dorf). Für den libertären Dos Passos war die Revolution das dominierende Thema. Hemingway dagegen interessierte sich vor allem für den antifaschistischen Krieg. Der Anteil, den Dos Passos hatte, geriet jedoch bald in Vergessenheit, da diesen (laut Watson und Whaley), »wegen seiner Kritik an der kommunistischen Politik in Spanien der Bannfluch der Linken traf«.

124 Was den Osten betrifft, so behauptet Rocker (*The Tragedy of Spain*, S. 25), daß »die russische Presse aus leicht verständlichen Gründen niemals auch nur ein Wort über die Bemühungen der spanischen Arbeiter und Bauern um die Neugestaltung der Gesellschaft verlauten ließ«. Ich kann die Richtigkeit dieser Behauptung nicht prüfen, aber es wäre kaum erstaunlich, wenn sie zuträfe.

125 Siehe Patricia A. M. Van der Esch, *Prelude to War: The International Repercussions of the Spanish Civil War (1935-1939)*, Den Haag 1951, S. 47; und Brenan, op. cit., S. 329, Anm. 1. Der konservative Charakter der baskischen Regierung war offensichtlich auch weitgehend eine Folge des französischen Drucks. Siehe Broué und Témime, op. cit., S. 172, Anm. 8.

126 Siehe Dante A. Puzzo, *Spain and the Great Powers: 1936-1941*, New York 1962, S. 86 ff. Dieses Buch gibt eine detaillierte und sehr einsichtsvolle Analyse des internationalen Hintergrundes des Bürgerkriegs.

127 Jules Sauerwein, Depesche an die *New York Times* vom 26. Juli. Zitiert bei Puzzo, op. cit., S. 84.

128 Vgl. z. B. Jackson, op. cit., S. 248 ff.

129 Berichtet von Herschel V. Johnson von der Amerikanischen Botschaft in London, zitiert bei Puzzo, op. cit., S. 100.

130 Siehe Broué und Témime, op. cit., S. 288 f.

131 Zitiert bei Thomas, *The Spanish Civil War*, S. 531, Anm. 3. Rocker, *The Tragedy of Spain*, S. 14, zitiert (ohne nähere Angaben) einen Vorschlag Churchills für eine fünfjährige »neutrale Diktatur« zur »Beruhigung« des Landes; danach könne man »vielleicht das Wiederaufleben der parlamentarischen Institutionen ins Auge fassen«.

132 Puzzo, op. cit., S. 116.

133 Ibid., S. 147. Eden meint natürlich die Sowjetunion. Für eine Analyse der russischen Hilfeleistungen an die spanische Republik siehe Cattell, op. cit., Kapitel 8.

134 Vgl. Puzzo, op. cit., S. 147 f.
135 Ibid., S. 212.
136 Ibid., S. 93.
137 Op. cit., S. 248.
138 Puzzo, op. cit., S. 151 ff.
139 Ibid., S. 154 f. und Anmerkung 27.
140 Einige Belege finden sich bei Allen Guttmann, *The Wound in the Heart: America and the Spanish Civil War*, New York 1948, S. 137 f. Die ersten quasi-offiziellen Angaben, die mir bekannt sind, bringt Herbert Feis in *The Spanish Story*, New York 1948, Appendix. Jackson (op. cit., S. 256) weist auf diese Frage hin, ohne zu erwähnen, daß Texaco ein früheres Abkommen mit der Republik verletzte. Er stellt fest, daß die amerikanische Regierung nichts tun konnte, da »Öl im Sinne der Neutralitätsgesetze nicht als Kriegsmaterial galt«, sagt jedoch nicht, daß Robert Cuse, die Martin Company und die mexikanische Regierung schwer bedrängt wurden, der Republik keine Güter zu liefern, obwohl auch dies durchaus legal war. Wie schon erwähnt, wurde die Texaco Company nicht einmal als »unmoralisch« oder »unpatriotisch« gebrandmarkt. Diese Vokabeln Roosevelts blieben jenen vorbehalten, die die Republik zu unterstützen versuchten. Ein Zyniker könnte fragen, warum gerade Öl in den Neutralitätsgesetzen vom Januar 1937 ausgenommen war – weil Deutschland und Italien zwar imstande waren, Waffen an Franco zu liefern, nicht aber seinen Bedarf an Öl decken konnten?
Die Texaco Oil Company ließ sich weiterhin von den Sympathien ihres Direktors, Hauptmann Thorkild Rieber, für den Faschismus leiten, bis zum August 1940, als die Publizität dieser Einstellung die Geschäfte zu gefährden drohte. Siehe Feis, op. cit., für weitere Details. Mehr über dieses Thema findet sich in Richard P. Traina, *American Diplomacy and the Spanish Civil War*, Indiana University Press 1968, S. 166 ff.
141 Puzzo, op. cit., S. 160. Er stellt fest: »Die Regierung in Madrid, in der Sozialisten, Kommunisten und Anarchisten saßen, war durchaus eine Gefahr für die wirtschaftlichen Interessen Amerikas sowohl in Spanien als auch in Lateinamerika« (S. 165). Hull irrte sich übrigens hinsichtlich der Handlungen der spanischen Regierung. Den verantwortungslosen Links-Elementen waren nicht Waffen gegeben worden, sie hatten sie sich vielmehr selbst genommen und dadurch den sofortigen Sieg Francos verhindert.
142 Siehe Jackson, op. cit., S. 458.
143 Vgl. Guttmann, op. cit., S. 197. Der amerikanische Imperialismus war natürlich immer pro-loyalistisch, d. h. sowohl gegen Franco wie gegen die Revolution. Die Einstellung zur Revolution zeigt deutlich der folgende Vergleich, den Guttmann bringt (S. 165): »Dreihundert Menschen kamen auf den Union Square, um Liston Oak [siehe Anm.

123] über die Rolle der Stalinisten in Spanien sprechen zu hören. Zwanzigtausend kamen in den Madison Square Garden, um mit Earl Browder und Norman Thomas die Erhaltung der bürgerlichen Demokratie zu feiern« – im Juli 1937.

144 Ibid., S. 198.

145 Um diese Beobachtungen über die internationale Reaktion abzuschließen, sei noch erwähnt, daß der Vatikan das Franco-Regime im August 1937 *de facto* und im Mai 1938 *de jure* anerkannt hat. Unmittelbar nach Francos endgültigem Sieg traf Papst Pius XII. folgende Feststellung: »Gott hat Spanien Frieden und Sieg geschenkt ... was nun den Proselyten des materialistischen Atheismus unserer Zeit den höchsten Beweis dafür gegeben hat, daß über allen Dingen der ewige Wert der Religion und des Geistes stehen.« Natürlich sind in der Haltung der römisch-katholischen Kirche seitdem wichtige Veränderungen eingetreten – was man von der der amerikanischen Regierung nicht behaupten kann.

146 Siehe Anmerkung 60.

147 Siehe z. B. den Hinweis auf Machajski in: Harold D. Lasswell, *The World Revolution of Our Time: A Framework for Basic Policy Research*, Hoover Institute Studies, Stanford, Calif., 1951; in erweiterter Fassung nachgedruckt in H. D. Lasswell und Daniel Lerner, Hrsg., *World Revolutionary Elites: Studies in Coercive Ideological Movements*, Cambridge, Mass., 1965, S. 29-96. Daniel Bell diskutiert Machajskis Kritik am Sozialismus als Ideologie eines neuen Ausbeutungssystems, in dem die »intellektuellen Arbeiter« dominieren werden, noch ausführlicher in einem sehr instruktiven Essay, der sich unmittelbar auf eine Reihe von Themen bezieht, die hier erörtert wurden: »Two Roads from Marx: The Themes of Alienation and Exploitation, and Workers' Control in Socialist Thought«, in: *The End of Ideology*, S. 335-368.

148 Lasswell, op. cit., S. 85. In dieser Hinsicht ähnelt Lasswells Prognose der von Bell in dem oben genannten Essay.

149 Zusammenfassung im *Christian Science Monitor*, 15. März 1968. Ich habe den Text nicht gelesen und kann daher über die Genauigkeit dieses Berichts nicht urteilen.

150 Um nur das jüngste Beispiel zu nennen: Am 22. Januar 1968 bezeugte McNamara vor dem Armed Services Committee des Senats: »Es gibt überwältigende Beweise dafür, daß die lokalen Kampfeinheiten und die Guerillakräfte der Kommunisten seit Anfang 1966 an erheblicher Erschöpfung leiden. Als Folge davon sind Kampfkraft und Kampfmoral stark gesunken ...« Kaum eine Woche später setzte die Tet-Offensive ein. *I. F. Stone's Weekly* vom 19. Februar 1968 enthält einen sehr treffenden Kommentar.

151 Die Wirklichkeit, die hinter dieser Rhetorik steht, ist ausführlich beschrieben worden. Eine besonders aufschlußreiche Darstellung stammt

von Katsuichi Honda, einem Reporter von *Asahi Shimbun,* in: *Vietnam – A Voice from the Villages,* 1967, erhältlich beim Komitee für die englische Publikation, c/o Mrs. Reiko Ishida, 2-13-7, Nishikata, Bunkyo-Ku, Tokyo.

Der revolutionäre Pazifismus von A. J. Muste

1 »Pacifism and Class War«, in: *The Essays of A. J. Muste,* Hrsg. Nat Hentoff, Indianapolis 1967, S. 179-185.
2 Daniel Bell in: »Ideologie – A Debate«, *Commentary,* Bd. 38 (Oktober 1964), S. 72.
3 »The Movement to Stop the War in Vietnam«, *Essays,* S. 503–513.
4 *Essays,* S. 180, 287.
5 *Congressional Record,* 9. Mai 1967.
6 Im Hinblick auf die objektive Situation sind die Wahrscheinlichkeiten bedeutungslos, nicht aber im Hinblick auf die Mentalität derjenigen, die sie als Maßstab für Handlungen anwenden. Wenn etwas erschrekkender sein kann als das Verhalten der »pragmatischen« und »hartgesottenen« Politiker der Kennedy-Administration während dieser Krise, so ist es die noch lange nach der Abkühlung der Krise vorherrschende Einstellung, wonach es Kennedys »beste Stunde« war, als er seine Begabung für das Spiel mit dem »nuklearen Hühnchen« bewiesen hat (vgl. den Historiker Thomas Bailey, *New York Times Magazine,* 6. November 1965).
7 »Where Are We going?« *Essays,* S. 234–260.
8 »Crisis in the World and in the Peace Movement«, in *Essays,* S. 465-478.
9 »The Cold War and Americin Scholarship«, in: Francis L. Loewenheim, Hrsg., *The Historian and the Diplomat,* New York 1967, S. 123–169. Morton entwickelt folgenden konventionellen Standpunkt, daß allein die Sowjetunion für die Trübung der »herrlichen Aussichten für die Zukunft« verantwortlich sei, durch »den heimlichen Aufruf zu politischer Subversion und wirtschaftlicher Unterwanderung« (was für den Westen natürlich undenkbar ist) und durch ihre Unterstützung von Revolutionen, wie in Griechenland, wo sie »die alliierten Abmachungen verletzte, die Griechenland der westlichen Interessensphäre zugeschlagen hatten«. Was den letzteren Punkt betrifft, so ignoriert er das umfangreiche Quellenmaterial, das vielmehr darauf hindeutet, daß Stalin sich der Rebellion in Griechenland widersetzte und an den zwischen ihm und Churchill getroffenen Absprachen festhielt, durch die Europa in Einflußsphären aufgeteilt wurde. Auch erwähnt er mit keinem Wort die Äußerung Trumans kurz nach Nagasaki, daß Bulgarien und Rumänien, die beiden Länder, die dem Churchill-Stalin-Abkommen zufolge vorwiegend zur russischen Einflußsphäre gehörten, »nicht der Einflußsphäre irgendeiner Macht angehören sollen«. Ebenso fehlt jeder Hin-

weis auf eine Rolle Amerikas, die nicht die der »Eindämmung« wäre.
In einer Rezension im *Political Science Quarterly*, Bd. 82 (Dez. 1967)
bezeichnet Arthur Schlesinger Mortons Essay als »einen durchweg intelligenten Rechenschaftsbericht über die Aufgabe der Geschichtsschreibung und des Historikers in der Ära des Kalten Krieges«, der »jene ent-
täuschen wird, die sich etwas im Stil der *Studies on the Left* erwarten,
ein Exposé über die Verfälschungen, die angeblich in den Schriften der
amerikanischen Historiker stecken aufgrund der Entscheidung, der
kommunistischen Aggression nach 1945 entgegenzutreten«.

10 Siehe Wesley F. Craven und James L. Cate, Hrsg., *The Army Air Forces
in World War II* (University of Chicago Press 1953, Bd. 5, S. 732 f.):

Arnold wollte ein so großes Finale wie möglich; er hoffte, daß USASTAF
das Gebiet um Tokyo durch einen Einsatz von 1000 Flugzeugen vernichten
werde: die Twentieth Air Force verfügte am 1. August über 853 Maschinen
vom Typ B-29 und 79 Kampfflugzeuge, und Arnold glaubte, diese Zahl auf-
runden zu können, indem er Doolittles Eight Air Force herbeirufe. Spaatz
wollte noch immer die dritte Atombombe auf Tokyo abwerfen; er hielt diese
arg beschädigte Stadt für eine schlechte Zielscheibe für eine konventionelle
Bombardierung und schlug stattdessen vor, seine Kräfte auf sieben Ziele anzu-
setzen. Arnold versicherte ihm, daß seine Befehle »mit meinen Vorgesetzten
bis an die oberste Stelle koordiniert« worden seien. Die Telekonferenz endete
mit einem inbrünstigen »Gottseidank« von Spaatz . . . Am 14. flogen 449 B-29
von den Marianas aus einen Tagesangriff, und noch in derselben Nacht wurden 372 weitere eingesetzt, während die höchsten Offiziere in Washington
und Guam für einen Aufschub in der letzten Minute bereitstanden. Sieben
Flugzeuge von der 509. Gruppe, die einen Sondereinsatz flogen, erhöhten die
Zahl der B-29 auf 828, und mit den 186 Kampfflugzeugen, die sie eskortier-
ten, hatte USASTAF das Ziel Arnolds mit einer Gesamtzahl von 1014 Flugzeugen erreicht. Es gab keine Verluste, und noch bevor die letzte B-29 zurück-
gekehrt war, gab Präsident Truman die bedingungslose Kapitulation Japans
bekannt.

Hier die Reaktion eines der Opfer (Makoto Oda, »The Meaning of
Meaningless Death‹«, *Tenbō*, Januar 1965, übersetzt im *Journal of
Social and Political Ideas in Japan*, Bd. 4, [August 1966], S. 75–84):

Am Nachmittag des 14. August 1945 starben Tausende von Menschen durch
die ausgedehnten und intensiven Luftangriffe auf ein Arsenal in Osaka. Ich
war Zeuge dieser Tragödie. Ich sah Dutzende von Leichen – brave Menschen,
die sich buchstäblich verbraucht hatten im Dienst für eine Regierung, die bereits entschlossen war, die Forderung des Potsdamer Abkommens nach bedin-
gungsloser Kapitulation anzunehmen. Diese Menschen starben aus dem allei-
nigen Grund, daß sie sich zur Zeit des Luftangriffs zufällig im Arsenal oder
in seiner Umgebung aufhielten. Nach einer Zeit, die uns wie eine Ewigkeit
von Angst und Furcht erschien, kamen wir, die so glücklich waren, zu überleben, aus unseren Bunkern heraus. Wir fanden die Leichen – und die Flugblätter, die amerikanische Bomber über den Trümmern abgeworfen hatten.
Die Flugblätter erklärten in japanischer Sprache: »Eure Regierung hat kapituliert. Der Krieg ist vorbei!«

11 Radhabinod Pal, *International Military Tribunal for the Far East*, Kalkutta 1953, S. 620 f.
12 Paul Schroeder, *The Axis Alliance and Japanese-American Relations*, Cornell University Press, 1958, S. 87.
13 Ibid., S. 7.
14 *Japan's Quest for Autonomy: National Security and Foreign Policy, 1930–1938*, Princeton University Press 1966, Kap. 1.
15 Masamichi Rōyama, *Foreign Policy of Japan: 1914-1939*, Tokyo 1941, S. 8. Weiter behauptet er, daß es Unerfahrenheit war, die Japan passiv werden und den von England unterstützten amerikanischen Versuch hinnehmen ließ, die Vorherrschaft im Pazifik zu gewinnen – eine offensichtliche Konsequenz der »Gleichheit« unter Ungleichen.
16 Zitiert nach R. J. C. Butow, *Tojo and the Coming of War*, Princeton University Press 1961, S. 17.
17 W. C. Holland und K. L. Mitchell, Hrsg. *Problems of the Pacific, 1936*, University of Chicago Press 1936, S. 195.
18 Iriye Akira, *After Imperialism*, Harvard University Press 1965, S. 160.
19 Laut William L. Neumann, *America Encounters Japan*, Baltimore 1963, S. 188, »lebten mehr als 200 Tausend Japaner entlang der südmandschurischen Eisenbahn und im Kwantung-Pachtgebiet«. Japanische Schätzungen für die Mandschurei insgesamt sind viel höher. Yasaka Takagi schätzte die Zahl der in der Mandschurei lebenden Japaner auf etwa eine Million (»World Peace Machinery and the Asia Monroe Doctrine«, *Pacific Affairs*, Bd. 5 [November 1932], S. 941–953; Nachdruck in *Toward International Understanding*, Tokyo 1954.
20 Crowley, op. cit., S. 103.
21 Ibid., S. 110.
22 Ibid., S. 140.
23 Zitiert in ibid., S. 154.
24 Ibid., S. 160. Der Fortschritt der Zivilisation zeigt sich in der Reaktion auf die Vernichtung der Städte im Mekong-Delta durch die USA Anfang Februar 1968, so z. B. die Zerstörung von Ben Tre, wo Tausende von Zivilisten starben, weil zwanzig amerikanische Soldaten geschützt werden sollten (von einer vierzigköpfigen Garnison waren zwanzig getötet worden), nachdem die Stadt praktisch ohne Anwendung von Gewalt von der FNL eingenommen worden war.
25 *Japan and Her Destiny*, Hrsg. F. S. G. Piggott, New York 1958. Shigemitsu beschreibt den mandschurischen Zwischenfall als Teil eines versuchten Putsches, der in Japan selbst fehlschlug. Wie er es sieht, »war die Mandschurei ein von China kolonisierter und zu ihm gehöriger Distrikt«, ein »dünn besiedeltes, rückständiges Land an der Grenze zu China«. Um 1930 versuchte die »revolutionäre Diplomatie« Chinas, sich der ungleichen Verträge, einschließlich der langfristigen japanischen Interessen, zu entledigen. Zu einer Zeit, als die einzige Lösung der internationalen Probleme der freie Handel war, kehrte Europa zu

einem geschlossenen, autarken Wirtschaftssystem zurück und blockierte den Handel zwischen Japan und den Kolonien der europäischen Mächte, und die Politik des Völkerbundes bestand darin, den internationalen Status quo im Interesse des bestehenden Imperialismus zu erhalten. Die Kwantung-Armee handelte auf eigene Faust, um das zu schützen, was sie für die legitimen Interessen Japans in der Mandschurei hielt. Spätere Maßnahmen zur Verteidigung Mandschukuos waren teils durch die Gefahr einer kommunistischen Einkreisung (durch das kommunistische China und die Sowjetunion) bestimmt und teils eine Reaktion auf »die internationale Entwicklung zu geschlossenen Wirtschaftssystemen«, die Japan den Versuch aufnötigte, »Eigenständigkeit zu erreichen«. Diese Einschätzung der Situation – ich werde später noch einmal darauf zurückkommen – war nicht unrealistisch.

26 Shigemitsu kam bei dem Shanghai-Zwischenfall jedoch nicht so glimpflich davon wie z. B. 23 Jahre später unter nicht unähnlichen Umständen der amerikanische Botschafter in der Dominikanischen Republik, W. Tapley Bennett, oder der Sonderbotschafter des Präsidenten, John Bartlow Martin. Shigemitsu wurde von einem Terroristen (einem Verfechter der Unabhängigkeit Koreas) schwer verwundet, ein Bein mußte amputiert werden.

27 *Thought and Behaviour in Modern Japanese Politics*, Hrsg., Ivan Morris, Oxford University Press 1963, S. 30. Maruyama fügt hinzu: »Obwohl kein Zweifel daran besteht, daß der mandschurische Zwischenfall als Stimulus für den japanischen Faschismus diente, muß betont werden, daß die faschistische Bewegung nicht erst nach 1931 plötzlich entstand.«

28 Sadako Ogata, *Defiance in Manchuria: The Making of Japanese Foreign Policy, 1931–1932*, Berkeley 1964, S. 178.

29 Zitiert in Pal, op. cit., S. 195.

30 Op. cit., S. 11 f. Maruyama (op. cit) nennt Rōyama »einen der hervorragendsten politischen Wissenschaftler Japans und führenden Liberalen der Vorkriegszeit«.

31 Ogata, op. cit., S. 132.

32 Ibid., S. 124, vgl. auch S. 185.

33 Crowley, op. cit., S. 138. Es sollte hinzugefügt werden, daß zu den komplexen Wurzeln des Faschismus in Japan auch die Sorge um die Not der armen Bauern zählte, insbesondere nach dem Beginn der Weltwirtschaftskrise. Siehe Maruyama, op. cit., S. 44 f.

34 Ogata, op. cit., S. 45, die Wiedergabe eines Untersuchungsberichts der Kwantung-Armee.

35 Ibid., S. 42.

36 Rōyama, op. cit., S. 11.

37 Es ist schwierig, Vergleiche anzustellen, doch es hat den Anschein, als hätten die Japaner bei der Errichtung einer funktionsfähigen Marionettenregierung in der Mandschurei weit mehr Erfolg gehabt als die

Vereinigten Staaten jemals in Vietnam, wie auch die Deutschen erfolgreicher darin waren, die nationalistischen Kräfte im besetzten Frankreich zur Zeit des Vichy-Regimes für ihre Zwecke einzuspannen, als es die Vereinigten Staaten in Vietnam sind. Über den Aufstand, der in der Mandschurei ausbrach, und die japanischen Versuche, ihn zu unterdrücken, siehe S. 155–161.

38 Zitiert und referiert nach Owen Lattimore, »China and the Barbarians« in: J. Barnes, Hrsg. *Empire in the East,* Garden City, N. Y., 1934, S. 3–36.

39 Op. cit., siehe Anmerkung 19.

40 Op. cit., S. 95.

41 Zusätzlich gab es solche, die sich jedem Kompromiß und jedem Zugeständnis aus dem Grund widersetzten, daß es dann unmöglich sei, »den zahllosen Geistern der Kriegstoten ins Auge zu sehen« (General Matsui im Jahre 1941, zitiert bei Maruyama, op. cit., S. 113). Es ist schmerzlich, sich zu fragen, wie viele Menschen im Laufe der Geschichte wohl haben sterben müssen, damit andere nicht umsonst gestorben waren.
Laut Maruyama (S. 124) war ein weiterer entscheidender Faktor »der Rat der dem Kaiser nahestehenden Honoratioren, die dem Krieg im Ausland den Vorzug vor dem Klassenkampf im eigenen Land gaben, die also weniger Angst hatten, den Krieg zu verlieren, als eine Revolution zu riskieren« – auch das ein bekannter Fall. Siehe z. B. die Ausführungen über den spanischen Bürgerkrieg auf den Seiten 76–120.

42 Crowley, op. cit., S. 245.

43 *Survey of International Affairs,* London 1926, S. 386; zitiert bei Tagaki, op. cit.

44 A. W. Griswold, *The Far Eastern Policy of the United States,* New York 1938, Paperback-Ausgabe New Haven 1962, S. 130. Die amerikanischen Gelehrten geben im allgemeinen zu, daß dieses Abkommen die »besondere Stellung« Japans in der Mandschurei und in der Mongolei berücksichtigte. Siehe z. B. Robert A. Scalapino in: W. L. Thorp, Hrsg., *The United States and the Far East,* New York 1956, S. 30.

45 Beide Zitate aus William C. Johnstone, *The United States and Japan's New Order,* New York 1941, S. 124, 126. Die Lansing-Ishii-Noten enthielten jedoch ein Geheimprotokoll, das dieses Zugeständnis praktisch aufhob.

46 Zitiert bei Iriye, op. cit., S. 271.

47 Das ist eine ebensogroße Streitkraft wie jene, die die Vereinigten Staaten 1962 in Vietnam unterhielten. Gegen Ende des Jahres 1937 hatten die Japaner 160 000 Mann in China. Heute vergißt man leicht, wie groß das Ausmaß der faschistischen Aggressionen vor einer Generation war.

48 Iriye, op. cit., S. 218.

49 Johnstone, op. cit., S. 214.

50 Zitiert bei Dorothy Borg, *The United States and the Far Eastern Crisis of 1933-1938*, Cambridge 1964, S. 590.

51 Ibid., S. 42.

52 Offiziere der japanischen Armee in China äußerten dieselbe Besorgnis. General Matsui sagte 1937, im Begriff, den Oberbefehl über die japanischen Expeditionskräfte in Shanghai zu übernehmen: »Ich gehe nicht an die Front, um einen Feind zu besiegen, sondern mit dem Bewußtsein eines Menschen, der auszieht, seinen Bruder zu befrieden.« Vor dem Tokyo-Tribunal definierte er seine Aufgabe mit den Worten: »Der Kampf zwischen Japan und China war immer ein Kampf unter Brüdern innerhalb der ›asiatischen Familie‹ ... In all diesen Jahren war ich der Überzeugung, daß wir diesen Kampf als eine Methode ansehen müssen, die Chinesen zur Selbstreflexion zu veranlassen. Wir tun das nicht, weil wir sie hassen, sondern im Gegenteil, weil wir sie zu sehr lieben. Es ist geradeso wie in einer Familie, in der der ältere Bruder alles duldet, was ihm sein jüngerer Bruder antut, ihn jetzt aber züchtigen muß, um ihm richtiges Benehmen beizubringen.« Zitiert in Maruyama, op. cit., S. 95.

53 Johnstone, op. cit., S. 290.

54 Zitiert bei Francis C. Jones, *Japan's New Order in East Asia*, New York 1954, S. 156, aus: *The Memoirs of Cordell Hull*, New York 1948, Bd. I, S. 725 f.

55 Vgl. Iriye, op. cit., S. 260 f., S. 278 f.

56 Shigemitsu, op. cit., S. 208 (siehe Anm. 25). Das rassistische amerikanische Einwanderungsgesetz von 1924 war besonders für Japan ein schwerer Schlag. Zusätzlich hatten auch Kanada, Lateinamerika, Australien und Neuseeland Einwanderungsbeschränkungen eingeführt. Übrigens waren die japanischen Versuche, in die Resolution des Völkerbundes, die das »Prinzip der Gleichheit aller Völker« und der »gerechten Behandlung ihrer Bürger« enthielt, einen Paragraphen über Rassengleichheit einzufügen, am Widerstand Großbritanniens gescheitert. Woodrow Wilson, der damalige Präsident, ordnete an, daß dieser Paragraph »angesichts der ernsthaften Einwände einiger unter uns« nicht aufgenommen werden solle (Pal, op. cit., S. 317 f.). Nur Großbritannien und die Vereinigten Staaten stimmten nicht für jene Resolution. Siehe Neumann, op. cit., S. 153 f.

57 Zitiert bei Ogaka, op. cit., S. 35.

58 Zitiert bei Shigemitsu, op. cit., S. 221.

59 Bruno Lasker und W. L. Holland, Hrsg., *Problems of the Pacific 1933*, Chicago 1934, S. 5.

60 Ibid., S. 10.

61 Siehe Robert F. Smith, *The United States and Cuba: Business and Diplomacy, 1917-1960*, New York 1960, S. 159.

62 Holland und Mitchell, op. cit., S. 220. Nebenbei können wir bemerken, daß die amerikanische Nachkriegspolitik in bezug auf die Philippinen

zur Verewigung dessen diente, was Salvador López, Delegierter bei den Vereinten Nationen, das »auf Ungerechtigkeit und Habgier ruhende System« der Vorkriegszeit nannte, das »die Verkettung der philippinischen Wirtschaft mit der amerikanischen Wirtschaft durch freie Handelsbeziehungen zwischen den beiden Ländern verlangte« und, »in stillschweigender Übereinkunft mit der wirtschaftlichen Elite der Filipinos«, zu einer »Kolonialwirtschaft klassischen Typs« führte (»The Colonial Relationship«, in: Frank H. Golay, Hrsg., *The United States and the Philippines*, Englewood Cliffs, N. Y., 1966, S. 7–31). Außerdem unterbrach diese »kurzsichtige Politik des Drängens auf unmittelbare kommerzielle Vorteile« die philippinische Revolution, die zur Zeit der amerikanischen Eroberung in Gang war. Diese »Unterbrechung« wurde z. B. durch die Politik von Magsaysay fortgesetzt, der »die durch ständiges Experimentieren mit öffentlichen Körperschaften verschiedener Art entstandene Ambivalenz durch die eindeutige Erklärung beseitigte, daß die öffentliche Politik den Glauben an privates Unternehmertum und die Abhängigkeit von ihm widerspiegeln werde« (Frank H. Golay, »Economic Collaboration: The Role of American Investment«, ibid., S. 109). Eine Folge dieser »Verbesserung« der »politischen und wirtschaftlichen Aspekte des Investitionsklimas« war es, daß von 1957 bis 1963 »die Gewinne, die amerikanischen Kapitalanlegern zuflossen, doppelt so hoch waren wie die Summe der direkten ausländischen Investitionen auf den Philippinen« – ein interessantes Beispiel für Entwicklungshilfe. Tatsächlich sicherten Präferenzverträge, die den Philippinen 1946 aufgezwungen worden waren, den Einfluß Amerikas auf die philippinische Wirtschaft (vgl. ibid., S. 125 ff.).

63 Die Zahlen stammen von John E. Orchard und H. Foster Bain, in: Barnes, op. cit., S. 39-83. 185-212.

64 Op. cit., S. 226, 233.

65 Rōyama, op. cit., S. 120. Er fügt hinzu, daß die neue Regierung »provisorisch« und sogar gewillt war, Mitglieder der Kuomintang aufzunehmen, wenn diese dazu bereit wären.

66 Ibid., S. 150.

67 Vgl. Lyndon B. Johnson, 18. August 1967. Wir sollten jedoch über den nur zu offensichtlichen Parallelen zwischen dem japanischen Faschismus und dem gegenwärtigen Imperialismus Amerikas in Südostasien die fundamentalen Unterschiede nicht übersehen; vor allem war die Tatsache, daß Japan für sein Überleben als Großmacht kämpfte, angesichts der »Einkreisung« durch die anderen Großmächte keine paranoide Wahnvorstellung.

68 »Trotz der zähen Bemühungen der japanischen Regierung, die USA wissen zu lassen, daß sie die amerikanische Hilfe zur Erzielung eines schnellen Übereinkommens wünschte [1937], hatten die Politiker der Vereinigten Staaten die Situation wieder einmal nicht begriffen« (Borg, op. cit., S. 466). Zu ihrem Unglück waren die japanischen Apologeten

nicht in der Lage, sich einige der Dinge einfallen zu lassen, die ihre amerikanischen Partner heute bereithalten, wenn sie erklären wollen, warum die Chinesen ihr großzügiges Angebot nicht annehmen. John King Fairbank z. B., Leiter des Zentrums für Ostasiatische Forschungen in Harvard, erklärt tiefsinnig: »Wenn wir Verhandlungen anbieten, ist dieses Angebot ehrlich und unserer Meinung nach eine anständige und völlig normale Sache«, aber die Asiaten teilen nicht diesen Glauben an »die Herrschaft des Rechtes und die Rechte des einzelnen, die durch Gesetze geschützt werden«; deshalb können sie unsere ehrenwerten Absichten und unsere offensichtliche Aufrichtigkeit nicht begreifen (*Boston, Globe*, 19. August 1967). Nur jene oberflächlichen Kritiker, die die Asiaten nicht verstehen, können darauf insistieren, die Nordvietnamesen beim Wort zu nehmen, wenn diese behaupten, nach der Einstellung der Bombardierung Nordvietnams wären Verhandlungen möglich, und auf die moralische Absurdität der Forderung hinweisen, daß sowohl das Opfer als auch sein Henker »von ihrer Gewalt ablassen« müßten.

69 Vgl. Butow, op. cit., S. 122, 134.

70 David J. Lu, *From the Marco Polo Bridge to Pearl Harbor*, Washington 1961, S. 19.

71 Butow, op. cit., S. 273 f.

72 Vgl. Pal, op. cit., S. 212.

73 Ibid., S. 213. Die Vereinigten Staaten waren in dieser Hinsicht der kleinste Sünder, da sie ihre Kontrolle über die chinesischen Zölle 1928 aufgegeben hatten. Deutschland und die Sowjetunion hatten in den zwanziger Jahren auf Exterritorialitätsrechte verzichtet (die Vereinigten Staaten taten es 1942). Japan verzichtete in dem Marionettenstaat Mandschukuo auf diese Rechte.

74 Vgl. Shigemitsu, op. cit., S. 190, und Lu, op. cit., S. 34.

75 Thorp, op. cit., S. 7. Er bedauert die Tatsache, daß die Asiaten das nicht richtig verstehen. Thorp, ehemals Unterstaatssekretär und Mitglied der UN-Delegation, gegenwärtig Professor für Wirtschaftswissenschaften in Amherst, kommt im Jahre 1956 ebenfalls zu dem erstaunlichen Schluß, daß eines der wichtigsten internationalen Probleme die erwiesene Bereitschaft der Sowjetunion ist, Aggressionen in Indochina zu unterstützen. Die Konferenz, deren Sitzungsberichte er herausgegeben hat, ging mit der Hoffnung zu Ende, daß »das chinesische Volk eines Tages seine Rechte und seine Freiheit wiedererlangen wird« (S. 225), führte jedoch nicht näher aus, wann das chinesische Volk jemals zuvor im Besitz seiner Rechte war und in Freiheit gelebt hatte.

76 22. September 1937. Zitiert in den Dokumenten des internationalen Vietnam-Tribunals im Juli 1967 in Stockholm.

77 Siehe Chong-sik Lee, *Counterinsurgency in Manchuria: The Japanese Experience*, RAND Corporation Memorandum RM-5012-ARPA, Januar 1967. Wie sehr oft bei den Untersuchungen der RAND Corporation kann man auch hier nur schwer entscheiden, ob die Studie ernst

oder ironisch gemeint ist. Es gibt jedoch keinen Grund, ihre Zuverlässigkeit in Frage zu stellen. Besonders die in dem Memorandum über-
setzten Originaldokumente sind sehr interessant.

78 Monatlicher Pazifizierungsbericht des Informationsbüros der Regierung
von Mandschukuo, Oktober 1938 (Lee, op. cit., S. 189 f.).

79 Bericht der militärischen Beratungsstelle, Mandschukuo 1937 (Lee, op.
cit., S. 12).

80 In Vietnam werden diese Methoden auf den neuesten Stand gebracht,
siehe William A. Nighswonger, *Rural Pacification in Vietnam*, New
York 1967.

81 Vgl. S. 55 f.

82 Lee, op. cit., S. 305. Solche Berichte illustrieren ein Phänomen, das
Maruyama in seiner Analyse der »Theorie und Psychologie des Ultra-
Nationalismus« aufgezeigt hat: »Wohltätigkeit konnte mit Grausam-
keit Hand in Hand gehen, und die Verantwortlichen waren sich keines
Widerspruchs bewußt. Das ist das Phänomen, wo sich Moral mit Macht
raffiniert vermischt« (op. cit., S. 11). Auch hier wird der Leser keine
Schwierigkeit haben, zeitgenössische Beispiele anzuführen.

83 Lee, op. cit., S. 307 f.

84 Geheimbericht des Informationsbüros der Regierung von Mandschukuo, April 1939, mit dem Titel: »Pazifizierungsbemühungen in den von
kommunistischen Banden durchsetzten Gebieten (Persönliche Überlegungen)«, (Lee, op. cit., S. 217 f.).

85 »Civilian Loyalities«, in: Wilson C. McWilliams, Hrsg., *Garrisons and
Governments*, San Francisco 1967, S. 86 f.

86 Shizuo Maruyama, »The Other War in Vietnam: The Revolutionary
Development Program«, *Japan Quarterly*, Bd. 14 (Juli-September
1967), S. 297-303. Der Autor, ein Südostasienexperte und Leitartikler
von *Asahi Shimbun*, stellt die Ähnlichkeit mit früheren Versuchen Japans fest, glaubt jedoch, daß die Aussichten für das amerikanische Programm aus einer Reihe von Gründen sehr schlecht sind: »... die Wun-
den, die der Natur brutal zugefügt wurden, sind zu grausam anzusehen. Schöne Weiden, grüne Wälder und reiche Erntefelder sind mit
Flammenwerfern, Napalm und chemischen Entlaubungsmitteln eingeäschert worden ... Das häßliche Land wird nicht mehr grün, es hat
seine Macht verloren, Menschen anzuziehen und in ihrem Herzen die
Liebe zu ihrem Geburtsort und zu ihrem Mutterland zu wecken.« Die
revolutionäre Entwicklung hat wenig Aussicht auf Erfolg, »wenn die
Natur in verbrannte Erde verwandelt und die in einem Volk gewach-
senen Traditionen zerstört worden sind«.

87 Lu, op. cit. S. 67.

88 Vgl. Nobutaka Ike, Hrsg., *Japan's Decision for War: Records of the
1941 Policy Conferences*, Stanford 1967, S. 11.

89 Die zeitliche Aufeinanderfolge dieser Ereignisse verzeichnet Lu, op. cit.,
S. 188. Laut Ike (op. cit., S. 108) stammt der Erlaß, die Vermögens-

werte einzufrieren, vom Abend des 25. Juli, während die Nachricht von der Entsendung von Truppen in den Süden am 26. Juli gegen Mittag bekanntgegeben wurde. Die Gründe für die Verzögerung der Übermittlung von Roosevelts Angebot an das japanische Außenministerium liegen im Dunkeln. Es hat den Anschein, daß damals noch die Möglichkeit diplomatischer Manöver bestanden hat.

90 Schroeder, op. cit., S. 53. Er zitiert eine Äußerung von General Miles, wonach die Vereinigten Staaten »heute in der Lage sind, die wirtschaftliche Struktur des japanischen Imperiums vollständig zu zertrümmern«, und die Voraussage von Admiral Stark, daß dieser Schritt (die Einfrierung der Vermögenswerte) wahrscheinlich direkt zum Krieg führen werde.

91 Op. cit., S. 545.

92 Op. cit., S. 100 f.

93 Ike, op. cit., Einführung.

94 20. April 1940; zitiert bei Schroeder, op. cit., S. 170.

95 *Memoirs of Cordell Hull*, Bd. II, S. 1032.

96 *Japan's Case Examined*, Baltimore 1940, S. 128 ff.

97 »The Japanese Monroe Doctrine«, *Foreign Affairs*, Bd. 11 (Juli 1933), S. 671-678.

98 Bryce Wood, *The Making of the Good Neighbor Policy*, New York 1962, S. 109.

99 Ronald Steel, *Pax Americana*, New York 1967. Wie Steel meint, ist diese Großzügigkeit der Preis, den wir bezahlen müssen, wenn wir unsere Rolle als imperialistische Macht spielen wollen. Man vergleiche die Äußerungen von H. Merivale (siehe S. 61). Vielleicht sind die einführenden Kapital des Buches, denen ich diese Äußerungen aufs Geratewohl entnommen habe, als Parodie gemeint: dann dienen sie als Zeugnis und nicht als Beweis für die gründliche Selbsttäuschung unserer höchst konformistischen und ideologisch orientierten Gesellschaft. Es ist oft schwer herauszufinden, wann die amerikanischen Gelehrten in ihrer Auseinandersetzung mit der internationalen Rolle der Vereinigten Staaten ironisch und wann sie sentimental sind.

100 Schroeder, op. cit., S. 203 ff.

Die Logik des Rückzuges

1 Howard Zinn, *Vietnam: The Logic of Withdrawal*, Boston 1967.

2 *Congressional Record*, 12. Juni 1967.

3 Zitiert in: *F. I. Stone's Weekly*, 3. April 1967.

4 William Johnstone, »United States Policy in Southern Asia«, *Current History*, Bd. 46, Februar 1965, S. 65–70.

5 *New York Times*, 13. Mai 1967.

6 *Ibid.*, 24. Mai 1967.

7 *Christian Science Monitor*, 26. Mai 1967.

8 *Congressional Record*, 13. April 1967, S. 5054–5057.

9 *Ibid.*, 3. Mai 1967.

10 Denis Warner, *The Last Confucian*, New York 1963, S. 312.

11 Siehe Roger Hilsmann, *To Move a Nation*, Garden City 1967, S. 529. Senator Fulbright kommt anhand der offiziellen Zahlen des Pentagon zu dem Schluß, daß die FNL »im Laufe des Jahres 1965 160 000 Mitglieder gewonnen hat« (*The Truth about Vietnam, Report on the U.S. Senate Hearings of March 1966*, San Diego 1966, S. 320). General Maxwell Taylor stellte diese Schlußfolgerung nicht in Frage. Die Zahl für 1964 beträgt 45 000.

12 Akioka Ieshige, »Youth and Nationalism in Asia: South Vietnam«, *Japan Quarterly*, Bd. 14 (Januar-März 1967), S. 38 f.

13 *Christian Science Monitor*, 24. April 1967.

14 Siehe die Kolumne von Carl Rowan, die am 26. März 1917 in mehreren Blättern veröffentlicht wurde.

15 Ein »hoher Beamter« in Washington, der eine diesbezügliche Feststellung von Botschafter Lodge erklärt, *New York Times*, 13. August 1967.

16 John Oakes, *New York Times*, 3. April 1967.

17 *New York Times*, 6. April 1967.

18 Shizuo Maruyama, »The Other War in Vietnam: The Revolutionary Development Program«, *Japan Quarterly*, Bd. 14 (Juli-September 1967), S. 297-303.

19 Die Rezensionen von Jonathan Schells Buch *The Village of Ben Suc* (New York 1967) sind höchst bemerkenswert. John Dillin (*Christian Science Monitor*, 2. Dezember 1967) hält es für »leider unvollständig«, weil es keine »Schlußfolgerungen über den Wert dieser massiven und kostspieligen amerikanischen Anstrengungen« enthält. Er interpretiert das Buch als »eine milde Kritik an der Rolle Amerikas und Südvietnams«, was jeden, der das Buch gelesen hat, nur erstaunen kann, bis er bemerkt, daß Dillin an der »Evakuierung und totalen Vernichtung von vier unter der Kontrolle des Viet Kong stehenden Dörfern, darunter Ben Suc« – »ein blühendes Dorf« von Bauern, die »gesund und relativ wohlhabend waren« – nichts auszusetzen hat.

John Mecklin (*The New York Times Book Review*, 29. Oktober 1967) begreift zumindest, daß der Leser wahrscheinlich »starke Abneigung« empfindet, »wenn er die Ungeheuerlichkeit von Schells Darstellung erfaßt hat«, und er muß zugeben, daß »Schells Anklagen zum großen Teil ... gerechtfertigt, zutreffend und längst fällig sind«. Er hält sie jedoch für unfair, z. B. weil nichts gesagt wird über die »immensen Schwierigkeiten, die sich den Bemühungen der Vereinigten Staaten in den Weg stellen«, insbesondere der Mangel an Autorität über das Saigoner Regime (eine Tatsache, die offensichtlich mit dieser rein amerikanischen Operation nichts zu tun hat) und »die beklagenswert kurze Eingewöhnungszeit ... der Amerikaner in Vietnam, die es ihnen un-

möglich macht, die Erfahrungen zu sammeln, derer sie in Situationen
wie der von Ben Suc so dringend bedürfen«. Er glaubt trotzdem, daß
dieses Buch »im Pentagon gelesen werden sollte ... wegen seiner außergewöhnlichen Beschreibung der kritischen Zonen Vietnams, in denen
die Vereinigten Staaten bessere Arbeit tun könnten«, d. h. wahrscheinlich, in denen sie solche Operationen in Zukunft effektiver durchführen
könnten.

Diese Reaktionen zeugen von einer Art schleichendem »Eichmannis-
mus«, die tatsächlich auch das schwache Echo auf den Originalbericht
der *New York Times* über diese Operation in Ben Suc (11. Januar 1967)
erklärt. Die Befriedung von Ben Suc war vollkommen gescheitert, und
so blieb, dem zuständigen amerikanischen Oberst zufolge, als »einzige
militärische oder politische Lösung für diesen Ort« nur die gewaltsame
Umsiedlung. Natürlich waren einige der Dorfbewohner nicht allzu
glücklich darüber. »Ich kann mir denken, daß es viel Heulen und
Zähneknirschen gibt, aber sie werden tun, was man von ihnen verlangt«, sagte der Oberst. Einige mochten dennoch nicht tun, was man
von ihnen verlangte. »41 Dorfbewohner taten es nicht. Sie wurden im
Laufe des Tages ausfindig gemacht und getötet.« Die Folgerung: »Bald
wird die Regierung nicht mehr genötigt sein, um die Gedanken und
Gefühle in Ben Suc zu werben. Es wird kein Ben Suc mehr geben.«

Man kann kaum entscheiden, was skandalöser ist – die Ereignisse selbst
oder das Ausbleiben einer Reaktion.

Mecklin ist, nebenbei bemerkt, für einige der erstaunlichsten Kommentare über Vietnam verantwortlich. In einer Rezension in der *New
York Times Book Review* vom 4. Juni 1967 schreibt er Thich Nhat
Hanh den idiotischen Vorschlag zu, »sowohl die Amerikaner wie die
Kommunisten ... sollten abziehen und den Vietnamesen die Lösung
ihrer Probleme überlassen«. Als ehemaliges Mitglied der US-Mission in
Saigon (von 1962 bis 1964) könnte er, so denkt man, begriffen haben,
daß der »Viet Kong« sich aus Vietnamesen zusammensetzt, um so mehr,
als amerikanische Beamte in Saigon Ende 1962 schätzten, daß »ungefähr die Hälfte der Vietnamesen die FNL unterstützt« (Robert Scigliano, *South Vietnam: Nation Under Stress*, Boston 1963, S. 145). In
Mission in Torment (Garden City 1965) beschreibt Mecklin den vietnamesischen Bauern als einen Menschen, dessen »Vokabular auf ein
paar hundert Wörter begrenzt ist«, dessen »Denkfähigkeit ... sich nur
wenig über die eines sechsjährigen Amerikaners hinaus entwickelt«,
dessen Geist untrainiert ist und deshalb verkümmert« (S. 76); aber seltsam: die politischen und militärischen Taktiken des »Viet Kong«, der
Methoden anwandte, die »kunstvoll auf das Leben und den Charakter der vietnamesischen Bauern abgestimmt« waren, »verwirrten nicht
nur die US-Mission, sondern auch die aristokratischen Führer des
Diem-Regimes« (S. 78 f.); seine Streitkräfte »waren bis zu einem erstaunlichen Grad von Raffinesse entwickelt ... mit Waffenfabriken im

Dschungel, Sendeanlagen, versteckten Krankenhäusern, Propaganda-
Druckpressen ... Viet-Kong-Kameramänner filmten die Vorgänge« aus
dem Hinterhalt (S. 79); den Regierungskräften erschienen diese Geg-
ner »acht Fuß groß«. Und so fort. Für weitere Informationen über die
Errungenschaften dieser verkümmerten Geister siehe Malcolm Browne,
The New Face of War, Indianapolis 1965.

20 Kyōzō Mori, »The Logic and Psychology of North Vietnam«, *Japan
Quarterly,* Bd. 14 (Juli-September 1967), S. 286-296. Laut Bernard
Fall »waren es die unglücklichen Flüchtlinge«, fast immer durch »Luft-
und Artilleriebombardements« vertrieben, »welche die ganzen 5 Prozent der Bevölkerung ausmachten, von denen man behauptete, sie seien
[1966] unter die Kontrolle der Regierung gekommen« (*Last Reflections on a War,* Garden City, N. Y., 1967, S. 157). Mit solchen Mitteln
erweitern wir unsere »Kontrolle« über die Bevölkerung Südvietnams.

21 R. W. Apple, *New York Times,* 22. Juli 1967.

22 *Christian Science Monitor,* 8. Juli 1967.

23 Siehe den Hauptbericht in *Christian Science Monitor* vom 20. September 1967 für einen Versuch, herauszufinden, was hinter den Kulissen
geschieht.

24 Ein vorsichtige Analyse der Wahlen von einem amerikanischen Südostasien-Experten, der sich auf Fragen der Wahlpolitik spezialisiert
hat, enthält *Dr. David Wurfels Reports on Vietnam,* Methodist Division of Peace and World Order, 100 Maryland Ave. N.E., Washington,
D.C., 21. September 1967.

25 *New York Times,* 23. September 1967.

26 *Christian Science Monitor,* 21. September 1967.

27 Zitiert in *New Republic,* 6. Januar 1968, S. 29, aus einem Interview
mit Henry Brandon in der *London Sunday Times.*

28 *New York Times,* 18. Dezember 1967.

29 Für Details siehe *Christian Science Monitor,* 18. Dezember 1967.

30 *New York Times,* 28. Dezember 1967.

31 *Congressional Record,* 24. August 1965, S 20654.

32 *New York Times,* 8. Dezember 1967.

33 *Ibid.,* 6. Dezember 1967.

34 *Christian Science Monitor,* 10. Januar 1967.

35 *New York Times,* 21. November 1967.

36 *Christian Science Monitor,* 24. November 1967.

37 Für eine Zusammenfassung siehe *Congressional Record,* 18. September
1967, H 11979, H 12030-12038.

38 Zitiert in: *Vietnam: Fundamental Problems* (Vietnamese Studies, Nr.
12), Hanoi 1966, S. 35.

39 Lawrence Morrison, Direktor von *Industry Division and Mining,*
U.S.O.M., Saigon, 1955-1957, in: Richard W. Lindholm, Hrsg., *Viet-
nam: The First Five Years* (Michigan State University Press 1959,
S. 215).

40 Siehe zum Beispiel den Bericht von David Halberstam, »Return to
   Vietnam«, *Harper's*, Dezember 1967, S. 47-58.
41 *Boston Globe*, 12. Januar 1967. Im Mai 1968 wurde Ton That Thien
   zum Informationsminister ernannt.
42 *Last Reflections on a War*, S. 33, 47. Ton That Thiens Anspielung auf
   die Kämpfe gegen die Indianer appelliert, so scheint es, an das militärische Gewissen der Amerikaner. Als Zeuge vor dem Senatsausschuß
   für Außenpolitik bezeichnete General Maxwell Taylor unser Problem
   in Vietnam als ein Problem der »Sicherheit«: »... Ich habe oft gesagt,
   daß es sehr schwierig ist, den Weizen außerhalb der Einfriedung anzu-
   bauen, wenn die Indianer noch in der Nähe sind. In vielen der Provinzen müssen wir die Indianer noch weiter vertreiben, wenn wir gute
   Fortschritte erzielen wollen« (*The Truth about Vietnam*, S. 267). Siehe
   auch Anthony Harrigan, *A Guide to the War in Vietnam*, Boulder 1966:
   eine Ansicht über den Krieg, die wahrscheinlich für einen bedeutenden
   Teil der amerikanischen Öffentlichkeit repräsentativ ist. Er bemerkt,
   daß amerikanische Truppen »den Geist wiedergewinnen, der die US-
   Truppen auszeichnete, als sie den aufrührerischen Indianerstämmen
   einen Kontinent abrangen«: sie kämpfen in einem Krieg, in dem »ein
   Amerikaner den Viet Kong von den ›Freunden‹ nicht unterscheiden
   kann«; in dem »das lächelnde Gesicht des Bauern auf seinem Wasser-
   büffel jenseits der Einzäunung des Flugfelds einem Viet Kong gehören
   kann, der die Absicht hat, auf dich oder dein Flugzeug eine Granate zu
   werfen«; in dem die Tri-Quang-Buddhisten »ein Instrument in den
   Händen der Feinde des südvietnamesischen Volkes geworden« sind;
   in dem »die Empörung über die Anwendung von Gas ein weiteres
   Zeichen dafür ist, daß die Verteidigung eines Volkes gegen kommunistische Aggression eine undankbare Aufgabe zu sein pflegt«, und so
   weiter und so fort.
43 Richard A. Falk u. a., *Vietnam and International Law*, Flanders, N.Y.,
   1967, S. 85.
44 »United States Policy and Vietnamese Political Viability, 1954-1967,
   Asian Survey, Bd. 7 (August 1967), S. 507-514. Er fügt die obskure
   Bemerkung hinzu, wenn dieses unabhängige Südvietnam lebensfähig,
   stark, populär, aufgeklärt und erfolgreich wäre, »könnte man mit den
   außenpolitischen und diplomatischen Auswirkungen der *de facto*-
   Existenz von zwei Vietnams leichter fertig werden, insbesondere, was
   die Beziehungen zwischen Nord- und Südvietnam bei zukünftigen Konsultationen und Wahlen betrifft, die wir in Washington zu irgendeinem Zeitpunkt erwarten, vielleicht für 1956 oder auch etwas später«. Aber das Genfer Abkommen, das einzuhalten wir uns verpflichtet
   haben, sagt nichts über »zwei Vietnams«, auch nichts über ein »unabhängiges Südvietnam« als »starken, lebensfähigen Staat«. Natürlich
   ist es absurd, von einem lebensfähigen, unabhängigen Staat zu sprechen
   bei einer provisorischen Demarkationslinie, die »in keinem Fall als eine

politische oder territoriale Grenze interpretiert werden soll«. Inter-
essant ist übrigens, daß Young die amerikanischen Bemühungen »zur
Förderung der politischen Lebensfähigkeit« Vietnams in der Zeit von
1954 bis 1967 beschreiben kann, ohne auch nur zu erwähnen, was mit
den Wahlen geschah, die Washington »für 1956 oder auch etwas später«
erwartete.
Richard Falk spricht von der Verlogenheit der Anschuldigung, daß
Nordvietnam die Weltordnung durch seine »indirekte Aggression« in
Südvietnam in den sechziger Jahren bedroht habe, und bemerkt dazu:
»In Vietnam war die Errichtung einer politischen Grenze am sieb-
zehnten Breitengrad durch Saigon, nicht aber die nachfolgenden Versuche, sie aufzuheben, die wirkliche Bedrohung der Weltordnung«, da
die »politische Lösung von Genf 1954 eine Formel für die Annullie-
rung (und nicht die Perpetuierung) dieser Teilung bereitstelle« (»International Law and the United States Role in Vietnam«, *Yale Law Journal*, Bd. 76 [Mai 1967], S. 1118). Ebenso waren die amerikanischen Bemühungen um die militärische Stärkung des Saigoner Regimes – die
dieses in die Lage versetzten, die Opposition zu zerschlagen und eine
»strenge Diktatur« zu errichten, was die Befürworter der amerikanischen Bemühungen später bereuen sollten – eine klare Verletzung unserer Zusage, weder Gewalt noch Gewaltandrohung zu gebrauchen,
um die Genfer Beschlüsse zu hintertreiben. Außenminister Dulles gab
ebenso offen wie Kenneth Young unsere Absicht zu, das Genfer Abkommen zu mißachten, als er unser Vorhaben verkündete, »die wirklich unabhängigen Staaten Kambodscha, Laos und Südvietnam« aufzubauen (*Department of State Bulletin*, 2. August 1954, zitiert in George
M. Kahin und John W. Lewis, *The United States and Vietnam*, New
York 1967, S. 61).
Es ist übrigens bemerkenswert, daß unsere damals erklärte Unzufriedenheit über das Abkommen und unsere offen verkündete Absicht,
es nicht einzuhalten, heute oft so ausgelegt werden, als seien wir damit
von der Verpflichtung befreit, uns nach ihm zu richten, als sei uns jede
Verantwortung für die Verletzung des Abkommens abgenommen.
45 Zitiert bei R. Scigliano, op. cit., S. 196, nach Philippe Devillers und
Jean Lacouture, *La Fin d'une Guerre: Indochine 1954*, Paris 1960.
46 »Vietnam: the Agonizing Reappraisal«, *Current History*, Bd. 48 (Februar 1965), S. 95-102. In *The Two Vietnams*, revidierte Auflage New
York 1964, versichert Fall (S. 402), daß »die Infiltration von Guerilla-
teams« in den Norden »in den vergangenen Jahren wiederholt versucht
wurde und kläglich scheiterte ... Gegenwärtig schätzt man die Verluste auf 85 Prozent sämtlicher an diesen Operationen beteiligten
Soldaten«. Und das trotz »vollständiger Ruhe in der Luft«, wie er
selbst bei einem Besuch in Nordvietnam im Herbst 1962 beobachtete,
als diese Operationen in Gang waren: »... keine Posten in den Wacht-
türmen, keine Luftpatrouillen. Hanois Polizisten tragen nicht einmal

Pistolen« (*Saturday Evening Post*, 24. November 1962, S. 18-21). Vgl. die neuesten Augenzeugenberichte von David Schoenbrun und anderen, in denen das gleiche Phänomen erörtert wird, das Fall als »eines der ominösesten Dinge in Nordvietnam« bezeichnete.

47 Richard Goodwin, *Triumph or Tragedy*, New York 1966, S. 26. Es gibt viele andere Berichte dieser Art. Um einen der jüngsten zu nennen: Louis Heren schreibt aus Washington in der *London Times* vom 20. April 1968, daß der CIA »von 1959 an tatsächlich Saboteure in den Norden schickte. Sie sprangen mit Fallschirmen ab oder wurden von Patrouillenbooten an der Küste abgesetzt. Es ist bekannt, daß Vizepräsident Ky, der das Transport-Geschwader der südvietnamesischen Luftwaffe in den Jahren 1962 und 1963 befehligte, für die Fallschirmoperationen verantwortlich war. Die Agenten waren Südvietnamesen und wurden vom CIA in Lagern der ›Special Forces‹ ausgebildet, besonders der 77. Gruppe der Special Forces. Die Froschmänner wurden in Da Nang ausgebildet. Abgesehen von der Zerstörung von Brücken und anderen verletzlichen Punkten erwartete man von ihnen, daß sie den Guerillakampf organisierten, vor allem in den katholischen Gebieten. Beide Operationen waren ein absoluter Mißerfolg; 1963 wurden 95 Prozent Verluste verzeichnet, aber der Opiumhandel florierte.« Herens Bericht befaßt sich weiter mit dem möglichen Zusammenhang zwischen diesen Operationen und dem Opiumhandel sowie mit den von einem Senatsausschuß untersuchten Berichten, wonach Marschall Ky wegen seiner Beteiligung am Opiumschmuggel von diesen Operationen ausgeschlossen wurde.

48 Dean Rusk, 5. Dezember 1966; zitiert in Theodore Draper, *Abuse of Power*, New York 1967, S. 45. Der erschreckende Charakter des von Draper gesammelten Materials, besonders im Hinblick auf die Äußerungen Dean Rusks, läßt sich kaum übertreiben.

49 *New York Times*, 7. Juni 1965. Aus den vom CBS veranlaßten Erhebungen im November 1966 und Februar 1967 geht hervor, daß selbst »stark anti-kommunistische Südvietnamesen . . ., die in erster Linie der Regierungspropaganda ausgesetzt waren, die amerikanische Ansicht abzulehnen scheinen, daß der Krieg eine Folge der ›Aggression des Nordens‹ sei« (Richard Falk, »International Law and the United States Role in Vietnam«, S. 1102, Anmerkung). Über die Ergebnisse wurde in der *Times* vom 22. März 1967 berichtet. Selbst in dieser voreingenommenen Untersuchung über die öffentliche Meinung in Südvietnam sprachen sich 83 Prozent *für* (und nur 5 Prozent *gegen*) eine Wiedervereinigung mit dem Norden nach dem Krieg aus, und Verhandlungen wurden der Ausweitung militärischer Operationen auf den Norden im Verhältnis von 4 zu 1 vorgezogen.

Die schon erwähnte Meinungsumfrage bei Gefangenen zeigt, daß »wenige von ihnen sich als Kommunisten bezeichneten oder eine Definition des Kommunismus geben konnten«, und bestätigt das Urteil der meisten Beobachter, daß »der Viet Kong weit mehr mit Überzeugung und Indoktrination arbeitet als mit den autoritären Methoden der traditionellen Armeen«. Es ist oft hervorgehoben worden, selbst von jenen, die sich den amerikanischen Bemühungen in Vietnam verschrieben haben, daß »es ein ernstlicher Fehler wäre, die kommunistische Macht in Südvietnam so zu sehen, als beruhe sie hauptsächlich auf Terror, auf militärischer Stärke oder sogar auf der Gleichgültigkeit ungebildeter Bauern« (Scigliano, op. cit., S. 158). Außerhalb des Außenministeriums ist man nahezu einhellig der Meinung, daß es »ein historisches Faktum ist, daß Gewalt im Kampf um den Süden zuerst vom Diem-Regime und nicht von den Kommunisten angewandt wurde«; daß die letzteren überdies weitaus zurückhaltender waren; daß, obwohl »Anleitung und Hilfe aus dem Norden« entscheidend zu dem »erstaunlichen Erfolg« der FNL beigetragen haben mögen, »sie ohne die breite Unterstützung durch die Massen kaum durchgedrungen wäre«; und daß »der Krieg als Bürgerkrieg im Süden begann«, lange bevor die angebliche Infiltration einsetzte (Joseph Buttinger, *Vietnam: A Dragon Embattled*, New York 1967, Bd. 2, S. 976 f., 981-982). Buttingers Studie ist sehr interessant, nicht nur wegen ihrer wissenschaftlichen Exaktheit, sondern auch deshalb, weil Buttinger viele Jahre lang ein entschiedener Verfechter des Diem-Regimes und des amerikanischen Engagements zu dessen Unterstützung war. Er erklärt zum Beispiel, warum Diem nicht zu demokratischen, repräsentativen Strukturen gelangen konnte: »Durch lokale Wahlen hätte der Viet Minh die Kontrolle über den größten Teil der ländlichen Gemeinden gewonnen. Der Viet Minh war populär, weite Gebiete standen unter seiner effektiven politischen Kontrolle, und überdies verfügte er allein über Leute mit den notwendigen organisatorischen Fähigkeiten, die von dem Regime gebotenen Möglichkeiten für demokratische Willensäußerung auszunutzen.« Deshalb »wären auch frei konstituierte Organisationen vom Viet Minh erobert worden« (S. 856); er fügt hinzu, die FNL sei »der wiedergeborene Viet Minh«, und spricht von der »Ähnlichkeit oder fast Identität von Viet Minh und FNL«. Anläßlich seiner Analyse der weitaus größeren Fortschritte im Norden (vgl. S. 928, 966 f.) bemerkt er, daß die Unterdrückung abweichender Meinungen im Norden weniger heftig war als im Süden, größtenteils deshalb, wie er meint, weil von abweichenden Meinungen weniger zu fürchten war (vgl. S. 964 f.).

50 Laut Scigliano, der zur Beratergruppe der Michigan State University in Vietnam gehörte (op. cit., 1963, S. 197), war das der Anstoß zu »den meisten amerikanischen Anstrengungen in Vietnam«. Dagegen »sind verdammt wenig amerikanische Energien und Ressourcen für politische Zwecke eingesetzt worden, verglichen mit den Aufwendungen für militärische und wirtschaftliche Zwecke«. Seine detaillierte Aufschlüsselung der Angaben über Hilfeleistungen zeigt, daß die Militärhilfe bei weitem dominierte, selbst innerhalb der »wirtschaftlichen und sozialen

Entwicklung«, und daß sogar die wirkliche Wirtschaftshilfe weitgehend an die relativ Wohlhabenden ging. Siehe dazu bes. S. 135 f.

51 Saville Davis, *Christian Science Monitor*, 21. Oktober 1967.

52 »Not a Dove, But Not Longer a Hawk«, *New York Times Magazine*, 9. Oktober 1966.

53 In bezug auf das Militär weist Jonathan Randal in der *New York Times* vom 11. Juni 1967 darauf hin, daß »nur *ein* Offizier im Rang über dem Oberstleutnant nicht im Indochinakrieg in der französischen Armee gegen die Viet Minh gekämpft hatte«. Vielleicht ist das einer der Gründe, warum die ARVN-Armee wenig Interesse am Krieg hat, während »der Viet Kong denselben widerwilligen Rekrut nehmen und ihn in sechs Monaten in einen Tiger verwandeln kann« (amerikanischer Regimentsberater), und eine Erklärung für die Desertionsquote, die Randal für die Elitetruppen im Jahre 1966 nennt: 22 % bei den Streitkräften insgesamt, 31 % bei den Rangers, 33 % bei den Marines und 45 % bei den Luftlandebataillonen.

54 Siehe Halberstam, op. cit., für einige Hinweise auf die unglaubliche Korruption jener, die er als »unsere Vietnamesen« bezeichnet. Ihr Zynismus hat die amerikanischen Journalisten immer wieder abgestoßen. Malcolm Browne z. B. berichtet, vietnamesische Offiziere hätten amerikanische Skyraiders beauftragt, Dörfer »von der Landkarte zu tilgen«, um Spuren der Korruption zu verwischen (op. cit., S. 210).

55 Kahin, op. cit. (siehe Anm. 8) berichtet, der Ärztestab des Krankenhauses in Hué schätze, daß »fast 90 Prozent der Kriegsopfer durch amerikanische und südvietnamesische Luftangriffe und Artilleriebeschuß verursacht wurden«, und ein in einem Hospital in Quangnai beschäftigter Amerikaner »schätzte, daß ungefähr 70 Prozent aller zivilen Kriegsopfer durch die amerikanische, südkoreanische und südvietnamesische Luftwaffe und Artillerie verursacht wurden«. Man beachte, daß diese Schätzungen sich auf Gebiete beziehen, die mehr oder weniger unter amerikanischer Kontrolle stehen und wo die Opfer damit rechnen können, in ein Krankenhaus gebracht zu werden. Überraschen muß, daß die Verluste in diesen Gebieten überwiegend durch amerikanische und alliierte Kräfte verursacht sind. Selbst im Krankenhaus von Saigon sah Kahin viele Napalm-Opfer, meistens Kinder – Medizinstudenten teilten ihm mit, »daß auf Anordnung der Regierung die Napalm-Opfer, die in Krankenhäuser gebracht werden, so weit wie möglich verstreut werden müssen, damit die Besucher nicht merken, daß es so viele gibt«.
Die Reaktion der Amerikaner auf solche Enthüllungen ist oft erstaunlich. So fügte Senator Proxmire in den *Congressional Record* (26. Mai 1965, S. 11799–11801) eine Rechtfertigung der Regierungspolitik von Thomas Ross aus der *Chicago Sun-Times* vom 23. Mai 1965 ein, um zu zeigen, daß die Regierung von wirklichen Experten unterstützt wird. Die Regierung unterstützen – das tut Ross. Er weist auch darauf

hin, daß »der Viet Kong ein hohes Maß an Immunität erreicht hat«
und »sich im größten Teil des Landes frei bewegt, ohne sich sorgen zu
müssen, von der lokalen Bevölkerung an die Regierung verraten zu
werden«. Die militärische Strategie sah sich deshalb genötigt, von der
Aufstandsbekämpfung zur klassischen Kriegführung überzugehen.
Aber, so sagte er, »es ist noch viel zu früh, um sagen zu können, ob die
hochentwickelten Waffen und die konventionellen Bodentruppen Erfolg haben können, wo die Aufstandsbekämpfung gescheitert ist. Es gibt
in der Tat einige Anzeichen für die Auflehnung des Volkes gegen die
erweiterte Anwendung von Napalm, eine Entwicklung, die nicht überrascht, wenn man eine Krankenhausstation gesehen hat, die mit bluten-
den Frauen und von Kopf bis Fuß verbrannten Kindern überfüllt ist.«
Während Mister Ross und Senator Proxmire auf weitere Anzeichen
warten, werden andere, noch vor der unvermeidlichen Untersuchung
der RAND-Corporation, ihre eigenen Schlüsse ziehen.

56 Auszüge aus seiner Geheimaussage erschienen in der *New York Times*
vom 2. Februar 1968. Die FNL wird sich freuen, aus dieser Aussage zu
erfahren, daß wir nicht »die Kapitulation der Viet-Kong-Kräfte suchen;
wir wären zufrieden, wenn sie die Waffen niederlegen und ihren Platz
als friedliche Bürger Südvietnams einnehmen, oder, wenn sie das wünschen, in den Norden ziehen würden«. Der Unterschied zwischen »Kapitulation« und »Waffenniederlegung« wird wahrscheinlich in dem zen-
sierten Teil der Aussage erklärt.
Diese Äußerung erinnert an die Bemerkung einer anderen führenden
»Taube«, Arthur Goldbergs, der unsere Position in einer weitgehend
als »versöhnlich« angesehenen Erklärung vor den Vereinten Nationen
in diesen Worten umriß: »Keine Militärkräfte, bewaffnete Truppen und
Basen [sollen] in Nord- oder Südvietnam zurückbleiben, ausgenommen
jene, die unter der Kontrolle der entsprechenden Regierung stehen«
(*New York Times*, 22. September 1967). In anderen Worten: Der
»Viet Kong« braucht nicht zu kapitulieren, wir verlangen nur, daß er
als militärische Macht zu existieren aufhört. Und wenn die Regierung,
die wir eingesetzt haben, die absolute militärische Kontrolle ausübt,
werden wir kein weiteres Interesse daran haben, daß unsere Armee in
Vietnam bleibt. Der deutsche Generalstab hätte seine Absichten in
Frankreich in eben diesen Worten formuliert haben können.

57 Lyndon B. Johnson, *Congressional Record*, 15. März 1948, Repräsentantenhaus, S. 2883.

58 Marcel Niedergang in *Le Monde hebdomadaire*, 18.-24. Januar 1968.
Dieselbe Rede zitiert Hugh O'Shaughnessy im *New Statesman* vom
1. Dezember 1967. Er sagt weiter, daß »ähnliche Dinge in Nicaragua
passieren, das praktisch eine amerikanische Kolonie ist und wo der
Guerillakrieg in diesem Jahr ausbrach«. In *Nation* vom 5. Februar
1968, S. 166 f., berichtet Norman Diamond über die Anwendung »fort-
schrittlicher, in Vietnam entwickelter Techniken der Aufstandsbekämp-

fung« in Nicaragua, u. a. schwere Bombenangriffe auf weite Gebiete des Landes, »Befriedung«, sogar die Umleitung von Flüssen, »um die Spuren der Bombardierungen und Massaker auszulöschen, wie man auch Wälder und Dörfer dem Erdboden gleichmacht« – alles unter der väterlichen Aufsicht der amerikanischen »Berater«. Die amerikanische Presse muß diese Ereignisse erst noch ausfindig machen. Ihr Unvermögen oder Unwille, über Vorfälle in Lateinamerika zu berichten, ist skandalös. In *Le Monde* ist die Berichterstattung über lateinamerikanische Angelegenheiten weit umfangreicher (und unvergleichlich gründlicher) als in der amerikanischen Presse, die gleich der amerikanischen Wissenschaft kein großes Interesse aufbringt für die von Amerika gesteuerte Gewalttätigkeit in anderen Ländern, solange diese leidlich Erfolg hat.

Die zitierte Erklärung des guatemaltekischen Vizepräsidenten würde, wenn in der amerikanischen Presse veröffentlicht, höchstwahrscheinlich so etwas wie Verwirrung in liberalen Kreisen hervorrufen. Dagegen würde man beim Lesen anderer Abschnitte von Niedergangs Bericht wohl keinen Moment lang stutzen, z. B. hier: »Laut Antonio Palacios von der Bank von Guatemala ›leben zwei Drittel der Bevölkerung ganz primitiv; die Säuglingssterblichkeit ist erschreckend hoch‹. 70 Prozent der Bevölkerung unter zwanzig Jahren sind nie zur Schule gegangen, die durchschnittliche Lebenserwartung beträgt kaum mehr als vierzig Jahre; Hunger und Mangel an Hygiene sind eine wirkliche Qual; unzählige verborgene Brennereien erzeugen einen feurigen Branntwein, genannt ›guaro‹, was den verheerenden Alkoholismus fördert; achtzig Prozent der Ärzte praktizieren in der Hauptstadt, außerhalb der Stadt beginnt die Herrschaft der ›Zauberer‹ und der Beschwörungen, die Christentum und Maya-Tradition miteinander verbinden. Schließlich sind 83 Prozent der Bevölkerung Analphabeten, einer der höchsten Prozentsätze in Lateinamerika.«

Man erinnere sich, daß das Volk von Guatemala 1954 einige zaghafte Schritte unternahm, sich von dieser Misere zu befreien.

59 Eine Vorstellung, die zum Beispiel in den verworrenen und verwickelten Argumenten Martin Heideggers auftritt; bei einer Vorlesung im Jahre 1935 nannte er Deutschland »das nachbarreichste und so das gefährdetste Volk«, durch den »Zangendruck« und den »Weltcharakter«, in seiner krassesten Form in Rußland und Amerika zu sehen, als »die Vorherrschaft ... eines Durchschnitts der Gleichgültigen, .. das Andrängen von solchem, was angreifend jeden Rang und jedes welthaft Geistige zerstört« (*Einführung in die Metaphysik*, Tübingen 1953, S. 28). Deutschland, »das metaphysischste Volk«, muß »die Gefahr der Weltverdüsterung« bändigen und »aus seiner abendländischen Mitte heraus« »seine geschichtliche Sendung« übernehmen. »Wenn die große Entscheidung über Europa nicht auf dem Wege der Vernichtung fallen soll, dann kann sie nur fallen durch die Entfaltung neuer, geschichtlich

geistiger Kräfte aus der Mitte«, das heißt Deutschland – im Jahre 1935. Für Heidegger bedeutete damals die kulturelle Sendung Deutschlands, »das Seiende in seinem Sein, wie es die Griechen verstanden«, aufzufassen und zu bestimmen – was ganz natürlich ist, denn neben der griechischen »ist die deutsche Sprache (auf die Möglichkeit des Denkens gesehen) die mächtigste und geistigste zugleich«. Nehmen wir zum Vergleich Thomas Mann, der Deutschland 1933 verließ: »Ein deutscher Schriftsteller, an Verantwortung gewöhnt durch die Sprache ... sollte schweigen, *ganz* schweigen zu all dem unsühnbar Schlechten, was in meinem Lande an Körpern, Seelen und Geistern, an Recht und Wahrheit, an Menschen und an dem Menschen täglich begangen wurde und wird?« (Brief an den Dekan der Philosophischen Fakultät der Universität Bonn vom 1. 1. 1937)

60 James Reston, *New York Times*, 24. November 1967. Reston stellt nicht in Frage, daß die Menschen in Vietnam sterben »zur Verteidigung dieser Doktrin«, daß es in Wirklichkeit dieses »Prinzip« ist, wovon Washington sich leiten läßt; aber er gibt zu, daß es in der »tiefen geistigen Verwirrung«, die diese ungeheure Zerstörung hervorgerufen hat, schwierig geworden ist, »an die Sache zu glauben«. Einige Tage früher (15. November) hatte er über eines der großen »Mysterien und Übel in Vietnam« nachgedacht, über die »kontinuierliche Weigerung der Hanoier Regierung, einen Verhandlungsfrieden in Betracht zu ziehen. Der Grund für diese »kontinuierliche Weigerung« (die jene überraschen wird, die die Nachrichtenspalten der *Times* in den vergangenen drei Jahren gelesen haben) ist seines Erachtens der, daß »Ho Tschi Minh und seine Verbündeten einfach nicht glauben wollen, daß die Vereinigten Staaten so viele Menschen und Mittel opfern sollten, nur um das Prinzip des Widerstands gegen militärische Aggression zu verteidigen – und sich dann zurückziehen, wenn das Prinzip gewahrt bleibt«. Reston ist überzeugt, daß »Präsident Johnson es außerordentlich ernst meint« mit »seinem Friedens- und Rückzugsangebot«.

61 Thruston Morton, der die Erklärung des IVS »Vietnam: An Inside View« im *Congressional Record* am 13. Dezember 1967 (S 18499) veröffentlicht hat. Senator Morton selbst befiel die Ernüchterung über den Krieg, weil es unseren »gegenwärtigen militärischen Operationen« offensichtlich nicht gelingt, »die Gedanken und Gefühle der Vietnamesen zu gewinnen«. Er glaubt, daß wir dieses Ziel nicht erreichen können, da »mindestens ein Drittel der Gesamtbevölkerung Vietnams Flüchtlinge sind, die durch unsere militärischen Operationen von ihren Äckern und Häusern vertrieben wurden«. Erstaunlich, daß er auf diese Grausamkeiten mit der Frage reagiert, ob wir damit Erfolg haben können, und daß er in keinem Fall die Rechtmäßigkeit unseres Versuchs anzweifelt, Gedanken und Gefühle zu gewinnen.

62 Eine internationale Umfrage des Gallup-Instituts, am 8. November 1967 veröffentlicht, veranschaulicht die Meinung der Welt über diese

Frage. In elf Ländern fragte man die Bevölkerung: »Welche der folgen-
den Äußerungen kommt der Art, wie Sie, Sie persönlich, über den
Krieg in Vietnam denken, am nächsten? A. Die Vereinigten Staaten
sollten mit dem Rückzug ihrer Truppen beginnen. B. Die Vereinigten
Staaten sollten ihre Kriegführung in der bisherigen Weise fortsetzen.
C. Die Vereinigten Staaten sollten ihre Angriffe gegen Nordvietnam
verstärken. D. Keine Meinung.«
Die Prozentsätze sahen so aus:

	A	B	C	D
Finnland	81	4	5	10
Schweden	79	10	4	7
Brasilien	76	5	5	14
Frankreich	72	8	5	15
Indien	66	4	8	22
Westdeutschland	58	11	14	17
Argentinien	57	6	6	31
England	45	15	15	25
Kanada	41	16	23	20
Vereinigte Staaten	31	10	53	6
Australien	29	18	37	16

Die Umfrage wurde in der *New York Times* vom 27. November erwähnt, in einer Notiz über eine nationale Meinungsumfrage mit der
Überschrift »Johnsons Popularität gestiegen«. Die Art der Berichterstattung war so gehalten, daß nur wenige den höchst wichtigen Sachverhalt herauslesen konnten; Zahlen wurden nicht genannt. Im November berichtete die englische Zeitung *Daily Mail*, daß bei einer Erhebung in Großbritannien 66 % der Befragten erklärten, ihr Land solle
die Vereinigten Staaten nicht unterstützen, 21 % waren dafür.
Bedauerlich, daß die Presse es nicht für notwendig hält, diese Informationen rechtzeitig zugänglich zu machen. In Ländern, in denen die
Regierung noch auf die öffentliche Meinung hört, wird diese starke
Opposition gegen die Vereinigten Staaten früher oder später zu diplomatischer Distanzierung und vielleicht zu dem Versuch führen, eine
Gegenkraft zu bilden, um die amerikanische Macht einzudämmen. Die
Konsequenzen einer solchen Entwicklung könnten verheerend sein. Nie-
mand kann auf die Dauer durch die Vertuschung dieser Tatsachen etwas
gewinnen.

63 Louis Halle, »Overestimating the Power of Power«, *New Republic*,
10. Juni 1967, S. 15 f. Halles Kommentar ist kaum mehr als eine Para-
phrase von McKinleys berühmter Erklärung, daß ihm ein göttlicher
Rat die Lösung des Problems eingab, wie mit den Philippinen umzu-
gehen sei:

Ich weiß nicht, was geschah, aber es kam: 1. daß wir sie nicht an Spanien
zurückgeben können – das wäre feige und entehrend; 2. daß wir sie nicht

Frankreich oder Deutschland (unseren wirtschaftlichen Konkurrenten im Orient) übergeben können – das wäre ein schlechtes Geschäft und schimpflich dazu; 3. daß wir sie nicht sich selbst überlassen können (sie wären nicht fähig, sich selbst zu regieren), weil dann bald Anarchie und Mißwirtschaft, schlimmer als unter den Spaniern, herrschen würden; und 4. daß uns nichts anderes übrig bleibt, als sie alle an uns zu nehmen, die Filipinos zu erziehen, sie aufzurichten, zu *zivilisieren* und *zum Christentum zu bekehren*, und mit Gottes Gnade das Allerbeste für sie zu tun, als für unsere Mitmenschen, für die Christus ebenfalls gestorben ist. Und dann ging ich zu Bett, schlief ein und schlief tief und ruhig...

Zitiert in Hernando J. Abaya, *The Untold Philippine Story*, Quezon City, Philippinen, 1967, S. 3.

64 Siehe Seiten 236, 342–343, Anm. 62.

65 »The Philippines: Contour and Perspective«, *Foreign Affairs*, Bd. 44 (April 1966), S. 501-511.

66 Onofre D. Corpuz, *The Philippines*, Englewood Cliffs, N.Y., 1965, S. 66, 70.

67 Siehe die Verweise in Anmerkung 64.

68 Siehe John Oakes, *New York Times*, 3. April 1967.

69 »The Faceless Viet Cong«, *Foreign Affairs*, Bd. 44 (April 1966), S. 347-372.

70 Goodwin zitiert die Schätzungen des Verteidigungsministeriums, »daß von einer Gesamtzahl von etwa 330 000 Viet Kong, lebenden und toten, nur 63 000 infiltriert worden sind«. Er fügt jedoch nicht hinzu, daß bis zum Beginn der amerikanischen Bombenangriffe auf den Norden im Februar 1965 diese Eindringlinge überwiegend, vielleicht ausschließlich, Südvietnamesen und weitgehend unbewaffnet waren. Für eine Zusammenfassung von wichtigem Beweismaterial siehe Draper, op. cit., und I. F. Stone, »A Reply to the White Paper« in *I. F. Stone's Weekly*, 8. März 1965, nachgedruckt in: Marcus G. Raskin und Bernard B. Fall, Hrsg., *The Vietnam Reader*, New York 1965, S. 155-162. Das »Weißbuch« selbst wurde, zusammen mit Stones großartiger Analyse, nachgedruckt in: Martin E. Gettleman, Hrsg., *Vietnam: History, Documents, and Opinions on a Major World Crisis*, Greenwich, Conn., 1965, S. 284-316.

71 Siehe zum Beispiel P. J. Honey, »The Foreign Policy of North Vietnam«, in: John D. Montgomery und Albert O. Hirschman, Hrsg., *Public Policy*, Cambridge, Mass., 1967, Bd. 16, S. 160-180. Honey nennt als eine der »Grundvoraussetzungen der Außenpolitik Nordvietnams« »den Widerstand gegen die Versuche Chinas, Vietnam zu beherrschen«. Ähnlich weist er in seinem Buch *Communism in North Vietnam* (Cambridge, Mass., 1963) darauf hin, daß Pham Van Dong, zweiter Oberbefehlshaber Nordvietnams, »kein politischer Extremist, sondern eher ein vorsichtiger Gemäßigter« sei, der »erklärt hat, er glaube, daß Asiens Probleme nur durch Zusammenarbeit mit den wei-

ßen Völkern gelöst werden können«, daß Vo Nguyen Giap stark anti-
chinesisch eingestellt sei und eben deshalb die Kontrolle über die Armee
behalte. In der Tat, so schließt Honey, »gibt es ausgezeichnete Gründe
für die Annahme, daß die wichtigste *raison d'être* einer solch macht-
vollen Armee in Nordvietnam heute die Verteidigung Nordvietnams
gegen eine mögliche Aggression Chinas ist«. Ähnliche Ansichten vertreten fast alle, die sich mit dieser Angelegenheit befaßt haben. Interessant ist, daß gerade auch Honey dieser Meinung ist, dessen militanter
Anti-Kommunismus seltsame Formen annimmt und ihn oft zu reinen
Erfindungen verleitet – z. B. zu der Behauptung, die Nordvietnamesen
hätten sich zu Beginn des Jahres 1965 geweigert, Verhandlungen aufzunehmen (*Public Policy*, Bd. 16, S. 180) – und zu grotesken Unterstellungen verführt, z. B. zu der, ein bedeutender Teil der Opposition
gegen den Krieg in Großbritannien und den Vereinigten Staaten sei
von den kommunistischen Parteien initiiert und von Hanoi finanziert –
die treuesten Anhänger würden mit einer kostenlosen Reise nach Nordvietnam belohnt (ibid., S. 168). Man fragt sich, ob er bei seinen Analysen Nordvietnams, die offenbar von vielen Politikern ernstgenommen
werden, ebenso viel Sinn für Realität beweist wie bei seiner Beurteilung der Vorgänge in Großbritannien und den Vereinigten Staaten.

72 Man sollte im Auge behalten, daß die Sowjetunion weitaus triftigere
   Gründe hat als wir, die Lektion von München ernst zu nehmen.

73 Op. cit., S. 289.

74 Siehe Arthur J. Dommen, *Conflict in Laos: The Politics of Neutralisation*, New York 1964, S. 136.

75 Siehe Buttinger, op. cit.; Kahin und Lewis, op. cit. Es ist interessant,
   auf Berichte zurückzugreifen, die aus der entsprechenden Zeit datieren,
   also noch bevor es notwendig wurde, die Geschichte umzuschreiben, um
   die spätere offene Aggression der USA zu rechtfertigen. William Henderson z. B., der damals als Spezialist für Fernöstliche Angelegenheiten
   dem *Council on Foreign Relations* angehörte, schrieb: »Von Anfang
   an führte Diem seine Regierung im Sinne eines Polizeistaates«, indem
   er jede politische Opposition unterdrückte und totalitäre Methoden anwandte, um sich die Unterstützung der Bevölkerung zu sichern, etc.
   »Gegen Mitte des Jahres 1956 ... hatte Diem immer noch nicht bewiesen, daß seine angebliche Hingabe an die Sache der Demokratie
   irgendetwas anderes darstellte als eine Fassade, um die immer deutlicher
   werdende Realität seiner unnachgiebigen Diktatur zu tarnen.« 1958
   hatte sich »nur wenig geändert an der strengen Diktatur, die Diem von
   Anfang an ausgeübt hatte«. »Eine Folge [dieser strengen Diktatur]
   war die wachsende Entfremdung der Intellektuellen ... Eine weitere
   Folge war das Wiederaufleben der bewaffneten Auseinandersetzungen
   im Süden« (Lindholm, op. cit., S. 343 f.). Im selben Band beschreibt
   David Hotham, Vietnam-Korrespondent der *London Times* und des
   Economist von 1955 bis 1957, die »Befriedungs«-Methoden der südviet-

namesischen Armee: »Sie bestehen im Töten und Verhaften – ohne Beweise und ohne Verhandlung – einer großen Zahl von Personen, die verdächtigt werden, Viet Minh oder ›Rebellen‹ zu sein« (S. 359). Möglicherweise hatten diese Dinge genauso viel mit dem Wiederaufleben des Aufstands zu tun wie Maos Betrachtungen über den Ostwind und den Westwind.

In bezug auf die Abkehr von der »friedlichen Koexistenz« ist es interessant zu vermerken, daß der Dritte Kongreß der Lao-Dong-Partei Nordvietnams im September 1960 große Einschränkungsmaßnahmen auf dem Verteidigungssektor ankündigte, um die wirtschaftliche Entwicklung finanzieren zu können. Zur damaligen Zeit faßte P. J. Honey die Ergebnisse dieses Kongresses dahingehend zusammen, daß »Vietnam der russischen Politik der friedlichen Koexistenz folgen wird, die auf der Möglichkeit der Vermeidung eines Krieges beruht« (»North Vietnam's Party Congress«, *China Quarterly*, Nr. 4 [Oktober-Dezember 1960], S. 74; zitiert in Kahin und Lewis, op. cit., S. 116). Bernard Fall äußert sich ähnlich (*Last Reflections on a War*, S. 203). Heute dagegen heißt die offizielle Version, daß die Lao-Dong-Partei auf diesem Kongreß ihren Versuch ankündigte, den Süden zu erobern, und einige Monate später wurde, wie Hilsman es formuliert (op. cit., S. 419), die FNL »in aller Ordnung konstituiert«. Zur Frage der Bildung der FNL vgl. Buttinger, op. cit., Kahin und Lewis, op. cit., und selbst Douglas Pike, *Viet Cong*, Cambridge 1966; sie alle legen Beweismaterial vor, das jene Behauptung widerlegt, die zwar den Absichten des Außenministeriums dienlich sein mag, sonst aber ohne Verdienst ist.

76 *Air Campaigns of the Pacific War*, Veröffentlichung der amerikanischen Air Force, 1947.

77 *China: The Other Communism*, New York 1967, S. 339 f.

78 Daß das in Asien bekannt ist, erschreckt offensichtlich amerikanische Planer wie Walt Rostow, der eine der größten von China ausgehenden Gefahren darin sieht, »daß die chinesischen Kommunisten den Asiaten durch den Fortschritt in China beweisen könnten, daß kommunistische Methoden besser und schneller funktionieren als demokratische Methoden« – zum Beispiel die demokratischen Methoden von Südvietnam, Taiwan und Südkorea (Walt W. Rostow und R. W. Hatch, *An American Policy in Asia*, New York 1955, S. 6). Die Realität dieser »Gefahr« wird deutlich angesichts der gemischten Reaktion asiatischer Länder auf Chinas Entwicklung, eine Kombination von Furcht und Bewunderung. Frederick Clairmonte sagt: »China, das im Wettlauf um die Industrialisierung mit niedrigerem Produktionsniveau als Indien, mit einem zerbrochenen Verwaltungsrahmen, einer größeren Bevölkerung und weitaus weniger Auslandshilfe als Indien antrat, erzielte dramatische Erfolge, die es in den Strom des Wachstums hineinzogen und die entscheidende Bedeutung der Agrarrevolution anzeigten« (*Economic Liberalism and Underdevelopment*, Bombay und London 1960, S. 309). Er

zitiert Berichte indischer Delegationen aus der Mitte der fünfziger Jahre, die den Erfolg Chinas bei der Kollektivierung (der »nicht weniger als ein Wunder zu sein schien«) auf »eine Gärung im Bewußtsein des Volkes« und nicht auf Angst zurückführten. Er selbst kommt zu dem Schluß, daß der eigentliche Erfolg der Chinesen die Errichtung einer Massenbasis mit Aktivisten aus den Bauernorganisationen ist – eine Entwicklung, die es in Indien nicht gibt.

Die zwiespältige Reaktion des asiatischen Bürgertums auf China spiegelt ein Bericht der philippinischen Journalistin Carmen Guerrero-Nakpil über einen China-Besuch wider (*Asia Magazine* vom 4. September 1966). Respektvoll, aber auch erschrocken beschreibt sie mit erkennbarer Abneigung die immer gegenwärtige »kleine Gestalt in Blau, niemals allein«, die »aus dem unüberwindbaren Chaos des Bürgerkriegs, des Hungers und der sozialen Ungerechtigkeit« aufgestiegen ist und jetzt »kein Individuum mehr, sondern ein sozialer Mensch ist«, der in seinen Handlungen nicht von dem Terror der Staatspolizei geleitet wird, sondern von der Angst vor der »sozialen Schande«, von der bloßen Tatsache, »daß er ein öffentlicher Mensch ist«, der sich einem Leitbild von »letztlicher, kompromißloser sozialer Wahrheit« verschrieben hat. Der Bericht schließt mit einem Interview mit einem Fabrikleiter, der lacht, während er über die Kommunen-Produktion und über internationale Politik spricht. »Es ist ein unangenehmes Lachen. Warum sind sie so glücklich?«

79 *The Bitter Heritage: Vietnam and American Democracy,* Boston 1967, S. 34.

80 Op. cit., S. 150.

81 J. Robert Moskin, »Our New Western Frontier«, *Look,* 30. Mai 1967, S. 36 f.

82 Zitiert in D. F. Fleming, *The Cold War and Its Origins,* Garden City, N. Y., 1967, Bd. 1, S. 436.

83 Bronson Clark, »With Bernard Fall in Saigon«, *The Progressive,* Bd. 31 (Mai 1967), S. 34 f.

84 Laut Robert Shaplen, »Letter from Saigon«, *New Yorker,* 2. März 1968, S. 44-81.

85 Tom Wicker, *New York Times,* 20. Februar 1968.

86 Jean-Claude Pomonti, *Le Monde hebdomadaire,* 4.-8. Februar 1968.

87 Reuters, 25. Februar 1968. Den Statistiken mag es an Genauigkeit mangeln. Trotzdem sagen sie uns einiges über die Natur des Kampfes um Hué.
Die amerikanische Presse hat wenig direkte Berichte über Hué veröffentlicht. Marc Riboud berichtet in *Le Monde* vom 13. April 1968, daß er während der zehn Tage, die er Anfang April in Hué verbrachte, nur zwei Journalisten traf – beide Japaner – von einem internationalen Presseteam von 495 Journalisten. Er zitiert offizielle Statistiken: 4100 Zivilisten getötet, 4500 schwer verwundet, 18 000 der 20 000 Häuser

der Stadt zerstört oder beschädigt, die Mehrzahl zerstört. Riboud versuchte, eines der »Massengräber« der Opfer der nordvietnamesischen Truppen zu sehen, über die die US-Mission berichtet hatte, jedoch ohne Erfolg. Den ihm zugänglichen Informationen zufolge stach das Verhalten der ARVN von dem der Nordvietnamesen und des »Viet Kong« sehr ungünstig ab, aber die größte Erbitterung richtete sich gegen die Amerikaner, deren »blinde und systematische Bombardierungen« Hué in »eine ermordete Stadt« verwandelt haben.

88 *New York Times*, 14. Februar 1968.
89 *Boston Globe*, 24. Februar 1968.
90 *New York Times*, 12. Februar 1968.
91 *Boston Globe*, 24. Februar 1968.
92 *Ibid.*, 25. Februar 1968.
93 Siehe den Bericht von Peter Arnett, *AP*, 7. Februar 1968.
94 Bernard Weinraub, *New York Times*, 20. Februar 1968.
95 *New York Times*, 4. April 1968.
96 *Ibid.*, 28. Februar 1968.
97 19. Februar 1968, S. 39. Wegen dieses Berichts wurde *Newsweek* aus Saigon verbannt. Der Leiter des Saigoner Büros war schon vorher aus Südvietnam ausgewiesen worden.

Einige Betrachtungen über die Intellektuellen und die Schulen

1 *The Spanish Cockpit*, 1938, Neuauflage Ann Arbor 1963, S. 288 f.
2 Dieser Essay wurde im Juni 1966 geschrieben und geht jetzt, im Mai 1968, wieder zum Druck. Über die Anwendung von Gas in Vietnam siehe Seymour Hersh, »Poison Gas in Vietnam«, *New York Review of Books*, 9. Mai 1968. Über gegenwärtige Pläne für die Kriegführung mit chemischen Mitteln enthält *Science*, 24. Mai 1968, die folgende Notiz (S. 863):

Erweiterter Einsatz chemischer Kampfmittel: Die Luftwaffe hat dem Kongreß mitgeteilt, daß sie in dem am 1. Juli beginnenden fiskalischen Jahr 70,8 Millionen Dollar für 10 Millionen Gallonen Chemikalien zur Entlaubung und Ernte-Vernichtung in Vietnam ausgeben wird; das sind 24,9 Millionen Dollar mehr als im laufenden Jahr. Die erweiterten Bemühungen des nächsten Jahres gehen Hand in Hand mit der wachsenden Ausdehnung des US-Programms für chemische Kriegführung in Vietnam. In den ersten neun Monaten des Jahres 1967 wurden 843 606 Morgen Land mit Entlaubungsmitteln und 121 400 Morgen Land mit erntevernichtenden Chemikalien bestreut, eine Ziffer, die die Gesamtzahlen für das ganze Jahr 1966 etwas übersteigt.

In der Ausgabe vom 10. Mai 1968 bringt *Science* einen Brief von Thomas O. Perry vom Forstamt der Harvard Universität, der über die Kriegführung mit chemischen Mitteln folgendes sagt (S. 601):

Der DOD mag zur Ablenkung über die »langfristigen« Wirkungen sprechen, über die kurzfristigen Wirkungen kann kein Zweifel bestehen: 2,4-D und 2,4,5-T töten die grüne Vegetation. Wenn Brandbomben nachfolgen, verbrennen das tote Laub und die Zweige, was im letzten Frühjahr in dem »Iron Triangle« auf ungefähr 100 000 Morgen (etwa 40 000 Hektar) geschah.

Durch den einfachen Verhungerungsprozeß wird ein Land ohne Grünwerk zusehends ein Land ohne Insekten, ohne Vögel, ohne jedes tierische Leben werden. Neue Photographien und Beschreibungen an Ort und Stelle deuten an, daß einige Gebiete wiederholt bestreut wurden, um die vollständige Vernichtung der Vegetation zu erreichen. Es kann kein Zweifel daran bestehen, daß der DOD in absehbarer Zeit vom bloßen Genocid zum Biocid übergehen wird. Er hat die gesamte amerikanische Produktion von 2,4,5-T der Jahre 1967 und 1968 (6,36 Millionen Kilo laut der US-Zollkommission) requiriert. Fügt man die anderen Chemikalien hinzu, deren Anwendung der DOD offen zugibt, dann reicht diese Menge aus, um 97 Prozent der Überbodenvegetation auf mehr als 10 Millionen Morgen Land (etwa 4 Millionen Hektar) zu vernichten – ein Gebiet, das so groß ist, daß ein Mensch mehr als 60 Jahre brauchen würde, um über jeden Morgen zu gehen.

Die langfristigen Wirkungen der Bestreuung eines solchen Gebiets mögen nicht abzuschätzen sein, die kurzfristigen Folgen der Anwendung dieser Chemikalien stehen jedoch fest: eine Menge Blattwerk, Bäume, Reisplantagen und andere Vegetation ist vernichtet oder stirbt ab, und eine Menge Insekten, Vögel, Tiere und einige Menschen sind entweder abgewandert oder den Hungertod gestorben. Die Nordvietnamesen sind noch glücklich zu nennen – sie haben es nur mit Bomben zu tun.

Die Verantwortlichkeit der Intellektuellen

1 Ein solches Forschungsprojekt ist jetzt in Angriff genommen und als »Citizen's White Paper« veröffentlicht worden: F. Schurmann, P. D. Scott und R. Zelnik, *The Politics of Escalation in Vietnam,* New York 1966. Weitere Beweise dafür, daß die USA Initiativen der Vereinten Nationen für eine diplomatische Regelung unmittelbar vor der großen Eskalation im Februar 1965 zurückgewiesen haben, finden sich bei Mario Rossi, »The US Rebuff to U Thant«, *New York Review of Books,* 17. November 1966. Siehe auch Theodore Draper, »How Not To Negotiate« *New York Review of Books,* 4. Mai 1967. Weiteres Beweismaterial für Versuche der FNL, eine Koalitionsregierung aufzustellen und ein neutrales Gebiet zu schaffen, die sämtlich von den Vereinigten Staaten und ihren Saigoner Verbündeten abgewürgt wurden, in: Douglas Pike, *Viet Cong,* Cambridge, Mass., 1966. Bei der Lektüre von Materialien dieser Art muß man besonders sorgfältig unterscheiden zwischen den vorgelegten Beweisen und den »Schlußfolgerungen«, die daraus gezogen werden, und zwar aus Gründen, die ich unten kurz anführen werde (siehe Anmerkung 33).
Interessant sind die ersten, etwas versteckten Reaktionen auf *The*

Politics of Escalation seitens derjenigen, die unser Recht verteidigen, Südvietnam zu erobern und eine Regierung unserer Wahl einzusetzen. So behauptet Robert Scalapino (*New York Times Magazine*, 11. Dezember 1966), die These dieses Buchs impliziere, daß unsere Führungskräfte »teuflisch« seien. Da kein anständiger Mensch das glauben kann, wird die These verworfen. Etwas anderes anzunehmen, wäre »unverantwortlich« – in einem ganz besonderen Sinn dieses Wortes, der den Titel meines Essays ironisch verdreht. Weiter weist er auf die angeblich größte Schwäche in der Argumentation des Buches hin, auf das mangelnde Verständnis dafür, daß ein ernsthafter Versuch unsererseits, Möglichkeiten für eine diplomatische Regelung zu suchen, von unseren Gegnern als ein Zeichen der Schwäche interpretiert worden wäre.

2 *New York Times*, 14. Oktober 1965.

3 Ibid., 6. Februar 1966.

4 *Boston Globe*, 19. November 1965.

5 Anderemale läßt Schlesinger eine wirklich bewundernswerte wissenschaftliche Vorsicht walten. So räumt er in seiner Einführung zu *The Politics of Escalation* ein, daß es auf seiten Hanois »Funken von Interesse an Verhandlungen« gegeben haben mag. Hinsichtlich der Lügen, die die Regierung über Verhandlungen verbreitet, und ihrer wiederholten Bemühungen, zögernde Initiativen zu Verhandlungen zu unterminieren, bemerkt er nur, daß die Autoren die militärische Notwendigkeit möglicherweise unterschätzt haben und von zukünftigen Historikern vielleicht widerlegt werden könnten. Man muß diese Vorsicht und Zurückhaltung mit Schlesingers Beurteilung einer neuen Untersuchung über die Ursachen des Kalten Krieges vergleichen: In einem Brief an die *New York Review of Books* (20. Oktober 1966) stellte er fest, es sei an der Zeit, den Versuchen der Revisionisten, zu beweisen, daß der Kalte Krieg vielleicht nicht nur das Ergebnis der kommunistischen Kriegslüsternheit sei, »den Marsch zu blasen«. Wir müssen also glauben, daß die relativ simple Frage nach den Ursachen des Kalten Krieges abgetan ist, während die weitaus kompliziertere Frage, warum die Vereinigten Staaten vor einem Verhandlungsfrieden in Vietnam zurückschrecken, den Überlegungen zukünftiger Historiker überlassen werden muß.

Man sollte im Auge behalten, daß selbst die Regierung der Vereinigten Staaten gelegentlich viel weniger zurückhaltend ist, wenn sie ihre Weigerung erklärt, einen Verhandlungsfrieden in Vietnam in Betracht zu ziehen. Sie gibt offen zu, daß ihr durch diese Lösung die Kontrolle über die Situation entzogen würde. Siehe z. B. Anmerkung 37.

6 Arthur Schlesinger, Jr., *A Thousand Days: John F. Kennedy in the White House*, Boston 1965, S. 421.

7 Walt W. Rostow, *The View from the Seventh Floor*, New York 1964, S. 149. Siehe auch sein Buch *The United States in the World Arena*, New York 1960, S. 244: »Stalin, der die Spaltung und Schwäche der Welt nach dem Krieg ausnutzte, schritt von der erweiterten Basis, die er

während des Zweiten Weltkriegs gewonnen hatte, weiter aus und versuchte, ein Machtgleichgewicht in Eurasien zu schaffen ..., wandte sich dann dem Osten zu, um Mao Rückendeckung zu geben und die nordkoreanischen und indochinesischen Kommunisten anzustacheln ...«

8 Zum Beispiel der Bericht des CIA-Analytikers George Carver, »The Faceless Viet Cong«, *Foreign Affairs*, Bd. 44 (April 1966), S. 347–372. Siehe auch Anmerkung 33.

9 Vgl. Jean Lacouture, *Vietnam: Between Two Truces*, New York 1966, S. 21. Westliche Beobachter der damaligen Zeit teilten Diems Beurteilung der Lage. Siehe z. B. die Feststellungen von William Henderson, Fernostspezialist und Vorstand im *Council on Foreign Relations*, in: Richard W. Lindholm, Hrsg., *Vietnam: The First Five Years*, East Lansing 1959. Er beobachtet »die wachsende Entfremdung innerhalb der Intelligentsia«, »das Wiederaufleben der bewaffneten Auseinandersetzungen im Süden«, die Tatsache, daß die »Sicherheit in den letzten beiden Jahren merklich nachgelassen hat«, führt all das auf Diems »strenge Diktatur« zurück und prophezeit »eine ständige Verschlechterung des politischen Klimas im freien Vietnam, die in unvorhersehbaren Katastrophen gipfeln wird«.

10 Siehe Bernard Fall, »Vietnam in the Balance«, *Foreign Affairs*, Bd. 45 (Oktober 1966), S. 1–8.

11 Stalin war weder über die titoistischen Tendenzen innerhalb der kommunistischen Partei Griechenlands erfreut, noch über die Möglichkeit eines Bündnisses der Balkanstaaten unter Führung Titos. Trotzdem ist es denkbar, daß Stalin die griechischen Guerillas in einer bestimmten Phase des Aufstands unterstützt hat, wofür sich aber nur schwer dokumentarisches Material beibringen läßt. Dagegen bedarf es keiner eingehenden Studien, um die Rolle zu dokumentieren, die Großbritannien und die Vereinigten Staaten in diesem Bürgerkrieg gespielt haben. Siehe D. G. Kousoulas, *The Price of Freedom*, Syracuse, N. Y., 1953, und *Revolution and Defeat*, New York 1965, wo eine genaue Untersuchung dieser Ereignisse von einem streng anti-kommunistischen Standpunkt aus vorgenommen wird.

12 Einen detaillierten Bericht findet man in: James Warburg, *Germany: Key to Peace*, Cambridge, Mass., 1953, S. 189 ff. Warburg kommt zu dem Schluß, daß offenbar »der Kreml jetzt gewillt war, die Schaffung einer gesamtdeutschen Demokratie im westlichen Sinn des Wortes zu akzeptieren«, während die Westmächte in ihrer Reaktion darauf »offen ihren Plan verkündeten, ›Deutschlands Beteiligung an einer europäischen Verteidigungsgemeinschaft zu sichern‹« (nämlich der NATO).

13 *The United Staates in the World Arena*, S. 344 f. Diejenigen, die mit Recht die brutale Unterdrückung der Aufstände in der DDR und Ungarn mißbilligen, täten gut daran, sich zu erinnern, daß diese skandalösen Vorgänge hätten vermieden werden können, wenn die Vereinigten Staaten bereit gewesen wären, Vorschläge für eine Neutralisierung

Zentraleuropas in Erwägung zu ziehen. Ein interessanter Kommentar zu diesem Thema sind einige der jüngsten Feststellungen George Kennans, z. B. über die (seit jeher falsche) Behauptung, daß die UdSSR beabsichtigt habe, die westliche Hälfte des Kontinents mit Gewalt anzugreifen oder einzuschüchtern, und daß dies durch die amerikanische Macht verhindert worden sei; und über die Hohlheit und Absurdität der Forderung nach einem einseitigen Rückzug der Sowjetunion aus der DDR bei gleichzeitigem »Anschluß eines wiedervereinigten Deutschlands als wichtiger Komponente an ein westliches Verteidigungssystem, das sich primär auf nukleare Waffen stützt« (Edward Reed, Hrsg., *Peace on Earth*, New York 1965).

Es ist bemerkenswert, daß die historische Phantasie von der Art, wie sie in Rostows Ausführungen anzutreffen ist, eine wahre Spezialität des Außenministeriums geworden ist. So rechtfertigte Staatssekretär Thomas Mann unsere Intervention in der Dominikanischen Republik als Antwort auf Aktionen des »chinesisch-sowjetischen Militärblocks«. Oder, um eine überlegtere Äußerung zu nehmen: William Bundy erklärte in seiner Analyse der Entwicklungsstufen der kommunistischen Ideologie (Ansprache vor dem Pomona College am 12. Februar 1966), die Sowjetunion sei in den zwanziger und dreißiger Jahren »in einer höchst militanten und aggressiven Phase« gewesen. Das Erschreckende an solchen Phantasien ist, daß sie, im Gegensatz zu regelrechten Verfälschungen, ehrlich gemeint sein und als Grundlage einer Politik dienen können.

14 *New York Times*, 6. Februar 1966.

15 *United States Policy Toward Asia*, Hearings vor dem Unterausschuß für den Fernen Osten und den Pazifischen Raum des Außenpolitischen Ausschusses im Repräsentantenhaus, Washington 1966, S. 89.

16 *New York Times Book Review*, 20. November 1966. Eine solche Feststellung ruft die denkwürdige Szene in Erinnerung, als Präsident Kennedy Cheddi Jagan über die Gefahren von Handelsbeziehungen aufklärte, »die ein Land in die Lage der wirtschaftlichen Abhängigkeit versetzen«. Er meinte natürlich die Gefahren, die sich aus Handelsbeziehungen mit der Sowjetunion ergeben. Siehe Schlesinger, *A Thousand Days*, S. 776.

17 *A Thousand Days*, S. 252.

18 Ibid., S. 769.

19 Obwohl auch das ungenau ist. Man muß sich den wahren Charakter des Trujillo-Regimes vor Augen führen, um den ganzen Zynismus von Kennedys »realistischer« Haltung zu erfassen.

20 Walt W. Rostow und R. W. Hatch, *An American Policy in Asia*, New York 1955.

21 »End of Either/Or«, *Foreign Affairs*, Bd. 45 (Januar 1967), S. 189–201.

22 *Christian Science Monitor*, 26. November 1966.

23 Ibid., 5. Dezember 1966.

24 Obwohl wir uns, um die Proportionen zu wahren, daran erinnern sollten, daß Alfred Rosenberg in seinen unbeherrschtesten Augenblicken
von der Ausrottung von 30 Millionen Slawen sprach, und nicht davon,
ein Viertel der Menschheit dem Massenhungertod auszusetzen. Dieser
Vergleich ist freilich höchst »unverantwortlich«, in dem oben erörter-
ten, technischen Sinn dieses Neologismus. Er beruht nämlich auf der
Annahme, daß Äußerungen und Handlungen der Amerikaner denselben Maßstäben unterliegen und derselben Kritik zugänglich sind wie
alle anderen.

25 *New York Times*, 6. Februar 1966. Hinzu kommt, so fährt Goldberg
fort, daß die Vereinigten Staaten nicht sicher sind, ob alle freiwillige
Anhänger seien. Die Hinterlist der Kommunisten zeigt sich hier nicht
zum ersten Mal. Ein anderes Beispiel gab es im Jahre 1962, als nach
Angaben der amerikanischen Regierung von 15 000 Guerillas 30 000
umgekommen waren. Siehe Arthur Schlesinger, *A Thousand Days*,
S. 982.

26. Enthalten in einer Sammlung von Essays mit dem Titel *The End of
Ideology: On the Exhaustion of Political Ideas in the Fifties*, New
York 1960, S. 369–375. Ich habe nicht die Absicht, mich hier all den
Fragen zu stellen, die in der Diskussion um das »Ende der Ideologien«
im Laufe der vergangenen zwölf Jahre aufgeworfen wurden. Bei vielen
der vorgetragenen Thesen ist schwer einzusehen, warum sich ein vernünftiger Mensch mit ihnen auseinandersetzen sollte, zum Beispiel mit
der, daß in einem bestimmten historischen Augenblick die »Politik der
Höflichkeit« angebracht und vielleicht wirksam ist; oder daß jemand,
der Aktionen befürwortet (oder Untätigkeit, wovon man seltener
hört), die Verantwortung hat, ihre sozialen Kosten zu veranschlagen;
daß dogmatischer Fanatismus und »weltliche Religionen« bekämpft
(oder, wenn möglich, ignoriert) werden müßten; daß Probleme, wenn
möglich, technisch gelöst werden sollten; daß *»le dogmatisme idéo-
logique devait disparaître pour que les idées reprissent vie«* (Aron);
und so weiter. Da dies alles manchmal als Ausdruck eines »anti-
marxistischen« Standpunktes ausgegeben wird, sollte man nicht vergessen, daß Ansichten wie diese den nicht-bolschewistischen Marxismus,
der von Leuten wie Rosa Luxemburg, Pannekoek, Korsch, Arthur
Rosenberg und vielen anderen vertreten wird, unberührt lassen.

27 Rostow und Hatch, op. cit., S. 10.

28 Das Ausmaß, in dem diese »Technologie« wertfrei ist, kann bei dem
eindeutigen Engagement derer, die sie anwenden, kaum nennenswert
sein. Die Probleme, mit denen sich die Forschung beschäftigt, sind vom
Pentagon oder von den großen Unternehmen, nicht aber z. B. von den
Revolutionären Nordost-Brasiliens oder der SNCC gestellt worden.
Auch ist mir nichts von einem Forschungsprojekt bekannt, das sich mit
dem Problem beschäftigt, wie schlechtbewaffnete Guerillas einer brutalen und zerstörerischen militärischen Technologie erfolgreich Wider-

stand leisten können – gewiß eines der Probleme, die den – heute hoffnungslos unmodernen – unabhängigen Intellektuellen interessiert hätten.

29 Im Hinblick auf den undurchlässigen Propagandawall bezüglich des »chinesischen Expansionismus« ist vielleicht ein Wort der Klärung angebracht. Typisch für die amerikanische Propaganda zu diesem Thema ist das Urteil Adlai Stevensons kurz vor seinem Tod (vgl. *New York Times Magazine*, 13. März 1966): »Bisher hat sich die neue kommunistische ›Dynastie‹ ausgesprochen aggressiv gezeigt. Tibet wurde geschluckt, Indien angegriffen, die Malayen mußten zwölf Jahre kämpfen, um eine ›nationale Befreiung‹ abzuwehren, die sie von den Engländern auf friedlicherem Wege bekommen konnten. Heute ist der Infiltrations- und Aggressionsapparat bereits in Nordthailand am Werk.«

Was Malaya betrifft, so verwechselt Stevenson wahrscheinlich die chinesischen Bürger dieses Landes mit der Regierung von China. Wer sich mit den augenblicklichen Vorgängen beschäftigt, wird wohl Harry Miller zustimmen, dem zufolge (*Communist Menace in Malaya*, New York 1954, S. 230) »das kommunistische China weiterhin wenig Interesse am Fall Malaya zeigt, abgesehen von seinen üblichen Drohungen via Radio Peking«. Man könnte einige harte Dinge sagen über Chinas Verhalten in dem Gebiet, das in dem Chinesisch-Indischen Vertrag von 1954 als »tibetanischer Teil Chinas« gekennzeichnet ist, aber es zeugt von keinem stärkeren Expansionsdrang als das Verhalten der indischen Regierung den Naga- und Mizo-Stämmen gegenüber. In Nordthailand mag der »Infiltrationsapparat« am Werk sein, aber es gibt wenig Grund für die Annahme, daß es der chinesische sei – und ganz gewiß ist er nicht ohne Zusammenhang damit zu sehen, daß Amerika Thailand als Basis für seine Angriffe gegen Vietnam benutzt. Stevensons Bemerkung ist die reinste Heuchelei.

Der »Angriff auf Indien« entwickelte sich aus einem Grenzstreit, der ausbrach, weil die Chinesen – übrigens schon mehrere Jahre zuvor – eine Straße von Tibet nach Sinkiang gebaut hatten, und zwar durch ein Gebiet, das sich der Kontrolle Indiens so sehr entzog, daß die Inder über diesen Vorgang nur durch die chinesische Presse erfuhren. Aus Karten der amerikanischen Luftwaffe geht hervor, daß das umstrittene Gebiet chinesisches Territorium ist. Vgl. Alastair Lamb im *China Quarterly*, Nr. 23 (Juli-September 1965), S. 202-207. Diese anerkannte Autorität hält es für »unwahrscheinlich, daß die Chinesen irgendeinen Plan ausgearbeitet haben sollten, ... um den indischen Subkontinent in Bausch und Bogen und mitsamt seiner Überbevölkerung an sich zu reißen«. Eher sei anzunehmen, daß die Chinesen gar nichts von dem Anspruch Indiens auf dieses Gebiet wußten, durch das die Straße führte. Nach dem militärischen Sieg Chinas wurden die chinesischen Truppen fast überall hinter die McMahon-Linie zurückgezogen, eine

Grenzlinie, die England im Jahre 1914 China aufzuzwingen versucht hatte, die jedoch niemals von den Chinesen (Nationalisten wie Kommunisten), den Vereinigten Staaten oder irgendeiner anderen Regierung anerkannt worden ist.

Erstaunlich, daß ein Mann in einer verantwortlichen Stellung dies alles als chinesische Expansionspolitik bezeichnen konnte. Es ist in der Tat absurd, über die hypothetische Aggressivität eines China zu diskutieren, das von amerikanischen Raketen und einem immer dichteren Netz von Militärbasen umgeben und von einem gewaltigen amerikanischen Expansionskorps in Südostasien belagert ist. Nicht ausgeschlossen, daß ein mächtiges China in ferner Zukunft einmal expansionistisch sein wird. Über solche Möglichkeiten mag man, wenn man will, spekulieren; der Kernpunkt der gegenwärtigen Politik jedoch ist die Aggressivität der USA.

30 W. S. Churchill, *The Second World War*, Bd. 5: *Closing the Ring*, Boston 1951, S. 382.

31 *United States Policy Toward Asia*, S. 104 (siehe Anmerkung 15).

32 Ibid., S. 105.

33 Douglas Pike, op. cit., S. 110. Dieses Buch, geschrieben von einem Beamten des Auswärtigen Amtes, der im *Center for International Studies* am MIT arbeitet, macht einen Unterschied zwischen unserer Seite, die mit »den üblichen revolutionären Bewegungen … in der ganzen Welt« sympathisiere, »weil sie den unzureichenden Lebensstandard oder repressive und korrupte Regierungen angreifen«, und den Verfechtern des »revolutionären Guerillakriegs«, der »den Wünschen des Volkes entgegenwirkt, während er vorgibt, sie zu erfüllen, der das Individuum manipuliert, indem er es dahin bringt, sich selbst zu manipulieren«. Der revolutionäre Guerillakrieg ist »ein importiertes Produkt, ist Revolution von außen« (Beispiele sind, außer dem »Viet Kong« »Stalins Ausfuhr bewaffneter Revolutionen«, die Haganah in Palästina und die republikanische Armee Irlands – siehe S. 32 f.). Der »Viet Kong« könne keine einheimische Bewegung sein, denn er verfüge über »ein soziales Aufbauprogramm von solchem Ausmaß und Ehrgeiz, daß es unbedingt von Hanoi geplant worden sein muß« (S. 76; aber auf den Seiten 77–79 lesen wir, daß die »organisatorische Arbeit seit mehreren Jahren intensiv und systematisch betrieben wurde«, noch bevor die Lao-Dong-Partei in Hanoi ihren Entschluß faßte, »mit dem Aufbau einer Organisation zu beginnen«). Auf Seite 80 erfahren wir, daß »derartige Anstrengungen ein Produkt des Nordens sein mußten«, während wir an anderer Stelle (S. 74) über die wichtige Rolle des Cao Dai lesen – »die erste größere soziale Gruppe, die sich der Diem-Regierung aktiv zu widersetzen begann« (S. 222) – und über die Hoa-Hao-Sekte, »ein weiteres frühes und wichtiges Mitglied der FNL« (S. 69). Als Beweis für die Hinterlist der Kommunisten gilt es Pike, daß die Partei im Süden darauf bestand, »marxistisch-lenini-

stisch« zu sein, womit sie »eine philosophische, nicht aber eine politische Bindung zu erkennen gab«, während sie sich im Norden selbst als eine marxistisch-leninistische Organisation« bezeichnete, womit sie »zu erkennen gab, daß sie im Hauptstrom der weltweiten kommunistischen Bewegung mitschwamm« (S. 150). Und so weiter. Ebenso aufschlußreich ist Pikes Verachtung für »Aschenputtel und all die anderen Dummköpfe, die noch immer glauben, daß in der mündig gewordenen Welt Magie wirke, wenn man die heimliche Zauberformel ›Solidarität, Bündnis, Eintracht‹ murmele«; für die »leichtgläubigen, verführten Menschen«, die »das Land in ein Irrenhaus verwandelten, eine Saigoner Regierung nach der anderen stürzten, die Amerikaner verwirrten«; für die »mächtige Kraft des Volkes«, das in seiner unbekümmerten Einfalt glaubte, »die Sanftmütigen würden schließlich die Welt besitzen«, »die Reichtümer würden ihnen gehören, und all das im Namen der Gerechtigkeit und der Tugend«. Man kann einem aufgeklärten Politologen der westlichen Welt den Kummer nachfühlen, den er angesichts dieses »traurigen und erschreckenden Schauspiels« empfindet.

34 Lacouture, op. cit., S. 188. Der gleiche Militärsprecher trifft die ominöse Feststellung, daß wir diesem Problem in ganz Asien, Afrika und Lateinamerika gegenüberstehen und die »richtige Antwort« darauf finden müssen.

35 Charles Mohr, *New York Times,* 18. Februar 1966 (Hervorhebungen von mir).

36 *New York Times,* 18. Februar 1966.

37 William Bundy, »The United States and Asia«, in: Alastair Buchan, Hrsg., *China and the Peace of Asia,* New York 1965, S. 29 f.

38 Op. cit., S. 80.

39 *United States Policy Toward Asia,* S. 191-201, passim.

40 *An American Policy in Asia,* S. 10.

41 *United States Policy Toward Asia,* S. 128.

42 Lindholm, op. cit., S. 322.

Abkürzungen

AID   Agency for International Development
ARVN   Army of the Republic of Vietnam
CNT   Confederación Nacional del Trabajo (Nationale Arbeitergewerkschaft; anarchistisch)
FAI   Federación Anarquista Iberica
FNL   Front National de Libération
GPU   Politische Polizei der Sowjetunion
GVN   Government of (South)Vietnam
OSS   Office of Strategic Services (Vorgänger des CIA)
POUM   Partido Obrero de Unificación Marxista (Halbtrotzkistische Marxistenpartei)
PSUC   Partit Socialista Unificat de Catalunya (Vereinigte Sozialistische Partei Kataloniens)
RD   Revolutionary Development
UGT   Unión General des Trabajadros (Allgemeiner Arbeiterverband/Sozialistischer Gewerkschaftsbund)
USOM   United States Operations Mission
Viet Minh   Viet Nam Doc Lap Dong Minh Hoi (Nationale Einheitsfront)
VNQDD   Viet Nam Quoc Dan Dang (Nationalpartei)